KB213363

가족치유

미누친의 구조적 가족치료

미누친의 구조적 가족치료

가족치유

S. Minuchin · M. P. Nichols 지음

오제은 옮김

Salvador Minuchin

FAMILY HEALING

학지사

FAMILY HEALING:
STRATEGIES FOR HOPE AND UNDERSTANDING
by Salvador Minuchin and Michael P. Nichols

Copyright ⓒ **1993** by Salvador Minuchin and Michael P. Nichols
Published by arrangement with the original publisher, The Free Press,
A Division of Simon & Schuster, Inc.

All rights reserved.

Korean Translation Copyright ⓒ **2013** by Hakjisa Publisher, Inc.
This Korean edition was published by Hakjisa Publisher, Inc. in 2012
by arrangement with The Free Press, A Division of Simon & Schuster, Inc.
through KCC(Korea Copyright Center Inc.), Seoul.

이 책은 (주)한국저작권센터(KCC)를 통한
저작권자와의 독점계약으로 **(주) 학지사**에서 출간되었습니다.
저작권법에 의해 한국 내에서 보호를 받는 저작물이므로
무단전재와 복제를 금합니다.

역자 서문

'가족중심(family focused)' 패러다임의 중요성

우리나라는 경제협력개발기구(OECD) 회원 국가들 중 2004년 자살률 1위에 오른 이후 현재까지 '부동의' 1위를 지키며 '자살 대국'이라는 오명을 벗지 못하고 있다(한국일보, 2013. 1. 7.). 일본 국민들 사이에서 '국민의 스승'으로 불렸던 후지와라 마사히코는 일본이 자살률 1위였을 때, 『국가의 품격』이라는 저서를 통해, "자살률을 낮추지 않고서는 결코 선진국이 될 수 없다."라고 강력하게 호소했다. 더욱 심각한 것은 '한 국가의 미래'라는 우리나라의 청소년 사망자 중 13%가 자살이라는 극단적인 선택을 했다는 점이며, 다른 모든 사망 원인을 제치고 청소년 사망 원인 1위라는 사실이다. 청소년 자살의 원인으로는 부모의 가정 불화 등 가정 문제가 35.4%로 가장 많았는데(한국일보, 2012. 9. 17.), 청소년을 자녀로 둔 부모의 부부 문제는 곧 자녀 문제로 이어지며, 특히 청소년 자녀의 자살뿐 아니라, 청소년 자녀의 정신 건강과 학교 폭력, 성 범죄, 인터넷 및 게임 중독 등과도 깊은 관련이 있는 것으로 알려져 있다.

청소년과 더불어 노인 자살률도 매우 큰 문제다. 2010년 자살자 1만 5,556명 중 28.1%(4,378명)가 65세 이상 노인이었으며, 노인 자살률은 10만 명당 81.9명으로 전체 평균(33.5명)의 2.6배나 된다. 특히, 80세 이상의 자살자 수는 1,119명으로 10대 청소년(353명)의 3배에 이르렀다. 그렇다면 이러한 자살의 근본 원인은 무엇일까? 경찰청 통계에 따르면, 정신적 문제(29.5%), 질병(23.3%), 경제적 어려움(15.7%), 인간관계(15%) 등을 자살의 주요 원인으로 꼽고 있다. 하지만 이것만으로는 자살률이 1위인 이유가 명쾌하게 설명되지 않는다. 1인당 국민 총소득 (GNI)이 1만 1,292달러였던 2000년 인구 10만 명당 자살률은 13.6명이었 지만, 1인당 GNI가 2만 562달러인 2010년의 자살률은 되레 31.2명으로 높아졌다. 또한 2010년 한국 근로자의 연간 평균 근로 시간은 2,193시간 으로 멕시코(2,242시간)에 이어 세계에서 두 번째로 많았으나, 멕시코의 자살률은 한국의 6분의 1도 안 되는 4.8명에 불과했다. 이런 통계 결과 들을 놓고 보면, 자살률은 경제적 수준이나 노동 시간 등과 절대적 연관 이 있다고 보기는 어렵다. 경제 수준이 높고, 사회 안전망이 잘 확충되 어 있는 일본이 자살률 3위라는 것도 이 같은 추론을 뒷받침한다. 그렇 다면 경찰청이 분석한 '정신적 문제'라는 것도 결국 개인의 삶에 대한 만 족도와도 상관관계가 높다고 할 수 있다.

그런데 2012년 7월 보건사회연구원이 발간하는 학술지『보건사회 연구』에 실린 이내찬(한성대 교수)의 'OECD 국가의 삶의 질 구조에 관 한 연구'에 따르면, 삶의 질을 나타내는 행복지수(Better Life Index: BLI) 에서 한국은 OECD 34개국 중 32위로서 국민 행복지수가 10점 만점에 4.20으로 뒤에서 세 번째였다. 1인당 경제적 소득(GNI)이 꾸준히 오르 고, 올림픽에서 세계 5위를 차지하며, 한류의 열풍이 전 세계를 뒤흔드 는 등 국격은 날로 향상되고 있는지는 몰라도, 이런 것들이 우리 국민 개개인의 행복지수, 즉 우리가 얼마나 행복한지와는 별개의 문제라는 방증 이다. 전문가들은 '자살지수는 곧 행복지수를 반영한다'고 말한다. 즉, 자살률이 높다는 것은 그만큼 행복하지 않다는 뜻이다. 안용민(서울대 병원 정신과 교수)은 "한국의 경우 최근 들어 선진국화와 더불어 기계문 명이 급속도로 바뀌고 있지만, 정신적 적응이나 가치관이 이를 따라가 지 못하고 있다. 또한 우리나라는 전통적으로 가족중심 사회였는데 그것이 와해되었다. 지지기반인 가족이 있어야 어려움을 헤쳐 나갈 수 있는데, 최근 자살률이 높은 원인을 가족중심 사회의 해체에서 찾을 수 있다고 본다.”라고 지적했다. 그러므로 자살률을 낮추기 위한 대책에는 반드시 가정 해체를 예방하는 것이 포함되어야만 한다는 새로운 인식적 전환이 필요하다. 또한 이에 따른 국민적 이해와 정부 차원의 대책이 절실히 요청된다. 1995년부터 2000년대 초까지 자살률 세계 1위였던 일본은 세계 최초로 「자살예방법」을 제정한 뒤 구체적인 대책 마련 등을 통해 자살자의 유가족까지 지원하고 있으며, 핀란드나 영국 또한 자살률을 낮췄다. 우리나라는 「자살예방법」이 시행되고는 있지만, 정부는 아직 기본 계획조차 마련하지 못할 정도로 미온적이다. 한 국가의 경쟁력은 그 나라 국민의 행복지수와 자살률, 특히 청소년의 자살률 및 그 근본적 원인인 가정 해체를 나타내 주는 이혼률과 매우 깊은 연관이 있다. 최근에 급속도로 증가 추세에 있는 성 범죄와 각종 중독 문제 또한 그 문제의 근원지인 가족 문제와 따로 분리해서 접근할 사안이 아니다. 안타까운 점은 오랜 세월 동안 이 나라를 지탱해 왔던 가족중심 체계가 상대적으로 너무나 짧은 기간에 걸쳐 빠르게 와해되고 있지만, 우리 사회에는 아직 그러한 가족기능을 대체할 만한 치유적인 시스템이 미처 마련되지 못했다는 것이다. 다시 말해서, 한국 사회는 지금 전통적인 가족중심 사회로부터 다양한 형태의 가족구조로의 변화가 너무나 급속도로 이루어지고 있지만, 그러한 변화에 따른 후속적인 대응이 사회 전반에 걸쳐 법적으로나 제도적으로 제대로 이루어지고 있지 못한 것이 가장 큰 문제라고 할 수 있다. 그렇다고 과거의 전통적인 가족체계가 다시 필요하다고 주장하는 것은 결코 아니다. 중요한 것은 비록 전통적인 가족 형태가 역기능적이었으며, 비인간적이고 성차별적인 요소들이 많았지만, 그럼에도 불구하고 그것을 대체하고자 새롭게 등장한 다양한 형태의 새로운 가족구조들 또한 너무나도 짧은 시간 동안 급속하게 형성됨으로써 아직까지는 과거의 전통적인 가족구조를 대체할 수 있을 만큼의 충분한 시간과 검증, 역량을 지니지 못했으며, 그 결과 전통적인 가족구조 못지않게 더 많은 문제점들과 역기능적인 모습들을 양산하고 있다는 사실이다. 게다가 보다 심각한 문제는 우리 사회는 아직 이러한 문제점을 보완해 줄 만한 어떤 사회적인 안전망조차 제대로 준비되지 못했다는 점이다. 이러한 실태가 바로 우리나라 가족구조 문제의 현주소라고 할 수 있다. 이처럼 혼란스럽고 과도기적인 가족구조의 전환기적 시점에서 우리에게 시급하게 요청되는 것은 바로 가족들의 중간 매체로서 가족기능의 보완적 역할을 담당하는 정부 산하의 가족 관련 전달체계들의 가족치유적 기능성 여부인 것이다. 즉, 이러한 전달체계들이 과연 얼마나 안전하고 신뢰할 만한 전문적인 치유 시스템으로 기능하고 있는가의 문제인 것이다. 다시 말해서, 가족구조와 관련한 아동, 청소년, 여성, 성, 중독, 자살 문제 등을 담당하고 있는 건강가정지원센터와 다문화가족지원센터, 여성긴급전화 1366, 해바라기아동센터, 중앙아동보호전문기관, 전국학부모지원센터, 한국청소년상담복지개발원, 헬프콜 청소년전화1388, 인터넷중독대응센터, Wee클래스, Wee센터 등 정부 산하 전달체계에 대한 광범위하고 전문적인 검토를 통해서 가족중심적인 패러다임 전환에 알맞도록 전달체계를 재편성·재구조화함과 동시에 보다 가족의 기능을 강화시킬 수 있는 전문적인 치료 방향을 설정하여 모든 가족 관련 전달체계들이 시행 중인 프로그램을 보다 합리적이고 효율적으로 일원화하여 좀 더 통합적이고 체계적이며 구조적으로 접근해야 할 것이다.

가족구조의 변화는 이혼이나 다문화와 같은 여러 가지 사회적 상황에 따른 결과로서 매우 다양한 형태로 나타나고 있다. 그러므로 조손 부모, 한 부모, 미혼모 가족, 다문화 가족, 혼합가족 등 매우 다양한 여러 가지 가족형태와 가족생활 주기에 따른 체계적이고 통합적인 가족정책 수립과 전문적인 맞춤형 프로그램의 개발, 전문 인력 양성 등이 가장 시급한 국민적 과제라고 할 수 있다. 이러한 다양한 가족구조 변화에 따른 가족 문제들을 보다 효과적으로 시행하려면, 먼저 선진국들의 가족중심 정책 경험 모델을 면밀히 연구하고, 우리나라의 실정에 맞는 모델을 개발하며, 중·장기 정책을 수립하고 실행할 수 있는 가족정책 연구를 담당할 정부 산하 가족정책연구소의 설립과 운영이 절실히 요청된다. 또한 미국의 Family Care and Counseling Center와 같은 가족상담전문가들에 의한 구조적 가족치료 서비스의 제공이 우선적으로 필요하다. 구조적 가족치료 서비스를 제공하기 위해서는 가족구성원 한 사람 한 사람에게 나타나는 문제를 문제 발생 초기부터 그 개인이 속한 가족구조와 연관시키는 것이 매우 중요하다. 즉, 한 개인이 드러내고 있는 문제나 증상은 그 사람 자신만의 개인적인 문제가 아니라, 가족 전체의 문제가 그 사람을 통해서 드러난 것으로 이해하는 가족중심적 패러다임을 가지고 접근해야만 한다. 그러므로 이 사람에게 나타난 문제는 단지 이 사람만의 문제가 아니고 이 사람이 속한 가족구조의 부산물이기 때문에, 그 사람이 속한 가족구조 내의 다른 가족구성원들 또한 영향을 받고 있을 것이므로, 그들에게는 어떤 문제들이 나타나고 있고, 또 어떻게 그 가족구조가 그러한 문제들을 지속시키는지를 구조적으로 진단하고, 전략적이고 구체적인 치료 계획을 수립하며, 적극적으로 개입하고 실행할 뿐 아니라, 그 가족이 구조적으로 치유적인 기능을 할 수 있을 때까지를 궁극적인 치료 목표로 삼아, 다른 가족구성원 모두를 가족치료에 적극 참여시키고, 동시에 가족구성원 개개인에 대해서 각 전문가들로 이루어진 '가족치유솔루션위원회'와 같은 치유 시스템을 통해 중장기적 모니터링을 실시함으로써, 가족구조 재기능화에 필요한 법적·제도적 장치, 지원과 더불어 가족구성원 개개인의 개별 치료를 동시에 실시함으로써 그 효과를 극대화할 수 있으며, 또한 엄청난 국가적 부대비용을 절감할 수 있다. 이제는 정부와 중앙 부처와 산하 가족 관련 전달체계들이 더 이상 가족 전체의 문제를 개별적인 사안으로 인식하여 부처별, 전달체계별로 따로따로 접근함으로써 이중 삼중으로 국가적 부대비용을 낭비하지 말고, 부처들 간에 서로서로 소통하고 협력하여 어떻게든지 사람중심, 가족중심의 보다 전문적이고 통합적인 가족중심 정책을 수립하고 실행함으로써 국민 모두가 안심하고 마음껏 기댈 수 있는, 그 결과 우리나라 가족의 기능이 한층 더 기능적이고 치유적이 됨으로써 가족이 어떤 나랏일보다도 더 소중하게 여겨지고 모든 정책 수립의 핵심에 사람중심, 가족중심, 부부중심, 부모 – 자녀 관계 중심, 나와 너의 관계가 중심이 되는 그런 우리나라가 되어 가기를 바라는 마음 참으로 간절하다.

이 책은 무엇을 번역한 책인가

이 책은 이 시대에 현존하는 최고의 가족치료전문가인 살바도르 미누친(Salvador Minuchin)이 실제로 어떻게 가족치료가 시작되는지, 그리고 그러한 가족치료를 통해서 어떻게 각 가족구성원들로 하여금 치유의 길을 열어 줄 수 있는지를 가장 적절하게 보여 줄 수 있도록 자신이 직접 상담했던 가족치료 사례들을 중심으로 저술한 『가족치유: 희망과 이해를 위한 전략들(Family Healing: Strategies for Hope and Understanding)』(1998)을 완역한 것이다.

살바도르 미누친은 누구인가

살바도르 미누친(Salvador Minuchin)은 1921년 아르헨티나에서 러시아 – 유대인 계통의 유럽 이민자 부모로부터 태어났으며, 의과대학을 졸업하던 해인 1946년에 소아과에서 레지던트로 활동을 시작했고, 1950년 정신의학을 공부하기 위해 미국으로 건너가 나단 애커먼(Nathan Ackerman)과 함께 뉴욕에 있는 유대인지도연구소에서 아동정신과 의사로서 훈련을 받았다.

　그 후 1954년, 뉴욕에 있는 '윌리엄 앨란슨 화이트 정신분석연구소(William Alanson White Institute of Psychoanalysis)'에서 정신분석 훈련을 받았으며, 나중에는 뉴욕시 외곽에서 비행 청소년들을 위한 기숙학교인 '윌트윅 소년학교(Wiltwyck School for Boys)'의 정신과 의사로 일했다. 이 시절에 미누친은 뉴욕시 도심에 있는 청소년들과 그 가족들의 상태를 조사하고 분석하기 시작했는데, 이 가족들은 종종 복합적인 문제들과 단절된 가족구조를 가지고 있었다. 그래서 미누친은 이렇게 아직 조직화가 잘 되어 있지 않은 가난한 가족들과 함께 일하기 위한 특별한 개입 기법을 모색하기 시작했고, 좀 더 나은 변화를 가져오기 위해 가족 맥락을 변화시키는 치료적 방법을 발전시키기 시작했다. 그리하여 미누친과 그의 동료들은 가족을 재구조화하는 작업을 통해 맥락적 변화를 가져오게 하기 위한 간결하고도, 직접적이며, 구체적이면서도, 행동 지향적인 동시에 문제 해결적인 개입과정을 고안해 나갔다. 1965년에 미누친은 필라델피아의 중심지인 흑인 빈민가에 있는 '필라델피아 아동클리닉(Philadelphia Child Guidance Clinic)'과 '필라델피아 아동병원 정신과(Psychiatry at Children's Hospital of Philadelphia)' 소장과 '펜실베이니아 대학교 의과대학(University of Pennsylvania School of Medicine)'의 아동정신과 교수가 되었다. 그 후 1974년에, 미누친은 '구조적 가족치료'를 통해 가족들의 변화를 가져오게 하는 자신의 생각을 저술한 역작인『가족들과 가족치료(Families and Family Therapy)』를 출간하였고, 1970년대 후반에 이르러 미누친의 구조적 가족치료는 모든 가족치료 접근법 중에서도 가장 영향력 있는 접근법으로 대두되었다.

구조적 가족치료의 특징

미누친에 의해 개발된 구조적 가족치료는 1970년대의 가족치료 분야에서 가장 영향력 있는 치료적 접근이었다. 이론가라기보다는 임상전문가로 알려졌던 미누친은 가족치료 사례에 대한 정확한 진단과 치료과정에 대해 명쾌한 지침을 제공하였고, 가족을 하나의 기본적인 구조로 보았다. 구조주의 가족치료는 가족구성원들로 하여금 그들의 경직된 습관에서 벗어날 수 있도록 새로운 구조를 고안해 내는 것이다. 또한 기능적이고 역기능적인 가족구조의 상대성을 가족체계, 위계질서, 규칙, 역할, 협상과 조정의 패러다임을 통해 명확하게 규정하고, 가족의 구조와 맥락 안에서 새로운 변화를 시도함으로써 가족치료의 특성을 잘 드러내고 있다. 또한 구조주의 가족치료 이론은 역기능적인 가족들이 지니고 있는 여러 가지 특징들을 잘 기술하고 있다. 예를 들어, 신체화 증상을 가진 가족들은 특히 서로 같은 형태의 특징을 지니고 있었는데, 과잉보호, 지나친 엄격성, 갈등 해결의 부재 등이 그 공통적 특징이었다. 또한 구조주의 가족치료가 널리 알려진 이유 중 하나는 다양한 문제의 가족들을 효과적으로 다룰 수 있다는 임상적 적용의 적절성 때문인데, 당뇨나 거식증, 천식 아동을 둔 가족들뿐만 아니라, 비행 청소년 가족이나 알코올 및 약물 중독 가족, 위기 부부 가정 등을 임상적으로 이해하고 치료하는 데 있어서 매우 유용하다. 구조적 가족치료의 또 다른 장점은 가족치료사로 하여금 치료과정이 어떻게 진행되는지를 분명하게 제공해 준다는 점이다. 미누친의 이러한 임상적인 성공은 구조주의 가족치료 이론이 체계적으로 형성되는 데 있어서 중요한 공헌을 하였다. 그 중에서도 가장 중요한 미누친의 기여는 가족치료 훈련과 치료의 기법을 조직화하여 가족구조 이론을 체계화했다는 것이다.

구조적 가족치료의 발전

미누친은 구조적 가족치료의 출발에서부터 확립과 발전에 이르기까지 가족치료의 가장 중심에서 가족치료 운동을 이끌었던 대표적인 가족치료전문가다. 그가 가족치료 영역에 두각을 나타내기 시작했을 때, 그 누구도 따라갈 수 없었던 그의 탁월한 치료기법은 가족치료 발전에 있어서 매우 큰 영향력을 발휘한 것으로 널리 평가되고 있다. 정신과 의사로서 정신분석 훈련을 받고 핸리 스택 설리반(Harry Stack Sullivan)의 상호관계 정신의학적 접근에 큰 영향을 받았던 미누친은 월트웍소년학교에서 비행 청소년들을 위한 정신과 의사로 근무하면서, 언어를 주로 사용하고, 지적으로 접근하는 기존의 치료이론들이 가난한 가족들에 대해서는 그리 적절하지 않는다는 점을 발견하고, 그들에게 좀 더 적극적이고 즉각적인 개입과 행동을 중심으로 하는 새로운 접근이 필요하다는 것을 파악하였다. 즉, 사회적 환경에서부터 개인적인 문제에까지 복잡한 유형의 문제를 가장 효과적이고 빠른 시간 안에 해결하기 위해 구조적 가족치료 이론과 기법을 구성해 가기 시작했다. 이후 그의 이론과 치료는 큰 영향력을 미치며 성공적으로 발전하여 현재에까지 이르고 있다. 미누친이 체계화했던 구조적 가족치료 이론은 사회학과 인류학의 영향을 받아 사회는 가족을 형성하는 중요하고 강력한 맥락이며, 또한 가족은 한 개인을 형성하는 중요하고 강력한 맥락이라는 점을 그 기초적인 관점으로 가지고 있으며, 개인-가족-사회의 끊임없는 상호작용을 어떻게 파악하고 효과적으로 개입하는가에 그 치료적 중심을 두고 있다. 이러한 관점은 이후의 가족치료의 중심적인 개념과 전제 중 중요한 한 가지 형태로 자리 잡게 되었다.

또한 구조적 가족치료는 개인을 그의 사회적 상황 내에서 접근하려는 이론과 기술이며, 이러한 점에 근거하여 가족의 조직을 변화시키는 방향으로 치료를 진행한다. 즉, 가족 집단의 구조가 변형되면 이에 따라 구성원의 위치가 바뀌게 되며, 그 결과 각 개인의 경험도 변화한다는 것이 구조적 가족치료의 핵심적인 내용이다. 그리고 이러한 내용은 사회적 존재로서의 인간이라는 인간관에 그 기초를 두고 있다. 즉, 구조적 가족치료이론에서 인간은 고립된 존재가 아니다. 인간은 사회적 집단 내에서 활동하고 반응하는 구성원이며, 인간이 실제로 경험하는 것은 내적 및 외적 요소에 따라 영향을 받게 된다. 다시 말해서 인간의 경험은 자신과 환경과의 상호작용에 의해 결정되는 것이며, 이는 일방적으로 환경의 영향을 받는 인간으로 제한되는 것도 아니고, 인간의 내적 요인으로 인간을 설명하는 것으로 제한하는 것도 아니다. 즉, 인간은 사회적인 상황의 영향을 받으며, 또한 사회적인 상황에 영향을 미치는 상호적, 관계중심의 존재인 것이다. "나는 나 자신과 환경이 합쳐진 존재다." 그래서 사회는 가족을 형성하게 하고, 가족은 개인을 형성한다는 명제는 구조적 가족치료 이론의 중요한 이론적 기초를 이루게 된다. 또한 미누친은 가족의 중요성을 명확하게 인식하여 가족치료 중심의 이론을 더욱 확고히 다져 나갔다. 그는 가족이 두 가지 기능을 한다고 보았는데, 그중 한 가지는 가족구성원을 심리사회적으로 보호하는 것이고, 또 다른 한 가지는 문화에 대해 적응하고 문화를 전달하는 것이다. 미누친은 내적으로 보호하고, 외적으로 소통하는 이 두 가지 기능 간의 균형과 유연성을 가진 가족을 급변하는 사회 환경과 문화 속에서 개인의 변화와 일관성을 유지시켜 줄 유일한 단위라고 보았다. 미누친은 가족은 빠르게 변화하는 사회에서 가장 훌륭한 인간 단위이며, 이를 중심으로 개인의 내적인 부분은 물론 사회적 부분의 치유까지도 함께 만들어 갈 수 있다고 본다.

미누친의 구조적 가족치료는 다음의 세 가지 전제를 기본으로 하는데, 첫째 개인의 정신생활은 전적으로 내적 작용인 것은 아니며, 또한 개인은 자신의 상황에 영향을 미치기도 하고 영향을 받기도 하며 끊임없이 반복되는 상호작용을 겪는다. 둘째로, 가족구조를 변화시키면 가족체계 구성원의 행위와 내부의 정신적 과정을 변화시킬 수 있다. 셋째, 가족치료사가 내담자(IP)나 내담자의 가족과 함께 치료 작업을 하게 될 때, 가족치료사의 행동은 곧 그 상황의 일부가 된다. 즉, 구조적 가족치료는 상황이 내적 과정에 영향을 미치고, 상황의 변화가 개인에게 변화를 초래하며, 치료사의 행동 또한 이러한 변화에 있어서 중요하다는 이 세 가지 원리를 그 기초로 삼는다.

그러므로 구조적 가족치료에 있어서 가족치료사는 다양한 배경과 상황의 변화에도 변하지 않는 본질적인 인성이 있다고 생각하지 않는다. 구조적 가족치료사는 인간을 다양한 상황 안에서 활동하고 반응하는 구성원으로 파악하며, 상황을 변화시키는 것을 통해, 즉 가족의 구조의 변화를 통해 가족구성원의 행위와 정신적 과정을 변화시키려고 노력한다. 또한 구조적 가족치료사는 그 가족체계에 합류하여 자신을 활용함으로써 가족체계를 변형시킨다. 그리고 가족체계 내의 구성원의 지위를 변화시킴으로써 그들의 주관적 경험 또한 변화를 꾀하게 된다. 이를 통해서 구조적 가족치료사는 그 가족이 지니고 있는 역기능적인 관계, 경험, 체계를 기능적인 것으로 변화를 가져올 수 있는 것이다.

구조적 가족치료에 있어서 진단이란, 가족치료사가 가족과 합류하면서 관찰하고 경험한 것에서 생겨난 작업가설이다. 가족치료사는 IP를 가족체계 전체에 영향을 미치는, 문제를 가장 눈에 띄는 방법으로 표현하고 있는 한 가족구성원으로 간주한다. 그러므로 IP에게 특별한 배려가 필요하기는 하지만, 치료적 개입의 대상은 가족 전체가 되어야만 하는 것이다. 그렇기에 가족치료사는 가족 전체를 대상으로 하여 가족 내에 직접 합류하고 적응하는 과정에서 얻은 정보를 바탕으로 진단을 하게 된다. 이때 진단을 내리는 평가의 관심 영역은, 첫째 가족구조를 고려하고, 그 구조의 상호작용 유형과 대체 가능한 다른 유형을 고려하는 것이다. 둘째, 가족치료사는 가족체계의 융통성과 재구조화의 능력을 평가하게 되는데, 이는 가족체계의 연합과 제휴 및 변화하는 상황에서 반응하는 하위 체계의 움직임으로 나타난다. 셋째, 가족치료사는 가족체계의 공명성, 즉 개인의 행동에 대한 민감성을 조사한다. 넷째, 가족치료사는 가족의 생태계 내의 긴장과 지지의 근원을 분석하며, 가족의 생활 상황을 검토한다. 다섯째, 가족의 발달단계와 각 단계에 맞는 업무의 수행 상태를 점검한다. 여섯째, 가족이 선호하는 상호작용 유형을 유지하기 위해 IP의 증상이 어떻게 이용되고 있는지를 알아본다. 또한 진단은 가족이 가족치료사에게 어떻게 반응하는지 그 방법까지 포함하는 것이며, 가족치료사가 가족에게 미치는 영향 또한 가족 진단의 일부가 된다.

가족이 가족치료사에게 동화하고 적응하며 재구조화하거나 아니면 재구조화시키는 개입에 저항함에 따라 상호작용적으로 진단 또한 끊임없이 변화한다. 상황과 관련되어 진전되는 진단의 장점은 치료적 개입을 위한 발판을 제시한다는 점이며, 이런 과정으로 인하여 진단과 치료는 분리되지 않는다. 치료체계 형성의 필수적인 요소는 치료 계약의 동의다. 가족과 가족치료사는 문제의 성질과 변화의 목표에 대해 의견이 일치해야 한다. 계약도 진단과 마찬가지로 치료가 진행됨에 따라 발전한다. 이러한 치료 계약은 치료의 전략을 구체화할 수 있는 훌륭한 도구가 될 수 있다.

구조적 가족치료에서 가족치료사의 위치는 가족 밖에서 가족을 관찰하고 조정하는 곳에 있는 것이 아니다. 가족치료사는 가족체계 안에서 때로는 가족체계의 한 구성원으로서, 때로는 가족의 지도자로서 함께 호흡하며 가족치료 전체를 진행해 나아간다. 그렇기 때문에 가족치료사의 우선적인 과제는 가족체계 안에 최대한 빨리 합류하여 조화롭게 적응하는 것이다. 미누친은 가족치료사 자신이 가족체계의 경험에 융화되어야 한다고 말한다. 즉, 가족체계에 합류하기 위해서 가족치료사는 그 가족의 조직과 스타일을 받아들이고, 그것과 조화를 이루어야 한다는 것이다. 또한 가족의 상호작용 유형과 그 강도를 경험하여야 한다. 이와 같은 과정을 통해서 가족을 친밀하고 경험적인 방법으로 알고 이해하는 것이 가족치료의 중요한 요소다. 결론적으로 가족은 가족치료사가 가족체계 속에 들어가 완전히 일치했을 때만 움직이게 된다.

　재구조화 작업은 가족에게 치료적 변화를 요구하려는 의도로 가족에게 도전하고 맞서는 치료적 개입이다. 가족치료사는 재구조화 작업을 통해서 가족체계 내에 합류하고 진단하여 발견한 역기능적인 구조를 기능적인 구조로 변화시키고자 한다. 재구조화 작업은 가족에게 도전하는 반면, 합류 작업은 도전하지 않는다. 합류 작업은 가족치료사가 가족과 섞여서 치료모임의 상황에 함께 참여하도록 도우며, 이를 통해 가족과 가족치료사 간의 거리를 좁힌다. 재구조화 작업과 합류 작업은 상호의존적이다. 치료는 합류 없이는 달성될 수가 없고, 재구조화 없이는 성공할 수 없다. 또한 합류는 재구조화를 위한 기법으로 사용될 수도 있다. 합류 작업이 재구조화를 위해 사용되는 경우에는 가족과 맞서지 않고도 재구조화를 이룰 수 있다. 합류 작업에 있어서 가족치료사는 가족 드라마의 배우가 되지만, 재구조화 작업에서는 배우인 동시에 연출자의 역할을 함께한다. 가족치료사가 가족과 합류할 때는 두 가지 주요과제가 주어지는데, 그것은 가족에게 관여하면서 동시에 치료체계 내의 지도자 위치를 유지하는 것이다. 가족치료사는 지도자의 위치를 지킬 때만 치료적 기동 능력을 유지할 수 있고, 가족과 자기 자신의 변화를 가져올 수 있다.

이 책의 중요성

행복의 근원이 될 수 있는 우리의 위대한 자원인 가족은 때때로 큰 실망과 불만의 원천이 되기도 한다. 살바도르 미누친은 이 책을 통해서 독자들에게 가족 역동의 매듭 사이로 길을 내어 주고, 어떻게 실제 치료가 시작되는지를 보여 주는 적절한 사례들(그의 삶을 포함한)을 제공한다. 또한 그의 도움을 받았던 여러 가족들의 드라마틱한 이야기를 소개함으로써, 가족 안의 숨 막힐 듯한 역할 안에서, 가족구성원들을 억류하는 숨겨진 규칙을 폭로한다. 대립을 일삼으면서도 연민 어린 그의 치료적 스타일은 부부갈등, 자녀와의 갈등, 늙어 감과 은퇴에의 적응 그리고 가족생활 주기의 각 단계에서 다양한 위기를 만들어 내는 자기 – 파괴적인 패턴을 보여 준다. 뿐만 아니라 그의 창조적이면서도 대담한 치료방법은 친숙한 가족의 위기를 다루는 모든 가족들의 치료 장면 안에서 통찰을 제공한다는 점에서 큰 의의가 있다. 영감과 희망을 주는 이 책을 통해 미누친은 우리에게 가족 스스로 숨겨진 자신들의 강점을 찾아가는 모습을 보여 주고 있다. 가족 안에서 살아왔던 모든 사람들은 이 책을 읽음으로써 자기 자신을 바라볼 수 있을 뿐만 아니라, 자신들 스스로를 깨우칠 수 있도록 해 줄 것이다.

가족이란 종종 예측 불가능한 방법으로 서로 강력하게 영향력을 미치는 개인들의 집합체로 그 모습을 드러내기에, 가족 단위를 치료한다는 것은 결코 쉬운 일이 아니다. 구조적 가족치료는 이러한 가족 내 복잡한 상호 교류에 질서와 의미를 부여하는 분명한 틀을 제공해 준다. 개인을 그가 속한 사회적 상황, 특히 가족이라는 밀접한 상황 내에서 접근하는 구조적 가족치료는 일관성 있고 반복적으로 작용하는 기능적 측면의 형태, 즉 구조를 변화시키는 방향으로 그 치료가 진행된다. 이 치료기법은 기존의 전통적 정신분석 방법을 떠나 새로운 관점으로 임상적 문제에 접근하는 방법을 제시하였고, 이론적 틀을 갖추고 그 영향력을 확장했던 1970년대에 가족치료 분야를 휩쓸며 현재에까지 이르는 가족치료 기법에 가장 큰 영향을 미친 치료이론이다. 구조적 가족치료가 제시했던 사회와 가족, 가족과 개인 그리고 개인과 개인 간 관계중심의 상호적 시각은 오늘날의 우리 한국 사회와 가족들에게도 중요한 치유적 패러다임을 제시해 줄 것이라 믿어 의심치 않는다.

나는 이 책의 출간을 진심으로 기쁘게 생각하며, 이를 계기로 전문적인 '구조적 가족치료'가 국내에서 뿌리를 내리는 데 도움이 되었으면 하는 바람이다. 그리고 숭실대학교 동료 교수님들과 학생상담센터 스태프들, 부부가족상담연구소와 『가족과 상담』 학술지 관계자들, 특히 박승민, 심은정, 김은영 교수님과 (사)한국가족상담협회와 한국가족상담센터의 스태프, 김순초, 성영모, 강유리, 이지현, 이지영, 김정희, 주보람, 정효은, 지현준, 김진우, 남동우, 이미정, 최혜경, 조희경, 조은희, 임현우, 강보미, 홍성희, 윤미람, 주시완, 장한별, 남궁별희 선생 그리고 사랑하는 나의 가족과 이 땅의 모든 가족들에게 이 책을 바친다.

2013년 2월
숭실대학교 부부가족상담연구소에서
오 제 은

저자 서문

　지난 30년간 나는 가족치료사로 활동하면서 어느덧 가족치료의 원로로 불리게 되었다. 어쨌든 나는 가족치료가 처음 시작되었던 그 순간부터 지금까지 함께해 왔기 때문이다. 가족치료가 시작되도록 도왔던 사람들 중의 한 사람으로서, 나는 가족치료가 사람들을 연구하고 돕는다는 참신한 관점을 보였던 그 근본적인 출발에서부터 오늘날 정신건강 분야에서 안정된 입지를 구축하기까지 모든 발전과정을 지켜봐 왔다.

　스토리텔링(storytelling)의 오랜 전통을 보면, 나이 지긋한 어른이 낮고 긴 의자에 앉아 자신의 젊은 시절의 흥미진진한 모험담으로 청중을 즐겁게 해 준다. 그래서 필자도 이와 같이 자전적인 이야기를 이 책에서 넉 장에 걸쳐 기술해 보았다. 그러나 보편적인 가족을 대표할 만한 사례들을 찾아보고, 동시에 필자가 상담 사례에서 사용했던 치료 기법을 기술해 나가기 시작하면서 그 사례들 간의 유사성에 놀라움을 금치 않을 수 없었다. 또한 치료에 대한 공정한 평가를 방해할 수 있는 장애물 중 하나는 필자의 이론을 내담자 가족들에게 적용하면서 그들을 나의 시각에서 바라본 이미지로 재창조하려는 경향성일 수 있다는 사실을 깨닫게 되었다. 마이크 니콜스(Mike P. Nichols)와의 협력을 시작한 것이 바로 이때부터였다. 우리는 수십 가지 사례들을 함께 재검토하면서 다양한 가족의 발달단계와 이 모든 가족들에게 있어서 심각한 문제가 되고 있는 대표적인 사례들을 추려 냈다. 물론 예외적이고 평범하지 않은 가족의 이야기도 다소 포함되어 있으나, 이 책에 실린 대부분의 사례들은 인생의 고통스러운 교훈을 배워 가는 평범한 가족들의 이야기다. 마이크는 모든 상담과정을 녹취하는 이루 말할 수 없는 수고를 했으며, 나의 편견이 실리지 않도록 신선한 시각을 제공했다. 필자는 이 책을 통해서 독자들로 하여금 해당 가족들이 악전고투하던 위기의 순간을 이해할 수 있게 해 주고, 또한 그들로 하여금 치료를 받아야 할 상황까지 오게 만들었던 문제들을 해결할 수 있도록 도와주는 과정 가운데서 가족치료사인 나 자신의 마음에 나타났던 일련의 변화까지도 이해할 수 있도록 도움을 주려고 노력했다.

마이크가 녹취록을 보내오면 필자는 그것을 독자가 읽기 쉽도록 간략화하고, 거기에 치료적인 만남(therapeutic encounter)의 의미에 대한 나의 생각을 덧붙였다. 우리는 주말마다 만나서 함께 자료를 면밀히 살피고 불필요한 부분을 정리하며 녹음 내용을 재검토함으로써 완전한 정확성을 기하였다. 이것은 의미 있고 만족스러운 협력 작업이었다.

우리는 가족구성원들로 하여금 자신들의 이야기를 할 수 있도록 유도하고 싶었기 때문에 녹음한 사례들을 선택하는 데 있어서 제한적일 수밖에 없었다. 이러한 이유로 몇 가지 장기치료 사례들은 이 연구에 포함시키지 않았다. 또한 사회복지 원조 대상인 빈곤계층의 가족들에 대한 치료 역시 배제하였다. 이러한 부분은 성격상 제도적인 접근과 더 광범위한 체계적인 설명이 필요할 것이기에, 이 책의 전체 구성에서 수용할 수 있는 범위를 넘어선다고 느꼈기 때문이다. 물론 가족들의 이름과 신원 확인이 가능한 특징은 변경했지만, 이 점을 제외하면 독자가 읽게 될 이야기들은 거의 실제로 일어난 사실 그대로를 담고 있다.

지난 40여 년간 내 인생의 가장 중요한 부분이자 이제 인생의 절반이 넘는 추억을 함께 나눈 아내 팻(Pat)에게 감사하고 싶다. 아내는 이 이야기를 읽고 의견을 제시해 주었고, 나의 자전적인 이야기를 담은 부분에서는 핵심적인 역할을 해 주었다. 또한 우리가 함께한 시간을 기술함에 있어 그 묘미와 정확성을 더해 주었다. 지금까지 늘 함께해 주었고, 지금도 내 곁에서 지지해 주는 아내에게 감사한다.

　또한 이전의 저서에서도 그랬듯이 필자가 이 책을 쓰는 데 없어서는 안 될 도움을 준 프랜 히치콕(Fran Hitchcock)에게 고마움을 전한다. 프랜은 나에게 있어 문법가이자 편집자이며 고문, 비평가 그리고 친구의 역할까지 해 주었다. 마지막으로, 필자와 마이크는 전문가적 지도와 격려를 아끼지 않았던 프리 출판사(The Free Press)의 조이스 셀처(Joyce Seltzer)에게도 깊은 감사를 드린다.

살바도르 미누친(Salvador Minuchin)

차 례

제1부

가족치료사가
되다

제1장

가족의 뿌리

1992년 2월

나는 열 살 된 토니(Tony)와 그의 가족을 상담하기 위해 주립정신병원에 와 있다. 병원 직원은 가족과의 면담 전에 내게 토니에 관한 이야기를 해 주었고, 나는 그것을 주의 깊게 들었다. 토니가 여덟 살이었을 때 그의 어머니는 그를 저명한 한 대학병원으로 데려갔고, 토니는 그곳에서 열 달을 지냈다. 토니에 대한 진단은 '주의력 결핍장애(Attention Deficit Disorder: ADD)'로서, 과거에는 '최소두뇌장애(Minimal Brain Dysfunction)'로 불렸던 질환의 변형된 형태다. 이 진단이 토니에 대한 첫 진단이었던 '과잉행동증(Hyperactivity)'을 대신하게 되었다. 이 모든 명칭은 토니가 충동을 제어하지 못하며 집중할 수 있는 시간이 짧다는 것을 의미한다. 대학병원 정신병동에 입원해 있는 동안, 의사들은 토니가 회복되는 데 필요한 적절한 약물 투여량을 찾기 위해 노력했고 갖가지 투약과 약물치료를 시도했지만, 결국에는 그를 주립정신병원에 위탁

하기로 결정했다. 토니는 여기서 또다시 일 년을 보냈으므로, 그의 짧은 인생의 20%를 정신병동에서 보낸 셈이다.

이곳 주립병원에서 토니는 개인치료와 집단치료 그리고 놀이치료를 비롯한 갖가지 다양한 치료들을 받아 왔다. 또한 매우 체계적인 학교에 다니면서 다른 아이들과 함께 작은 별채에서 살았는데, 착한 행동을 했을 경우에는 그 상으로 별을 받아 나중에 특별한 대가와 교환할 수 있는 '토큰경제 환경(Token-Economy Milieu)' 속에서 생활했다. 정신과 의사는 토니 자체에게 초점을 맞추기보다는 아동의 신경학적 시스템에 초점을 맞추어 그동안 토니에게 시도된 장기간의 약물 투여 기록을 읊어 주었다. 의사의 말에 따르면 대학병원에서는 공격성과 주의력 문제에 중점을 두어 리탈린(Ritalin)과 멜라릴(Mellaril)을 투여했지만, 주립정신병원에서는 그것보다는 분리불안에 따른 문제를 해결하는 것이 약물치료의 주목적이라고 설명했다. 그런 취지에서 클로니딘(Clonidine)을 간헐적으로 처방하였는데, 투여와 비투여 시 그 차이가 분명하다고 했다. 또한 12월 말 즈음 항우울제와 함께 리튬(Lithium)을 투약하기 시작했다고 하면서, 그는 "불안정한 가정환경이 토니를 동요하게 만듭니다. 그 속에서 토니가 자기통제력을 기를 수 있기까지는 아직 갈 길이 멉니다."라고 말했다.

나는 나와 이야기한 열 사람 모두가 한결같이 자신만의 편협한 시각으로 가득 차 있다는 사실이 무척 인상적이었다. 내가 토니의 미래에 관해 질문했을 때, 그들의 대답은 이 아이가 앞으로 일 년 정도 더 입원치료를 받은 후에 그들이 말하는 소위 유사 기관이라는 곳에서 남은 생을 거의 살게 될 것이라는 말이었다. 아마 외래환자 전용 병원이나 구속이 좀 덜한 환경의 병원을 말하는 듯했다. 토니는 이제 겨우 열 살인데 말이다.

토니와 이야기를 나누게 되었을 때, 그는 내가 상상했던 것과 같은 그런 괴물이 아니었다. 다소 충동적이기는 했지만 자각이 있었고 나와 접촉하는 데도 아무런 문제가 없는 소년이었다. 그래서 나는 과연 토니를 진단했던 그들 중 단 한 사람이라도 그들이 내린 진단을 이 어린 생명과 관련지어 생각해 보려는 그 어떤 노력을 했는지 의구심이 들었다. 주정부는 토니의 치료비로 연간 십만 달러 이상의 비용을 지불하고 있었다. 2년 동안 이 아이는 실제 삶으로부터 격리되어 정신병동에 수용된 채 그 병리성이 관찰되어 왔다. 그러나 그 나이에 맞는 중요한 활동들이 거의 배제된 상태에서 토니의 병세는 더욱 악화될 뿐이었다. 더군다나 이 의사는 토니가 신경 시스템이 아닌 자신만의 세계 안에서 살고 있다는 자신만의 이론을 고집했다. 좀 더 희망적인 생각을 할 수는 없었을까 하는 생각에 안쓰러웠다.

잠시 후, 나는 토니와 그의 어머니를 만났다. 그녀에게 왜 토니가 이 곳에 있게 됐는지를 물어보았을 때, 어머니는 "저는 이 아이를 통제할 수가 없어요."라고 설명했다.

"그럼 당신은 왜 여기에 와 있지 않은 거죠?"

나의 질문에 토니와 그의 어머니가 웃었다. 다소 이상한 질문이기는 했지만 나는 그 질문이 결코 우습다고 생각하지 않았다. 토니의 어머니는 혼란스러운 듯 나를 바라보았다. 나는 말했다. "당신과 토니가 서로에게 적응하지 않는 한, 아이는 여기에 있어야만 할 겁니다."

그러자 그녀는 "문제를 굉장히 다른 관점에서 보시는군요."라고 대답했다. 사실 그녀의 말이 맞았다. 내가 토니를 보는 관점은 이 아이는 자기 안에서 존재할 뿐만 아니라 가족과의 상호 관계 속에서도 존재한다는 것이었다.

상담 중에 토니가 짜증을 냈다. 나는 아이가 나이에 걸맞지 않은 행동을 하고 있음을 지적하면서 어머니에게 아이가 열 살답게 행동하도록 도와주기를 요청했다. 그녀가 제약을 가하자 토니는 곧 진정되었고, 나는 두 사람 모두에게 그 성과에 대해 칭찬해 주었다. 그 후 그 의사와 다시 이야기를 나누었다. 나는 이 소년이 집에서 지내면서 외래환자로 치료받을 수 있는데도 평생 감금될 상황에 놓인 것에 분개했다. 물론 그의 가족이 아이를 직접 돌보는 데는 또 다른 도움과 지원이 필요하겠지만, 이 아이에게는 외래치료가 더 효율적이고 고통을 덜어 주며 비용 또한 절감할 것임이 분명했다.

토니의 인생과 미래는 사람들의 아주 편협한 관점에 의해 계획되었다. 그러나 이 책은 전혀 새로운 관점에 대해서 쓰고 있다. 이것은 어느 정도는 나 자신에 관한 이야기이기도 하고, 또한 그 일부분은 나의 이론과 치료법에 관한 것이지만, 결국은 가족의 원동력에 대한 이야기를 하고 있다. 이 책은 이야기를 담고 있다. 왜냐하면 치료사들은 항상 이야기를 하는 사람, 즉 스토리텔러(storyteller)이기 때문이다. 우리는 마치 다른 이들의 삶을 탐험하는 인류학자와도 같다. 그리고 인류학자들처럼 다른 사람들을 묘사하는 데 있어서 필연적으로 우리 자신의 경험이 그 길잡이가 된다. 그러나 관찰자는 편견 없이 가장 중요하게 보이는 부분들을 선택해서 관찰된 사항을 잘 이해할 수 있도록 구성해 나간다.

그래서 나는 나의 가족 이야기로부터 이 이야기를 시작하고자 한다. 뒤에 거론될 가족드라마의 관찰자가 곧 나이기에, 독자 여러분은 먼저 나에 대해 잘 알아야 할 필요가 있다. 내가 누구인지, 나의 성장기 시절의 내 가족과 현재의 가족 그리고 내가 살아오는 동안 세상이 어떻게 변했는지를 이야기하는 이 과정은 곧 우리 모두가 비슷하게 경험하게 되는 가족의 변화에 대한 이야기가 될 것이다.

나중에 내게 치료받기 위해 온 가족들에 관해서 이야기하게 될 때 내가 우려하는 것은 가족 간 서로에게서 받는 스트레스와 그들이 직면한 어려움이나 비정상적인 면이 혹시나 어떤 흥밋거리로 여겨지지나 않을까

하는 것이다. 하지만 우리는 그 사람들을 정신과적인 실례 중 하나 정도로 여겨서는 안 된다. 그들 또한 우리와 똑같은 사람들이기 때문이다.

우선 나의 가족은 여러분의 가족과도 매우 비슷하게 보일 것이다. 그리고 내 가족이 이 책에 소개된 다른 가족들과도 얼마나 비슷한지가 분명해질 것이다. 전문가들은 치료사와 내담자 사이에 굵은 획을 그어 분리해 놓으려는 습성이 있다. 우리는 어떤 어려움이나 문제점에 중점을 두지만, 그것은 매우 인위적인 구분일 뿐이다.

이제 내가 어린 시절을 보낸 내 고향을 소개하고자 한다. 그곳은 유대 문화로 단단히 엮인 작은 유대인 마을로서, 그곳과는 큰 차이를 보이던 주류 사회로부터 마을을 보호하고, 연속성을 꾀하기 위해 내부로만 집중하는 그런 곳이었다. 이 마을은 아르헨티나의 농촌 지역이었지만 분명한 유대인 마을이었다.

11번 중심가는 아르헨티나의 엔트레리오스 주에 있는 작은 도시인 산 살바도르의 일곱 개 거리 중 하나다. '11'이라는 숫자는 더 밝은 삶을 희망했던 도시 계획자들의 낙천주의를 반영한 것이다.

우리 집에는 세 개의 침실과 두 개의 식당(하나는 손님용), 새로 설치된 욕실과 헛간, 분리된 부엌 그리고 하녀 방과 닭장이 있었는데, 아버지의 가게와 이어져 있었다. '농부를 위한 모든 것, 트랙터에서 에스퍼드릴(Espadrill)까지'라는 이름의 아버지 가게에는 큰 아연으로 덧댄 창고가 하나 있었는데, 아르헨티나 곡물을 세계로 수출하는 거대한 조합인 '번지 이 본(Bunge y Born)'이나 '드레이퍼스(Dreyfuss)'로 곡물을 팔 때까지 저장해 두는 장소였다.

그곳에는 사천 명의 사람들이 여섯 구획 안에 살았는데, 그중 1/4이 유대인이었다. 나는 그 여섯 구획 안의 모든 사람들을 알았고, 그들 또한 나를 알고 있었다. 우리 가문은 그 도시의 유력한 집안 중 하나였다. 왼쪽으로 우리 이웃에는 내 사촌 폴리나(Paulina)와 뚱뚱한 라 고르다(La Gorda)가 살고 있었다. 그들의 집과 길모퉁이 사이에는 엘리아스(Elias) 삼촌의 약국이 위치해 있었는데, 아버지가 열한 살이었을 때 거기서 약병 씻는 일을 했다고 한다. 우리 집의 오른쪽으로는 에스터(Ester) 고모와 이삭(Isaac) 고모부가 철물점을 운영하고 있었다. 그 옆집에는 아버지의 부모님인 호세(Jose) 할아버지와 하이아타블레(Jaiatable) 할머니가 살았는데, 자녀들이 두 분을 부양하고 있었다. 길 건너편에는 어머니의 형제인 베르나르도(Bernardo) 외삼촌이 살았다. 외삼촌은 아버지의 여동생인 하일리(Jailie)와 결혼해 슬하에 일곱 자녀를 두고 있었다. 그들은 옷 가게를 했고, 이삭 고모부의 어머니와 그의 형도 역시 같은 구획에 살았다. 우리 모두가 한집에서 같이 살지는 않았지만 대가족의 일원이라는 생각은 뼛속 깊이 새겨져 있었다.

이제 11번 중심가의 문을 하나 열고 그곳의 이야기를 해 보자. 먼저 철물점 주인인 남편은 마른 체형에 깔끔했지만, 아내는 살이 쪄서 무기력하게 늘어져 있었고 단정하지 못했다. 부부는 서로에게 언성을 높였지만 아내의 목소리가 항상 더 컸다. 그 마을에 사는 모든 사람들은 부인이 다른 도시에서 온 외판원과 내연 관계라는 사실을 알고 있었다. 무엇에 이끌려 바람을 피우게 되었는지는 의아했지만 나 역시 그 소문의 사실 여부를 의심해 본 적은 없었다.

나이가 많고 독신인 약사가 있는 또 다른 문을 들여다보자. 그는 낭만주의 시인처럼 머리를 길게 기르고 있었지만 말투는 처방전에 쓰인 용어처럼 무뚝뚝했다. 그는 유부녀인 열 살 연상의 미모의 교사와 데이트를 하곤 했는데, 어찌 보면 마치 소포클레스(Sophocles)나 아리스토파네스(Aristophanes)가 쓴 그리스 희곡처럼 그렇게 흘러갔노라고 할 수 있다. 15년 뒤에 여전히 마른 체형의 그 약사는 자기보다 스무 살이나 어린 그 여교사의 아름다운 딸과 결혼했는데, 훗날 그녀가 누구에게 자기 아버지에 대한 복수를 했을는지는 불을 보듯 뻔한 일이었다.

또 다른 문에 들어서면 페레즈(Perez)의 아내인 마리아(Maria)가 있다. 그녀는 상상임신을 했고, 그녀의 배가 불러 오는 동안 우리 모두는 태어나지도 않을 아기를 기다리고 또 기다렸다.

이 외에도 무수한 이야기가 있다. 어떤 남자는 자살을 했고, 어떤 가족은 정신박약아가 태어나자 가족의 수치라 여겨 항상 그 애를 가두어 두었다. 그러나 모든 사람들이 그 이야기를 이미 알고 있었다. 하지만 어렸을 적 우리의 기억 속에 가장 상세하고 또렷이 남아 있는 것은 성적인 이야기였다.

내 기억에 한 번은 이발소와 정육점 두 곳 그리고 빵집과 영화관, 약국과 식료품점에 들어갔는데, 그때 그곳 모두가 유대인 가게라는 사실을 알게 되었다. 두 군데 은행을 제외하고는 유대인 가게가 아닌 곳이 없었다. 아마도 유일하게 주간신문사 사장인 테네라니(Tenerani) 정도일까. 나는 늘 그 집의 작은 아들과 큰 싸움을 하곤 했는데, 우리는 둘 중 누군가의 코에서 코피를 보기 전까지는 자존심을 걸고 싸움을 멈추지 않았다. 지금은 아무것도 아니지만 그때는 누가 코피를 흘렸는지가 무척 중요했다.

우리 가족은 러시아 식 유대인촌에 살았는데, 그곳은 아르헨티나 문화 속에서 많이 바뀌고 변형되면서 점점 발전해 갔다. 우리 유대인들은 서로의 가게에서 물건을 사면서 힘을 뭉쳤고, 변화무쌍한 아르헨티나 도시에 공존하면서도 각각의 공동체는 자급자족하고 있었다. 심지어 술주정꾼까지도 자기 공동체가 있었다. 유대인인 굿슨(Goodson)은 일주일에 한 번씩 시내에 물고기로 가득 찬 수레를 끌고 왔다. 그는 종종 그라파(Grappa, 포도 짜는 기계 속의 찌꺼기를 증류한 술 - 역주)에 취해서는 손님들에게 무례하게 굴면서 "생선을 사고 싶으면 한 번 진창 마셔 봐."라며 고래고래 소리를 지르는 바람에 거래가 취소되곤 했다. 동네 아이들에게는 그 장면이 우스워 미칠 지경이었다. 유대인이 아닌 페인트공인 스핀돌라(Spindola)는 싸구려 와인에 취할 때면 목이 터져라고 큰 소리로 "나는 살바도르의 스핀돌라다!"라고 외쳐 대곤 했다. 마치 개가 달을 향해 울부짖는 것 같은 운율로 길바닥에 누워서 하늘에다 대고 욕을 할 때면 그것은 마치 세상을 향한 도전처럼 보였다.

나는 "애국하라, 유대인을 죽여라!"라는 낙서들이 쓰여 있는 마을에서 유대인으로 자랐다. 하지만 아르헨티나 음악을 들으며 술을 마셨고, 그 지방의 귀신 이야기를 듣고 자랐으며, 아르헨티나의 여느 시골 아이들처럼 다른 아이가 땅에 그어 놓은 선을 넘어가거나, 귀에 침 묻힌 손가락을 넣어 장난을 치며 싸움을 걸곤 했다. 무시당했다고 느끼면 예외가 없었다. 나보다 나이가 많고 강한 아이들과도 '자존심을 걸고' 싸우기도 하고 얻어터지기도 했다. 나는 나 자신도 모르는 사이에 그렇게 아르헨티나인으로 자라난 것이다. 설령 무모하다 할지언정 나의 자부심과 명예를 지키는 일에 있어서는 러시아 유대인인 것과는 아무런 상관이 없었다. 그것은 진정 라틴아메리카적인 것이었다. 멸시받는 소수민족으로서 나는 내 안의 유대인적인 부분을 멸시하면서 남들을 추월하기 위해 애쓰고, 그 때문에 나 자신을 미워하는 법을 배웠다. 아르헨티나 주류 사회의 편견을 내면화하면서도 내 안팎에 존재하는 편견의 불공정함과 싸우는 두 가지 모습으로 양분된 채 자라난 것이다.

세 살 때 나는 어땠을까? 다섯 살 때는? 그리고 여덟 살 때는? 내 기억의 단편들과 앞뒤가 맞지 않는 이야기들을 서로 연결된 하나의 줄거리로 구상해 보았다. 스토리텔링의 필수 요건은 항상 어린 시절의 이야기로 꾸며진다는 것이다. 그러나 이 같은 구성은 또 다른 관점을 위한 것이기도 하다.

나는 삼 남매 중 맏이다. 모두가 콜라(Chola)라고 부르던 여동생 사라 디나(Sara Dina)는 나보다 두 살이 어리고, 켈로(Kelo) 혹은 켈리토 (Kelito)라고 불렸던 남동생 로젤리오(Rogelio)는 여덟 살 아래다. 에스 터 고모의 아이들은 우리와 비슷한 또래였는데, 바로 옆집에 살아서 우 리는 대문에서 20야드씩이나 걸어서 돌아가는 대신 자주 울타리를 넘 어 다녔다. 아버지는 지역에서 무척 영향력 있는 분으로서 근면 성실하 여 성공한 분이었다. 어머니는 정성을 다해 아버지를 내조하셨다. "조 용히 해라. 아버지가 주무시잖니……. 아버지가 식사하시잖아……. 지 금 아버지 일하고 계신다……. 아버지가 피곤하시단다……." 어머니는 아버지의 생활이 체계적으로 움직이는 작은 세상이 될 수 있도록 해 주 는 감독관이었다.

아버지는 애정이 많은 분이셔서 우리를 자주 안아 주고 입 맞춰 주셨 다. 하지만 큰 회사와의 문제들을 해결하느라 항상 가게 일로 바쁘셨다. 아버지의 회사는 농부들로부터 곡물을 사고 다시 그들에게 쟁기, 트랙 터, 옷 등을 팔거나 다음 해 추수 때까지 융자를 해 주기도 했다. 아버지 는 공정한 사람이라는 평판을 받았는데, 고용인이나 고객들은 마우리시 오(Mauricio)는 정말 믿을 수 있는 사람이라고 입을 모아 칭찬하기도 했 다. 때문에 한 번의 악수로 사업상의 계약이 체결되곤 했는데, 정확성을 기하기 위해 장부에 기재하기는 했지만 사실상 원 계약은 악수를 통해 이루어진 것이다. 나는 이런 아버지를 존경했고, 아버지처럼 공정하고 정직하며 정의로운 사람이 되고 싶었다.

어머니 역시 일을 하셨다. 우리 집에는 상근하면서 요리를 담당하는 주방 하녀 한 명과 일주일에 두세 번 세탁을 하러 오는 여자 그리고 아 이들을 돌보는 소녀 한 명이 고용되어 있었다. 그들 모두가 집안일을 도 왔지만, 어머니는 언제나 먼지를 털며 청소를 하거나 뜨개질을 하고 계 셨고, 뭔가를 수리하거나 해야 할 일들을 계획하셨다. 어머니는 항상 **보 호자 역할**을 하셨는데, 그 대상은 바로 아버지, 살림, 가구 그리고 우리였다. 사실 누군가는 집안에서 질병과 더러움, 소란 등과 맞서야만 했던 것이다.

자애롭고 공정하면서도 종종 거리를 약간 두는 아버지와 보호적이면서도 지배적이고 항상 우리와 가까운 어머니, 이러한 부모님을 바라보는 관점은 유년기와 사춘기를 거치면서 수많은 상호작용을 통해 형성되고 강화되며 또한 재확인되었다. 물론 이 관점에 도전이 될 만한 많은 변화도 있었다. 그러나 가족이란 보수적인 유기체로서 제일 처음 선호된 경로로 발전해 나간다. 시간이 흐르면서 그 유기체는 안정되고, 결국은 너무 익숙해져서 거기에 어떤 변화가 오면 불편해진다. 그러는 동안 그러한 경로는 빠져나오기 어려운, 마치 정해진 길처럼 되어 버린다.

기강을 세우는 일은 매우 엄격하게 지켜졌으며, 아버지는 규율이 엄한 교사셨다. 어머니 역시 내가 규율을 깨뜨리면 화를 내시며 볼기를 치거나 귀를 비틀어 야단을 치셨다. 하지만 나는 그런 어머니를 무서워하지는 않았다. 그래서 오히려 어머니에게 화를 내거나 도망치고 말대꾸를 하거나 어떤 때는 잘못된 행동을 반복하기도 했다. 하지만 아버지는 전혀 다른 문제였다. 아버지는 화가 나면 왼쪽 뺨이 무의식적으로 씰룩거렸는데 그건 일종의 경고신호와 같았다. 아버지의 체벌은 철저히 규칙에 따른 것이어서 이치에 맞고 오히려 침착한 편이었다. 나는 잘못된 행동을 하거나 특히 거짓말을 하면 아버지가 볼기를 친다는 것을 알게되었다. 그래서 아버지가 단순한 손짓만 해도 그 명령을 거역한 적이 없었다. 아버지는 내가 왜 벌을 받아야 하는지를 정확히 설명하신 후 나를 무릎 위에 앉히고 벨트를 풀어 매질을 하셨다. 만약 아버지가 틀렸다고 생각했을 때는 나는 아무리 아파도 절대로 울지 않았다. 그러고는 아버지에게서 물러나와 입을 꽉 다물고는 침묵 시위를 하는 것이다. 그때는 몰랐지만 나는 고집이 센 아이였고, 아버지 또한 고집이 센 분이셨다. 초등학교 3학년, 내가 열 살 때 성적을 엉망으로 받은 적이 있었다. 나는 보통은 역사에서 9점을 받아 왔는데, 그때는 7점을 받았다. 그래서 아버지께 혼날까 봐 7을 고쳐 9로 만들었다. 그러나 내 성적 위조가 너무나 형편없어서 아버지는 곧 내게 그걸 고쳤는지 물어보셨다. 나는 부인했다. 아버지는 그렇다고 하고, 나는 계속 아니라고 했다. 그다음에 일어날 일은 불 보듯 뻔한 장면이었다. 매를 한 대씩 때릴 때마다 아버지는 내게 고쳤느냐고 물어보셨고, 내가 아니라고 하면 한 대를 더 때리셨다. "아니요!" "한 대 더!" "아니요!" 아버지는 내가 다칠까 봐 걱정스러워지셔서 내가 그랬다고 말하기를 마음속으로 바랐던 것 같다. 나는 끝까지 "아니요"라고 말했다.

어머니가 중재를 하려 했다. "잘못했다고 이야기해라."라며 애원하셨다. "아니요!" "여보, 제발! 애 잡겠어요!" 이젠 에스터 고모와 어머니 그리고 일곱 살배기 내 여동생까지 모두 아버지께 애원하고 있었다. 그리고 아버지도 마음속으로 내게 애원하고 있었다. 나는 고집을 꺾지 않았는데 사실 이미 그땐 그럴 수가 없었다. 나는 굴복하지 않는 데만 온 정신이 쏠려 있었고, 그것은 부모님의 권위에 대항하는 것이면서 또한 나를 방어하는 것이기도 했다. 결국 아버지와 나는 되돌릴 수 없는 상황으로 치닫고 있었다. 아버지의 의무는 나의 잘못을 벌하는 것이었지만, 나에게는 자존심의 문제였고 끝내 항복하지 않으려 했다.

60년이 지난 지금도 눈을 감으면 그때의 장면이 선명하게 떠오른다. 어머니가 애원하며 우는 소리가 들리고, 그때의 고통까지는 기억나지 않지만 나는 아홉 살짜리의 반항과 도전을 여전히 느낄 수 있다.

오늘날 그런 채찍질은 아동학대감이 된다. 아버지의 벨트는 내게 검푸른 멍을 남겼지만 난 한 번도 아버지가 나를 학대한다고 느낀 적은 없다. 그건 그 어느 누구에게도 마찬가지였다. 아버지의 채찍질은 바람직한 것이었고, 당신이 옳다고 생각한 것을 실행했던 것임을 다른 사람들도 다 알고 있었다.

성인이 되고 나서도 아버지는 내게 인생보다도 더 큰 존재였다. 그러니 그 시절 그곳에서 아버지의 권위란 그저 당연한 것일 뿐이었다.

나의 초기 기억 중 하나는 아버지의 어깨 위에 올라 앉아 유대교의 깃발 퍼레이드를 보는 장면이었다. 세 살 때였는데, 그날은 팔레스타인에 유대인 정착지를 형성하게 된 밸푸어(Balfour) 선언 5주년 기념식이었다.

아버지가 내게 첫 번째 말을 사 주셨을 때가 내 나이 다섯 살 때였다. 우린 망아지 페티소(Petiso, 키가 작다는 뜻)를 농장에 두었는데, 농장 일꾼 카스(Chas)가 끈을 풀어 주면 페티소는 나를 찾아 집으로 오곤 했다. 페티소와 함께 나는 아르헨티나의 시골 문화에 어울렸다. 다른 아이들처럼 나 역시 거의 켄타우로스(Kentauros, 반인반마 – 역주)처럼 들판을 뛰어다니며 놀았고, 일요일이 되면 가족들과 나들이를 갔다.

나는 아버지가 기차역 곡물창고를 감독하러 가실 때마다 따라다니기를 좋아했다. 아버지는 사업 문제를 나와 의논하시면서 관심을 가지고 내 의견을 물어보셨다. 사람들은 비(非)유대인 판사에게 가는 것을 꺼렸기 때문에, 문제가 생길 때면 아버지에게 중재를 요청하곤 했는데, 나는 그 사실이 자랑스러웠다. 아버지가 경찰서장 로페즈 씨 다음으로 힘이 있는 비유대인인 은행장과 협상하시는 모습도 자랑스러웠다. 나는 여전히 아버지에 대한 그런 기억을 떠올려 본다.

아버지와 어머니는 서로 다른 세계를 다스리셨다. 아버지는 아침에 가게에 나가셨고, 어머니는 집안을 정리하셨다. 우리는 걸어서 학교에 갔다가 정오가 되면 돌아왔다. 점심식사 때는 가족 모두가 모였는데 이때가 하루 중 가장 중요한 시간으로 곧 가족상담 시간이기도 했다. 아버지는 상석에 앉으시고, 어머니는 그 옆에 앉으셨다. 모두가 함께하는 시간이었기 때문에, 우리는 이 시간에 온갖 이야기를 나누고 학교 문제에 대해 의논하거나 혹은 부모님이 어른들 문제에 관해 이야기하는 것을 엿듣기도 했다.

그러던 1930년, 내가 아홉 살 때 찾아온 대공황(great depression)은 모든 것을 앗아 가 버렸다. 아버지의 사업은 몰락했고 갑자기 우린 아주 가난해졌다. 더 이상 하녀도 없고, 가게도 없었으며, 음식도 아주 귀해졌다. 어머니는 폴렌타(polenta, 보리, 옥수수, 빵가루 등으로 만듦－역주)를 차려 주면서 빵과 함께 먹으라고 하셨다. 이에 대한 내 기억은 아버지를 신화적인 존재처럼 만들어 버린다. 아버지는 삼촌과 함께 엔트레리오스에서 수백 마일 떨어진 코리엔테스까지 말을 몰고 오가는 가우초(gaucho, 카우보이)가 되었다. 거기에서 삼촌들 중 한 명에게 융자를 받아 소를 사서는 집으로 몰고 와 그 지방에 가서 팔았다. 그 일 년간에 대해 나의 상상력을 보태어 이야기하자면, 나는 아버지가 안장을 베개 삼아 하늘 아래서 잠을 자고, 작은 강에서 물고기를 낚고, 톰 믹스(Tom Mix), 진 어트리(Gene Autry)와 교대로 말을 타며 끝없이 펼쳐진 벌판에서 소떼를 몰고 다니는 모습을 상상할 수 있다.

그동안 나는 어른이 되어 가고 있었다. 어머니를 도와 감자와 유대인용 햄을 팔았고, 매일 아침 감자를 씻고 닦았다. 감자가 상하는 것을 막기 위해서였지만, 더러운 감자를 파는 것을 어머니의 미적 감각이 용납하지 않아서이기도 했다. 나는 지금에 와서야 왜 아버지만이 그렇게 영웅으로 비쳐졌고 어머니는 그렇지 않았는지가 무척 의아스럽기만 하다. 오랜 세월이 지난 후에야 나는 어머니의 강인함을 깨달을 수 있었다.

우리가 자라 감에 따라 세상도 변했다. 파블로(Pablo) 아저씨는 시외의 콘코르디아에서 우리 집을 방문할 때면 언제나 테이블의 상좌에 앉았다. 아저씨는 아버지 회사의 주요 동업자였고, 아버지보다 위였다. 그가 오면 우리는 모든 게 변했다는 것을 실감할 수 있었다. 나는 왜 아버지가 그 아저씨에게 그렇게까지 굽실거리는지, 또 왜 아저씨를 집안의 어른으로 대하는지를 이해할 수 없었기 때문에 파블로 아저씨를 무척이나 싫어했다. 어머니 역시 그의 독재적인 태도를 싫어했는데 이 사실이 곧 우리를 마치 비밀 동맹군처럼 만들었다.

할머니가 돌아가신 후 할아버지가 안식일이 시작되는 금요일 저녁 식사 때마다 오셔서 테이블 상좌에 앉으시면, 어머니는 촛불을 켜고 안식일 축복을 하셨다. 할아버지의 절대적인 권위가 의심받은 적은 한 번도 없었는데, 거구이신 데다가 하얀 수염에 테두리가 없는 작은 모자(주로 노인, 성직자용 – 역주)까지 쓰셔서 마치 족장처럼 보였다. 지팡이를 사용하셨지만 걷는 데 전혀 불편하지 않을 만큼 정정하셨기 때문에, 지팡이는 그저 보기 좋은 소품에 지나지 않았다. 게다가 할아버지는 86세에 돌아가실 때까지 빠진 이가 하나도 없을 정도로 건강하셨다.

어느 안식일 더운 여름 저녁에 어머니가 미지근한 맥주를 내놓은 적이 있었다. 할아버지는 곧장 일어나시더니 맥주를 어머니와 테이블 그리고 허공에다 뱉으셨다. 내 기억에 그 모습은 마치 분노에 찬 제왕의 몸짓과도 같았다. "네가 나한테 이러면 안 되지!" 어머니는 얼어붙었고, 아버지의 뺨이 실룩거렸다. 시간이 정지된 듯했다. 할아버지가 그 자리를 박차고 떠나셨던가? 아니면 어머니가 사과하고 테이블을 닦은 뒤 다시 다른 맥주를 가져다 드렸던가? 그 기억은 남아 있지 않다. 다만 내가 알 수 있는 것은 우리 집안에서 아버지가 할아버지에게 도전하는 것은 설령 그것이 자기 아내를 보호하기 위한 것일지라도 불가능했으리라는 것이다.

내 기억에 부모님은 무척 금실 좋은 부부셨다. 부부간에 갈등이 생기면 어머니는 한 걸음 뒤로 물러나 우울해하며 조용히 분을 삭이셨다. 불같은 성격의 아버지는 불같이 화를 내신 후 곧 사과하시고는 어머니가 받아들이실 때까지 끈질기게 애정 표현을 하셨다. 늦은 밤 두 분이 호세 마르몰(José Mármol)의 『아말리아(Amalia)』 같은 로맨스 소설을 서로에게 읽어 주시던 일이 기억난다. 나는 그렇게 해석하려 하지 않았지만, 사실 그럴 때면 애써 숨죽인 웃음소리가 들리곤 했다. 부모님이 부부로서 가졌던 강점은 서로가 서로를 필요로 했으며, 각자의 영역이 분명하다는 데 있었다. 엄격한 계급사회 내의 거대한 대가족 안에서 자신들에게 분명하게 정의된 각자의 역할을 수행함으로써 서로를 도왔던 것이다. 그들은 전통적인 역할, 즉 생계를 유지하고, 아내와 자녀들의 존경을 받는 아버지로서의 역할과 중요한 양육자인 어머니로서의 역할에 만족해했다. 내 생각에 어머니는 당신 인생의 첫 번째 목표를 아버지를 보좌하는 일에, 그다음으로는 자식들을 보호하는 일에 두셨다. 이 우선순위에는 추호도 의심의 여지가 없었던 것 같다. 어머니는 자신이 아버지에게 의존하고 있고, 그것을 당연하다고 여기셨던 것 같다.

도움을 주는 사람이자 다른 사람들을 위해 헌신하고 자신을 희생하며, 그들이 자신에게 의존한다는 사실을 신뢰하셨던 어머니는 종종 슬픔에 빠져 계셨다. 그러나 그 누구도 어머니의 슬픔이 가족들 때문이라고 생각한 적은 없었다. 유대인으로서는 드물게 위임장도 없이 아르헨티나 군인으로 복무하던 조카 아브라함(Abraham)의 죽음 때문에 어머니는 일 년 넘게 슬픔 속에서 지내셨다. 우리는 그 일을 단순히 어머니의 타고난 민감성 때문이라고만 생각했다. 지금에서야 나는 어머니가 무척 사이좋은 가족의 아름다운 막내딸로 태어나 외할머니와 가까웠고, 여섯 형제로부터 보호를 받으며 자라 왔음을 깨달았다. 아버지와 결혼했을 때 어머니는 말을 타고서도 나흘이나 걸리는, 100마일 넘게 떨어진 마을로 이사 왔어야 했던 것이다. 그리고 아버지의 친척들 사이에 묻혀 아랫사람의 위치를 지켜야 했다. 그러나 당시에 어머니 자신을 포함한 우리 모두는 어머니가 **좋은** 아내로서 혹은 **좋은** 어머니로서의 역할 안에서 완전한 행복을 찾지 못하고 있다는 생각을 하는 것조차 부적절한 것으로 여겼다. 그래서 우리에게 어머니는 그저 '민감한' 사람일 뿐이었다.

부모님의 결혼생활에서의 조화는 두 분의 적절한 상호 보완에 바탕을 두고 있었다. 두 분은 서로를 보완하는 기술을 나름대로 개발해 냈고, 서로에게 부부로서의 필요를 충족시켰다. 그러나 이러한 극히 기능적인 관계는 오히려 제한적일 수도 있었다. 사실 아버지가 일흔다섯에 돌아가셨을 때 어머니는 위로조차 해 드릴 수 없는 상태였다. 어머니는 아버지를 편히 지내시게 하는 데 평생을 바치신 분이었다. 이제 어머니는 혼자였고 아무도 어머니를 필요로 하지 않았으며, 어머니는 그 외의 다른 삶의 방식은 전혀 알지 못했다. 그 후 2년 동안 어머니는 우울해하며 오직 아버지와의 추억만을 되새기며 지냈다. 이제 어머니에게는 아버지가 사용하셨던 기술들이 필요했지만, 그것들은 이미 어머니 안에 남아 있지 않았다. 그러나 어머니는 서서히 혼자만의 생활에 적응해 가면서 강인함과 다양한 능력으로 자신을 포함한 모든 사람들을 놀라게 했다. 미망인으로 지냈던 생애의 마지막 15년 동안, 어머니는 무척 생동감 넘치는 세련된 사람으로 변해 갔다. 어머니는 아버지가 했던 역할을 수행해 나가는 자신의 능력을 재발견했으며, 아버지가 생각지도 못했던 다른 방식으로 일을 처리해 갈 수 있다는 사실을 발견했다.

부부가 조화롭게 살아갈 때 경쟁은 필요하지 않으며, 자아에 대한 인식은 부부 구성원으로서의 인식과 서로 조화될 수 있다. 이것은 매우 효과적이며 가치 있는 것이고, 또한 미망인에게 필요한 새로운 자아에 대한 인식을 만들어 낼 수가 있다. 그렇기에 그만큼 어려운 과정이다.

푸에르토리코의 심령술사들에 따르면, 모든 사람은 각자의 미래를 결정하는 보이지 않는 기운(aura)을 타고난다. 나는 장남이었으므로(히브리어로는 b'chor), 다른 문화권에서도 그러하듯이 나 역시 부권을 물려받게 되었다. 나는 책임감 있는 아이로 자랐는데, 내 기억에 아버지는 자율성과 책임감을 기를 수 있는 상황을 일부러 만들곤 하셨다. 내가 열한 살이었을 때, 아버지는 중고차 1928년형 시보레(Chevrolet)를 한 농부에게 파시면서 판매 조건으로 그 농부로 하여금 내게 운전을 가르치도록 하셨다. 내가 고등학교를 다닐 때 아버지는 자동차 부품 가게를 하셨는데, 나는 그곳에서도 일을 했다. 아버지는 현금 상자에 있는 돈은 우리 것이고 내가 필요하면 언제든 가져가라고 말씀하셨지만, 난 한 번도 그렇게 하지 않았다.

어머니는 내게 장남으로서의 모든 대우를 해 주셨다. 하얀 교복에 풀은 잘 먹였는지, 식사는 충분히 했는지, 옷차림은 단정한지를 항상 확인해 주셨다. 심지어 나를 위해 직접 고기를 잘라 주시기까지 했다. 내가 아버지에게서 사려 깊음과 책임감을 배웠다면, 어머니에게서는 사람들이 항상 도움을 필요로 한다는 사실을 배웠다. 두 분은 나를 어른으로, 적어도 두 명의 비서가 필요한 의사나 혹은 발라보스타(balabosta, 유능하고 정리를 잘하는 여자)와 결혼한 건망증 심한 탈무드 학자가 될 수 있도록 키워 준 것이다. 나 스스로 약간 수정하고 개발시키기는 했지만, '도토리는 도토리나무에서 난다.'는 말처럼 나 또한 부모님과 그리 다르지 않았다.

정신적 새장은 마치 부러진 뼈에 깁스를 대는 것과 같다. 젖은 회반죽은 유연성이 있기 때문에 모양을 만들어 몸에 맞게 만들 수 있다. 그러나 굳어 버린 후에는 외부 골격과 같아져 뼈의 성장을 조정하게 된다. 우리 가족의 경우 각자의 정체성 형성은 눈에 띄는 단순함으로 엮인다. 대부분의 내 행동은 '책임감 있는' 것으로 간주되었다. 혹시 내가 무책임한 행동을 했더라도 그것은 단지 '서투르거나' '잊어버렸거나' 혹은 '몽상적'인 것이지 절대 '무책임한' 행동은 아니었다. 그리고 나는 서서히 책임감 있는 남자로 성장해 갔다. 새장이 나쁘다는 게 아니라 그것이 마치 팔꿈치를 굽히지 않고 테니스를 치는 것처럼 움직임의 자유를 제한한다는 것이다.

내 여동생 콜라는 풍부한 상상력의 소유자였다. 그녀의 관찰력은 비상하게 총명했으며, 그것을 사용하는 능력 또한 탁월했다. 하지만 여자아이인 데다 둘째였기 때문에, 그녀의 재능은 '귀엽다'거나 '아름답다'는 식이었다. 콜라는 이웃집에 놀러 다니면서 이야기를 해 주곤 했는데, 한번은 이웃집에 가서 저녁을 먹지 않았다고 말해 디저트를 더 많이 얻어먹은 적도 있었다. 이웃은 콜라가 그 말을 지어냈다는 것을 눈치챘지만 그만큼 내 여동생은 너무도 그럴듯하게 둘러댔던 것이다. 물론 이웃은 그것을 어머니에게 말해 버렸다. 어머니는 너무나 어이없어 하셨지만, 그 이야기는 가족들 간에 농담거리가 됐다. 이것은 심리사회적 정체성의 장점이자 동시에 비극적인 일이기도 하다. 한 번 역할이 정해지면, 그 자리는 그 사람이 하는 모든 행동의 색깔과 이름을 결정해 버린다. 콜라는 '귀여운 아이'였으므로, 그 애가 하는 모든 일은 그렇게 고정되었다. 그렇지만 콜라가 대단히 영리하고 상상력 또한 풍부하다는 사실은 인식되지 않았다. 이 사실은 그 애가 타고난 기운과의 조화를 방해할 뿐이었다.

내 남동생 로젤리오의 인생에서 책임감 있는 행동이란 무척 드물거나 혹은 의외의 행동일 뿐이었다. 그에게 기대하는 것은 항상 노력은 했지만 쉬운 길을 선호하는 아이라는 것이었다. 로젤리오는 나보다 훨씬 어렸기 때문에 우리는 어린 시절을 같이 보내지 않았다. 내가 집을 떠났을 때(우리 마을에 있는 학교는 5학년까지밖에 없었으므로, 나는 열한 살 때 집을 떠났다) 그 애는 겨우 세 살이었다. 가족이 로젤리오에게 만들어 준 새장을 내가 알아차리게 된 것은 그 이후의 경험을 통해서였다.

로젤리오는 우리 가족에게 있어서 격동의 시기였던 1929년에 태어났다. 대공황으로 인해 부모님은 혼란스러웠고 무일푼에다 무기력한 상태에 빠져 있었다. 미래에 대한 꿈에 젖어 있을 만한 시기가 아니었으며, 그날그날을 살아가는 게 유일한 관심사였다. 내 생각에 로젤리오는 기대를 덜 받으며 자랐지만, 막내로서 더 많은 보살핌을 받았으며, 거의 구속을 받지 않았다. 그 애가 무슨 일을 하든지 그저 묵인되었다. 내가 아버지의 아들이었고, 콜라는 어머니의 친구였던 데 반해, 로젤리오는 아마도 자기 자신을 그저 가족과 피를 나눈 '꼬마' 정도로 생각했을 것이다.

물론 성격 형성에 대한 이러한 설명은 완전하지 않다. 어린아이로서 우리가 가진 다른 많은 측면들이 관찰되거나 지지받고 보상받았으며, 그것들은 지금 우리가 가진 자원의 일부가 되었다. 우리는 분명히 표면 아래에 우리의 잠재력을 지니고 있었고, 언제든지 사용할 수 있었다.

우리 셋 다 결혼을 해서 자녀를 낳고 성공적인 전문가가 되었다. 여동생은 의료 인류학자가 되어 이스라엘에 살고 있고, 남동생은 그곳에서 정치학 교수를 하고 있다. 이것은 교육을 받지 못했던 우리 부모님이 우리의 장래에 대해 가졌던 의지를 말해 주는 것이라 생각된다. 또한 우리의 가족이라는 이름표는 명함이 되는 것이 사실이며, 마치 일본 사업가들이 명함을 교환하면서 그것에 따라 얼마나 더 공손하게 절할지를 판가름하듯이 그것을 사용하게 된다. 우리의 이름표는 우리 자신을 소개할 때 선호하는 방식이 되었고, 곧 우리가 되는 것이다.

정신분석학적인 신화는 지난 반세기 동안 이러한 견해를 재확인시켜 주면서 진정한 자아를 찾기 위한 복잡한 여행에 수백만 명의 사람들을 실어 보냈다. 그러나 '나 됨(I am)'은 계속 성장한다. 명함은 그렇지 않지만 말이다. 내가 결혼하고 아버지, 치료사, 교수, 작가, 연장자가 되었을 때, 지금까지와는 또 다르게 좀 더 복잡한 반응을 필요로 하는 새로운 관계가 형성되었다. 때로는 돈벌이를 위해 특정한 정체성을 택하는 배우처럼, 상황에 따라 나 자신의 부분 부분을 내보이기도 했다. 그러나 천천히 그리고 우여곡절을 거치면서 나 자신도 입체적인 존재가 되어 갔다.

나는 수공 기술을 배우지 못했다. 그래서 손재주가 없는 편이고, 나 또한 그 사실을 인정한다. 나와 아내 팻(Pat)이 이스라엘에서 돌아왔을 때 아들 대니(Danny)는 한 살이었고, 우리는 뉴욕 맨해튼 서부의 허름한 동네에서 살았다. 우린 가난했고, 팻이 뱅크 스트리트 교육대학(Bank Street College of Education)에서 일하며 받는 월급으로 겨우 생활하고 있었다. 거실에는 두들겨 만든 쇠다리가 달린 의자 세 개와 초라한 실내장식이 갖춰져 있을 뿐이었다. 나는 아내의 도움을 받아 소파를 만들기로 했다. 목재 저장소에서 문 한 짝을 얻어 와 다리 네 개를 달고 양 끝에 나뭇조각을 덧붙였다. 그 위에 매트리스를 얹고 니스를 바르고 광을 냈다. 갑자기 내게는 어머니가 늘 놀렸던 '열 손가락 엄지(Ten Thumbs, 열 손가락이 다 엄지인 것처럼 손재주가 없음을 놀리는 말 – 역주)'가 더 이상 존재하지 않았다.

인간은 달팽이와 같다. 우리는 기억의 껍질을 싣고 다니며 곧 그 자체가 된다. 나는 모두가 서로에게 책임이 있다고 배우면서 자랐다. 가족에 대한, 민족에 대한 그리고 타인에 대한 충실함은 내 일상적인 경험의 일부분이었고, 동시에 나는 단순히 타인에게 보호받기를 기대했다. 나는 그들에게 속해 있고, 내가 그들에게 의무를 다하는 식으로 그들 역시 나에게 의무를 다해야 했기 때문이다. 이것은 내게 세상은 예측 가능하고 합리적이며 안전한 곳이라는 느낌을 주었다. 따라서 비록 대공황으로 인해 우리의 생활이 크게 흔들렸음에도, 나는 미래가 내 것이라는 사실을 알았다. 나를 위한 자리가 있었고, 열심히 노력하기만 하면 되었다.

가족 내에서의 위계질서와 상호의존성은 내 성장의 밑바탕이 되었다. 심지어 나의 인지적 스타일, 즉 자세한 사항에는 그다지 관심이 없으며, 사람들과 관계를 잘 맺고, 때로는 창조적이 될 수 있으나 때로는 엉망이 되어 버릴 수도 있는, 연속적이지 않은 도약에 편안해하는 내 성격조차 꼼꼼한 사람과의 가장된 교류에서 기인된 것으로 생각한다. 내 세계 안에서의 인지 스타일은 성별에 의해 좌우되었다. 보살피는 사람

은 여성이었고, 물론 나는 이처럼 아동기 때 형성한 세계를 확장하고 수
정해 나갔다. 새롭게 알게 된 많은 진리들을 통합시키면서 어린 시절의
순진했던 진리를 다시 확실히 해 나갔다. 그러나 뿌리는 여전히 내 발끝
에서부터 내가 어린 시절 밟았던 세상으로 뻗쳐 있었고, 내 치료방법 역
시 부분적으로는 그 시절의 유대인촌에서의 생각에 기인하고 있다.

　이러한 출발 때문인지 나는 책임감, 리더십, 인간의 상호의존성 그리
고 청년기의 시오니즘(Zionism, 고대 유대인들이 고국 팔레스타인에 유대
민족국가를 건설하는 것을 목표로 한 민족주의 운동 – 역주)에서부터 정치
범, 소수민족, 빈곤층에 이르기까지 정당한 대의에 강한 동질감을 느낀
다. 이러한 동일한 출발로부터 대가족과 핵가족, 가족의 하위체계와 그
경계에 대한 연구가 가능해지고, 또한 개인적인 관점에서만 자신을 바라보
는 사람들로 하여금 자신이 가족과 다른 중요한 사회 집단의 구성원으로서 스스
로 알고 있는 것보다 더 많은 가능성을 지니고 있다는 것을 깨닫도록 이끌어 줌
으로써 그들을 돕는 방법에 대한 지식이 생성된다.

제2장

가족치료사가 되기까지
그 변화의 여정

변화의 여정에서 실제적인 시작이란 없다. 그러나 나 역시 논리적인 일관성을 지키지 못하는 인간의 보편적인 약점을 가지고 있기 때문에 전통적인 방법에 따라 내 어린 시절로부터 이야기를 시작했다. 물론 어린 시절의 기억이란 그 이후의 관점에 따라 채색되기 마련이다. 우리가 성장하고 나이를 먹어 감에 따라 우리의 이미지는 다른 빛깔과 다양한 의미를 가지게 되고, 마치 겹겹의 아교와 페인트칠을 한 시스틴 성당(Sistine Chapel)처럼 그 뜻은 명암과 감정의 여파로 인해 설명하기가 어렵다.

개인과 과거사에 큰 관심을 쏟는 정신건강 전문가들은 마치 배움과 경험이 어린 시절에 한정된 것인 양 아동기의 영향을 지나치게 강조해 왔다. 자아(self)가 개인 내부에 있다는 점에서 이러한 주장은 외관상 자명한 진리처럼 보일 수 있다. 그러나 자아가 유동적이며 다른 사람과의 상호작용을 포함한다는 인식은 명확한 지식으로까지 보이지는 않았다.

나 역시 대부분의 사람처럼 자신 내부에 있는 '나'에 대한 생각으로부터 이론을 시작했다. 사촌이면서 언제나 내게 가르침을 주었던 폴리나(Paulina)와 후아나(Juana)는 뇌에는 소뇌라고 불리는 부분이 있는데, 그 안에는 작은 새가 있어서 노래와 음악과 시를 만든다고 했다. 이 발상은 여섯 살짜리였던 나에게는 무척이나 재미있는 것이었고, 지금도 나는 내 안의 어딘가에 노래를 만들 수 있는 공간이 있다는 느낌을 가지고 있다. 나는 그 새가 사춘기에 내가 작성했던 시는 물론이고, 오늘날 치료 시 사용하는 비유, 이미지 그리고 아마도 유머의 원천이 되고 있다고 어느 정도 확신한다. 그러나 내가 배운 또 한 가지 사실은 '내가 가수이면 당신은 그 노래다(I am singer, you are the song).'라는 점이다. 이처럼 내가 만나는 모든 사람들은 나의 각기 다른 면들을 이끌어 내 준다.

자기 보유적인 개인에 대한 자연적인 관심을 넘어 맥락에 뿌리를 둔 개인이라는 좀 더 복잡한 관점을 배우기까지 내게는 몇 년의 시간이 걸렸다. 나는 꽤 어렸을 때부터 비행 청소년을 도우리라 결심을 했는데, 이는 총명하고 열정적이며 매력적이었던 고등학교 심리학 선생님의 영향 덕분이었다. 수업은 기억과 인식에 대한 19세기 연구에 관한 내용이었지만, 선생님은 항상 사람들에 관한 이야기를 해 주셨다. 그는 루소(Rousseau)의 변하지 않는 고결함에 대한 사상을 설명하면서 비행 청소년은 **사회의 희생자**라고 가르쳐 주었다. 이때 내 안의 무언가가 '사회의 희생자'를 옹호하는 사상에, 그리고 어쩌면 내 안에 있는 희생자를 위해 맞서자는 생각에 동요했다. 그래서 나는 심리학자가 되기 위해 변호사가 되기로 결심했다. 오늘날에는 이것이 직업을 결정하는 우회적인 방법으로 보일 수도 있겠지만, 당시 아르헨티나에서 심리학은 '철학과 문학'의 한 부분이었고, 여성의 일로 간주되었었다.

그러나 내가 열여덟 살에 대학에 들어갔을 때는 법과 심리학에 대해 까맣게 잊어버리고 있었다. 나의 할아버지는 이민 온 농부였고, 교육을 제대로 받지 못한 아버지는 성공적인 사업가였다. 이러한 환경에서 맏아들인 내가 배울 수 있는 게 무엇이 있었겠는가? 어머니는 내가 의대에 갈 수 있도록 후원자가 되어 주셨다. "모든 것을 위한 장소 그리고 그 모든 것은 제자리에." 이것이 새 노트의 첫 장에 어머니가 쓰신 글이었다. 어머니의 주의 깊은 보살핌과 자애로운 돌봄을 대신하기에는 터무니없었지만, 나는 그 노트를 가지고 코르도바로 가는 이틀간의 기차 여행길에 올랐다.

의대에서의 첫 3년은 그리 놀랄 일도 특별한 일도 없었다. 그러나 1944년 아르헨티나의 독재자 후안 페론(Juan Perón)이 대학을 장악했을 때 학생들은 저항했다. 우리는 대학 건물을 점거하고 주둔한 경찰들을 상대로 행진했으며, 강력한 슬로건으로 우리 자신을 무장했다. 그때 우리는 젊고 용감했으며 숭고했고, 그래서 순수했다. 소방관들은 강력한 소방 호스로 시위대를 저지하려 했다. 물에 흠뻑 젖은데다 기진맥진한 채 우리는 "야만인들이여! 너희가 우리의 생각까지 익사시킬 수는 없다!"라고 적힌 커다란 현수막을 들어 올렸다.

총 쏘는 법을 배운 적은 없었지만, 나는 눈을 가리고도 총을 분해하고 조립할 수 있는 방법을 배웠다. 당시에는 그것이 혁명군에게 필요한 기술로 간주되었다. 나는 그 총을 자랑스러움과 두려움 속에 지니고 다녔는데, 그때는 이상을 실현하기 위해 영웅적인 희생을 한다는 생각과 우리가 서로에게 속해 있으며 미래를 함께한다는 생각으로 가득 차 있었다.

상황이 바뀌어 나는 독방에 갇히게 되었다. 좁은 감옥에는 창문도 빛도 없었고, 시간은 느릿느릿 흘러갔다. 언젠가 브라질의 한 정치범이 독방에서 신문 기사를 쓰거나 정리하면서 몇 년간의 고독한 나날을 보냈다는 글을 읽은 적이 있었다. 그는 일어나지 않은 일들을 머릿속에서 기사로 썼고, 나라에서 일어나는 여러 가지 문제에 관한 사설을 썼다. 부패한 정부에 대한 그의 분노가 정신적인 생존의 도구가 된 것이다. 그래서 나는 나 자신의 이유를 구상하며 시간을 보냈으며, 특히 그 대부분은 초등학교 시절을 회상하면서 많은 시간을 보냈다. 자세한 기억이 또 다른 기억을 불러일으켰으므로, 나는 기억의 시작점을 찾곤 했다. 예를 들면, 1학년 때 시어(Sere) 선생님은 무늬 없는 까만 드레스와 올린 머리를 하셨다. 선생님이 간단한 대수 문제를 설명하기 위해 칠판에 연못 안의 파란색과 흰색 오리를 그리는 장면을 볼 수 있다. 그것을 깊이 생각하다 그다음 기억으로 넘어가고 우회로나 옆길을 찾아가다 확대되거나 수정된 지점으로 되돌아오는 것이다. 무엇이 실제 기억이며 무엇이 허구인지는 잘 몰랐지만, 이는 두려움으로부터 나를 보호해 주었다. 때로는 언제나 한밤중이었지만 특수 정치 경찰이 나를 끌고 갔다. 그들은 내게 사라(Sara)라는 이름의 여동생이 있는지 혹은 사무엘(Samuel)이라는 사촌이 있는지(둘 다 사실이었다)를 물어보고는 감방으로 돌려보냈다. 위협은 없었다. 그들은 단 한 번도 내 친구들을 위험에 빠뜨릴 만한 질문은 하지 않았다. 아마 그들은 이미 학생운동 지도자들에 대해 나보다 더 많이 알고 있었을 것이다. 그래서 질문은 그저 가학적인 게임에 지나지 않았다.

그로부터 일주일 후에 아무 설명도 없이 더 심각한 정치범들이 수용된 다른 감옥으로 옮겨졌다. 우리에게 다른 절차는 존재하지 않았다. 우리는 단지 '국가 원수'의 처분을 기다릴 뿐이었다. 초조함과 불확실함으로 가득 찬 시간이었음에 분명했지만, 내게는 과감하고 소란스러웠던 유머의 순간으로 기억되곤 한다. 우리는 서로에게 우리가 아르헨티나에서 유일하게 안전한 사람들이라고 말하곤 했다. 왜냐하면 아무도 우리를 또다시 감옥에 처넣을 수는 없을 것이기 때문이다. 우리는 체스를 배웠고 음식을 배급받을 때는 가장 좋은 자리에 서려고 여러 가지 전략적 궁리를 하기도 했다. 국자로 내 몫을 퍼 줄 때, 묽은 수프에 보일 듯 말 듯한 채소 건더기가 얼마나 섞였는지를 확인하는 일은 충분히 가치

있는 일이었다. 나는 우정과 신의를 배웠으며, 무력함과 증오심을 함께
나누는 것이 어떻게 전혀 다른 종류의 사람들로 하여금 유대감을 형성
하게 하는지도 알게 되었다.

　나는 석 달 동안 감옥에 갇혀 있었다. 그러다가 1944년 크리스마스에
갑자기 투옥되었던 그날처럼 코르도바의 모든 죄수들이 갑자기 석방되
었다. 원래 나는 유대인 학생운동 단체의 일원으로서 학생운동가였다.
그러나 감옥 생활은 내 정체성을 확장시켜 주었고 이제 나는 정치적이
되었다. 이것은 우리 가족에 대한 보증과도 같았고, 우리 마을과 전 세
계의 유대인에게까지 확장되었던 신의와 소속감이 이제 새로운 대상을
갖게 된 것이다. 정치 사범으로서 나는 많은 친구들 사이에서 일종의 상
징이 되었다. 처음에는 머뭇거리며 가장된 듯한 기분을 느끼기도 했지
만, 곧 도전자의 페르조나(Persona)를 가지고 살게 되었다. 그리고 조직
의 불공정함과 체제가 스스로를 보호하게 되면서 나타난 경직성을 직시
하고 연구하기 시작했다. 만약 스물한 살부터 일흔 살 생일 사이 내 인
생 여정에 선을 긋는다면 그 선은 불의와 이미 고착된 실재의 거짓에 대
한 도전으로 점철될 것이다. 이러한 생각이야말로 모든 가정(假定)과 확
실해 보이는 것에 대한 건강한 회의주의를 유지시켜 주며, 또한 나의 치
료에 있어서 희망의 원천이 되었다.

　1946년, 나는 의대를 졸업하면서 소아과 정신병동의 레지던트 과정
에 들어갔다. 애석하게도 심리학 훈련은 단편적이었고, 임상감독은 잘
이루어지지 않았다. 나는 아동 발달에 관한 책을 읽었고, 병원에 온 아
이들과 면담을 했다. 소아과 의사로서의 수련이 아이들과 이야기하는
법을 마법과 같이 훈련시켜 줄 수 있었더라면 좋았겠지만 실상은 그렇
지 않았다. 내가 소아과 의사로서 개업하던 1948년, 이스라엘은 전쟁
을 통해 국가가 되었다. 이로써 내 계획은 갑자기 변경되었다. 물론 내
가 고민했던 과정이 있었겠지만, 기억은 잘 나지 않는다. 그때 기억을

더듬어 보면 난 앞뒤 돌아볼 것도 없이 새로 구입했던 의료 장비들을 팔고, 부에노스아이레스의 유대인 병원에서 한 달간의 응급치료와 수혈 과정을 수료한 다음, 30명의 아르헨티나 젊은이들과 함께 배에 올랐던 것 같다. 전체적으로 그 여행 자체는 매우 교훈적이었다. 브라질의 바이아에 배가 도착했을 때, 그곳의 유대인 공동체가 우리를 기다리고 있었고 우리는 갑자기 영웅이 되었다. 제노아에 도착했을 때는 홀로코스트(Holocaust, 유대인 가스 수용소 – 역주) 생존자 캠프로 옮겨졌고, 갑자기 피난민이 되어 있었다. 이스라엘에 도착해 이집트 국경 근처인 네그바의 포위된 집단농장인 키부츠에 갔는데, 그곳에서 또 나는 키부츠(Kibbutz, 이스라엘의 집단농장 – 역주)의 일원이 되었다. 그리고 결국 팔마크(Palmach) 제4연대의 의사로 임명되었다. 그 연대는 군의 엘리트부대로 그곳의 장교들은 계급장을 달지 않았다. 그들은 다른 사람들과 동일한 봉급을 받았는데, 내 기억이 맞다면 한 달에 3파운드였던 것 같다. 나는 히브리어를 할 줄 몰랐지만 내 간호사였던 이착(Yitzhak)은 히브리어와 내가 하는 스페인 이디시어(Yiddish)와 유사한 독일 이디시어를 썼다. 우리 둘은 힘을 합쳐 루마니아어, 불가리아어, 헝가리어, 체코어, 스페인어(하나님도 무심치 않으시지), 라틴어 그리고 토박이 히브리어를 쓰는 열일곱에서 열여덟 살의 군인들을 겨우겨우 이해할 수가 있었다. 순식간에 나는 부에노스아이레스의 작은 병원의 개업의라는 일상적인 확실함으로부터 전시에서 젊은 병사들의 생사를 책임지는 자리에와 있었다. 나는 당황스러웠고 겁에 질려 있었으며, 내 의료 지식의 한계를 참담하게 실감하고 있었다.

어린 시절처럼 이 무렵의 내 인생은 많은 심층 구조를 가지고 있었다. 자세한 기억은 특별한 여운을 남긴다. 예를 들면, 전선에서 불과 4마일 떨어진 네게브에서 새벽에 혼자 부상자들을 기다리는 것 같은 장면이다. 야생 덤불의 뿌리 끝을 찾기 위해 4피트 이상을 파 내려간 적도 있었지만, 그것들이 우주와 닿을 만큼 깊이 박혀 있음을 발견했을 뿐이었다.

지금으로서는 기억하기 어렵지만, 당시의 이스라엘은 골리앗 같은 아랍 집단과 싸우는 다윗과 같은 존재였다. 국가의 생존이 우리의 손에 달려 있었다. 우리가 미래였고, 그 미래는 우리 모두의 것이었다. 우리는 중요한 무언가를 가능하게 하려고 노력했고, 물론 우리는 함께였다. 서로 다른 언어와 문화 그리고 옷과 기억을 지닌 채 전 세계로부터 온 모든 사람들이 다 내 형제이고 자매였다. 갑자기 내 버팀목이었던 아르헨티나 유대인이라는 정체성이 사라졌고, 애증이 없는 소속감은 나를 더 유대인답게 만든 것이 아니라 더 인간답게 만들었다. 나는 더 이상 스스로를 방어할 필요가 없었고, 다른 사람들과 함께할 수 있었다. 이 경험은 내 이론과 전문가적인 경험의 또 다른 주요 요소가 되었다. 경직된 패턴 위에 새로운 도전을 엮어 가는 작업은 다른 사람들에 대한 우리의 헌신이 불가피하다는 사실을 받아들이고, 소속감이라는 소중한 가치를 추구하고자 하는 욕구를 수용하는 것이었다.

전쟁이 끝나자 나는 이스라엘 군대를 떠났고, 소아 전문 정신과 의사가 되어 이스라엘로 돌아갈 계획을 하고서 1950년에 정신과 수업을 위해 미국으로 왔다. 브루노 베텔하임(Bruno Bettelheim)과 함께 연구하는 것은 수락되었지만, 뉴욕에 도착했을 때 시카고까지의 먼 거리에 압도된 나는 그냥 다른 많은 이민자들과 마찬가지로 도착했던 그곳에 머물렀다.

나는 완전히 색다른 두 환경에서 동시에 훈련을 받았다. 벨뷰 병원(Bellevue Hospital)에서는 시간제 정신과 레지던트로서, 로레타 벤더(Lauretta Bender)의 지도 아래 정신병에 걸린 아동들을 연구하면서 지나치게 불안한 아이들의 행동을 관찰하고 진단하는 법을 배웠다. 혼란과 고통에 직면하면 우리는 인간 특유의 충동 단계로 후퇴하게 되는데, 그것은 우리가 무언가를 이루고 있다는 환상에 빠져 있는 동안 우리 자신을 격리시키는 방식이다. 그러나 정신병의 발달과정에 대한 이해도 부족했고 심리치료에 대한 시도조차 없었다. 우리가 아동들을 진찰한 것은 치료적인 문제 해결의 한 부분으로 볼 수도 없었으며, 그저 진단을 내리는 것에 불과했다.

또 다른 직장인 유대인보호위원회(Jewish Board of Guardian)에서 나는 아동정신과의 특별위원으로 일했다. 나는 그곳의 기숙사인 호손 시다 놀즈(Hawthorne Cedar Knolls)에 거주하면서 일했다. 스무 명의 정서장애 아동들과 별채에서 함께 지냈는데, 그곳에서 우리는 치료적인 환경을 만들어 아동들의 생활에 적극적으로 개입했다. 정신역동 개념으로 지도받는 개별 치료과정도 있었지만 다른 개입들은 덜 전통적인 편이었다. 한 번은 나의 임상감독자였던 소벨(Sobel) 박사에게 내 내담자였던 열일곱 살 소녀의 사례를 가져간 적이 있었는데, 이 소녀는 상담자인 나를 유혹하려고 했다. 그녀의 행동이 나를 혼란스럽고 당황스럽게 하여 소벨 박사에게 물어보았다.

"당신이 유혹에 넘어가기 쉬운 남자라고 그녀에게 이야기해요."라고 소벨 박사는 조언했다. "'난 이미 너에게 관심이 있으니 그렇게 열심히 노력하지 않아도 된단다. 그렇지만 만약 내가 마음 가는 대로 행동한다면 너에게 도움이 되지 않을 거야.'라고 말해 주세요." 이 말은 그녀의 매력에 반응을 보여서는 안 된다는 내 생각으로부터 나를 자유롭게 해주었다. 하지만 그 경험은 치료사가 소파 뒤에서 아무런 개입 없이 치료하는 것이 이상적이라는 그런 것과는 분명 거리가 있었다.

나의 수련과정이 정신분석에 관한 것이었기에, 나는 프로이트(Freud)의 책을 읽었고 그의 글에 빠져들었다. 하지만 강의실에서 앉아 배운 이론을 별채에서 하던 일과 연결시키는 것은 힘들었다. 어쨌든 한 무리의 심리적 에너지(psychic energy)가 존재한다는 생각은 아동들보다는 수리학과 더 관련이 있어 보였다. 수업 시간의 이론과 별채에서의 현실을 다루어야 하는 일은 내가 가진 진리에 대한 도전이었다. 서로 다른 개념이 뒤죽박죽되면서 혼란스러웠지만 다른 사고방식들은 내 수련을 재평가할 수 있는 역동적인 긴장감을 만들어 냈다.

1951년, 나는 아내와 결혼해 이스라엘로 이주했다. 또한 나는 청년 알리야(Youth Alijah, 유대인의 이스라엘 이주 – 역주)라는 기관에 속한 다섯 곳의 정신장애아 시설의 공동 책임자가 되었다. 이 기관은 유럽의 고아들을 데리고 온 곳으로서 이후 그 대상이 전 세계의 다른 지역으로까지 확산되었다. 나는 나의 미국식 교육을 이스라엘의 상황에 적용하려 애썼고, 무지에서 허둥거리고 있는 나 자신을 발견했다. 공동 책임자였던 슐라밋 클리바노프(Shulamit Klebanoff)는 교육자로서 집단 역동에 대한 보다 넓은 이해와 청소년을 위한 교육 환경을 개발하는 데 경험이 많은 사람이었다. 개개 아동에 대한 나의 보잘것없는 이해는 다른 문화의 아동들에 대한 그녀의 폭넓은 지식과 계속해서 부딪쳤다.

우리는 유럽의 홀로코스트 고아들뿐만 아니라 인디아, 예멘, 이란 그리고 모로코에서 온 아동들도 연구하고 있었다. 그 기관들의 책임자들은 모두 이스라엘의 농업 단위인 키부침(Kibbutzim)과 모샤빔(Moshavim, 협동조합 농장) 문화에 젖어 있는 사람들이었고, 단체를 지휘하는 데 익숙한 사람들이었다.

내가 사람들의 삶에 있어서 문화와 상황이 얼마나 중요한지를 발견하기 시작한 것이 바로 그곳에서였다. 나에게 있어 유대인다움이란 항상 단결하는 모습, 즉 적대적인 외부 세력으로부터 보호하는 집단을 형성하는 것이었다. 그러나 이제 다른 인종 집단 사이에서 내분에 의한 갈등을 보기 시작했다. 아슈케나짐(Ashkenazim, 중 · 동부 유럽 출신의 유대인)은 세파르딤(Sephardim, 스페인과 포르투갈의 유대인 – 역주)과 인종적인 갈등을 겪고 있었고, 예멘인은 불가리아인과 싸웠으며, 모로코인은 이 모두와 투쟁하고 있었다. 그것은 다양성이 아닌 편협한 신앙일 뿐이었다.

나는 다양한 환경 안의 사람들에 대해 더 잘 이해하기 시작했다. 한번은 열네 살짜리 모로코 소녀가 내 사무실 안에서 나비를 보더니 "무스타파(Mustafa)!"라며 비명을 질렀다. 그 나비가 임종 때 입을 다물지 못한 그 애 아버지의 영혼이라고 그 소녀가 설명했을 때, 나는 그것이 정신병적인 반응이 아닌 문화적인 것임을 알았다. 또한 전쟁 중에 언제나 은신처를 찾아 옮겨 다녔던 아이들을 만났을 때는 경직된 구조의 집단을 갈망하는 그들의 욕구가 개인의 병리적인 문제라기보다는 오히려 상처받고 고갈된 희생자들이 정신적인 깁스와 같은 외부 골격을 필요로 하는 것임을 깨달았다. 나는 인간의 적응 능력과 성장을 위한 가능성 그리고 지지를 제공하는 집단의 힘에 대해 이해하기 시작했다. 그러나 한편으로는 점점 더 많은 무지함을 느꼈다. 당시의 무지함이란 정신분석 수련을 통해 치료될 수 있을 것 같았다. 그래서 나는 그 학문적인 해답을 찾기 위해 아내와 함께 미국으로 다시 돌아왔다.

1954년과 1958년 사이, 나는 뉴욕의 화이트 정신분석 연구소(White Institute of Psychoanalysis)에서 수련했다. 내가 그 프로그램을 선택한 이유는 대인관계적 정신분석의 창시자인 해리 스택 설리번(Harry Stack Sullivan)의 사상에 끌렸기 때문이다. 그는 정신분석가를 참여하는 관찰자로 보았으며, 인간 발달과 병리에 대한 그의 생각은 한 개인을 그 개인이 처해 있는 상황 속에서 이해한다는 관점을 포함하고 있었다. 또한 나는 인간이란 문화에 뿌리를 둔다는 입장을 가진 에리히 프롬(Erich Fromm)의 저서와 가르침, 카렌 호나이(Karen Horney), 에이브러햄 카디너(Abraham Kardiner), 에릭 에릭슨(Erik Erikson)과 같은 다른 문화적 입장의 정신분석가들에게도 매혹되었다. 나는 기대어 누운 환자의 뒤에 앉아 그들이 하는 말과 말처럼 들리지 않는 소리를 듣고서 그 의미를 관찰하며 나의 충동적인 반응을 억제하도록 배웠다. 본래 대화하는 것을 좋아했기 때문에 그렇게 침묵을 지킨다는 게 나로서는 고역이었지만, 나는 정해진 절차를 따랐고 내가 옆에 있다는 것을 환자가 알 수 있도록 가끔 소리를 내 주었다. 가끔 내가 한마디 말을 하면 그 앞뒤 침묵의 효력 때문인지 내 말은 대단한 중요성을 띠게 되었다.

정신분석 연구소에서 수련하는 동안 윌트윅 소년학교(Wiltwyck School for Boys)의 비행 청소년들을 상담하기 시작했는데, 이것은 사실 문제아 청소년들을 도와주려던 내 청소년기의 꿈으로 되돌아가는 것이었다. 이 일은 종종 분석을 받으러 찾아온 자기 표현이 분명한 중산층 성인을 상대하는 것과는 매우 달랐다. 그들에게는 매우 적극적인 형태의 치료가 필요했기 때문이다.

윌트윅에서 가족치료를 시작할 무렵에도 개인 정신분석 수련을 계속하고 있었기 때문인지 나는 반복적으로 분리를 경험하고 있었다. 이러한 분리는 나의 초기 수련의 특징이자 지금도 여전히 많은 전문가들의 현실이기도 하다. 이 두 가지 형태의 치료법은 매우 다른 두 가지 가설로부터 나온 것인데, 한동안 나는 그 둘 사이의 엄격한 분리를 지켰다. 그러나 서서히 가족치료로부터 오는 경험의 힘이 강해지면서, 내담자 개인이 말하는 부모, 배우자 혹은 형제들에 대한 정보에만 의존하는 것이 불가능해졌다. 그래서 다른 가족구성원들은 어떻게 응답하는지를 직접 듣고 싶어졌다.

내가 개인치료와 가족치료를 병행하던 그 시기에 개인치료에 대한 나의 접근 방식이 바뀌었다. 나는 개인 내면의 역동성이나 병리보다는 다른 사람들과의 상호작용에 더 집중하게 되었다. 내가 그렇게 깨닫기 시작한 것은 60대 후반의 한 이탈리아 미망인이 급성 편집증 증상으로 도움을 요청했을 때였다. 정신과 의사는 입원을 권유했지만, 그녀는 당시 자신의 인생에서 매우 중요한 사람이었던 오빠의 죽음을 슬퍼하는 깊은 애도의 시기를 겪고 있었다. 이런 힘든 시기에 어느 날 그녀가 25년 동안 살던 집에 도둑이 드는 사건이 발생했다. 그녀는 이사하기로 결심하고 이삿짐센터를 불렀는데, 그때부터 악몽이 시작되었다. 일꾼들은 물건들을 어디로 옮길 것인지 그녀에게 묻기 시작했고, 고의적으로 귀중품을 다른 곳에 놓아두었다. 가구에는 분필로 암호를 적어 놓기도 했고, 그녀가 밖으로 나갈 때면 비밀 신호를 서로 보내면서 그녀의 뒤를 따라나섰다. 이쯤 되자 그녀는 자신이 과민반응을 보인다는 사실을 깨달았고, 스스로 정신과 의사를 찾아갔다. 의사는 안정제를 주면서 입원을 권유했지만 그녀는 입원을 거부했고, 결국 친구의 친구를 거쳐 나에게까지 온 것이었다.

미망인의 이야기를 듣고 나서 나는 그녀에게 그녀가 자신의 보호막인 껍질을 잃어버렸다고 이야기해 주었다. 지금까지 그녀 곁에서 익숙하면서도 그녀를 보호해 왔던 모든 것 말이다. 오빠를 잃자마자 바로 구석구석 알고 있었던 집, 모든 물건과 이웃을 떠났고, 결국 그녀는 허물을 벗은 갑각류처럼 상처 입기 쉬운 상태가 되어 버린 것이다.

나는 그녀에게 새로운 껍질을 자라게 하면 문제는 사라질 것이라고 확신시켰고, 어떻게 하면 그 껍질을 빠르게 성장시킬지를 의논했다. 우리는 그녀가 모든 짐을 풀고 사진을 걸고 책을 책장에 정리하는 등 새 집에 익숙해질 수 있도록 집 안 정리를 하기로 결정했다. 당시 나는 작가 조르주 심농(Georges Simenon)이 새로운 책을 쓸 때 어떻게 자신의 생활을 정리했는지에 대한 글을 읽고 있었다. 그는 그날의 순간순간이 그 전날과 비슷하게끔 만들었다. 외형적인 생활이 완전히 일상적이면서 예측 가능해짐으로써 눈에 띄지 않게 될 수 있었다. 이것이 바로 이 미망인이 해야 할 일이었다. 그녀의 모든 움직임은 관례화되어야 했다. 마치 일정한 시간에 일어나고 일정한 시간에 쇼핑을 하거나 같은 가게의 같은 계산대에 가는 것과 같은 것이다. 게다가 그녀는 새로운 동네에서 두 주 동안은 새 친구들을 사귈 계획이 없었다.

그녀는 옛 친구들을 만나러 가려 했고, 나는 친구들이 걱정하지 않도록 그들을 만나도 자신의 두려운 경험에 대해서는 절대 이야기하지 말라고 당부했다. 그리고 만약 누군가가 그녀의 문제에 대해 묻는다면 그것이 단순히 근심 많은 노인들의 걱정거리일 뿐이라고 대답하라고 했다. 이렇게 그녀의 경험이 익숙해지기 시작하자 증상은 빠르게 사라졌고, 그녀는 자신이 원했던 독립심을 가지고 새 아파트에서 계속 생활할 수 있게 되었다.

이 경우 나는 이 미망인을 전환기의 위기를 겪고 있는 정상인으로 보았고, 그녀의 증상은 내면의 병리성이 아닌 생활환경에 의한 것이라고 판단했다. 나는 그녀를 정상적인 애도기에 있는 사람으로 보고 이사를 하는 경험이 그녀로 하여금 편집증 상태와 유사한 위기를 야기했다는 입장을 취함으로써 그녀가 자신의 세계를 재조정할 수 있도록 도왔던 것이다. 결국 나는 상황을 장악함으로써 그녀를 보호해 주었고, 그녀가 '새로운 껍질을 자라게' 하는 동안 그녀를 이끌어 주었다.

일상생활 속에서 사람을 연구해야 한다는 생각이 발전하면서, 나는 보호시설에 있는 비행 청소년들의 가족을 만나는 것으로 나의 연구를 확장해 갔다. 그리고 이스라엘 내의 다양한 인종적인 배경을 가진 추방당한 아동들을 연구하면서 문화적 혹은 사회적 이슈 모두에 주의를 기울이게 되었다. 그래서 뉴욕에서 흑인이나 푸에르토리코 아동과 그 가족들을 만나는 동안 '병리성'에 대한 나의 인식은 그들의 삶을 해체시켜 버린 사회적 상황의 병리성이라는 보다 넓은 입장으로 정리되어 있었다.

월트윅에는 흑인과 스페인 빈민층이 모여 사는 할렘이나 뉴욕의 빈민가에서 온 비행 청소년들이 살았다. 그들은 월트윅에서 1~2년 정도 살다가 가족들에게로 돌려보내졌다. 당시 나는 딕 어스월드(Dick

Auerswald), 찰리 킹(Charlie King), 브럴리오 몬탈보(Braulio Montalvo), 클라라 라비노위츠(Clara Rabinowitz)와 같은 갱생지도 프로그램 팀의 의욕 넘치는 전문가들과 함께 근무했다. 우리는 곧 서로서로 가장 중요한 사실을 공유했다는 것을 알아차렸다. 그것은 자신의 생활에서 격리되어 시설에서 치료받고, 또 그 이후 피할 수 없는 압박감이 엄습하는 할렘으로 돌아간 청소년들을 정기적으로 치료하면서 과연 우리의 치료가 그들에게 어떻게 도움이 되었는지를 의심하게 된 것이었다.

그래서 우리는 그 아이들과 가족들을 함께 만나기 시작했다. 돈 잭슨 (Don Jackson)[1]은 자신의 논문에서, 개인이란 중요한 사회 네트워크의 구성원들과의 연결을 무시하는 간단한 과정을 통해서 '생산된' 인위적인 구성체라고 설득력 있게 주장했다. 우리는 갱생지도 가족과 아직 시설에 수용되어 있는 아이들의 가족 모두를 연구하면서, 가족구성원 모두를 한 방에서 동시에 만나기 시작했다. 한쪽에서만 상대방을 바라볼 수 있는 일방경(one-way mirror)을 갖춘 치료실을 만들면서, 우리는 가족들과 함께 서로의 치료를 지켜볼 수 있게 되었고, 이러한 만남 속에서 그 역학을 찾아 연구할 수 있게 되었다. 그리고 우리는 우리 자신을 가족치료사라고 불렀다.

그 당시 나는 정신분석 수련 중에 있었고, 집단역학과 집단치료에 대한 경험이 있었다. 팀의 다른 사람들 역시 개인 및 집단 정신역학치료에 기초를 두고 있었기 때문에, 스스로 가족 인터뷰를 할 준비가 충분히 되어 있다고 생각했다. 그러나 얼마 지나지 않아 우리는 곧 다른 현실에 놀라게 되었다. 개인이나 집단에서 청소년과 마주 앉았던 경험만으로는 가족과의 대면에서 오는 충격을 다룰 수가 없었던 것이다.

---

[1] D. D. Jackson, The question of family homeostasis, *The Psychiatric Quarterly Supplement* *31* (1957): 79-90.

우리는 개인의 드러나는 행동을 통제하는 보이지 않는 내적 역학 관계를 찾아내도록 훈련받아 왔다. 그래서 호기심을 가지고 조심스럽고도 솜씨 있게 그리고 참을성 있게 인내한다면 환자들이 조만간 아리아드네(Ariadne)의 실을 풀어 우리를 마음의 미궁으로 이끌어 줄 것이라고 확신하고 있었다. 우리는 이제껏 만난 청소년들을 상대하면서 그들의 초기 기억 속에 있는 공격성과 두려움 그리고 불안의 뿌리를 조사함으로써 세상에 대한 그들의 현재 시각을 이해할 수 있기를 기대했다. 그래서 심해의 잠수부들처럼 사람들의 내적 동기를 찾아내어 환자들이 독자적인 행동을 할 수 있도록 도와주고, 그들이 자신의 인생을 꾸려 나갈 수 있는 존재임을 깨닫도록 도와주려고 했다.

그러나 가족치료를 하는 동안 우리는 갑자기 행동이나 감정의 발단에 대한 확신을 잃어버렸다. 왜냐하면 그들의 행동이나 감정은 다른 가족구성원들의 행동과 감정에 대한 반응이었고, 가족들 또한 그러한 행동과 감정에 반응한다는 사실을 발견했기 때문이다. 우리는 모든 행동을 작용 또는 반작용이라는 전혀 다른 시각으로 보기 시작했다. 또한 행동을 관찰하고 거기서 의미를 추론하는 새로운 관점을 개발했다. 예를 들면, 공격적이고 파괴적인 구제 불능의 청소년은 무능하고 지친 채 학대받는 어머니의 유일한 보호자로 여겨질 수 있다. 가족구성원 개개인의 기억은 이제 현재와 상호작용하는 그들 모두의 경험을 통해 도전받았다. 우리는 단지 듣는 것뿐만 아니라 볼 수도 있어야 했다. 거기에는 보이지 않는 코드와 공유된 신호가 있었으며, 그것은 단지 한 개인이 아니라 많은 가족구성원들을 일정한 패턴 속에서 반응하여 움직이게 했다. 우리는 그러한 사건들을 예측하고, 가족의 역할 패턴을 이끄는 이면의 구조를 발견하기 시작했다.

그러나 이러한 새로운 이해는 감정의 갑작스러운 폭발 속에서 서서히 이루어졌다. 사실 우리가 치료하고 있는 동안은 내용을 반성해 볼 시간이 없었다. 다른 형태의 치료에서는 치료사가 어느 정도의 조정권을 가지기 때문에 환자에게 반응할지 안 할지를 정할 수 있고, 그 반응의 성격과 강도 역시 조절할 수 있다. 그러나 가족들과의 치료 장면에서는 우리가 통제한다는 것이 불가능한 것 같았다. 그들만의 공통 문화와 역사, 의사소통 방식 그리고 서로에 대한 절대적인 충성심과 경쟁심 앞에서, 우리는 우리 자신이 마치 방문객이나 이방인이 된 것처럼 느껴졌다. 우리는 그들 안에 들어가 신뢰를 얻고 우리의 유용함을 보여 주는 방법을 배워야만 했다. 무엇보다도 새로운 개입 방식을 개발해 우리의 새로운 이해를 반영할 필요가 있었다.

우리의 경우 좀 더 반영적인 치료법을 철저하게 훈련받았기 때문인지, 치료과정에 적극적으로 참가하는 가족들에 의해 휘둘리는 현상이 나타났다.

우리 앞에는 우리를 이끌어 줄 어떤 모델이나 보고서도 없었으며, 다만 연구 중인 가설만이 있을 뿐이었다. 그러나 가족구성원 간의 관계가 다른 환경에서 변하는지를 보는 것도 유익하리라는 생각에서 3단계의 면접법을 개발했다. 거기에서 각 가족은 각각 다른 집단으로 나뉘어 여러 치료사들과 만났다. 먼저 우리는 온 가족을 다 함께 만났다. 그런 뒤 한 치료사가 어머니나 양쪽 부모 모두를 만나고, 또 다른 치료사가 아이들을 만났다. 그런 후에는 가족과 치료사가 다 함께 다시 만났다. 각각의 치료 시간은 같은 팀의 다른 두 치료사들에 의해 관찰되었고, 개별 치료 시간이 끝나면 그 결과를 보고하는 시간을 가졌다. 이것은 우리에게 가족의 상호작용과 치료사인 우리 자신이 그들과 어떻게 상호작용하는지에 대한 통찰력을 키워 주었다. 그 가족들의 의견을 듣기 위해, 그리고 어떻게 도울 수 있는지를 배우기 위해 고민하면서 우리는 치료 기술의 부분적인 기법들을 개발하기 시작했다. 내성적이지 않은 사람들을 상대로 치료할 때는 행동과 의사소통에 초점을 맞추었다. 만약 가족구성원 중 한 사람이 질문하면 그 사람은 대답을 기다려야만 했다. 상대방의 말을 가로막을 때는 먼저 신호를 보내게 함으로써 파괴적이기보다는 건설적인 방향으로 나아갈 수 있도록 가르쳐야 했다. 어떤 가족의 경우에는 말을 하고 싶은 사람에게 물건을 건네주는 방식을 사용하게 하면서 자신들의 차례가 될 때까지 조용히 기다리도록 했다. 우리는 실제의 공간을 감정적인 친밀감과 거리감을 나타내는 구체적인 상징으로 사용했다. 또한 사람들에게 의자를 옮겨 봄으로써 심리적인 거리 혹은 심리적인 친밀감을 표현할 수 있게끔 했다. 우리는 지속적인 대화를 독려했고, 개인의 견해를 존중하며 가족구성원 간의 차이를 인정하도록 격려했다.[2]

그 결과 우리는 아주 적극적인 형태의 치료법을 개발했다. 또한 열정적인 중재자가 되어 사람들을 절실하게 도우려 했다. 개인의 권리에 대한 기대가 전혀 없는 사람들에게 분노의 감정을 심어 주기도 했는데, 특히 우리는 사법부와 복지제도가 소외되고 무력한 가족의 구성원인 자녀들과 그 가족들을 불공정한 방식으로 대하는 데 있어서 매우 비판적이었다. 그러나 당시 가족에 대한 새로운 발견에 들떠 있었기 때문에 더 큰 사회체제에 도전하려는 그 가능성에 대해서는 탐색하지 않았다. 우리는 우리의 통찰과 노력에 박수를 받았고, 소위 여러 문제를 가진 가족들의 눈에 보이는 중재자가 되었다. 즉, 치료사가 내담자들에게 와 닿는 언어로 소통하는 법을 배운다면, 보통의 가족처럼 '극빈층'에게 맞는 치료적 시스템을 개발하는 것이 가능하다는 것을 증명해 보인 셈이다.

1965년, 나는 아내와 두 아이를 데리고 필라델피아로 이사했다. 그곳에서 필라델피아 아동보호 클리닉(Philadelphia Child Guidance Clinic)의 책임자이자 필라델피아 아동병원(Children's Hospital of Philadelphia)의 정신과 책임자로, 그리고 펜실베이니아 대학교 의과대학의 아동정신과

---

[2] S. Minuchin, B. Montalvo, B. G. Guerney, B. L. Rosman, and F. Schumer, *Families of the Slums* (New York: Basic Books, 1967).

교수로 동시에 임명되었다. 그 후 18년간 흥미진진한 발전이 이어졌다. 그러나 지금은 상황에 따라 이리저리 뛰어다닌 인생의 파편을 일관성 있는 이야기로 엮어 내는 중이므로, 여기서는 전문가로서의 여정과 관련된 부분만 선택하여 이야기하겠다.

아동 심리치료는 곧 가족 심리치료라는 나의 주장 때문에 그곳 의대 정신과에서의 내 인기는 형편없었다. 당시의 아동 심리치료는 가족과는 아무 상관이 없었다. 내가 채용된 것은 윌트윅에서의 극빈층 가족을 대상으로 한 두드러진 치료 활동 때문이었으며, 이 경험이 당시 필라델피아 아동보호 클리닉의 주된 관심사였다. 그러나 가족치료는 당연히 가난한 사람들을 위한 것일 뿐이라 여겨졌다. 많은 치료사와 만나고, 정신과 기관을 수시로 드나드는 중산층 아동에게도 그러한 치료가 가치 있다고 고집하는 나의 주장은 (정신치료 분야) 협회에 대한 배신 행위로 인식되었다. 펜실베이니아 아동정신치료위원회(Pennsylvania Council of Child Psychiatry)는 진료소에서 아동정신과 전문의를 훈련시키는 일을 중단시키려는 조사에 착수했고, 펜실베이니아 대학의 의대 정신과 심사위원들은 "미누친 박사의 견해는 본 학과에 심히 위험스럽다."라는 결론을 내렸다.

오늘날 나는 나 자신이 이러한 반응을 이끌어 냈다고 본다. 나는 보편적으로 명시된 방법을 완전히 거부하려고 고집을 부렸고, 그러한 행동이 그 단체로 하여금 내게 도전하도록 만든 셈이었다. 이 보 전진을 위한 일 보 후퇴를 하면서 좀 더 융통성 있게 행동했을 수도 있었는데 말이다. 그러나 그 당시에는 융통성 없는 이 가설에 대한 필생의 도전이 나로서는 한 개인으로서 그리고 전문가로서 불가피한 것이라고 생각했고, 이러한 열정은 수그러들 줄 몰랐다. 그리고 지금에 와서 뒤돌아보면 그러한 도전이 상당한 성과를 거두었다는 생각이 든다.

그러는 동안 가족치료에 대한 나의 전문가적인 시야는 더 넓어지고 있었다. 어느 날 이웃인 로버트 카예(Robert Kaye)를 아동보호 클리닉의 자매 기관인 필라델피아 아동병원까지 차로 데려다 주게 되었다. 당뇨 부서의 책임자였던 밥(Bob)은 당뇨 환자인 네 명의 소녀들이 혼수 상태 혹은 혼수 직전의 상태를 보여 반복적인 입원을 하고 있다는 말을 했다. 그녀들이 우수한 진료에도 불구하고 잘 반응하지 않는 것은 어떤 심리적 상태로 인해 신체적 병이 발병한다는 소위 정신신체적인 (psychosomatic) 문제로 여겨졌기 때문에, 그들은 아무 효과도 없다는 개인 심리치료로 위탁되었다는 것이다. 밥이 내게 물었다. "그 애들을 한 번 만나 보시겠습니까?"

내 대답은 자동적이었다. "그럼요, 만나 보겠습니다. 그렇지만 그 가족들과 함께요." 나는 아동에게서 나타나는 생물학적 증상은 가족관계의 맥락 안에서 봐야만 한다고 생각했다. 사실 나중에 병원에서는 그 소녀들이 인슐린에 정상적으로 반응한다는 것을 알게 되었다. 단지 집에서만 예상대로 반응하지 않는다는 것이었다. 그 인슐린이 정상적인 효능이 있다는 부분을 확인에 재확인까지 했음은 물론이다. 소아과 의사들은 그러한 치료적인 어려움이 정신신체적인 무언가에 기인하고 있을 것이라고 확신하고 있었다. 그러나 '연약한 자아'를 더 키우기 위한 일 년 동안의 개인 정신역학치료는 아무런 변화도 가져오지 못했다.

그 소녀들과 정신신체적인 병으로 인해 고통받는 또 다른 사람들을 치료하면서, 우리는 그들 가족 모두가 공통적으로 이상한 특징을 하나 가지고 있음을 발견했다. 그것은 바로 그들이 하나같이 자신들이 정상적이고 행복한 가족이며 아무 문제가 없는 가족으로 묘사했다는 것이다. 그들의 유일한 문제라면 바로 그 아이의 심각한 병이었다. 가족 내의 갈등을 조사하면서 우리가 발견하게 된 사실은 가족 내의 갈등이 그러한 정신신체적인 문제를 가진 아이를 통해 우회(detouring)한다는 점이었다. 정확하지는 않지만 간단하게 설명하자면, 심리적인 갈등은 신체적인 증상을 이끌어 내는데, 가족들은 신체적 증상에만 보호와 관심을 가지고 즉각 반응하기 때문에, 그러는 동안 심리적 갈등은 단 한 번도 논의되지 못하거나 심지어 인식조차 되지 않는다는 것이다.

때맞춰 우리는 이 '연약한 당뇨 환자' 아동들에게 초점을 둔 연구뿐 아니라, 그 가족들의 식욕 감퇴와 천식 등을 다룬 연구 프로젝트를 개발했다. 정신신체적인 문제가 있는 가족에 관한 우리의 연구[3]는 이후 겸상적혈구 빈혈증, 궤양 대장염 및 다른 정신 상태로 인해 발병하는 신체적 질병에 의해 나타난 문제들까지 함께 포함시키면서 확대되었고,[4] 결국 가족치료의 효과성에 대한 신체적인 증거를 제시하게 되었다. 연약한 당뇨 환자들은 발병에 발병을 거듭하는 케토산증(Ketoacidosis) 대신, 예상한 대로 의학적 치료에 반응하기 시작했다. '난치성' 천식 아동들은 코르티손(Cortisone, 류머티즘, 관절염의 치료약 – 역주)에서 벗어날 수 있었는데, 심지어 어떤 아동은 플루트를 배우기까지 했다.

1960년대 후반과 1970년대의 이 시기 동안, 우리는 단지 가족치료뿐만 아니라 그 가족이 속해 있는 사회적 맥락에 대해서도 함께 탐구하기 시작했다. 보다 큰 체계와의 연관성을 지속적으로 연구하는 체계적인 사상가에게는 이것이 자연스러운 발전으로 여겨지는 것처럼 내 인생에 서도 이것은 자연스러운 연속성으로 보였다. 나는 아르헨티나에서 소수민족이었고, 이스라엘과 미국의 이민자가 되었으며, 안식년을 암스테르담과 런던 그리고 로마에서 보냈다. 다양한 사회적 상황에 의해서 영향을 받았

---

[3] S. Minuchin, L. Baker, B. Rosman, R. Liebman, L. Milman, and T. C. Todd, A conceptual model of psychosomatic illness in children, *Archives of General Psychiatry, 32* (1975): 1031 – 1038.

[4] S. Minuchin, B. Rosman, and L. Baker, *Psychosomatic Families: Anorexia Nervosa in Context* (Cambridge, MA: Harvard University Press, 1978).

고, 다른 문화권에서 나 자신이 달라짐을 알고 있었다. 되돌아보면 그렇게 오랫동안 다른 집단의 가족들을 탐구하려는 나의 관심과 열정이 오히려 나의 시각에 장애물이 되고, 그들의 사회적 연관성에 대한 나의 견해에 방해가 되었다는 사실이 놀랍게 느껴진다. 그러나 1960년대는 우리가 모든 사회체제를 새롭게 보던 시기였다. 또한 생태학적인 자각으로 인해 서로의 연관성을 보지 못하고, 우리가 가진 것을 잘못 사용하고 있다는 생각이 강해졌다. '우주선 지구'나 '작은 것이 아름답다'와 같은 슬로건이 상호연관성에 대한 새로운 인식을 말해 주었다.

주로 가난한 흑인 가족들이 거주하는 남부 필라델피아에서는 필라델피아 아동보호 클리닉이 정신건강 관련 서비스를 제공해야 한다는 목소리가 높아지고 있었다. 우리 클리닉은 아주 적은 소수민족을 제외하면 대부분의 직원이 백인 중산층이었고, 이런저런 노력을 기울였음에도 당시로서는 소수민족 출신의 전문가를 모집하는 것이 힘들었다. 그래서 우리는 정식 학위는 없지만 선천적으로 재능 있는 사람들을 훈련시키기로 결정했다. 그리고 국립정신건강연구소(National Institutes of Mental Health: NIMH)로부터 5년간의 보조금을 받아, 그때까지 내가 참여했던 연구 계획 중 가장 흥분되는 훈련 프로젝트를 개발했다. 그러나 우리는 더 큰 행정부서의 경직성과 부정적인 관점에 대해서는 준비가 되어 있지 않았다.

흑인 정신과 의사였던 제롬 포드(Jerome Ford), 제이 헤일리(Jay Haley), 브럴리오 몬탈보(Braulio Montalvo), 메리앤 월터스(Marianne Walters), 레이 위너(Rae Weiner) 그리고 나와 진료소의 가장 자격 있는 다른 훈련관들이 참여했다. 훈련생들은 수련과정 중 약간의 장학금을 받았으며, 강도 높은 슈퍼비전과 이론적인 훈련을 함께 받았다. 프로젝트가 끝나 갈 무렵, 그 예산이 거의 바닥이 났을 때는 약 30명의 가족치료사가 양성되었다. 우리는 첫 졸업자들을 거의 고용할 수 있었지만, 나머지 사람들을 다른 진료소에서 일할 수 있도록 돕는 과정에서 이제껏 우리가 얼마나 순진했는지를 깨닫게 되었다. 정부 보조금으로 우리가 훈련시킨 가족치료사들의 경험을 인정해 주는 일자리를 구할 수가 없었고, 그들은 대학 학위가 없었기 때문에 시나 주정부에서 정한 자격 조건에는 부합하지 못했다. 우리는 펜실베이니아 주정부로 하여금 그들을 위한 특별한 조건을 만들도록 요청해야만 했고, 로비 활동과 커넥션을 통해 마침내 이를 가능케 했다. 그러나 이 사건은 변화를 꾀할 만큼 충분히 어리석은 이들에게 정신건강 기관이 내린 벌칙이자 값진 교훈이었다. 포고(Pogo)가 그랬던 것처럼, 우리는 적을 만났고 그 적은 바로 우리들 자신이었다.

그러나 지금은 보다 큰 체계들이 개인과 가족들의 생활에 미치는 중요성에 대한 인식이 전문가로서 내 삶의 주된 관심사가 되었다. 그리고 그것은 내가 가장 큰 좌절감을 느끼게 되는 영역이기도 하다.

지난 10년간 나는 초기 연구 분야인 빈곤계층의 가족들에 관한 연구로 되돌아왔지만, 지금은 가족 내부의 문제뿐만 아니라 그들의 삶을 통제하는 기관의 파괴력에도 초점을 맞추고 있다. 이는 보호사업의 시행이 얼마나 맹목적인 교만으로 아동들을 보호하면서도 동시에 그 가족들을 파괴하는가에 관한 것이다. 병원 기관이 기존의 방법에서 벗어나 체계적인 대안을 이해하도록 시도하는 작업은 사실 시지푸스(Sisyphus)의 벌처럼 그 끝이 보이지 않는다. 그리고 기존의 방식이 오래된 관행을 얼마나 쉽게 원상 복귀시킬 수 있는지 그저 놀라울 따름이다. 나는 지금 나이가 들어가고 있지만, 보다 현명해졌고 시도할 수 있는 더 많은 방법들을 알고 있다. 그리고 그 어떤 경우라도 포기해서는 안 된다는 것을 알고 있다.

제3장

가족과 가족치료

산 살바도르에서 나는 지금까지 70여 년의 여정 중 지난 30년간을 가족치료사로서 활동했다. 가족치료란 사람들의 문제를 해결하기 위해 가족구성원을 한데 모아 갈등의 원인을 풀어 나가는 접근 방식이라고 할 수 있다. 그러나 그것은 인간의 행동이 근본적으로 사회적 맥락 속에서 형성됨을 이해하는 새로운 접근이기도 하다.

가족치료사는 과거의 힘을 인지하고, 사람들이 어느 정도는 가족 간의 과거라는 그늘 속에서 살아간다는 점을 인정한다. 그러나 가족치료는 또한 현재의 힘도 인정하며, 현재 가족에게서 받는 지속적인 영향에 대해서도 본격적으로 연구하고 있다. 이러한 뼈대 위에 기반을 둔 치료는 가족구조가 바뀌었을 때 각 구성원의 삶 역시 그에 따라 바뀐다는 가설을 바탕으로 하며, 그러한 가족구조를 바꾸는 방식으로 진행된다.

당연히 1950년대와 1960년대에 개인치료에서 가족치료로의 여정을 택한 사람은 나 혼자만이 아니었다. 다양한 배경과 다양한 훈련을 거쳐 온 수많은 탐험가가 있었다. 가족치료는 1960년대의 산물로서 '당신이 해결책에 속해 있지 않다면 당신은 문제에 속한 것이다.' '검은 것이 아름답다.'와 같이 기존 질서에 대한 수많은 도전의 목소리가 들려오기 시작했던 그 변화의 시대에 피어난 꽃들 중 하나였다. 그렇다면 가족치료는 무엇에 도전했는가? 그것은 바로 개인이야말로 정신적 세계의 중심이라는 근본적인 신념에 대한 도전이었다.

우리 조부모님 세대가 가진, 너무나도 자명했던 모든 어려움을 이겨내는 영웅에 대한 관심은 프로이트에 의해 손상되었다. 그는 마녀들의 술인 무의식으로 우리의 눈을 열어 줌으로써 이성에 대한 절대적인 믿음에 도전하였고, '자아는 자기 안에 있다.'는 견해를 저버렸다. 가족치료는 프로이트와 마찬가지로 가족의 힘을 밝힘으로써 소중하게 여겨진 자기 결정에 대한 믿음에 도전했다. 여기서는 남자와 여자를 보다 큰 전체의 부분이자 중요한 체계이기는 하지만 보다 큰 체계 속의 하나의 하위 체계로 보았다. 가족치료사에게는 가족이 하나의 단위였고, 그 체계의 구성원에게 문제가 생기면 그 가족은 중재의 장이 되는 것이다.

돌이켜 보면 전통적으로 가족을 억압적인 힘으로 본 분야에서 가족치료가 발생했다는 것은 역설적이다. 데이비드 레비(David Levy)가 1940년에 사용한 '과잉보호하는 어머니(overprotective mother)'라는 묘사는 1950년대의 이념에 큰 영향을 미쳤다. 프리다 프롬-라이히만(Frieda Fromm-Reichmann)의 정신분열증 아이를 만드는 어머니(schizophrogenic mother) 역시 많은 저서로부터 공격을 받았는데, 그 예로 한국에서의 미군 철수와 이후 그곳에서 나타난 공산주의 승리의 직접적인 원인을 모친 중심주의(Momism)라고 지적한 필립 와일리(Philip Wylie)의 『독사의 세대(Generation of Vipers)』를 들 수 있다. 애들레이드 존슨(Adelaide Johnson)과 S. A. 추렉(Szurek)이 묘사한 초자아 공백(superego lacunae)에서 아동의 파괴적 행동은 부모의 초자아 결핍이 투사된 것이라고 비난했다. 그리고 시카고 교정학교(Orthogenic School)의 브루노 베텔하임(Bruno Bettelheim)은 부모절제술(parentectomy)—즉, 어린이의 생활에서 부모를 분리하는 것—을 심각하게 상처받은 아동들을 위한 해결책이라고 규정하였다.

부모에 대한 이러한 편견으로 일관된 초기의 가족치료는 환자들을 가족으로부터 보호한다는 관점을 가지고 가족들에게 접근했다. 영국의 정신과 의사이자 비과학적 치료법의 영웅이었던 R. D. 레잉(Laing)은 정신적으로 심하게 불안정한 사람들을 위한 비정신의학적이며 범계층적인 시설인 킹슬리 홀(Kingsley Hall)을 대상으로 실험했다. 실험의 목적은 성인들이 가족들로 인해 고통받은 상처를 회복할 수 있는 환경을 구조화하기 위한 것이었다. 또 다른 가족치료의 선구자인 머레이 보웬(Murray Bowen)은 국립정신건강연구소(NIMH)의 후원하에 정신병 환자들을 연구하였는데, 가족구성원들과 지속적인 질병 상태에 있는 환자 간의 상호 영향력을 관찰하기 위해 환자의 전 가족을 환자와 함께 입원시켰다. 그는 구성원 각자에게 미분화된 가족 자아 덩어리, 즉 가족구성원들이 자율적인 행동을 할 수 있는 능력을 상실하는 일종의 심리적으로 위험한 상태로부터 스스로를 분리하도록 독려했다. 네이던 애커먼(Nathan Ackerman)의 초기 논문은 가족을 가족의 속죄양인 아동을 박해하는 힘으로 해석하고 있다. 또한 그레고리 베이트슨(Gregory Bateson)의 이중구속 이론(Double-Bind Theory)은 정신병 아동들의 부모들이 비일관적이고 모순된 메시지로 아동을 혼란스럽게 한다는 입장을 취하면서, 부모에 대한 그 시대의 불신을 이와 유사한 관점으로 표현했다. 결국 가족치료 운동이 가족의 실수와 취약점을 수용할 수 있기까지는 많은 세월이 걸렸다.

임상의들은 가족을 함께 만나기 시작하면서 가족들을 이해하기 시작했다. 비록 가족치료에 있어서 획기적인 발견은 없었지만, 나는 인간 본성에 대해 매우 다른 입장을 가진 두 명의 사상가에게 주목하고자 한다.

먼저 그레고리 베이트슨은 그 당시 팰로엘토에 있었고, 영문학과 학장이었으며, 인류학자이자 철학자이며, 아이디어맨이었다. 그는 인공두뇌학, 러셀(Russell) 식의 논리, 체제이론과 수학 등의 이론을 받아들여 정신건강 분야에 접목시켰다. 베이트슨은 정신건강 분야의 낯선 권위자로서, 사실 정신건강은 그의 전문 분야가 아니었다. 그는 인류학자로서, 변화를 일으킨다는 생각을 몹시 불편해했다. 그는 열정적인 사고의 탐험가였고, 사람을 개념의 전달자로 보는 관점을 선호하였으며, 임상적이고 개입주의적인 방식으로 사람들과 함께 일하는 사람이었다. 나에게는 이 키 큰 남자가 항상 풍차에 맞서 싸우는 돈키호테처럼 여겨졌다. 아직 개인심리학이 지배적이던 그 분야에서 그의 영향력이란 매우 생산적인 것이었다. 그러나 베이트슨은 사람들의 삶보다는 개념에 더 치중해 있었기 때문에, 때로는 그것이 가족치료를 방해하기도 했다.

반대쪽 해안인 뉴욕에는 중증 정신장애를 앓는 아동을 위한 연구소의 책임자로 있던 아동분석가 네이던 애커먼이 있었다. 아동을 대상으로 한 정신분석 진료에 불만을 가졌던 그는 서서히 아동 진료에 어머니를 포함시켰고, 그다음에는 아버지 그리고 전 가족을 만나는 시도를 하기 시작했다. 애커먼은 개인 정신의 심층에서 인간 본성이라는 진정한 진리를 추구하는 관념에 도전하면서, 그 대신 가정생활에서의 관계적인 측면과 개인의 행동이 가족 단위와 관계 맺는 방식을 관찰했다.

애커먼은 키가 작고 동글동글한 인상에 올챙이 배를 하고 짧은 턱수염을 기르고 있었지만, 임상 분야에서는 대단히 유명한 존재였다. 돈키호테 격인 베이트슨과 비교한다면 애커먼은 산초(Sancho Panza) 같다는 생각이 든다. 애커먼이 풍차에 창을 겨누었을 때 그는 그곳에 사는 사람들, 즉 풍차 주인이나 그의 아내 그리고 그들의 자녀들에게 관심을 기울였다.

가족에 대한 이 두 가지 접근 방식은 매우 상이했다. 아이디어 뱅크였던 베이트슨에게는 가족이 과학적 호기심의 대상이자 논리적 역설과 의사소통의 패턴에 대한 연구 대상이었다. 그러나 치료사인 애커먼에게 가족은 살아 있는 관계로서 인간 경험의 전 영역을 억압할 수도 있고, 강화시킬 수도 있는 능력을 가지고 있는 것이었다. 우리는 여전히 이상과 임상이라는 이분법 앞에서 고민하고 있었다. 그러나 이것은 분명한 구분이 될 수가 없고, 그래서 나를 포함한 많은 가족치료사들은 그중 단 하나만을 선택해야 하는 것을 불편해할 것이다. 이 두 접근 방식은 공존해야만 한다. 왜냐하면, 그것은 두 범주 모두를 다른 관점으로 바라봄으로써 서로를 보완하기 때문이다.

우리는 시행착오를 거치면서 이 체계론적인 관점을 실제적으로 적용하기 위해 연구하는 여러 집단 가운데 하나였다. 우리는 가족들을 모두 함께 혹은 하위체계로 나누어서 만나거나 연구했다. 서로의 치료 시간을 관찰하기도 하고, 우리의 개입이 가족과 우리 자신들에게 미치는 영향에 대해 분석하며, 또다시 시도해 보고 관찰하고 좀 더 분석했다. 또한 우리는 가족을 대상으로 연구하는 사람들을 찾아다니며 그들의 논문을 훑어 내려갔다.

결과적으로 나는 의료 책임자인 딕 어스월드(Dick Auerswald)와 함께 다른 연구들을 견학하기 위해 찾아 나서게 되었다. 우리는 팰로앨토로 가서 그레고리 베이트슨의 치료과정을 보고자 했다. 하지만 제이 헤일리(Jay Haley)는 우리에게 버지니아 사티어(Virginia Satir)의 수업에 참석해 보기를 권했는데, 그것은 베이트슨의 인류학적 접근은 변화를 시도하기보다는 정보를 수집하는 데 치중했기 때문이었다.

버지니아는 우리 집단원들을 제외하고는 내가 처음으로 치료 장면을 목격했던 가족치료사였다. 나중에 그녀는 가족치료 분야에서 가장 영향력 있는 전문가가 되었지만, 당시에는 무척 제한된 커뮤니케이션 이론을 강의하고 있었다. 그녀의 이론은, 모든 메시지란 내용과 관계 모두를 전달한다는 내용이었다. 나는 그녀가 한 학생에게 어떤 여자가 남편에게

차 한 잔을 권하는 장면을 한번 상상해 보라고 말했던 것을 기억한다. 남편은 "무척 좋은 차로군."이라고 말한다. 만약에 그가 단순히 차에 대해서만 말했고, 거기에 그들의 관계에 대한 아무런 숨겨진 메시지가 없다면 가족 간의 많은 오해의 여지를 피할 수 있다고 그녀는 설명했다. 이후에 그녀의 이론은 더욱 유용하고 정교하게 발전해 갔다.

우리는 뉴 헤이븐에도 갔는데, 예일 그룹(Yale Group)의 테어도어 리츠(Theodore Lidz), 스티븐 플렉(Stephen Fleck), 앨리스 코넬리슨(Alice Cornelison)이 정신분열증 환자 가족에 대한 흥미로운 논문을 썼기 때문이다. 그러나 우리는 그곳에서 그들이 아직 한 가족도 면담하지 않았다는 사실을 알게 되었다. 그들이 가족 역학에 대해 써 놓은 글은 개인 면담에만 근거한 내용이었던 것이다. 우리가 방문했던 NIMH의 라이먼 윈(Lyman Wynne)은 정신분열증 환자와 그 가족들을 면담하고 있었다. 그러나 그의 면담 역시 정신역학의 전통을 따르면서 환자의 개인 역동에 초점을 두고 있었다.

우리가 마치 이 분야에 새로 이사 온 아이들과 같은 존재였는지는 몰라도, 우리는 우리 자신이 그 의미 있는 탐구의 분기점에 서 있다는 사실을 깨닫고 있었다. 1960년대의 가족치료는 다양한 개업의들의 어마어마한 경쟁으로 특징지어진다. 그들은 정신분석을 거부했으며, 모두가 열정적으로 새로운 세상에서 그들 자신만의 작은 영역을 탐색했다. 여러 학파의 치료 기법이 등장했고, 이러한 각각의 모래 한 알과 같은 특정한 탐구가 더 많은 진리와 복잡함을 전달하며 다른 것들보다 더 효과적이라고 확신했다. 그들은 구조적 · 전략적 · 경험적 · 체계적 · 보웬적(Bowenian) · 생태적 · 단기적 가족치료로서 서로 다른 영역을 표시했다. 이처럼 다양한 치료 기법의 일부는 이론에서, 일부는 각 치료사 자신의 배경에서 나왔으나, 다른 계층과 민족의 사람들을 다루는 치료사들은 각기 다른 이론과 방법을 발전시켜 갔다. 나의 경우, 의사소통의 내용이 거의 없고 심지어 분명하지도 않았지만, 그러나 관계 메시지는 항상 강력했던 그런 가족들을 치료했기 때문에 치료에 관해서 관계, 거리감과 근접성, 연합과 동맹에 중점을 둔 스타일을 만들게 되었다.

다른 사람들과 마찬가지로 나 또한 어설프게 따라가면서 시도해 보고, 실패했다가 또다시 시도하면서 무엇이, 언제, 왜 효과가 있었는지를 이해하려고 고민했다. 나는 임상치료사로서 실행하고 관찰하면서 배웠다. 물론 가장 중점을 둔 관찰은 나에게 가장 잘 맞는 것, 다시 말해서 나의 존재 방식과 가장 잘 어울릴 수 있는 것들이었다.

가족에 대해 연구하면서 그들의 기능을 이해할 필요를 느꼈을 때, 나는 가족의 행동은 일정한 패턴을 따른다는 사실, 즉 가족구성원들이 예측 가능한 방식으로 반응하고 있음을 보기 시작했다. 초기 수련과정에서, 나는 신체 구조가 유기체의 생물학적 기능의 기초가 된다는 데 초점을 두도록 훈련받았다. 따라서 가족기능의 한계와 예측 가능성을 잘 설명해 주는 데 도움이 될 만한 비유를 찾던 중에 나는 가족도 몸과 마찬가지로 그 하위 구조가 있다고 생각하기 시작했다. 즉, 몸에는 뼈, 근육, 힘줄과 신경이 있어 팔의 움직임을 지휘하고 통제한다. 하지만 팔을 뻗어 꽃을 딴다는 것은 뼈와 힘줄과 신경이 미학적인 성향, 즉 꽃을 잡는 즐거움 혹은 그 꽃을 받을 사람을 향한 애정으로 인해 구조화되는 방식이 작용된 것이다. 이와 비슷하게 가족의 구조는 그 사람들이 기능하는 방식을 지시하지는 않는다. 그러나 어떤 한계를 두어 자신이 선호하는 방식을 정한다.

내가 가족구조(family structure)라는 개념을 만든 것은 기능적인 억제를 나타내려는 의도에서였다. 하지만 '구조'라는 말이 고정된 상태를 암시하는 다른 의미로 읽히기 쉽다는 점은 애석한 일이다. 지금에서야 체온을 유지하기와 같은 생리학적인 비유를 썼더라면, 변화에 대한 유연성을 나타내는 더 적절한 표현이었으리라는 생각이 든다. 가족구조는 보수적이지만 가변적이다. 그러므로 치료의 목적은 하부 구조의 유연성을 증대시키는 일이어야 한다.

나 자신의 배경과 잘 맞는 가족에 대한 또 다른 개념은 가족발달(family development)이다. 아동정신과에서 수련한 치료사에게 가족이란 발달단계를 거쳐 진화하는 유기체로 보인다는 점이 분명했다. 각각의 단계는 새로운 요구를 불러오며, 가족구성원들은 성장하거나 나이가 들고 환경이 바뀔 때면 새로운 요구에 적응하게 된다. 가족이란 보수적이므로, 발달상의 전환에 대한 자연적인 반응으로 익숙한 단계에 머물고자 하는 성향이 있다. 따라서 종종 치료의 과제는 변화된 상황에 맞춰 가족이 다시 적응할 수 있도록 도와주는 일이다.

필라델피아에서 일하고 있을 때 또 하나의 새로운 요소가 나의 학문에 더해졌다. 나는 선생님이 되었던 것이다. 우리는 필라델피아 아동보호 클리닉에서 가족치료의 구체적인 기법을 끌어 와 운용시키는 데 많은 노력을 기울였다. 이에 대해 정신분석을 위주로 하는 분야에서는 여전히 비판적이었지만, 사실 그것은 정신분석 훈련과 의도적으로 나타나는 이론적 차이에 기인한 것이었다. 정신분석 훈련에서는 이해에는 크게 중점을 두지만 기법에 대한 강조는 거의 없었기 때문이다.

초기 수업은 당시 나의 치료 방식과 마찬가지로 직면(confrontation)하는 쪽이었다. 그 직면의 강도는 거의 복음주의자들의 열정과도 같았는데, 이는 가족들에게 충격을 주어 변화와 성장 그리고 기능의 향상을 이끌어 내기 위함이었다. 나는 가족들과 무척 가깝게 결속되어 있었기 때문에 굉장히 표면적이고 드라마틱한 직면도 가능했다. 나중에 합류(joining)라고 표현한 이러한 결속은 재구조화(restructuring)를 위한 도전에 앞서 반드시 필요한 전제 조건과도 같았다. 가족들은 자신들을 이해하지도 수용하지도 않는 사람들이 자신들을 변화시키기 위해 애쓰는 것을 거부한다.

당시 나는 합류 기법에 그다지 관심을 갖지 않았다. 나에게 있어서 합류한다는 것은 자동적인 현상으로서 그저 단순히 하는 것이었다. 또한 합류하는 방식은 특수한 것으로서 그때의 치료사와 그 가족에 따라서 결정될 수 있는 것이지 보편화될 수는 없는 것이라고 생각했다. 그러나 1970년대에 브럴리오 몬탈보(Braulio Montalvo)와 함께 치료 장면을 녹화한 비디오테이프를 분석하면서 가족체계의 일부분이 되는 합류의 과정을 관찰하기 시작했다. 곧 우리는 합류의 과정이 수없이 다양한 수준에서도 일어난다는 사실을 깨달았다.

언어를 예로 들어 보자. 나는 치료받는 가족들의 언어를 받아들여 사용하는 경향이 있다. 지식인들과 이야기할 때는 복잡하고 어려운 단어를 쓰고, 라틴계와 이야기할 때는 낭만적으로, 청소년들에게는 이상적으로, 집착하는 사람에게는 구체적으로, 그리고 종교적인 사람에게는 영적으로 말한다. 역으로 그 가족구성원 중 누군가가 나의 언어를 쓰기 시작하면 그 가족에게 변화가 온다는 점을 알고 있다. 내가 방해하는 아이에게 주의를 주면 그 어머니도 곧 아이에게 방해하지 않도록 주의를 준다. 내가 가족의 희생양인 구성원의 의사 전달이 중요하다는 점을 발견하면 다른 가족들 역시 곧 그 구성원에게 더욱 주의를 기울이게 된다.

또한 행동에 있어서도 모방하고 있는 나 자신을 관찰하게 된다. 나는 인종적으로 라틴계, 유대계 혹은 이탈리아계가 될 수 있다. 그 가족의 필요에 따라 랍비나 목사가 되기도 한다. 내 속도를 조금 늦추어 거리감을 중요시하는 사람과 거리를 둘 수도 있고, 그 가족의 스타일에 맞춰서 가깝게 다가가거나 정감 있는 태도로 대할 수도 있다.

합류는 다른 사람인 척하는 것이 아니다. 합류는 사람들에게 ·주·파·수·를 맞춰 그들이 당신을 이끄는 대로 그에 반응하는 것이다. 내가 합류에 대해 연구하기 시작하면서, 합류는 내가 의식적으로 할 수 있고 또 가르칠 수 있는 일종의 기법이 되었다.

1970년대에 우리는 **구조적 가족치료**(Structural Family Therapy)를 개발했다. 하나의 구조로서의 가족 유기체라는 개념을 설명하기 위해 지도를 그려 보기도 했다. 예를 들면, 다음 도식에서는 강한 결속력(affiliation)을 보이는 어머니(M)와 아들(S)의 관계는 둘 사이에 이중선(≡)으로 나타내고, 이 두 사람이 아버지(F)에 대해서는 배타적임을 보여 준다.

$$\underset{F}{\underline{M \equiv S}}$$

어머니에게 대항하는 아버지와 아들의 연합(coalition)은 다음과 같이 나타낸다.

$$F \equiv S$$
$$M$$

이러한 기하학적 도식은 읽기가 쉬워서, 초보 치료사들을 훈련할 때 그들이 가족조직화(family organization)를 이해하도록 하는 데 대단한 가치가 있었다.

이 도식들의 유용성은 한 개인의 행동이 어떻게 전체 가족의 관계 구조와 관련이 있는지를 우리에게 보여 준다는 점이라고 할 수 있다. 예를 들어, 학교에서 행실이 나쁜 소년이 있다면 그에게는 집에서 아이가 바르게 행동하도록 가르치지 않는 어머니가 있다는 사실을 비교적 쉽게 발견할 수 있게 해 준다. 더 자세히 조사해 보면, 그러한 어머니는 아들과 지나치게 밀착되어 있어서 자녀를 제대로 훈육하지 않는다는 점을 볼 수 있다. 그들은 항상 함께 지내고, 부모와 자식 간의 관계보다는 놀이 친구로서 상호 작용한다. 그렇다면 왜 그 어머니는 자식과 그토록 가까운가? 왜 그녀는 놀이 친구가 필요한가? 남편과 정서적으로 거리감이 있기 때문일까? 이러한 현상은 드문 것이 아니다. 아마도 남편의 지나치게 엄격한 통제적 태도와 균형을 맞추기 위해 자식에게 일부러 관대하게 대할 수도 있다. 너무나도 많은 가족딜레마(학교에서 말썽을 피우는 소년의 경우처럼 간단하다 할지라도)에 우리가 좌절하는 이유는 각 가족구성원의 행동이 서로에게 영향을 미친다는 점을 알아차리지 못하기 때문이다. 물론 이 같은 간단한 설명이 각 가족구성원의 복잡함을 모두 전달하지는 못하지만, 단순함의 미덕은 지니고 있다.[1]

이후 가족구조화와 가족발달의 개념을 계속 고수한 채, 나는 가족이 나름대로 자신들의 삶을 이해하기 위해 구성하는 독특한 이야기에 초점을 맞추기 시작했다. 사람들은 자신이 이야기하는 대로 사는 버릇이 있다. 그들의 기억을 이야기할 때 그것은 이야기 식의 진실을 말하는데, 이는 '역사적 진실'보다 더 큰 영향력을 지닌다. 치료사에게 말하는 '사실'은 부분적으로는 역사적 진실이며, 부분적으로는 만들어진 것이다. 가족의 공유된 현실이 된 그 구성물은 상호 이해와 공유된 편견을 나타내는데, 어떤 것은 희망적이며 도움이 되지만 어떤 것은 그렇지 않다.

여섯 살인 캐시의 부모가 그 아이의 행동에 대해 불평하며 한 말은 캐시가 '너무 들떠 있고' '민감하며' '다루기 힘든' 아이라는 것이었다. 이러한 평가 식의 표현은 그 부모가 캐시의 행동을 어떻게 경험하고 대응하는지를 알려 주며, 아울러 그 부모의 행동을 조정하는 엄청난 힘을 가지고 있다는 것을 알 수 있다. 그 아이의 행동은 '잘못된 행동'인가, 아니면 '민

---

[1] S. Minuchin, *Families and Family Therapy* (Cambridge, MA: Harvard University Press, 1974).

감한' 증상인가? '장난이 심한 것'인가, 아니면 '도움을 요청하는 것'인가? 그 아이에게 정신적 이상이 있는 것인가, 아니면 그 아이가 나쁜 아이인가? 누구의 책임인가? 이 외에도 수많은 명칭으로 표현될 수 있다.

나는 가족조직화가 가족을 바라보는 관점과 어떻게 관련되는지를 생각했다. 그리고 시간이 지남에 따라 가족 신화의 구조가 습관적인 행동으로 나아가게 하는 구조를 재강화하거나 혹은 그 반대도 가능하다는 사실에 대해서도 생각하기 시작했다. 우리는 가족의 이야기를 듣고 가족체계의 연합과 균형을 추론할 수 있으며, 혹은 그들의 행동을 관찰하고 그 행동을 뒷받침할 만한 이야기를 추론할 수 있다. 점차 나는 가족치료에 적용할 만한 기법을 가르치는 쪽에서 가족과 가족구성원들의 상호작용에 대해 생각하는 법을 가르치는 쪽으로 나아갔다.

가족들이 도움을 받기 위해 찾아오면, 나는 그들이 문제를 가지게 된 것은 어떤 선천적인 잘못 때문이 아니라 그들이 갇혀 버렸기 때문이라고, 다시 말해 구조 속에 갇혀 시기를 놓쳐 버리거나 도저히 진전이 없는 이야기에 갇혀 버렸기 때문이라고 가정한다. 무엇이 그들을 막다른 골목에 이르게 했는지를 밝히기 위해, 나는 연결되는 패턴을 찾아본다.

가족이 내 사무실에 들어오면 나는 그들의 움직임과 반응, 역반응과 더 많은 움직임을 관찰한다. 내 눈길이 한 사람에게 머무는 경우는 드물다. 어떤 사람이 이야기하고 있으면, 그 사람이 다른 사람에게 말할 때 무엇을 이야기하는지를 듣는다. 우리 각자는 계속적인 자극이며 반응이다. 종종 나는 그들이 서로에게 무엇을 이야기하고 있는지 그 내용을 명확하게 이해하기 전에 사람들 간의 상호작용 패턴을 예리하게 알아내기도 한다.

의사소통의 내용을 들을 뿐만 아니라 상호작용 과정을 보기 시작하면서, 나에게는 종종 상호작용하는 방식이 그 내용보다 더 중요해졌다. 나는 비유를 사용하는 것을 좋아했으며, 언제나 스토리텔러였다. 나는 언어에 민감하다. 따라서 내가 가족들을 치료하는 기간 내내 내용의 중요성은 뒤로 한 채 상호작용 방식에 치중했다는 사실은 이상한 일이 아닐 수 없다.

나는 가족들을 바라볼 때 이상한 형태를 보게 되는데, 즉 가족의 결합이 그 형태를 바꾸기도 하지만 사실은 이들이 항상 연결되어 있다는 점이다. 그것은 내게 카스타네다(Castaneda)의 돈 후안(Don Juan)을 떠올리게 하는데, 그는 자신의 중심에서 다른 사람의 중심으로 이어지는 결합조직처럼 자신이 다른 사람과 정서적으로 연결되었다고 보았다. 물론 가족구성원들이 서로에 대해 너무나 요원하고 관계가 없는 것처럼 보여 더 이상의 연결이 존재하지 않는 것 같은 가족을 상상해 볼 수도 있다. 그러나 이것은 아마도 우리가 아직 충분히 가까이에서 보지 않았기 때문일 것이다.

가족들은 그들 자신에 대한 아주 좁은 정의를 가지고 내게 찾아온다. 그들은 수년간 씨름해 온 문제로 인해 거의 탈진되어 있다. 그리고 자신들을 그 문제를 통해 정의해 버린다.

- "우리는 아이를 훈육하는 데 어려움을 겪고 있어요."
- "조니는 주의력결핍장애입니다."
- "메리는 식욕 감퇴 증세를 보입니다."
- "우리는 대화하지 않습니다."
- "내 배우자는 정이 없어요."
- "제 어머니는 너무 비판적이에요."

이러한 정의들은 한 구성원을 향해 비난을 쏟아 낸다. 즉, 그 사람이 문제이자 원인인 것이다. 다른 가족구성원들은 반응하는 쪽이며, 고통받고 있거나 혹은 통제하고 있다. 심지어 부부간에 갈등이 있어 나를 찾아올 때조차 언제나 "아내가 이러이러하다." 혹은 "남편이 저러저러하다."라고 말하는 등 각각 상대방에게 꼬리표를 붙인다. 이러한 과정은 가족구성원들의 반응을 경직시키고, 그 결과 문제 해결을 위한 노력이 종종 그 문제를 가중시킨다. 만약 전문가가 그 상황에 개입해 그 고통에 대해 어떤 공식적인 이름표를 붙인다면, 그 전문가의 진단에 의해 인식과 반응의 경직성은 더욱 강화된다.

가족치료가 기본적으로 추구하는 것은 아직 사용되지 않은 가능성을 발휘하도록 하는 것이다. 이것이 바로 가족치료의 낙천주의가 가진 밑바탕이다. 가족은 그 구성원을 어떤 패턴으로 조직하고, 그 외에는 별다른 길이 없다. 안전감을 느끼기 위해 사람들은 예측 가능한 교류의 일부분이 되어야 하는 것이다. 불행하게도, 이 예측 가능성은 제한적인 틀로 굳어질 수 있어서 그 패턴은 유연성을 잃어버리고, 가족구성원들은 그들에게 유효한 아주 작은 범위 내에서만 행동하게 되는 것이다. 어떤 가족들은 화를 내면 안 된다. 어떤 가족 안에서는 연약함이 표현되어서는 안 된다. 보이지 않는 규칙이 특정한 행동을 규정하며, 그 가족은 자신들의 선택을 피할 수 없으며 바뀔 수 없는 것으로 받아들인다. 그 결과, 그 가족은 구성원들이 가족 환경 안에서 자신들의 능력 이하로 자기 역할을 하게끔 만든다. 치료가 색다른 세계에 대한 탐색일 수는 있지만, 실제로 우리가 발견한 모든 것은 이미 그곳에 다 있었다.

가족을 만날 때 나는 지나간 자취를 찾는 사냥개나 일요일마다 발간되는 『타임스(Times)』 낱말 맞추기 중독자와 같이 빈틈없는 경계 태세에 들어간다. 내가 합류하여 조사하기 시작하는 동안 전체적인 그림이 곧 드러날 것이다. 그러나 그 정보는 모자이크 조각처럼 작은 파편으로 나타날 것이다.

나는 '가족 역사'를 조사하려 들지 않는다. 치료에 상관 있는 가족의 역사는 그들의 상호작용 속에서 나타날 것이기 때문이다. 나는 가족의 구성에 대해서도 묻지 않는다. 여느 가족치료사들과 마찬가지로, 나 역시 정치가들과 자칭 도덕주의자들에게 아직까지 소중하게 여겨지는 이상적인 미국의 가정(생계를 책임지는 남편과 전업주부인 아내 그리고 2.5명의 자녀들)에 대해 잘 알고 있다. 그러나 내 사무실을 찾아오는 가족들에게서는 그런 형태를 본 적이 없다. 가족의 구성을 통해 문제를 찾을 만한 실마리를 얻을 수 있다는 것은 사실이다. 자녀 하나를 둔 홀어머니를 만난다면 나는 과잉 관여(overinvolvement)나 아이의 조숙함 등을 찾으려 할 것이다. 그러나 내가 항상 찾으려고 하는 부분은 유연성, 보완성, 경쟁, 공감, 가족 내의 계급, 혼란 등이다. 누가 먼저 이야기를 시작하는가? 그 권위자는 외부 사람들을 상대하도록 임명된 사람인가? 누가 누구에게 동의하는가? 지지가 많은가, 아니면 분쟁이 많은가?

아주 자발적으로 보이거나 심지어 매우 뒤죽박죽으로 보여도 사실 그속에는 어떤 패턴이 존재한다. 가족들은 자신들이 빠져 있는 밑바닥에 깔린 구조적 패턴을 가지고 와서 치료사에게 건네주지 않는다. 그들이 가지고 오는 것은 소음, 즉 그들 자신의 혼란과 고통이다. 그래서 나는 질서와 상호 관계의 가능성을 시험한다. 만약 내 질문이 그 가족에게 적합하고 그들의 가능성을 확장시켜 준다면, 그들의 반응이 내게 말해 줄 것이고 나는 그 방향으로 계속 나아갈 것이다. 그러나 만약 그들이 혼란스럽거나 거부하는 반응을 보인다면, 나는 다른 방법을 시도해야 한다.

마침내 내가 그들의 행동에 대해 그럴듯한 설명을 했을 때 대화는 서서히 진행된다. 그들은 그것을 거절하거나 수용하거나, 혹은 내 가정의 가능성에 대해 심사숙고하거나 다시 내게 정보를 되돌려 주면서 반응한다. 그들 특유의 경험은 내가 가진 일반적인 구조를 재구성하게 한다. 이후에 일어나는 춤은 가능성의 춤이다.

치료가 진행됨에 따라 우리는 내가 그 가족의 일부분이 되는 체계를 개발하기 시작한다. 이 체계에서 나는 그 가족이 선호하는 존재방식의 밀고 당기기를 경험하기 시작하고, 이러한 경험은 그 가족에 대한 내 생각을 수정하게 한다. 이것은 정신분석가들이 말하는 역전이(countertransference)와도 유사하다. 가족 간에 밀고 당기기를 경험함으로 말미암아 나는 그 가족구성원들이 경험하는 것과 마찬가지로 그들 가족의 강제적인 원칙을 경험하게 되는 것이다.

가족들과 만나면서 나는 그들을 듣고 지켜보며 서로를 연관 짓기도 하고, 긍정적인 말과 권력의 표시 혹은 고통을 야기하는 부분에 주의를 기울인다. 또한 그들 자신과 다른 구성원들을 바라보는 방식에 대한 나의 의견을 말해 줌으로써 가족구성원들을 지지해 준다. 이것은 내가 말한 '합류'의 치료 단계로서, 치료적인 체계의 한 부분이 되기 위한 치료사의 적극적인 참여를 강조하는 것이다. 그러나 이 단계에서는 항상 더 많은 일이 벌어지곤 한다. 내가 그 가족에 합류하는 동안 그 가족 역시 나에게 합류하는 것이다. 나는 그들의 요구에 의해 당겨지고 그들은 내 행동을 수정한다. 어느새 나는 그 가족의 스타일을 받아들이게 된다.

이 과정은 인식을 넘어선 것이므로 결코 기법이라고 부를 수는 없다. 오늘날 나는 이것을 젤리그(Zelig)라고 부른다. 젤리그는 우디 알렌(Woody Allen)의 이름을 처음 세상에 알린 영화에 나왔던 카멜레온 캐릭터다. 젤리그는 상황에 따라 색을 바꾸는 이상한 특성을 가지고 있어, 아프리카계 미국인을 만나면 까맣게 변하고, 하시딕(Hasidic) 유대인을 만나면 창백해진다. 그러나 이러한 변화를 그 자신이 조절할 수는 없다. 이것은 그냥 그에게 일어나는 일이다. 그리고 그 일이 각 가족들과의 맥락에서 내게도 일어난다.

치료는 내게 있어 도전이다. 가족이 치료를 받으러 올 때는 자신들의 문제 해결 방식을 함께 가지고 오지만, 통하지도 않는 해결책을 반복한 결과 유연성을 잃었기 때문에 자원이 고갈된 상태다. 가족이 제시하는 고정된 관점에 대해서 내 대답은 항상 분명하지 않다.

- "더 이상 다른 방법이 없다는 게 확실한가요?"
- "당신이 생각하는 것보다 당신은 훨씬 더 복잡하군요."
- "아직 희망은 있고, 당신이 시도해 보지 않은 방법들이 있습니다."

가족은 변화한다. 그러나 그 변화의 과정은 보편적으로 일정 수준의 위기를 동반한다. 치료사는 그들과 합류하고 수용되며 신뢰를 이끌어 낸 후 가족들로 하여금 그 불확실성 속으로 뛰어들 수 있도록 동기를 부여해야 한다.

나는 분석과 해석에만 의존하지 않는 다른 다양한 기법들을 시도한다. 친밀감을 장려할 수도 있다. 부부들에게는 서로에 대한 시간과 관심 없이는 그들 사이의 친밀한 결합이 서서히 침식해 갈 수 있다고 일깨워 줄 수도 있다. 또한 반대로 거리감을 독려할 수도 있다. 종종 어떤 부모들은 자녀들이 자신들 없이도 잘 지낼 수 있다는 것을 의심스러워하는데, 그러한 의혹은 자녀들이 탐구해야 할 영역을 빼앗아 가 버리기도 한다. 한 구성원의 끊임없는 이야기가 다른 가족들을 침묵시킬 때, 나는 손을 흔듦으로써 말 없는 의사소통의 단계에 들어갈 수도 있다. 그 가족에게 익숙한 것보다 더한 감정의 강도를 그들로부터 이끌어 낼 수도 있다. 또한 그 가족이 늘 피하기만 하던 갈등을 드러내도록 강요할 수도 있다. 이 모든 전략은 가족구성원들에게 아직 계발되지 않은 자원이 있다는 긍정적인 가정에 근거하고 있다. 한 가지 변치 않는 사실은 언제나 사람들에게 새로운 것을 시도해 보라고 요청한다는 점이다. 확실히 당신은 당신이 아는 것보다 더 많이 가지고 있다.

독자들은 아마도 상담치료사에 대해 익숙한 이미지를 가지고 있을 것이다. 친절하고, 호의적이고, 비교적 조용하고, 과거에 흥미를 가지고 있고, 사려 깊고, 여유 있는 과정을 통해 의미를 발견해 내는 데 관심이 있는 사람으로 말이다. 나는 적극적인 합류와 변화를 위한 능동적인 몸부림으로 내담자들을 아주 다른 종류의 치료에 대해 준비시키고자 한다.

이후에 언급될 이야기에서 독자들은 지난 수십 년간 전문가로서 내가 만났던 여러 가족들을 만나게 될 것이다. 가능하다면, 당시의 내 상황 또한 함께 알려 줄 것이다. 나는 여러분이 치료받는 가족들과 마찬가지로 상담치료사 또한 삶의 정황에 의해 풍요로워지기도 하고 제약받기도 한다는 사실을 알게 되기를 바란다. 그러면 제일 먼저 내가 가장 잘 알고 있는 한 부부의 이야기로부터 시작하겠다. 그것은 바로 나와 내 아내의 이야기다.

제4장

부부의 형성

리오 하샬(Rio Jachal)은 아르헨티나 함대 중에서 가장 최근에 만들어졌다. 나폴리에서 최신의 조선 기술을 이용해 관광 크루즈로 지어졌으며, 이탈리아 식 기품을 내뿜고 있었는데 모든 객실이 동일한 등급이었다. 결혼한 지 한 달째였던 나와 팻은 그녀의 부모님께 작별을 고해야만 했는데, 그분들은 이 뉴욕항에서 팻을 떠나보내던 그때가 딸을 보는 마지막 순간이라고 믿고 계셨다.

나는 아동상담발달센터(Council Child Development Center)에서 일하던 중 팻을 만났다. 나는 정신과 수련의였고, 팻은 예일대 대학원을 갓 졸업한 심리학자였다. 나는 그녀에게 매우 매료되었다. 그러나 그녀는 무척 진지한 전문가의 자세를 가지고 있었고, 나를 마른 딜레탕트(dilettante, 도락 예술가 – 역주)로 여겼다. 나는 그녀를 한 이스라엘 나이트클럽으로 데려가 저녁식사로 한 달 치 봉급을 다 써 버렸다. 그 일은 우리 둘 다에게 내가 진지하다는 것을 확신시켰고, 얼마 지나지 않아 우리는 결혼했다. 그리고 우리는 이스라엘에 가서 함께 사는 데 동의했다.

그녀는 자신의 부모님에게 나를 소개시켰고, 그녀의 어머니와 나는 곧 친해졌다. 그녀의 아버지는 말수가 적으셨는데, 세 나라를 거쳐 살아온 불확실한 과거를 가진 이 낯선 남자를 우려하고 있음이 분명했다. 하지만 그들은 나와 이스라엘의 관계에 감동을 받으셨고, 어쨌든 나를 받아들이는 것 외에는 그들이 선택할 수 있는 다른 여지가 없었다.

우리의 다음 장애물은 팻을 우리 부모님에게 소개시키는 일이었다. 그들은 우리의 결혼식에 올 수가 없었다. 부모님이 미국에 대해 갖고 있는 지식이란 순전히 할리우드에서 온 것이었으므로, 그들은 아마 악몽을 꾸고 계셨으리라.

우리는 아르헨티나로 17일간의 사치스러운 항해를 시작했다. 매일 아침, 세 명의 악사들이 아르헨티나와 브라질 음악을 연주하는 가운데 계란과 혹은 계란 없이 스테이크로 아침식사를 했다. 아침식사 때 우리가 하는 게임은 다른 테이블에서 무슨 일이 일어나고 있는지를 알아맞히는 것이었다. 우리는 로맨스 이야기를 만들어 내곤 했다. 혼자 앉아 있는 콧수염을 잘 다듬은 잘생긴 아르헨티나인 젊은이 그리고 어머니와 자매와 나란히 앉아 있는 섹시한 아가씨. 삼바를 추는 젊은 부부는 남편이 질투심 많게 생겼다. 우리가 만들어 낸 이야기는 확인할 길이 없었으므로, 항상 우리가 맞았다. 우리는 현실을 제쳐 놓은 채 우리가 만든 거품 속에 살고 있었다. 바다는 끝이 없고, 미래는 청명하며 구름 한 점 없었다. 우리는 서로의 몸을 탐색했고, 책을 읽고 이야기하며 생각과 가정을 나누었다.

나는 팻에게 우리 부모님을 만날 때 인사할 수 있도록 스페인어를 가르쳐 주었다. "Hola Mama, Hola Papa, Hola pobrecitos." 유치하고 별난 내 유머라면서 (어쩌면 무의식에 있는 악마성으로) 부모님을 모욕하는 말을 그녀에게 가르쳐 주곤 했다. 그러나 우리가 도착하기 하루 전날 나는 이 농담에 대해 그녀에게 말할 것이고, 우리는 그것을 재미있게 웃어넘

길 것임을 나는 잘 알고 있었다.

우리는 불확실한 우리의 미래(우리의 미래는 어떠할 것인가?)에 대해, 그리고 서로에 대해 숨겼다. 내부의 독백은 작은 무의미한 논쟁으로 포장된 채, 단지 조절된 형태로 표면에 떠오른 의문부호로 가득 차 있었다.

우리는 리오 하샬이 이틀 동안 정박할 브라질 주요 항구인 산토스에 도착했다. 비가 오고 있었지만 흑인 하역 인부들은 옷이 젖거나 몸에 물이 흐르는 것을 상관하지 않았다. 10분 안에 비는 멈출 것이고, 태양이 그들을 말려 줄 것이다. 우리 역시 곧 태평스러워진다.

사람들은 각기 다른 모습이었다. 우리는 분명한 외국인으로 눈에 띄었다. 팻은 크리넥스 휴지를 사야 한다고 말했고, 나는 약국을 어떻게 찾아야 할지 모른다고 했다. 팻은 뜻을 굽히지 않았고, 나는 새로운 상황에 적응하지 못하는 그녀에게 신경질이 났다. 그녀는 내가 하는 것처럼 손수건을 사용할 수도 있고 내 손수건을 사용할 수도 있었다. 그러나 그녀는 손수건이 위생적이지 못하다며 내가 더러운 것을 호주머니에 넣고 다니는 것이라고 말했다. 나는 크리넥스가 미국인의 유별난 소비의 한 단면이라고 말했다. 사실 나는 내 손수건 문화를 찬양한 것이다. 이에 그녀는 크리넥스의 좋은 점을 고집했고, 그 일로 우리는 크게 싸웠다. 결국 우리는 서로에게서 서로를 불편하게 하는 점들을 보기 시작한 것이다.

팻은 그녀의 세계를 뉴욕에 남겨 두었다. 그녀는 우리가 살아가야 할 이 새로운 세계에서 내가 전문가가 되기를 기대했고, 나는 그녀가 가지는 기대감에 두려움을 느꼈다. 그녀는 불안할 때면 고집을 피웠고, 나는 그것을 잔소리라 했다. 그리고 내가 불안할 때면 내 목소리는 높아지고 전투적이 되었는데, 그녀는 그것을 겁주는 것이라고 말했다. 우리는 콘테 그란데와 제노아로 가기 전까지 아르헨티나에서 석 달을 머물기로 계획했다. 그리고는 12일간에 걸쳐 하이파(Haifa, 이스라엘 북서부의 해항 – 역주)로 갈 것이다. 이 몇 달간은 미지에 대한 책임감으로 가득 차게 될 것임을 알고 있었다.

내 가족의 규모는 어마어마하다. 아버지는 9남매이고 어머니는 7남매다. 그러니 사촌들은 백 단위가 넘어 간다. 그들 모두는 우리를 방문해야 한다는 의무감을 가지고 있다. 팻은 가능한 한 웃음을 잃지 않았다. 친척들이 그녀의 스페인어에 대해 참을성 없이 하는 것에도 매우 참을성 있게 대했다. 아주머니들 중 몇 분은 귀엽지만 그리 똑똑하지 못한 어린아이에게 그러는 것처럼 그녀의 뺨을 꼬집곤 했다. 이러한 행동들은 그녀가 가지고 있는 고학력의 세련된 뉴요커로서의 자기 이미지를 방해하는 것이었다.

곧 우리는 침입자들에 대해 울타리를 치기 시작했다. 그러나 그 침입자들은 내 가족들이다. 부모님은 지난 일 년간 나를 보지 못했다. 팻이 너무 지나치다고 느낄 정도로 그들은 내 시간을 차지하려 했고, 나는 찢겨지는 것만 같았다. 물론 나는 팻의 고립감을 알고 있었고, 또한 스페인어로 내 아내에 대해 어떻게 생각하는지를 우리 부모님에게 말하고 있는 친척들에게 느끼는 그녀의 원망 또한 알고 있었다. 나는 팻을 보호해야 함을 느꼈다. 부모님과의 관계가 변하고 있었다. 나는 언제나 신실하고 책임감 있는 아들이었다. 이제 나는 그러한 관계에서 분리되거나 변하지 않으려고 고집하고 있는 그들에게 화가 났다. 나는 남편으로서의 나를 주로 느끼고 있는 반면, 그들은 내가 아들로서만 존재하기를 바랐다. 결국 팻과 나는 탈출구를 찾았고, 우리끼리 조용히 떨어져 있기 위해 극장으로 도피했다.

그녀가 내 가족들에 대해 말하게 되면서 갑자기 내 관점이 바뀌기 시작했다. 그것은 팻의 눈을 통해 내 가족을 다시 보기 시작하는 것이었다. 나에게 언제나 선지자와도 같았던 아버지는 역경 속에서 성장했고, 아버지의 분노는 언제나 정련된 명예심과 정의감으로 정당화되었다. 그러나 콘셉시온 델 우루과이에서 부에노스아이레스로 이사 온 후 경제적으로 불안정해지고, 반 은퇴 상태로 인해 활동의 중심이 없어지면서 아버지는 이제 중년의 수줍어하는 변덕스럽고 불안한 사람으로 보이기 시작했다. 과거에 내가 어머니에게서 보았던 통제에 대한 집착과 질서의식은 이제 강인함과 보호로 보였다. 팻을 통해서 나는 어머니가 아버지를 부양하는 모습을 본다. 어머니는 언제나 아버지의 요구를 들어주고 아버지가 강하고 옳다고 느끼도록 해 줄 준비가 되어 있었다. 팻은 관계를 맺기 쉽고 애교가 있으며 그녀의 요구에 민감한 어머니를 좋아하는 데 반해, 아버지는 수줍고 모든 사교적 상황을 어머니에게 의지하는 사람으로 보았다.

우리 부모님의 하녀는 일주일에 엿새를 일한다. 그녀는 옥탑방에서 산다. 팻은 그녀가 자신의 열쇠도 없고, 정해진 시간 없이 부르면 즉각 달려와야만 하고, 수년간 우리 가족을 위해 일해 왔음에도 불구하고, 혹시 물건이라도 없어지는 날에는 제일 먼저 의심을 받아야만 하는 현실에 대해 의아해했다. 나는 한 번도 우리가 얼마나 비참한 노예 상태를 이 스페인계 여성(Criolla, 스페인어권의 중남미에서 태어난 유럽계, 보통 스페인계 여성 – 역주)에게 부과했는지를 보지 못했었다. 그녀는 평생 동안 우리를 위해 아무런 권리도 없이 보잘것없는 급료로 일했고, 때로는 집안 젊은이들의 수동적인 성적 파트너가 되기도 했다.

나는 팻의 눈으로 본 과거를 포함해 새로운 과거를 만들기 시작했다. 비록 팻 자신이 그 시각의 일부분은 아니지만 말이다. 그러므로 지금은 내 어린 시절을 생각할 때마다 팻의 관점이 포함되어 있을 것이다. 결혼 전 기억을 떠올릴 때, 40년간의 결혼생활로 편집되고 재편집된 기억이 아닌 것을 기억할 수는 없을 것이다.

만약 새로운 과거를 창조하는 데 관점의 전환이 필요하다면, 미래를 창조하는 것은 단지 현재를 충분히 살아감으로써 이루어질 것이다. 이

스라엘은 우리에게 공유된 역사를 만들 기회를 주었다. 1952년, 체나
(tzena, 배급과 긴축) 시절에 우리는 풍요로웠던 아르헨티나로부터, 다른
것들도 있기는 했지만 쌀과 육수 그리고 햄 두 덩어리만을 가지고 왔다.
이것은 그 당시 대부분의 사람들보다는 잘 먹는 것이었다. 유대인 사무
소는 우리에게 크파 사바의 한 정착지에 있는 침실 하나짜리 아파트를
배급해 주었다. 우리에게는 가지고 온 전기 스토브와 냉장고 그리고 홀
륭한 레코드 플레이어가 있었지만 그곳에는 전기도 가스도 없었다. 냉
장고는 그저 쓸모없는 상자가 되어 버렸다. 우리는 프라이머스 휴대용
석유난로인 프틸리아(Ptilia)를 샀고, 팻이 거기에 요리를 하곤 했다.

　우리는 부부로서의 인생을 경험하기 시작했다. 매일 아침 직장에 나
를 데려다 주기 위해 운전기사가 왔고, 팻은 히브리어를 공부하기 위해
울판(Ulpan)으로 갔다. 종종 식료품점에 같이 가기는 했지만, 생선 가게
와 정육점에서는 내가 반드시 있어야 할 상황이었다. 왜냐하면 가게 담
당자가 스페인계 유대인이어서 내가 스페인어로 말하면 '스페인계 유대
인 의사'와 그의 아내는 특별 대우를 받기 때문이었다. 우리는 이웃 마
을인 데이비슨가의 몇몇 사람들을 만났다. 하지만 안식일에는 전화도,
교통수단도 없었으므로, 그들이 집에 있기만을 바라며 10마일을 걸어서
갔다. 우리는 우리가 환영을 받으리라는 것을 알았다. 해버(Haver, 동지)
와 셸라누(Shelanu, 그것은 우리 것)라는 말은 '함께 건설한다'는 느낌을
전하며 쓰이는 말이다. 식량 배급과 다른 모든 어려움 속에서도 미래에
대한 불확실한 믿음이 있었다. "안녕히 가세요."라는 말 대신 "괜찮을
거예요(H'yetov)."라고 인사했다. 하이파로부터 텔아비를 이을 도로공사
가 양쪽 도시에서 시작되었다. 공사를 끝낼 돈도 재료도 없음을 우리 모
두는 잘 알고 있었다.

　기억은 힘들었던 순간을 감상적이며 그럴듯하게 채색한다. 삶은 힘들
었다. 우리는 이민자였고 요령을 몰랐으며, 청년 알리야(Youth Aliyah)

의 의료 책임자로서의 내 봉급은 나를 태워다 주는 운전기사의 봉급보다 그리 많지 않았다. 생활은 원시적이며 위험스럽기까지 했다. 요르단 국경은 겨우 20마일 떨어져 있었고, 국경선이라고 불리는 보이지 않는 울타리를 넘나드는 아랍 약탈자들을 계속해서 경계해야만 했다. 우리 이웃의 한 나이 많은 여성은 집단 수용소에서 살아남은 생존자였는데, 멀리서 총소리가 들릴 때마다 두려움에 떨며 울었다.

팻은 전업주부로서 이곳의 어려운 상황에 적응해 가고 있었다. 나는 내가 감독하는 다섯 개의 수용 시설 중 하나가 있는 텔아비로 매일 아침 나를 데려다 주는 직장이 있었지만, 내가 일하는 동안 팻은 전혀 낯선 곳에서 친구도 없이 새로운 언어를 감당하며 혼자 지내고 있었다. 그녀는 혼자 2~3마일을 걸어 잡화점과 어시장에 가곤 했으며, 어떨 때는 비누 하나를 사거나 배급된 계란을 받으러 나간 적도 여러 번 있었다. 나는 이 새로운 나라에서, 내가 배운 미국적인 심리학 기술에 시비를 거는 바티킴(Vatikim, 기존 세력)들 앞에서 길을 뚫고 나가느라 팻의 상황이 얼마나 어려웠는지를 미처 깨닫지 못했었다. 지금에 와서 그 초기의 몇 개월을 그녀가 어떻게 이겨 냈는지를 생각하면 그저 놀라움을 금치 못할 뿐이다.

수년이 지난 뒤 우리가 런던에 있었을 때, 팻과 나는 미국인 회사 간부 가족들을 연구하면서 그 부인들이 유배지에 있는 사람들과 같은 상황으로 집단 스트레스를 받고 있다는 것을 발견했다. 그러나 그때는 이미 몇 년이 지난 후였고, 또 그 부인들은 다른 사람들의 부인들이었다. 그때 크파 사바에서 내가 팻의 곤경을 완전히 이해했었다고 생각하지는 않는다. 분명 나는 그것이 성별의 차이와 관계가 있다는 페미니스트의 주장을 이해하지 못했다. 지금 우리가 그 이야기를 할 때면, 팻은 나의 뒤늦은 깨달음을 받아 준다. 하지만 아울러 내가 더 복잡한 사실을 이해하기를 바랐는데, 그것은 바로 그녀가 자신만의 지적인 자원을 갖고 있었고 새로운 문화에 자신이 매료되었기 때문에 견뎌 나갈 수가 있었다는 점이다.

크파 사바에서의 처음 몇 달 동안, 팻과 나는 알지 못하는 사이에 규칙을 타협해 나갔다. 몇몇 차이점은 쉽게 받아들일 수가 있었다. 팻은 밤늦게 책을 읽고 늦게 일어나기를 더 좋아했고, 나는 일찍 자고 일찍 일어나는 것을 선호했다. 우리는 상호 협력에 대한 부부 계약의 한 항목인 가사에 대한 문제 또한 해결했는데, 이를테면 누가 설거지를 하며, 쓰레기를 버리고, 공과금을 내는가 하는 것들이었다. 그런데 다른 세부적인 부분에 대해서는 뜨거운 논쟁을 벌였다. 예를 들면, 밤에 창문을 열어 둘 것인가 말 것인가의 문제 같은 것 말이다. 작지만 눈에 보이는 문제를 해결하는 능력은 눈에 보이지는 않지만 반드시 필요한 선의와 유연성에 달려 있다. 한쪽 배우자가 다른 배우자의 필요를 느끼고 진실 앞에서 자신의 주장을 포기할 수 있는 길은 그들 문제의 모호함을 감지하고 함께 웃을 수 있는 능력, 경쟁적인 요구 앞에서도 서로에게 충실하려는 자발성, 작은 순간에서 느끼는 기쁨, 중립적이고 타인의 세계에 속한 이슈에 관한 관심 등이다.

이스라엘에서 생활한 지 여섯 달이 지나, 팻은 예루살렘의 래스커 클리닉(Lasker Clinic)에서 시간제 근무를 하게 되었다. 통근하는 데만 두 시간이 걸리는 거리여서 팻은 외박했다가 다음 날 집에 들어오기도 했다. 나는 그녀가 올 때까지 기다렸다 저녁을 먹어야 한다고는 생각했지만 내가 지닌 아르헨티나 식 가정환경 때문인지 아직 부엌에 들어갈 준비는 되어 있지 않았다. 다행스럽게도 우리 이웃에는 스위스에서 호텔경영을 공부하고 지금은 여행사에서 일하고 있는 폴란드인이 살고 있어서 내 요리 선생님이 되어 주었다. 우리는 처음으로 내가 시도해 보는 분야를 맛있는 스파게티 저녁식사로 정했다. 그 '고기' 소스 재료는 양파, 고추, 가지 그리고 감사하게도 우리가 갖고 있었던 아르헨티나 육수였다. 팻은 너무나 기뻐했고, 나는 내 과거로부터 또 다른 탈출을 했다고 느꼈다. 우리 아버지가 부엌에 들어가는 것은 물을 데우기 위해서가 전부였기 때문이다.

날마다 우리는 서로에 대한 **상호의존도**를 키워 나갔다. 우리는 수다와 친구, 불안과 기쁨, 미적인 즐거움, 윤리적 딜레마, 지적인 퍼즐 등을 함께 나누었다. 당시 나는 직장에서 힘든 시기였다. 미국에서 받은 훈련으로 사람들에 대한 보편적인 가설을 세웠지만, 이스라엘에서 그것은 도전을 받았다. 나는 내 무지를 느꼈고, 때로는 무의식적으로 비타협적인 태도를 보였다. 팻은 내 이야기와 불평을 잘 들어 주었다. 그녀는 나를 격려해 주었으며, 더불어 왜곡된 시각으로부터 나를 구출해 주었다. 내가 내 가족을 다시 보기 시작한 것처럼 그녀로부터 나는 보다 넓은 관점에 의지하는 법을 배웠다. 때로는 무비판적인 격려를 바랄 때도 있었지만 그녀의 관점을 소중히 여기게 되었다.

그녀가 자신의 일에 대해서 이야기할 때면, 우리는 그녀의 직장 동료에 대한 이야기와 당국의 정신분석적 편견에 대해 함께 비판하기도 했다. 서서히 우리는 새로운 영역과 새로운 친구들을 탐색했고, 현재뿐만 아니라 각자 혼자만의 것이 아닌 과거를 같이 만들어 나갔다. 그것은 우리의 것이었다.

이스라엘에 도착한 지 여섯 달이 지나서 나의 부모님이 오셨다. 우리는 잔치를 벌이기로 하고 쌀자루를 열었지만 그곳에는 벌레가 득실거렸다. 하얀 쌀과 검은 벌레들이 뒤섞여 얼룩덜룩했고 혐오감을 주어 예전 같았으면 당장 던져 버렸을 것이다. 하지만 이스라엘에서는 아니다. 어머니는 그 작업을 맡으셨고, 전술가처럼 캠프용 침대를 밖에 늘어놓으라고 하셨다. 우리는 그 위에 쌀을 펼쳐 놓고 태양이 도와주기를 기다렸다. 곧 수천 마리의 벌레들이 태양에 달궈진 쌀로부터 날아갔다. 그 전투에서는 이겼지만, 전쟁에서는 아니었다. 그 쌀들은 여전히 살아 있었다. 어머니는 식사 때 쓸 쌀을 물에 담그셨다. 벌레들은 떠오르는 반면 쌀은 바닥에 가라앉았다. 이 간단한 물리적 분리과정이 어느 정도 깨끗한 쌀을 만들어 주었다. 약간의 벌레들이 조금 남아 있었지만, 그 단백질 또한 우리에게는 필요한 것이었다.

40년이 지난 지금에도 그 사건은 우리 기억에 생생하게 남아 있다. 그 일은 지루하고, 짜증 나고, 화나고, 힘들고, 기쁜 순간과 뒤섞여 우리의 영웅적인 시절의 우스꽝스러운 촌극의 일부로 아직도 남아 있다.

이러한 에피소드는 우리와 우리 부모님의 관계에서 전환점이 되었다. 이제 부모님은 우리 집을 방문해 우리가 겪는 어려움을 함께 경험하고 있었다. 또한 우리의 풍부한 자원들도 보았고, 우리의 권리와 특권을 인정하기 시작했다. 우리는 부모님이 우리와 함께 머무는 동안 안내하고 보호해 드렸다. 처음으로 내가 그들의 눈에 성인이 된 자식으로 비쳐졌다. 또한 그들은 처음으로 팻을 독립된 존재로 경험했다. 이러한 새로운 관계에서 우리가 그들의 개입을 유용하게 받아들이는 것이 더 수월해졌음은 물론이다.

결혼 초기 몇 년 동안, '나'로부터 '나와 너'로의 이러한 전환은 조그만 순간이 서서히 덧붙여지는 아동기의 자아 형성과도 같았다. 직장 동료들이나 주변 세계에 대한 내 시각은 우리 둘의 관점이 지닌 입체적인 이미지로 강화되었다. 내가 집에 오는 것은 나를 기다리는 사람의 즐거움을 포함하는 것이었다. 내 몸의 이미지는 또 다른 몸의 연장으로 병합되었다. 소금이 내 가까이에 있을 때는 내가 건네주고, 그녀 가까이에 있을 때는 그녀의 팔을 내 몸의 연장선으로 여길 수 있었다. 아내가 음악 애호가였으므로, 나의 음악 감상은 더 통찰력 있고 분별력 있게 되었다. 희미한 이미지와 산만한 분위기로 이루어진 나의 내적인 독백은 그녀와의 대화 속에서 좀 더 정확한 형태를 가지게 되었다.

나는 '나'에게서 '우리'로 옮겨 가면서도 나 자신을 잃지 않고 더욱 확장되어 갔다. 부부란 공명상자와도 같아서 각자의 경험은 반향되었다가 더욱 커져서 되돌아온다. 함께한 40여 년간 우리는 각자의 존재, 사고, 느낌의 스타일을 확장해 왔지만, 우리는 여전히 구별되며 다르다. 나는 자기중심적인 편이어서 세밀한 부분에는 그다지 주의를 기울이지 않는다. 나는 연결점을 찾는다. 나의 기억은 세계적이다. 나는 자세한 사항을 잘 기억하지 못하므로 비유나 시적 이미지로 나 자신을 표현한다. 나는 목표 지향적이어서 거기까지 다다르는 과정은 묵과한 채 결과를 바라본다. 따라서 그 목표에 다다를 수 있도록 지지해 주는 환경이 없을 때는 종종 실망하거나 배신감을 느낀다. 또한 좌절을 느낄 때는 무척 쉽게 화가 난다. 분노 안에 머무르면서 그것에 휘둘리는 것이다. 그러나 그 화는 빨리 가라앉고 그다음에는 죄책감에 휩싸인다.

팻은 많은 전문직 여성처럼 다양한 역할에 지워져 있는 일들 사이를 오가며 많은 일들을 한꺼번에 해결했다. 아내, 어머니, 심리학자, 비즈니스와 가족의 관리자 입장에서 그 과제를 알기 위해 다른 관점에서 검토해 보고 새로운 전체에 이르렀다. 나는 그녀가 밟은 과정과는 전혀 다른 결과가 나오는 것을 알게 됐다. 그녀는 사람들과 잘 통하고 그 상태를 잘 유지했다. 그녀는 보통 미묘하면서도 지적인 유머감각을 갖고 있었고, 때로는 하포 막스(Harpo Marx, 미국의 슬랩스틱 희극배우로서 매 영화마다 대사 없는 팬터마임 희극 연기를 통해 대중을 웃기는 최고의 배우다-역주)처럼 다른 사람의 배꼽을 빠지게 할 정도였다.

나는 열쇠를 자주 잃어버리기도 하고, 창문을 열어 둔 채 집을 비우며, 여행에서 그리고 인생에서 방향을 찾는 데 있어서 곧잘 그녀에게 의지하곤 한다. 그녀는 내 통찰력을 믿는다. 우리는 정치적인 관점을 공유하는데, 둘 다 민주당을 지지한다. 우리는 사람들을 배고프게 하는 불공정한 경제체제를 목격하고, 우리가 있는 작은 현장에서 그것을 변화시키려고 한다.

그녀가 나를 바꾸었으므로, 오늘날의 나는 다르다. 그녀 또한 나로 인해 달라졌다. 우리 둘 다 더 큰 전체의 일부분이다. 둘로 이루어진 하나의 복잡한 심리적 실체, 벌집, 개미집인 것이다.

어떤 일이 잘되었을 경우 우리는 서로를 칭찬한다. 일이 잘되어 갈 때 우리는 올바르게 예측하며 서로에게 기대한다. 파드되(Pas de deux, 고전 발레의 대무, 두 사람 사이의 갈등을 비유함 – 역주)는 여러 모로 효과적이다. 새로운 상황에 부딪히거나 무언가가 궤도에서 엇나가서 보통 때보다 우리에게 더 많은 격려가 필요할 때 우리의 춤은 상대방의 반응에 따라 달라진다. 그러나 상황이 곤란해지면 우리의 경쟁적 자아가 각각의 발달사로부터 튀어나온다. 나는 다시 살바도르 미누친이 되고, 그녀는 패트리시아 피트럭(Patricia Pittluck)이 된다. "내가 맞고 당신은 틀렸어." "아니, 당신이 틀린 거야." 각자의 드럼 소리는 점점 더 커진다. 나는 그녀의 드럼 소리에는 귀머거리가 된다. 내가 "손수건을 사용해!"라고 말하면, "손수건은 원시적이야!"라며 "크리넥스 휴지를 써요!"라고 그녀는 되받아친다.

나는 부부에 대한 두 가지 모델을 갖고 있다. 하나는 의문의 여지 없이 어릴 적부터 봐 오면서 동화된 내 부모님의 모델이며, 다른 하나는 지난 40여 년간 노력해 온 나 자신의 것이다. 이것은 내 지식의 한계를 만든다. 나는 개인적으로 이혼과 재혼, 몇 년에 한 번씩의 결혼 혹은 내연의 관계에 대한 경험이 없다. 그래서 다른 형태의 부부를 치료할 때면 솔직하게 내 한계를 말하고 그 부부에게 도움을 요청한다.

내 부모님의 부부로서의 성격은 그들 시대의 가치를 반영한다. 부부의 한 부분으로서 그들은 자신들의 자리를 알고 있었다. 아버지는 생계를 책임졌고 가족의 중심이었으며, 어머니는 아버지의 권위에 순응했다. 그들의 관계는 보완적이지만, '누가 바지를 입었나(quien lleva los pantalones)?'

에는 의심의 여지가 없었다. 20세기 길목에 접어든 아르헨티나의 시골 문화에서 여자가 가족을 이끈다는 것은 가족의 불명예였다.

이 분명한 수직적 계급 구성은 바깥세상에서 가족의 얼굴을 대표했고, 변형된 형태로서 내부의 가족들에게도 작용했다. 어머니는 계속 아버지의 기분과 필요를 관찰하고 그것을 우리 자녀들에게 전달했는데, 이것은 가족이 남성 우위의 문화적 가치에 반응한다는 점을 반영한다.

가족 내에서의 관계는 더욱 복잡했다. 아버지는 어머니가 자녀 양육, 가사 문제의 의사결정자이자 가정생활의 중요한 문제에 있어 동등한 파트너라는 데 의문을 제기하지 않았다. 예를 들면, 고향을 떠나 더 큰 도시로 이사하는 문제, 여동생이 고등학교에 진학해야 하는지와 그 후 다시 부에노스아이레스로 가는 문제를 결정해야 할 경우가 그것이다. 그들의 관계는 서로 다른 영역의 책임감을 가진 바둑판과도 같아서 그 배열은 경제적이었지만 한계가 있었다. 아버지가 돌아가셨을 때 어머니는 돈을 어떻게 관리할지를 몰랐으며, 심지어 수표를 어떻게 쓰는지조차 몰랐다. 또한 아버지의 사교 기술은 언제나 어머니를 통해 중재되곤 했다. 부모님 개인의 레퍼토리는 한정되어 있었으므로, 그들이 유연하게 대처할 수 있었던 것은 복잡하고 풍성한 그들 간의 상호보완 관계 덕이었다.

그러나 팻과 나는 분명히 다르다. 우리는 좀 더 대등한 결혼 관계에서 나타나는 장점과 어려움의 예라고 할 수 있다. 우리는 상대방을 자율적이고 성공적인 영역을 가진 전문가로 바라보며 더 축소된 가족생활의 세계를 공유한다. 나는 손수건의 문화뿐만 아니라 위계질서가 분명한 가족에게서 나온 독단적인 태도를 결혼생활에 끌어 왔다. 팻은 둘째 딸이었지만 형제 중 가장 고집스러운 편이었다. 우리는 각자가 문제를 논리적으로 잘 설명할 수 있으리라 믿었지만, 종종 다른 관점에서 설명하곤 했다. 따라서 우리의 대화는 자주 심각한 견해차로 이어졌고 흔히 싸움으로 번졌다. 각자가 자기 세계의 복잡함과 영역을 고집하는 이 대등한 부부 모델에서, 부부는 좀 더 재미있게 생활할 수는 있지만 더 잦은 갈등을 경험하곤 한다.

결혼 관계의 평등 모델은 자기를 으뜸으로 고집하는 문화의 산물이기는 하지만, 이것이 보완적인 관계보다 더 낫다고 말할 수는 없다. 그냥 그런 것이다. 이는 이전과 다른 형태로, 아마도 자기만의 방식으로 개인을 확장시키고 강조할 것이다. 물론 대등한 관계나 보완적인 관계 모두 순수한 형태로 존재하는 것이란 없다. '신만을 위한 그, 그의 신을 위한 그녀'가 19세기의 신화였듯이, 50 대 50의 결혼은 20세기 말의 신화적 산물이다. 각각의 부부는 어느 정도 혼합된 개인의 자율성, 전문성 그리고 보완성을 가진다. 그러나 아마도 오늘날에는 성별의 불평등과 가족의 역할이 개인의 성장을 박탈하는 방식에 더 주의를 기울이는 것 같다. 우리는 양육과 지지라는 가족의 기능에 대해 더 잘 인식할 수 있을 것이다.

팻과 나는 지난 40년간 부부와 자아 간의 긴장감을 경험해 왔다. 우리는 싸우고 협동하고 성장했다. 시간이 흐르면서 우리의 보완성은 더욱 복합적으로 성장해 왔다. 혼자 있는 것은 배신을 뜻하는 게 아니며, 져 주는 것이 패배를 뜻하지도 않는다. 의존성은 약한 것이 아니며, 주도권이 곧 통제를 의미하지 않는다. 이 모든 말은 우리 문화가 불완전한 개인에게 심어 놓은 가치에서 나온 아우라(aura, 사람이나 물체에서 발산하는 기운이나 매력, 독특한 분위기-역주)를 지니고 있다. 보완성은 상호적인 풍부함이 될 수도 있다. 그래서 함께 춤추는 개인들이 서로를 다치게 하는 일이 없도록 공격성을 없애 버린다.

결혼한 지 2년이 지나 부모가 되면서 우리의 부부생활은 더욱더 복합해졌다. 첫아이 대니얼(Daniel)은 이스라엘에서 태어났다. 나는 아이가 태어난 크파 사바의 병원을 기억한다. 나는 샤갈의 그림에 있는 한 장면처럼 내 아들을 팔에 안고 오렌지 빛 언덕을 날아갔다. 팻은 모성애로 가득 차, 당시 이스라엘이 그랬듯이 여러 인종들이 있는 산부인과 세계에 둘러싸여 웃고 있었다. 진(Jean)은 4년 뒤 뉴욕의 컬럼비아 장로교 병원(Columbia Presbyterian Hospital)에서 태어났다. 우리는 서쪽 86번가의 큰 아파트에 살았고, 나는 심리치료 개업의로 일하면서 정신분석 수련을 받고 있었다. 팻은 뱅크 스트리트 교육대학에서 연구 심리학자로 일하고 있었다. 편안한 생활이어야 했지만 사실은 그렇지 않았다.

아이들은 우리 가족에게 기쁨과 어려움을 동시에 주었다. 우리는 곧 우리의 전문적인 지식, 즉 우리가 읽은 모든 책들이 우리로 하여금 아이들의 독특함이나 어떻게 우리가 그들과 맞춰 가야 할지에 대해 가르쳐 주지 않는다는 사실을 발견했다.

양육의 책임은 불협화음을 야기했다. 우리 모두 자식을 사랑했고 보살핌을 주는 성격이었으나 아동을 점진적인 교육의 관점에서 보는 발달심리학자인 아내는 아이들이 탐구하는 것을 격려해 주고 그들이 느끼는 필요에 관심을 기울였으나, 내가 느끼기에 그것은 아이들에게 지나치게 집중하면서 우리 부부의 생활을 희생시키는 경향으로 보였다. 나는 어른에 대한 존경과 규율에 중심을 둔 내 가족의 모델을 부모 역할에 병합시켰다. 전문가로서 나는 아이들의 실험정신과 성장에 대해 존중하도록 배워 왔지만, 팻은 부모로서의 내 반응이 너무 지배적이라고 느꼈다. 반면에 나는 그녀가 지나치게 허용적이라고 느꼈다. 단순한 문제들이 부풀려져 언쟁을 불러왔다. 올바른 부모 모델에 대한 내 어린 시절의 영향력은 지나치게 통제적이었던 부모의 실수를 되풀이하지 않으려는 아내의 생각과 대립되었다.

오늘날 돌이켜 볼 때 나는 우리가 그 당시에 자녀들에 관한 세력 다툼을 했다고 생각한다. 아마도 그 당시에 우리가 만일 가족치료를 받았더라면 도움이 됐을 것이다. 그러나 35년 전에는 자녀들과 부모를 같이 만나는 그 이상한 치료법을 아무도 생각해 보지 않았다. 그러는 동안 우리는 서로의 취약점에 대해 관대하게 대할 줄 알며, 서로의 강점을 존중하는 법을 배웠다. 아버지로서의 내 경험은 개인 심리치료사로서, 후에는 가족치료사로서 가족에 대한 그리고 내 상담치료법에 대한 생각을 극적으로 바꾸어 놓았다. 나는 올바른 방법이 있다는 자만을 버리고 부모들의 실수, 취약점, 불확실함을 받아들였다. 동시에 내 자녀들에게서 경험적인 방식을 통해 아동 발달에 대해 배웠는데, 그것은 이제껏 연구를 통해서는 얻을 수 없었던 값진 경험이었다. 네 살 터울의 대니얼과 진은 성별이 달랐을 뿐 아니라 인생에 대해 반응하며 이해하는 법 또한 달랐는데, 그것이 내 경험을 매일 확장시켜 주었다. 나는 그들을 통해 학교와 선생님에 대해서, 그리고 아동의 사회생활, 말 없는 즐거움, 이해, 사랑, 죄책감과 이기심 등 사람이 되는 것의 전 영역을 배웠다.

오늘날 대니얼은 심리학자이자 가족치료사로서 사회정의 문제에 적극적으로 참여하고 있다. 그리고 진은 조각가이자 연기자로서 성인을 위한 예술학교에서 연극을 가르치고 있다. 나는 이 아이들 덕택에 많은 것들을 얻었다. 그들은 도전을 이해하고 성장과 변화를 소중히 하는 나의 능력을 풍성하게 만들어 주었다. 내가 오늘날 가족을 대할 때면, 팻과 댄 그리고 진은 나 자신의 일부분과도 같다.

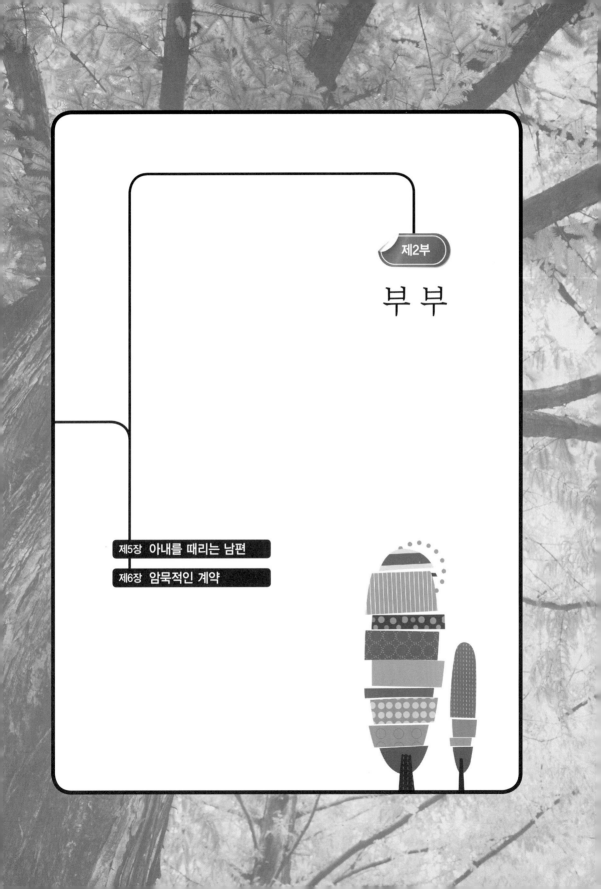

제2부

부 부

마음과 관련된 문제에서 우리는 용기나 너그러움 등과 같은 개인적인 자질이 좋은 관계를 만들어 나간다고 생각한다. 그러나 우리가 인식하든 인식하지 못하든 간에 가족은 우리의 삶을 지배하는 구조적인 패턴을 갖고 있으며, 그것은 우리 몸의 구조가 움직임을 지배하는 방식과 크게 다르지 않다.

가족이 어떻게 구성되어 있는지를 이해하는 첫 번째 단계는 보완성의 정도가 모든 관계를 특징짓는 원리임을 아는 것이다. 어느 부부든지 한 사람의 행동이 다른 사람을 자극한다. 이 단순한 말은 깊은 의미를 갖는다. 이것은 부부의 행동이란 독립적인 것이 아니라 같이 결정되는 것이며, 여기에 지지하거나 분열시키는 상호 간의 힘이 관건이 된다는 것이다. 그리고 그것은 자아에 대한 한 사람의 소중한 믿음, 즉 자신이 익숙하고 의지적이며 자율적인 자아의 섬, 다시 말해서 우리가 우리 자신을 어떻게 생각하는가에 대한 믿음에 도전하는 것이다.

그러나 여기서 구분되어야 할 중요한 사실이 하나 있다. 우리는 대부분 결혼이 우리에게 무언가 빠져 있는 부분을 채우면서 우리 자신을 완성시키는 게 결코 아니라는 사실을 이미 알고 있거나 차츰 발견하게 된다. 즉, 남편의 자기 확신이 아내의 불안정함을, 혹은 아내의 외향적 성격이 남편의 과묵함을 해결하리라는 기대가 환상에 불과하다는 사실을 말이다. 두 쪽의 절반이 단지 혼인 서약 때의 맹세로 마술처럼 하나가 되는 것은 아니다.

그러나 같이 결합하는 두 사람은 분명 하나의 관계를 만든다. 그런 면에서는 두 쪽의 절반이 하나를 만들게 되지만, 이것이 당신이 원하는 하나가 되느냐 아니냐는 또 다른 문제인 것이다.

부부치료는 논리에 어긋나는 것처럼 보인다. 부부가 원하는 것은 도움이 아닌 지지이기 때문이다. 그들은 가족치료사와 세상을 향해 자신의 배우자가 얼마나 부당하고 둔감한 사람인지, 또 그런 사람과 산다는 게 얼마나 힘든지를 증명하려 애쓴다. 반면 그들이 원하는 것이 용서일 때도 있다. "술이, 외도가, 우울증이 혹은 내 성격이 **문제**입니다." 상대를 비난하는 사람은 "그녀가 이렇고." "이 남자가 저렇고."라고 말하고, 뉘우치는 사람은 "내 탓입니다."라고 말한다. 그들은 문제를 해결하기 위해 치료사에게 온다. 그러나 가족치료사로서 내가 느끼는 것은 그들 둘 다 잘못했다는 것이다. 부부 문제는 남편 혹은 아내의 문제가 아니다. 그들 사이의 **상호작용**이 문제인 것이다.

만약 아내의 음주 문제 때문에 부부가 찾아왔다면, 가족치료사의 이런 질문에 그들은 놀라거나 어쩌면 화를 낼지도 모른다. "무엇이 아내로 하여금 술을 마시게 합니까?" 만약 한 배우자에게 도박이나 공포증의 문제가 있다면, 가족치료사가 그 문제와 다른 배우자와의 연관성을 알아보려는 것이 사리에 맞지 않거나 논리에 어긋나 보일 것이다. 어쨌든 개인은 자신의 행동에 책임이 있다. 그렇지 않은가? 아니, 모두가 그런 것은 아니다. 여기에 부부치료의 모호함과 힘이 있다. 이는 이성으로 하여금 현실에 눈을 뜨게 하고, 관점과 신비함과 희망을 소개한다.

그러나 그들은 무엇보다 상호의존의 개념을 진실로 받아들이거나 적어도 자신에 대한 믿음과 동등한 것으로 수용해야 한다. 가족치료사는 어떻게 이 시스템이 이론의 수준으로부터 부부의 독특한 수준으로 바뀌도록 작용하는지에 대한 일련의 믿음으로 무장하고 있다.

가족의 드라마는 가족치료사의 상담실에서 펼쳐진다. 가족구성원들은 그들 개인의 현실을 자신의 말로써 표현한다. 가족치료사인 나는 가족구성원들을 자극하고 그들에게 도전함으로써 숨겨진 연관성과 눈에 보이는 대응책을 찾아내려고 노력한다. 이 과정은 독백과 대화 그리고 논쟁으로 뭉쳐 있다. 그들은 '아하!'보다는 '그러나…….'로 더 자주 대답한다. 나는 우리가 문제를 유발하는 사람임과 동시에 반응하는 사람임을 항상 염두에 두고 계속해서 듣고 계속해서 자극한다. 사람들이 그 문제에 주저앉아 버리는 이유는 바로 자기 자신이 스스로를 괴롭히는 문제의 참여자라는 사실을 간과하기 때문이다. 그들을 자유롭게 풀어 주는 길은 그들로 하여금 자신과 상대방을 묶고 있는 관계 패턴 안에서 자신들의 역할을 올바로 바라볼 수 있게 하는 것이다.

제5장

아내를 때리는 남편

1991년 여름, 샌디에이고에서 열린 미국 가족치료사 회의에서 세 명의 전문가들이 가정폭력에 대해 발표했다. 이미 가족 내 폭력이라는 끔찍한 비밀이 세상에 드러나기는 했지만, 그곳에 모인 가족치료사들은 그 엄청난 통계 수치에 경악을 금치 못했다. 캐나다와 미국 내에서 교통사고와 강간, 폭력 및 강도의 희생자를 합친 것보다도 더 많은 사람들이 가정폭력의 희생자였다. 3만 9,000명의 미군이 전사한 베트남전쟁 기간 동안 미국 내에서는 1만 7,500명의 여자와 아동이 가정폭력으로 인해 사망했다. 아내와 아이에 대한 구타라고 명명될 수 있는 가족 내 폭력은 알코올중독, 우울증과 함께 주요한 공공 건강 문제 중 하나다.

가정폭력의 정도를 보여 주는 추악한 증거와 함께, 가족치료사들은 그들 자신이 문제의 일부분일지도 모른다는 말을 듣게 되었다. 가정폭력에 대한 체계적인 관점은 가족구성원들이 자신들을 괴롭히는 문제와 상호 연관이 있다고 보기 때문에, 아내를 구타하는 것에 대한 변명거리를 만들어 주고 심지어 되풀이하게 하는 경향이 있다. 가정폭력은 많은 전문가들이 믿는 것처럼 '가족 문제'가 아니다. 그것은 남성이 여성에게 가하는 일종의 악인 것이다. 이러한 관점에서 볼 때, 폭력적인 남성은 이성을 잃은 것이 아니라 상대방을 잔인한 방법을 써서 지배하려는 것이다. 폭력 행위가 있는 부부를 함께 치료하려고 하는 어떠한 시도도 이러한 관점에서 보면, 여성의 안전에 무감각한 처사이고 여성의 희생을 희생자인 여성의 탓으로 돌리면서 남성의 폭력을 변명해 주는 꼴이다.

폭력을 행사한 사람은 확실히 자기 행동에 책임이 있으며, 잔인한 폭력 사례들의 경우 분명히 희생자를 보호하고 가해자를 벌하는 단계들을 밟아야만 한다. 물론 가정폭력은 이러한 극적인 사례에만 국한되지는 않는다. 더 제한된 범주에서 극히 보편적인 경우는 종종 한쪽 배우자, 주로 남편이 아내의 뺨을 때리거나 밀치는 행동 같은 것들이다. 용납될 수 없는 행동이기는 하지만, 이러한 모습들은 감정적으로 파괴적인 행동이 단계적으로 확대된 것으로서 많은 부부관계의 특징이기도 하다.

가족치료사가 그러한 파괴적인 상호작용 패턴을 분석하기 시작할 때 해야 할 일 중 하나는 그 개인들을 자동적으로 결합되어 있는 반응으로부터 끊어 내는 것이다. 우리는 그들로 하여금 개별성과 힘 그리고 책임감을 발견할 수 있도록 돕는다. 이것은 역설적인 관점으로서 사람들로 하여금 그들 자신의 연관성을 이해할 수 있도록 도와주고, 그렇게 함으로써 우리는 그들 스스로에게 그 선택과 변화에 책임지는 능력을 부여하고자 하는 것이다.

저명한 병원의 신경심리학자인 필립 록우드(Philip Lockwood)는 이 문제를 '부부 문제'라고 부르곤 했다. 그와 나 모두를 알고 있는 한 친구가 그에게 내 전화번호를 주었다. 그는 집으로 전화한 것을 대단히 미안해하면서 내가 얼마나 바쁜지 알지만 한시라도 빨리 나를 만나고 싶다고 했다. 사실 나는 그의 전화를 예상하고 있었다. 나를 추천한 그 친구가 전화상으로 록우드 부부가 이혼 위기에 처한 것 같아 걱정스럽다고 말해 주었기 때문이다. 내가 록우드 박사에게 그의 전화를 기다리고 있었다고 말하고 진료 시간을 잡아 주자 그는 이를 즉시 받아들였다.

9시가 되기 직전에 내가 도착했을 때 록우드 부부가 대기실에서 기다리고 있었다. 필립 록우드는 키가 크고 잘생겼으며 우아하면서도 단정한 차림새의 남자였다. 그의 짧은 곱슬머리는 아직 까맸으나 정교하게 다듬어진 턱수염은 희끗희끗했다. 그는 자신을 소개하고 악수를 청하고는 아내 로렌(Lauren)을 소개했다. 그녀는 손을 흔들지는 않고 그냥 잡기만 했다. 그녀는 세련된 남부 억양으로 인사했다. 로렌 록우드는 타고난 편안함이 있는 여성으로, 자신이 아름답다는 것은 알지만 더 이상 그것을 자각하지는 못하는 것 같았다.

나는 그들을 사무실로 청했고, 필립이 소파에 앉았다. 그는 다리를 꼬고 무릎에 손을 얹었다. 로렌은 그 소파 쪽으로 다가오더니 그 옆의 의자에 가서 앉았다.

나는 자동적으로 로렌을 보면서 누가 먼저 시작하겠는지를 물었다. 그녀는 남편을 향해서 "당신이 먼저 시작하지 그래요?"라고 말했다. 의외였다. 보통의 경우 부부가 상담치료를 받으러 오면 부인이 먼저 자신의 슬픔의 목록에 대해 줄줄이 이야기하고, 그동안 남편은 등을 기대고 앉은 채 방어할 준비를 하기 때문이다.

"우리는 22년째 결혼생활을 하고 있습니다." 그가 말하기 시작했다. "난 쉰이고 아내는 마흔둘입니다. 그리고 자식이 하나 있죠. 우린 아내와 내가 잠비아의 평화유지군에 있을 때 만났습니다. 난 우리가 하는 일이 중요하다고 생각했습니다. 우리가 변화를 일으킬 수 있다고 생각했죠. 로렌도 그렇게 느끼는 것처럼 보였습니다. 그녀는 내가 하는 그 일에 신념을 가지고 있는 것처럼 보였으니까요. 그때는 말이죠." 그는 잠시 멈추었다. "여하튼 그 여행이 끝나 갈 무렵에 우리는 마을 족장의

주례로 결혼을 했고, 미국에서 가족들을 위해 성대한 정식 결혼식을 올
렸죠."

나는 로렌을 한 번 보았다. 그녀는 참을성 있게 앉아 들을 준비가 된
것처럼 보였다. 나도 가끔 고개를 끄덕이며 '부부 문제'에 대한 그의 이
야기가 시작되기를 기다렸다. 그는 이제 갓 대학원에 간 이야기를 아주
장황하게 설명하면서 내가 이 모든 사실을 제대로 듣고 이해하고 있는
지를 확인했다. 그는 로렌이 대학의 인사과에서 일하도록 취직시키고
그녀의 봉급으로 생활했는데, 그러한 생활은 그가 초봉이 4,500달러인
첫 인턴직을 맡을 때까지 이어졌다. "그 당시로서는 꽤 괜찮은 돈이었
죠." 그는 자신의 경력에 대해 이야기했고, 결국 이야기는 열두 살인 그
의 아들 제프리(Jeffrey)에 대한 부분에 다다랐다. 그는 불안정한 환경에
서 준비 없이 자식을 낳고 싶지 않았기 때문에 얼마나 오랜 시간 아이를
기다렸는지를 이야기했다. 나는 로렌을 보았고, 그녀는 이러한 사실에
대한 그의 말을 받아들이며 고개를 끄덕이고 있었다.

필립은 계속 이야기했으나 여전히 그들의 부부 문제에 대해서는 아직
말하지 않았다. 그는 나에게 거의 15분 동안 어떤 사실에 대해서만 이야
기하고 있었다. 나는 질서 정연한 그의 이야기에, 그가 자기 자신에 대
해서 강조하거나 복잡한 말로 이야기하는 것을 좋아한다는 인상을 받았
다. 그의 무미건조한 말에서 빠진 것은 두 사람을 20년간 같이 있게 한 애정
과 갈망 그리고 그것을 시련으로 만든 절망과 쓰라림이었다.

나는 그녀가 언제 그의 일방적인 이야기에 도전할지가 궁금해 로렌을
다시 쳐다보았다. 그러나 그녀는 조용히, 사랑스럽고 침착하게 앉아서
듣는 데 만족해하는 듯했다.

드디어 필립의 이야기는 현재에 이르러 자신들이 왜 이곳에 오게 됐는
지를 설명하고 있었다. "지난 몇 년 동안 우리는 근본적인 견해 차이, 그
러니까 우리가 교양 있는 방법으로 대화하지 못할 때가 있다는 겁니다."

"대화라고요?" 갑자기 로렌이 펄쩍 뛰었다. "왜 당신이 어떻게 대화하는지 이야기하지 않죠?" 그녀는 내 쪽을 돌아보았다. "이 사람은 날 때리고 기절시켰어요! 내 쇄골을 부러뜨렸다고요! 심지어 그게 처음 있는 일도 아니었고요."

나는 더 듣기 위해 기다렸으나 그녀는 다시 조용해졌다. 그녀가 참고 있었던 분노가 갑자기 분출했고, 갑자기 시작한 것처럼 갑자기 끝이 났다.

"아내를 다치게 하려는 건 아니었어요." 필립이 중얼거렸다. 그는 언짢아했고, 분명히 당황했지만 뉘우치는 기색은 없었다. "아내는 같은 말을 또 하고 또 한다고요. 쉴 틈이 없어요. 어떤 때는 나를 너무 화나게 해서 나도 내가 뭘 하는지 모르게 되고…… 이건 정말 사실입니다."

나는 그런 불평을 수도 없이 들어 왔다. 그것은 심리학자들이 말하는 '탄원 폭력(pleading violence)'이란 것이다. '제발 내가 당신을 다치게 하는 것을 나로 하여금 멈출 수 있게 해 주세요.'라는 식으로 말이다.

나는 로렌에게 말할 기회를 주기 위해 그녀를 돌아보았다. 그제야 나는 그들의 부부관계에 대해 무척 다른 이야기를 들을 수 있었다. 로렌의 이야기는 좀 더 관계와 감정에 관한 부분이었다.

"우리가 아프리카에 있었을 때, 난 그를 우러러보았어요." 어느 정도 진정된 채 그녀가 조용히 말했다. "그는 매우 성숙해 보였고 자신에 대한 확신에 차 있는 것 같았어요. 물론 그가 여덟 살이나 위였죠. 난 단지 외국에서 몇 년 살아 보려고 평화유지군에 가입했어요. 그렇게 이상주의자는 아니었죠. 하지만 필립은 우리가 하는 일에 대한 신념이 있었어요. 난 그의 그런 점을 정말 존경했죠. 그는 나 자신도 중요하다고 느끼게 만들었어요. 그러나 결혼한 그날부터 모든 일이 이 사람 중심으로 돌아갔어요. 남편의 박사학위, 남편의 경력 같은 것들. 모든 일이 그가 원하는 대로만 돌아가는 한 괜찮았죠. 내가 그의 참한 내조자이기만 하면 그는 행복해했어요. 난 그가 대학원을 다니는 동안 혼자서 자녀를 부양했어요. 그의 숙제를 타이핑해 주었고, 모든 가사를 담당했고, 그가 자기 부서 사람들을 위해 파티를 열고 싶다고 하면 그것도 했어요. 이 사람이 생각하는 모든 건 언제나 자기 자신뿐이었죠. 그는 집에 와서 그날 일이 얼마나 힘들었는지, 다른 사람이 어떻게 자기 마음을 상하게 했는지를 칭얼댔고, 그러면 나는 그의 손을 잡아 주는 식이었죠."

필립은 미움이 가득한 시선으로 그녀를 노려보았다.

"그러고는 제프리가 태어났어요. 그 애를 위한 모든 일도 제가 해야만 했죠. 어쩌다 생색내듯이 아이 기저귀를 갈아 주거나 산책을 시켜 주면, 남편은 칭찬으로 범벅이 되기를 기대했어요. 친정 부모님이 방문하셨을 때 이 사람이 아기를 잠깐 동안 안아 주는 장면은 정말 참기 힘들었죠. 아무것도 모르는 부모님은 신이 나서 '아이고, 얼마나 훌륭한 아버지야.'라고 말씀하셨어요. 전 속이 다 느글거릴 지경이었죠."

보통 초기 인터뷰에서 그러하듯이, 나는 그들이 말하고 있는 갈망과 두려움에 대해 듣고 있었다. 서로의 말을 잘 듣지 못하게 하는 그 갈망과 두려움의 밑바탕에 무엇이 깔려 있는지를 알기 위해서였다. 로렌의 설명은 조금 당황스러웠다. 그녀의 분노는 마치 켜졌다 꺼졌다 하는 스위치 같았다. 그녀가 필립의 이야기를 듣고 있을 때는 완전히 수용적인 자세였다. 그러나 마침내 그녀가 말을 하기 시작하자 단지 자신의 분노에 대해서만 이야기했지 상처나 그 뒤에 있는 갈망에 대해서는 전혀 언급이 없었다. 그리고 필립은 여느 사람들이 공격을 받을 때와 같은 태도로 그녀가 하는 말을 그저 듣고만 있었다.

그들의 이야기는 보편적이라고 할 수 있다. 아주 점잖고 다소 불안정하며 어느 정도 자기중심적인 남자가 아름답고 지적인 여자와 결혼했다. 그녀는 많은 매력을 가지고 있었으나, 그것은 남자를 기분 좋게 만들어 주는 매력 외에는 별 의미가 되지 못했다. 아주 멋지고 다소 불안정한 스물두 살의 여성이 한 남자에게 매력을 느꼈다는 점을 제외하곤 자기 자신에 대한 별 자각이 없이 자신을 흠모하는 진지한 남자와 결혼을 했다. 이보다 더 자연스러운 일이 어디 있으랴?

대부분의 부부들과 마찬가지로, 그들 역시 거리감과 타협의 결합 속에서 자신들의 갈등을 잘 대처해 나가는 방법을 배웠다. 물론 로렌이 거의 대부분 적응해 나갔다고 할 수 있다. 이것은 두 사람 모두에게 자연스럽게 여겨졌다. 필립은 자신의 경력이 있었고, 그의 과제는 더 큰 세상을 향해 헤쳐 나가는 것이었다. 반면 로렌에게는 관계가 있었고, 그녀의 과제는 이 관계를 잘 꾸려 나가는 것이었다.

그러한 관계 구조의 갈라진 틈새는 필립이 자신의 박사과정을 더 중요시하고 관계에 소홀해지면서부터 시작되었다. 필립과 결혼함으로써 로렌은 자신의 인생을 포기하고 남편의 인생으로 발을 들여놓았다. 친구들과 익숙한 환경인 찰스턴을 뒤로 하고 필립과 함께 살기 위해 뉴욕으로 왔다. 그러나 필립이 학교에서 대부분의 시간을 보내게 되면서 그의 관심에서 아내는 소외되어 갔다. 혹여나 그녀가 불평하거나 더 많은 관심을 요구하면, 그는 그녀가 규칙 위반이라도 한 것처럼 반응했을 것이다. "왜 당신은 점점 더 지나친 요구를 하는 거지? 도대체 뭐가 문제야?" 그는 아내가 변했다고 생각할 것이다.

그는 늦은 시간에 지쳐서 집에 돌아왔다. 그는 쉬고 싶었지만 아내는 대화를 하고 싶어 했다. 남편은 텔레비전을 켰다. 아내는 "당신은 너무 이기적이야."라고 소리를 질렀고, 그는 "당신은 너무 어린애 같아."라며 대응했다. 그들은 서로에게 상처 주는 말을 주고받았고, 어느 누구도 상대방의 분노를 참아 내지 못한 채 뒤로 물러나 마음이 가라앉을 때까지 담배를 피우거나 투덜댔다. 그러나 하루나 이틀이 지나면 그들은 서로 간의 미해결된 문제는 잊어버린 채 그전과 마찬가지로 또다시 시작하곤 했다.

그러다 그 관계의 전체적인 균형을 깨뜨리는 상황이 발생했다. 제프리가

탁아소에 갈 만큼 자라자 로렌이 다시 학교로 돌아가 MBA를 딴 것이었
다. 이 상황에 대해 로렌은 "남편의 전폭적인 지지하에."라고 강조했다.

로렌은 대학원에서 자신이 얼마나 잘해 나갔는지에 대해 스스로에게
놀라게 되었다. 자신이 특별히 머리가 좋다고 생각한 적이 없었기 때문
에 큰 어려움 없이 경제학을 이해하고 분석에 예민한 직감적 능력이 있
음을 발견한 것은 정말 큰 놀라움으로 다가왔다. 학위를 마친 후, 그녀는
경영 컨설팅 회사에서 일하게 되었다. 그곳에서 지금껏 그녀에게 잠재
되었던 에너지와 매력 그리고 복잡한 관리 구조를 분석하는 능력은 5년
도 채 되지 않아 그녀를 동업자의 위치에까지 올려놓았다.

그들 부부관계의 조화로운 구조의 첫 틈새가 필립이 자신의 일을 아
내보다 우선순위에 놓았을 때 발생했다면, 실질적인 붕괴는 그녀가 성공
함으로써 더 이상 남편에게 의존하지 않아도 되면서 일어났다. 이제 자신이
남편보다 더 많이 벌고 있다고 그녀는 말했다. 그리고 그녀는 남편을 한
번 노려보았다.

로렌이 일하기 시작하면서 관계의 균형이 변화했고, 그들의 논쟁은
질적으로 달라졌다. 필립은 아내가 자신에게 소홀하다고 불평하던 그
때보다도 그녀의 자립을 훨씬 더 강력한 위협으로 느꼈다. 그리고 이제
필립이 싸움을 시작하면, 물러나는 대신 로렌이 그에게 되몰아쳤다. 바
로 그때가 구타가 시작된 시점이다.

로렌이 자신의 입장에서 이야기하자, 필립의 얼굴이 분노와 고통으로
굳어졌다. 그녀는 당연히 격노했다. 그녀가 구타에 대해 말을 꺼내자 필
립은 부끄러움으로 먼 곳을 응시했다. 그러나 그녀가 계속 말하자, 화가
치밀어 오르는 그의 모습을 볼 수 있었다. 로렌은 두려웠다고 말했다.
"내가 이 결혼을 과연 잘 지킬 수 있을지 모르겠어요." 그녀는 필립을 흘
긋 보고는 눈길을 떨어뜨렸다.

나는 그들에게 말했다. "미안하지만 저는 야만적인 사람들을 치료할 수

는 없습니다." 필립은 고개를 숙였고, 로렌은 상처받은 것처럼 보였다.

나는 일 분 동안 가만히 있었다. "치료는 특권입니다. 다른 사람을 때리는 사람이 이러한 특권을 누리기에는 너무 야만적이죠. 왜냐하면 그들에게는 충분한 자기 조절 능력이 없기 때문입니다."

내 말은 준엄했다. 이러한 폭발 직전의 상황에서 나는 이해하는 사람이 되고 싶지 않았다. 나는 주도권을 잡고 싶었다.

로렌은 남편을 쳐다보더니 이내 벽 쪽으로 시선을 돌렸다.

"그렇지만 한 가지 조건하에 당신들을 상담하겠습니다. 6회의 상담을 하지요. 그러나 그러기 위해서는 그 기간 동안 더 이상의 구타가 없을 것이라는 절대적인 확신이 필요합니다."

자기 자신을 증명할 수 있는 이 기회를 고마워하면서 필립이 말했다. "걱정 마세요. 괜찮을 겁니다."

"내가 걱정하는 건 그게 아닙니다." 나는 퉁명스럽게 말했다. "당신한테 달렸습니다. 만약 참기 어려울 것 같으면 방에서 나가세요. 좀 걷거나 부엌에 가서 접시를 깨트리거나 하세요. 그러나 분을 가라앉혀야만 합니다. 그리고 로렌, 만약 다시 구타가 일어나거나 혹시 일어날 것 같다면 즉시 나에게 전화하세요. 이것은 약속입니다."

"그러지요."라고 그녀가 말했다.

나는 질문 하나를 하며 그 상담을 마쳤다. 나는 그들이 서로에 대해 완고해진 것 같다고 말했다. 그들이 인생의 다른 영역에서 성공을 거둔 것은 거기에 무엇인가가 더해져야 한다는 의미다. 왜 서로를 용서하지 못하고 관대하지 못하게 되었는가? "아마 두 분은 어떻게 서로 간에 이러한 감정적인 반응을 끌어내게 되는지를 생각하게 될 겁니다."

그들은 떠났고, 나는 사무실에를 혼자 앉아 있었다. 로렌과 필립을 같이 만나기로 함으로써, 나는 내가 모험을 하고 있다는 것을 알았다. 물론 다른 방법이 있다는 것도 안다. 그러나 내가 그들을 같이 만나는 모험을 선택한 이유는 그것이 폭력을 끌어내는 사건의 순서를 알아내는 최선의 방법임을 믿기 때문이다. 그러나 또한 각 상담을 주의 깊게 구조화하고 지시적인 입장을 취해야만 한다. 폭력 문제가 있는 부부들의 경우, 상호작용 패턴을 탐색하더라도 거리를 유지하면서 의사소통의 성격을 조정해야 한다.

나는 그 감정의 소용돌이를 멈추게 해야 한다는 것을 알고 있다. 대부분의 가족에게는 어떻게 그들이 대화하는지를 탐색하고, 그 관계 구조를 드러내기 위한 방법의 하나로서 시작부터 가족구성원들 간에 대화를 나누도록 권장하는 편이다. 그렇지만 폭력 문제가 있는 가족들에게는 서로 간에 상호작용을 하지 않도록 해야 한다. 나는 부부가 열을 올리지 않고 가볍게 대화할 수 있을 때까지는 차례대로 내게만 이야기해야 하며, 상대방이 이야기하는 동안 서로를 방해해서는 안 된다고 말한다. 내가 할 수 있는 한 최선을 다해서 그들로 하여금 마음을 차분히 가라앉히고 생각할 수 있도록 이끈다. 그리고 구체적인 세부 사항을 감정 고조의 해독제로 사용하면서 그것들이 구체적으로 실천될 수 있도록 격려한다.

이것은 내 치료 방식이 아니다. 나는 이 기법들을 20년 전 머레이 보웬(Murray Bowen)에게서 배웠다. 그는 폭력적인 문제가 있는 부부에게 "당신이 어떻게 느끼는지를 이야기하지 말고 어떻게 생각하는지를 이야기하십시오."라고 말했다.

무척 놀랍게도, 두 번째 상담 시간에 필립과 로렌은 매우 늦게 왔다. 필립은 약속 시간보다 20분이 지난 다음에야 혼자 들어왔다. 그와 함께 로렌을 기다리는 동안 그들이 왜 함께 오지 않았는지 물어보았다.

"지하철을 같이 기다리고 있었는데, 갑자기 나랑 같이 지하철을 안 타겠다지 뭡니까! 로렌은 택시를 타겠대요. 항상 이런 식이죠. 아마 안 오기로 결심했거나 택시를 잡기가 힘든가 봅니다."

3분 뒤 숨을 헐떡이며 상기된 얼굴로 로렌이 도착했다. 그녀는 상대를 위축시킬 만한 눈길로 필립을 노려보았고, 그도 맞서 노려보았다. 여느 때처럼 연속적인 상호 비난 속에서 분노가 폭발하기 전에 내가 말을 꺼냈다. "아침에 일어나서부터 지금까지 무슨 일이 있었는지 정확하게 말씀해 주시겠습니까? 두 분의 자세한 설명을 듣고 싶습니다. 한 번에 한 사람씩만 이야기하세요." 이 부부는 태만과 통제 불능이라는 서로 다른 속도로 움직였다.

필립이 먼저 입을 열었다. "여느 때처럼 운동과 명상을 하려고 5시에 일어났습니다. 늘 그렇듯 아내가 6시 반까지는 안 일어나는 걸 알았기 때문에 옷을 입고 챙길 시간이 넉넉히 있었죠. 그래서 읽던 책을 마저 읽을 시간이 있겠다 싶어, 앙리 베르그송(Henri Bergson)의 『형이상학 입문(Introduction to Metaphysics)』이라는…… 아시는 책입니까? 지식의 두 가지 다른 방식에 대해서 이야기하죠. 과학의 상징적인 방법과……."

"맙소사! 여보, 제발 본론으로 들어가, 그만." 로렌이 말을 잘랐다. "아무도 듣고 싶어 하지 않는다고요. 당신의 그……."

"일 분 동안만이라도 제발 그 입 좀 가만히 다물고 있을 수 없어?" 필립은 노발대발했다. 나는 일어서서 "제발, 진정하세요."라고 말한 뒤, 방해받지 않고 각자의 이야기를 들을 수 있도록 필립에게 로렌 쪽으로부터 의자를 움직여 나에게 더 가까이 앉도록 요청했다. 필립이 운동과 명상을 끝내고 베르그송의 책을 읽는 동안, 로렌은 일어나 제프리를 위해 아침 식사를 준비했다. 아이를 침대에서 일으켜 옷을 입히고 주방으로 데려가 아침을 먹인 후 학교에 보냈다. 그리고 샤워를 하고 옷을 입었는데, 그녀가 외출할 준비를 마쳤을 때 발견한 건 필립이 아직도 '그의 멍청한 책'을 읽고 있는 모습이었다.

그녀가 "나 준비 다 됐어요. 가요."라고 말하자, 그는 "웃옷만 걸치면 돼."라고 말했다. 그러나 남편이 옷을 다 입었을 때, 그녀는 그가 아직

서류 가방을 챙기지 않았다는 사실을 알았다. 로렌은 "왜 어젯밤에 미리 챙겨 놓지 않은 거예요? 항상 지각이잖아요. 당신이 5분만 미리 준비하면 이렇게 마지막 순간까지 기다리지 않고……." 그는 아내에게 "제길, 좀 닥쳐!"라고 소리쳤다. "가서 택시나 잡아. 바로 갈 테니까." 나가면서 벌써 그녀의 속은 끓어오르고 있었다. 길에는 택시가 없었다. 필립이 도착하고 몇 분을 더 기다렸으나 여전히 택시를 잡을 수가 없었다. 그러자 그가 "늦겠어, 지하철을 타자고."라고 말했다. 지하철역으로 갔으나 역에 들어가자 로렌이 "난 저걸 탈 수 없어요. 어깨 통증이 있다고요. 가서 택시를 잡겠어요."라고 말하고 떠났다.

이들에게는 상대방의 관점을 볼 수 있는 능력과 서로 다른 부분을 용인할 수 있는 동정심이 결여되어 있었기 때문에, 모든 일이 자아 생존을 위한 싸움거리가 되었다. 모든 사소한 갈등은 큰 화재로 번졌으나 자신이 상대방을 자극한 데 대해서는 무지했던 것이다.

필립은 그들이 늦게 온 책임을 전적으로 로렌에게 돌리고 있었다. 그는 아내보다 한 시간 반이나 일찍 일어났지만, 제프리를 등교시키고 약속 시간에 늦지 않도록 하는 모든 책임을 아내에게 떠맡기고 있었다. 그들은 캐서린 베이트슨(Catherine Bateson)이 언급한 그런 부부 유형이었다. 아내가 가정의 많은 일에 대응하고 관리하도록 되어 있고, 남편은 자신이 '중요한 일'이라고 생각하는 부분에만 집중하는 부부. 나는 이제 그들의 이러한 구조에 도전하리라.

남편이 아내를 때리는 경우, 체계적 관점을 적용하려 할 때 사람들이 경각심을 갖는 이유는 그러한 관점이 신체적 폭력이라는 무서운 범죄를 부인하며, 그것을 중지할 강력한 단계의 필요성을 간과하는 것처럼 보이기 때문이다. 남자가 자신의 뜻에 맞춰 여자를 따르게 하기 위해 폭력을 휘두르는 경우에는 격리 조치가 필요하며, 때로는 경찰과 사법권의 개입이 요구된다. 우선적인 것은 희생자를 보호하는 일이다. 그러나 필립과 로렌 부부처럼 함께 살기를 바라지만 폭력으로 나아가는 상호 자극의 주기에 갇혀 있는 부부들도 있다.

이러한 경우 치료의 우선순위는 필립의 **공격성**을 조절하는 것에 있다. 그러나 또한 로렌이 그와 함께 있을 때 느끼는 **무력감**에 대해서도 도전할 것이다. 무슨 이유에서인지 그녀는 자기 자신이 의존적이며 무능력하다고 생각하는 것처럼 보였다. 나는 그녀가 받아들일 때까지 스스로 당당하게 맞설 수 있는 능력을 지지하면서 그녀의 **유능함**에 초점을 맞출 것이다.

세 번째 회기가 되자, 나는 로렌과 필립에게 편해졌고 그들 또한 나를 신뢰했다. 그전 상담 시간 동안 서로 달려들며 으르렁거리는 그들을 대하면서도 계속해서 그들을 존중하는 태도를 지킴으로써 나는 그들에게 희망을 준 것이다. 그러나 그들이 여전히 공격과 방어하려는 유혹에 빠지지 않고서는 이야기할 수 있는 준비가 되어 있지 않다는 결론을 내렸다. 어쨌든 한 개인으로서 그들이 보여 주는 이성적인 성숙함은 부부로서 상호작용을 하는 순간 달아나 버리는 것이다.

그래서 나는 내가 각자에게 묻고 대답하는 형태를 유지하기로 했다. 그렇게 할 때면 나는 상대방의 행동을 정당하다고 보는 그들의 관점에 대해서는 언제나 받아들이지만, 그들이 자기 자신의 행동을 바라보는 법을 배우기를 원한다고 설명한다. "당신은 반응하는 데 급급한 나머지 정작 자기 자신의 모습은 보지 못하고 있습니다." "당신이 그러한 상호작용에 어떻게 기여했는지를 볼 수 있기 바랍니다."

나는 로렌에게서 뭔가 변화를 느꼈기 때문에 그녀로부터 시작했다. 그녀는 상담과정에 집중하면서 더 많은 관심을 가지고 있었으며, 부부 문제에 있어 자신의 역할을 들여다볼 만한 준비가 되어 있었다.

"로렌, 나는 당신들이 어떻게 해서 서로를 끌어내리는지에 대해 관심이 있습니다. 어떻게 서로를 더 형편없는 사람으로 만드는지에 대해서 말이죠. 그러나 두 분이 서로 공격하지 않고 서로에게 이야기할 수 있을 때까지는 한 사람씩 이야기할 겁니다." 그들의 감정적인 난국에 이성적인 해결책이 있다는 내 메시지의 일부로서, 나는 거의 교육자처럼 정중한 어조를 유지했다.

"음, 난 그이가 내가 하는 일을 좋아하지 않는다고 생각해요."

"아니, 아니." 내가 말했다. "그건 남편께서 직접 해야 할 말이죠. 그의 불평은 그가 말하도록 합시다. 그런데 그가 하는 무엇이 당신을 불편하게 합니까?"

"아, 그가 내게 어떻게 하는지 말하라고요?"

"네."

"음, 그는 때로 날 몹시 화나게 해요. 나를 대하는 그의 방식이 그렇죠."

"그가 어떻게 합니까?"

"모든 일이 그 사람 중심이죠. 그이는 내가 병원에서 일어나는 세세한 모든 일까지 다 들어 주기를 바라죠. 하지만 내 일에 대해서는 결코 묻는 법이 없어요. 만약에 내가 뭔가를 말하려고 하면 일 분 정도는 들어 주겠죠. 그게 전부예요. 그는 내가 다른 사람들과 잘 지내는 걸 질투하는 것 같아요. 내가 나만의 생활을 갖는다는 사실이 견딜 수가 없는 거죠."

"나더러 어떻게 하라는 거지?" 다시 필립의 말이다.

"필립, 제발!" 내가 말했다.

로렌이 그를 노려보았다.

"계속하세요, 로렌." 내가 말했다. "그 질투가 당신을 어떻게 느끼도록 하죠? 어떻게 해서 두 분 모두 그렇게 빨리 분노에 휩싸이게 되나요?"

"몰라요. 그냥 날 화나게 해요." 로렌은 말했다. 자신의 상처와 바람과 절망을 폭발적인 분출에 집약시켜 버렸기 때문에, 이 한 문장에 그녀 마음대로 되지 않는 복잡한 감정 모두를 집어넣은 것이다. 필립은 한 번도 그녀의 상처나 바람에 대해서는 들은 적이 없었다. 그가 아는 것은 그녀의 분노뿐이었다.

나는 필립이 그녀의 분노와 회피의 터무니없는 폭발을 피하기 위해 그녀에게 부당하게 했을 때, 즉 그녀에게 못되게 굴거나 화가 났을 때, 냉담했을 때 혹은 질투했을 때, 그녀가 어떻게 했을 때 그랬는지를 탐색해 내려고 노력했다. 로렌은 그녀와 필립 사이에 일어난 일의 순서에 대해 더 명확한 이해가 필요했다. 바로 그녀 자신의 힘에 대한 더 명확한 이해가 필요한 것이다.

공격당한다고 느꼈을 때 어떻게 반응하는지를 묻자, 그녀는 "그를 피하려고 노력하죠. 짧게 대답하고요. 나만의 세계 안으로 들어가 버리죠."라고 말했다. 이 모든 반응은 두려움에 떠는 사람, 즉 공격을 피하려는 사람에게서 보편적으로 나타나는 반응이다. 로렌은 달리 자신이 취할 수 있는 방법을 찾지 못했을 것이다.

"남편을 죽이는 상상을 한 적이 있나요?" 내가 물었다.

"물론 아니에요!" 그녀는 충격을 받았다.

"창밖으로 밀치거나 커피에 독을 타는 상상을 한 적은 없나요?"

로렌은 얼굴을 붉혔고, 고개를 저으며 말했다. "오, 아니에요. 그런 건 아니에요."

그녀는 아무 말도 하지 않았고, 나도 아무 말을 하지 않았다. 그러다 부끄러워하며 그녀가 이렇게 말했다. "어떤 때 이런 꿈을 꿔요. 그가 죽는 꿈이요. 차에 치였다거나 갑작스러운 심장마비 등으로. 그러면 난 공포에 떨며 일어나죠. 그러나 내가 어떻게 한 적은 단 한 번도 없었어요. 그냥 그런 일이 생기는 거죠."

나는 웃으며 그녀가 생각하기에 누가 그녀의 꿈을 만들었겠느냐고 물었다. 그녀는 곰곰이 생각하는 듯했고, 나는 필립을 돌아봤다.

"두 분의 갈등을 설명할 만한 아주 작은 사건을 이야기해 보세요. 아주 사소한 일 같은 거요."

"음…… 한 가지 떠오르는 일이 있습니다. 그런데 그건 아주 바보 같은 겁니다."

"괜찮습니다. 그것에 대해 이야기해 봅시다."

"음…… 말씀 드렸듯이 우스운 일이었습니다. 파출부에게 시들어 가는 꽃을 버리라고 말했죠. 로렌은 노발대발했어요. 내가 그 아줌마를 무시한다나요? 나는 그저 꽃을 버려 달라고 말한 것뿐인데요. 제길, 난 아무것도 할 수가 없어요!" 그는 곧 눈물을 흘릴 것만 같았다. 이러한 필립의 자기 동정은 로렌으로 하여금 무력감과 공포를 느끼게 하는 또 다른 면이었다.

"내가 아내를 기쁘게 하기 위해 무슨 재주를 피워도 내가 한 일은 다 틀린 거죠."

"당신 어머니는 혹시 여왕이었습니까?" 내가 물었다.

필립은 깜짝 놀라는 듯했다. 그리고는 평정을 되찾고 말했다. "여왕이요? 어머닌 캐서린 대제였죠. 모든 사람이 어머니가 원하는 대로만 했어요. 우리는 물론이고 심지어 아버지까지도. 특별히 우리 아버지는요."

"그것참 흥미롭군요." 내가 말했다.

"로렌" 하고 내가 말했다. "괜찮다면 신발을 벗고 의자에 올라 서 주시겠습니까?"

그녀는 우습다는 듯 나를 쳐다보았다. 그러나 아무 이견은 없었다. 그녀는 몸을 숙여 세련된 굽 낮은 구두를 벗고는 우아하게 의자 위로 올라섰다.

"필립, 어머니에 대해 이야기해 보세요." 그는 의자 위에 서 있는 아내를 올려다보고는 나를 쳐다보았다. 그는 내 취지를 이해했다.

필립의 어머니 캐서린 록우드는 큰 키에 강인한 여인으로 초등학교 교장 선생님이셨다. "어머니도 이렇게 보였어요. 절대적인 존재로. 몸집이 크고, 긴 머리를 땋아 감아 올리고 있었죠. 그리고 웃지 않으셨죠. 어머니는 모든 일을 질서 정연하게 만들었어요. 학교에서나 집에서나."

"엄하셨던 것 같군요." 내가 말했다.

"음, 좋은 어머니셨습니다. 항상 걱정해 주시고, 항상 도와줄 준비가 되어 있으셨죠. 전 어머니께 많은 걸 빚졌습니다." 필립은 로렌을 슬쩍 올려다보며 불편한 웃음을 지었다. 자신이 물려받았는지조차 몰랐던 왕좌에 올려진 로렌은 약간 어색한 웃음을 지어 보였다. 그러나 내려오려는 움직임은 보이지 않았다.

내가 시간이 다 되었음을 알리자, 필립은 올려다보며 "미안해"라고 말했다. 마치 그 자신과 자신의 기억에 대해 이야기하면서 금지된 자기 방종의 죄를 지었다는 듯이.

나는 그가 자신의 과거에 대해 더 많은 이야기를 할 수 있음을 알았다. 그러나 과거를 파헤치는 것은 그가 아내의 요구 사항을 마치 왕의 명령처럼 받아들이도록 키워졌다는 것을, 그래서 아내의 필요에 너무 과민반응을 보였다는 사실을 스스로 알아차릴 정도면 충분했다.

"아시다시피, 내겐 두 분 부부가 굉장히 흥미롭게 느껴집니다!" 로렌이 내려오는 것을 도와주기 위해 일어나면서 내가 말했다. "지적인 부부로서, 두 분은 제가 이제껏 봐 왔던 부부들 중에서 가장 괴상하고 터무니없는 드라마를 연출하고 있습니다."

거기까지 왔을 때, 나는 나 자신이 로렌을 이해하고 있다는 느낌을 받았다. 그녀는 자신의 동기와 반응을 성찰할 수 있고, 필립에 대해 새로운 가능성을 바라볼 준비가 되어 있는 것 같았다. 필립에게서는 아직 그와 같은 느낌을 받지는 못했지만, 그와 내가 그렇게 될 수 있도록 함께 노력하고 있다는 것은 느꼈다.

나는 그들이 외투와 서류 가방을 챙기도록 도와주었고, 로렌이 웃으면서 내게 감사의 말을 했다. "선생님 없이는 우리가 무엇을 어떻게 해야 할지 모르겠어요."

나는 그녀를 향해 웃으면서, 그녀가 내게 의지하는 모습을 그녀 자신을 의지하기 위한 과정으로 받아들였다. 아마 내가 가진 자신감은 그녀가 새로운 가능성을 추구하는 데 있어 필요한 안전감을 느낄 수 있도록 도와줄 것이다.

그다음 상담 회기가 시작되기 5분 전에 전화벨이 울렸다. 로렌이었다. 그녀는 "그곳의 정확한 주소를 말씀해 주시겠어요?"라고 수줍어하며 물었다. 나는 다소 놀랐으나 그녀에게 이야기해 주었고, 그녀는 지금 한 블록 떨어진 곳에 있으니 2분 안에 도착할 수 있다고 말했다. 그러나 먼저 도착한 필립은 아내가 늦어지는 데 대해 별로 개의치 않는 듯 보였다. "로렌이 지금 어디에 있답니까?" 그가 물었다.

"방금 전화가 왔어요. 곧 도착할 거랍니다."

꽤 시간이 흐른 뒤에 바깥문을 여는 소리가 났는데, 로렌은 몇 분이 지나서야 사무실로 들어왔다. 아직도 숨을 헐떡였으나 화장은 완벽했고 머리도 단정했다.

"늦어서 미안합니다."라고 그녀가 말했다. "전화했을 때는 한 블록 거리에 있었는데, 어쩌다 보니 동쪽이 아닌 서쪽으로 갔네요. 건물에 붙어 있는 번호를 찾기가 힘드네요. 그 전에는 지하철을 잘못 탔고요. 59번가에 이르러서야 시내 방향이 아닌 시외 방향으로 가고 있다는 걸 알았어요. 죄송합니다."

로렌이 늦은 이유가 사실은 오고 싶지 않아서가 아니었을까? 지각을 한다는 건 사람들이 보통 하는 평범한 실수일까, 아니면 그녀가 자신에게 의지하는 데 익숙하지 않아서일까? 이 모든 내용이 사실일 수도 있

었다. 그러나 나는 로렌이 충분히 발휘하지 못했던 유능함이라는 부분에
초점을 맞추기로 했다.

　"로렌, 당신은 정말 날 놀라게 하는군요."라고 내가 말했다. "분명히
당신은 총명하며 능력 있는 여성입니다. 컨설팅 회사의 동업자라는 자
리가 능력과 재능 없이 그저 되는 법은 없죠. 그런데 많은 부분에서 당
신은 스스로를 무력한 것처럼 보이게 하는군요. 사무실에 오는 길을 잃
어버리고, 당신을 구타하는 남편을 참아 내죠. 오해하지는 마세요. 나는
당신을 탓하는 게 아닙니다. 그러나 로렌, 당신은 그렇게 유능하면서도
어떻게 그렇게 자신을 무력하게 볼 수 있죠?"

　"음…… 그렇게 자랐던 것 같아요." 그녀는 자리에 앉았고, 내가 그녀
를 무력하다고 하는 데 대해 별로 개의치 않는 것 같았다. 말을 계속 이
으면서, 그녀의 남부 억양이 튀어나왔다. "내가 자랐던 찰스턴에서는 여
자아이들에게서 독립적인 모습을 기대하지 않았죠. 우리 아빠는 항상
내가 얼마나 예쁜지 말해 주셨어요. 공부를 잘하지는 못했지만 학교에
서 인기가 있었고, 아빠는 그것으로 충분하다고 생각하셨어요. 내가 동
창회 여왕이 되었을 때는 그게 성공의 모든 것처럼 보였어요. 클렘슨
(Clemson)에서도 마찬가지였고요. 나는 파티가 거의 전공이었죠." 그녀
는 마치 학교 공부를 잘하지 못한 게 자랑스러운 일이며, 여성으로서 큰
성과인 양 크게 웃었다.

　나는 개인의 역사를 치료 초반에는 잘 묻지 않는데, 과거의 사실이란
그 상황이나 치료사에 대한 신뢰도에 따라 변하기 때문이다. 나는 사실
들이 나중에 떠오르게 놓아두는데, 그러면 치료 중 일어나는 일과 그것
이 어떤 유기적인 관련을 갖게 된다. 이 시점에서 로렌의 개인사에 대한
탐색은 주로 그녀가 어떻게 무기력해지도록 학습되었는가에 관련된 부분이
었다.

　로렌은 딸을 지나치게 사랑하지만, 진지하게 받아들이지는 않는 아버

지 밑에서 귀염둥이와 응석받이로 자랐다. 나중에 그녀는 빼어난 미모가 주는 지위에 의존하는 법을 배웠다. 지금도 여전히 아름다웠지만, 그녀는 더 이상 자신의 외모라든가 록우드 박사 부인으로서의 역할에 의존하는 것을 그만두었다. 이제 그녀는 독립적인 여성이 되었다. 그러나 습관은 버리기가 힘들었고, 많은 부분에서 그녀는 여전히 자신을 여성다움과 외모로 정의되는 존재로 생각하고 있었다. 동창회 여왕은 어느 지하철을 타야 하는지, 혹은 남자의 주먹에 어떻게 방어해야 하는지 같은 것은 몰라도 되는 것이다.

로렌이 남부의 좋은 가문에서 성장한 경험을 이야기하자, 나는 블랑슈 뒤부아(Blanche DuBois)를 떠올리지 않을 수 없었다. "난 항상 낯선 사람들의 친절함에 의지해 왔어요." 그녀는 무력한 상태에 대한 이상하고도 고집스러운 자랑스러움을 느끼는 듯했다. 많은 여성들이 그러하듯이, 로렌은 이 이상한 성취감을 위해 너무나 많은 대가를 지불했다.

필립은 매우 조용했다. 그에게 로렌과의 전투를 위한 방어 수단을 방금 제공해 주었다는 생각이 들어 그를 개입시키기 시작했다. 어린 시절이 로렌에게 의존성을 키워 줬을 수는 있지만, 이 결혼에서의 역할은 상호적으로 정해졌던 것이다.

"필립, 당신은 좀 무력한 여성을 좋아합니까?" 나는 물었다. 그때 라디에이터가 소리를 냈고, 나는 농담으로 "로렌, 제발 소리를 멈추게 해 주세요."라고 말했다.

로렌은 내 농담에 웃었다. 바로 그때 소리가 멈췄다. "고맙습니다, 로렌." 내가 정색을 하며 말했다.

"왜 나한테 그 힘을 부여하는 거죠?" 그녀가 매우 진지하게 물었다.

우리는 성장하지만 어떤 면에서는 그렇지 않다. 여기서 나는 아마도 그들의 갈등으로 인해 파생된 긴장감에 대한 반응으로 60년 전의 어린 시절로 잠시 돌아가 바보스러운 농담을 한 것이다. 그리고 그녀는 이 상황에서 느끼는 불안감에 대한 반응으로 그녀의 '믿으려 하고' 혹은 '믿는 척하는', 속기 쉬운 소녀로서의 30년간의 버릇이 나오면서 내가 진지하고 내 말에 무언가 깊이를 알 수 없는 뜻이 담겨져 있으리라 생각하는 것이다. 자신이 온전하고 가치 있다고 스스로 느낄 때까지 그녀는 우러러볼 사람, 즉 의존할 사람이 필요할 것이다.

"나는 그녀가 이것저것 물어보는 데 대해서는 개의치 않습니다." 필립이 그사이 아무 방해도 없었다는 듯이 말을 이어 갔다. "적어도 그땐 우리가 연결되어 있으니까요." 그의 얼굴이 어두워졌다. "내가 싫어하는 건 그녀가 나에게 무언가를 원하지 않을 때면 나를 무시한다는 겁니다. 그녀는 나보다도 친구들에게 더 많은 관심을 기울입니다."

그때 프로이트의 유명한 말이 생각났다. 신경증적인 증상이 없어졌을 때 환자는 치료되었으며, 그 사람은 보통의 일상적인 불행으로 되돌아갔다. 이제 필립의 불평은 극단적인 병리적 폭력보다 행복하지 않은 부부의 이야기처럼 들렸다.

"그 부분에 대해 서로 이야기해 보시겠습니까? 두 분이 어떻게 이야기하는지 보고 싶군요."라고 내가 말했다.

지금까지 필립과 로렌은 자신들의 관계에 대해 설명했다. 이제 나는 그들이 어떻게 의사소통하는지가 보고 싶었다. 내가 이토록 오래 기다린 것은 지금까지 그들이 폭발 직전의 상태였고 반발적이었기 때문이었다. 그러나 이제 그들은 덜 방어적이 된 것 같아 아마도 상대방의 이야기를 듣기 시작할 것이다.

로렌의 불평은 필립이 그녀를 진지하게 받아들이지 않는다는 것이었다. 그리고 필립의 불평은 로렌이 그에게 충분한 관심을 기울이지 않는다는 것이었다. 그들이 이야기를 시작하자, 나는 그 이유를 알 수 있었다.

"음…… 어디 보자." 필립이 시작했다. "우리가 얼마 전에 이야기했던 『타임스』의 기사 기억해?"

"당신이 말하고 있었죠."라고 그녀가 말했다. 로렌이 가차 없이 비꼬았지만, 필립은 그것을 눈치채지 못했거나 그냥 무시하기로 작정했는지 계속 말했다. 그는 그 기사에 대해 이야기하면서 그가 어떻게 그녀에게 그 내용을 설명하려 했는지, 그리고 그녀가 어떻게 그 토론에 무관심했는지를 설명했다. 그의 생각에 그녀의 잘못은 침묵하는 것과 고의적으로 억제하는 것이었다. "그녀 쪽에서 대화할 의지가 없는 겁니다." 이것이 그때 있었던 일에 대한 그의 장황한 설명이었다.

로렌은 '예, 아니요'로만 대답했다. 그러므로 그녀가 필립에게 동의하지 않는 것인지, 그를 충분히 이해할 수가 없었던 것인지, 혹은 단순히 지루해하는 것인지를 알기가 힘들었다. 그녀의 침묵은 그로 하여금 그녀에게 통할 때까지 더 열심히 노력하게 했고, 결국 그들에게 익숙한 형태의 '대화 방식'에 다다랐다. 즉, 그는 이야기하고, 그녀는 듣는 식이었다. 그녀가 적게 말할수록 그는 더욱 현학적이며 장황해졌다. 그리고 그의 말이 장황해질수록 그녀는 더 조용해지고 더 무뚝뚝해졌다. 5분도 채 되지 않아, 그는 학생들이 왜 토론에 참여하지 않는지를 이해하지 못하는 지루한 선생님처럼 된 것이다.

로렌이 그곳에 앉아 필립의 장황함과 자신의 침묵 속에 갇혀 있는 동안 둘은 모두 점점 더 참을성을 잃어 갔다. 나는 앞으로 다가올 장면의 발단을 볼 수 있었다. 잠시 후 그녀는 불쾌한 말을 할 것이다. 그러면 그는 그에 응수할 것이고, 곧 신랄한 삿대질로 이어져 싸움으로 고조될 것이다. 그들이 그 지점에까지 가는 것을 원치 않았으므로, 나는 그 대화에 끼어들었다.

"그만하세요!" 내가 말했고, 두 사람 다 깜짝 놀라며 나를 쳐다보았다. "이 대화에서 유연성이라고는 찾아볼 수가 없군요. 두 분 모두 자신이 옳다는 것에 빠져서 상대방의 관점을 들을 수도 없고 변할 수도 없군요." 나는 그들에게 아무 진전이 없다며 무뚝뚝하게 사무실 밖으로 안내했다.

　내가 갑자기 끝낸 이유는 그들로 하여금 자기 조절 상실의 신호를 인식하도록 하기 위해서였다. **폭력의 가능성**—단 한 번이라도 그런 일이 더 일어난다면 이 결혼 관계는 파괴되는 것이다—은 용납될 수 없었으므로, 그들은 각각 자신들의 의도에 주의를 기울이고, 자신들이 어떻게 표현하는지를 인식해야만 했다. 무의식적인 행동은 여기서 위험했다. 어떤 관계에서든 거리를 두는 것과 주의가 필요할 때가 있다. 록우드 부부에게는 이번이 확실하게 그런 때였다.

　그다음 주에는 로렌이 제시간에 오기는 했지만 혼자 도착했기 때문에 나는 그녀와 먼저 상담을 시작했다. 그녀의 개인적인 관점을 들을 수 있는 기회였다. 그러나 나의 이해를 위해 이 부부가 서로를 이해할 수 있는 기회가 희생되는 것을 원하지 않았기 때문에 필립이 그녀가 도착하면 그녀가 말한 내용을 되풀이할 계획이었다.

　로렌은 약간 흥분되고 희망적인 분위기였다. 늘 그랬던 것처럼 그녀의 통근복은 디너 파티용으로 격식을 차린 것처럼 보였다.

　그녀는 상황은 그대로지만 의사소통은 좀 나아졌다고 했다. 필립이 그녀가 이야기하도록 허용했고 심지어 듣기까지 했다고 했다. "그동안 좋았어요. 사실 주말 내내 아무 싸움도 일어나지 않았어요." 그때 필립이 들어왔고, 나는 잠시 로렌이 한 이야기를 해 주겠다고 말했다. 나는 그에게 로렌이 의사소통이 나아졌다고 말했다고 했다. 그가 그녀가 이야기할 수 있도록 해 주었고, 들어 주었으며, 그것이 좋았다고 말했음을 알려 주었다. 필립은 마치 시험을 무사히 통과했다는 말을 들은 것처럼 안도하는 듯했다.

　"하지만……." 로렌이 덧붙였다. "상황은 그대로라고 말했어요."

　필립은 상처를 받은 듯이 보였다. 그는 아직 통과한 게 아니었던 것이다.

그가 말하기 전에 내가 끼어들었다. "로렌, 지금 무슨 일이 일어났죠?"

"아무 일도. 난 그저 내가 뭐라고 했는지 필립이 정확하게 알기를 바랐을 뿐이에요."

"로렌, 당신은 방금 내가 필립 편을 든다고 느꼈습니까? 아니면 당신의 말을 누설했다고 느꼈나요? 내가 당신이 한 말을 바꿔 말함으로써 필립이나 내가 당신에게 맞설까 봐 걱정이 됩니까? 왜 나를 믿지 못하는 거죠?"

이것은 일종의 진전이었다. 나는 로렌이 자신이 불안해하며 나를 믿지 못하는 것을 바라볼 수 있다면 남편과의 관계를 다른 관점에서 볼 수 있을지도 모른다고 생각했다. "나는 당신에게 상처를 주지 않을 겁니다. 로렌, 나는 당신 편이에요. 나는 당신을 존중하고 지지합니다. 어째서 나를 신뢰하지 못하는 거죠? 세상이 그렇게도 위험해 보입니까?"

그녀는 잠시 침묵했다. "음…… 아마도 내가 그렇게 자라서……."

"어린 시절 이야기는 이제 그만하세요. 어린 시절은 이미 끝난 겁니다." 나는 그녀가 무기력감을 학습했다는 그 과거에 대해 더 이상 듣고 싶지 않았다. 대신 그녀가 직장생활에서 그 무기력함을 떨쳐 버린 일에 대해서 듣고 싶었다. "당신 일에 대해 말해 보세요. 당신의 동료들. 내가 그 동료들에게 당신을 묘사하라고 한다면 어떨까요? 그들은 뭐라고 할까요?" 확실히 그녀는 직장에서의 자기 자신을 유능하고 힘 있는 사람으로 생각할 것이다.

"음, 난 사람들과 잘 지내요. 경영에 대해서는 잘 모르죠. 내 성공의 대부분은 다른 사람들을 도우면서 얻었어요. 어떻게 해야 잘 지내고 다른 사람을 치켜세우는지, 거래를 할 때 어떻게 모든 사람들이 무언가를 얻는 느낌을 갖게 할 수 있는지를 난 잘 알죠. 다른 사람들과 잘 지내는 것은……."

나는 절망을 가장한 채 일어났다. "로렌, 로렌, 로렌! 어떻게 해야 당신을 깨어나게 할 수 있겠습니까? 로렌, 제발 깨어나세요! 당신의 유능함을 부인할 필요가 없어요."

그녀는 당황하며 나를 쳐다보았다. 자신을 과소평가하는 것은 그녀에게는 너무도 자동적이어서 그녀는 그것을 자각하는 것조차 멈추어 버린 것 같았다.

필립이 크게 웃었다. 나는 그쪽으로 돌아보았다. "당신은 어때요, 필립? 당신 생각에 이번 주는 어땠습니까?"

"음, 난 우리의 의사소통 기반이 바뀌고 있다고 생각합니다. 나는 로렌의 잠재력과 자유를 받아들이려고 노력했습니다. 이것은 그녀와 관련된 문제이고, 이 문제가 내 개입에 대한 부정적인 반응이라고만 할 순 없지만요." 내가 그의 말을 이해하려고 노력하는 동안 필립은 말을 이어 갔다. 그의 특징인 뜬구름 잡는 말을 하면서 자신은 로렌의 침묵과 살아 가는 법을 배우고 있다고 했다. 로렌은 몸을 앞으로 숙이고 열심히 듣고 있었다.

그는 계속해서 말을 이어 가면서 한 가지 중요한 사실을 말했는데, 그것은 그들이 함께 살아가는 유일한 방법은 자신이 자신에 대한 로렌의 무관심과 거리감을 포기하는 것임을 느끼기 시작했다는 것이다. 그러나 너무나 많은 말에다 감정을 늘어놓는 바람에 그 요점과 로렌이 대답할 수 있는 사실상의 기회는 그 말 속에서 침몰하고 있었다. 그동안 로렌은 내가 끼어들 때까지 겉으로만 흥미 있다는 듯이 들으면서 앉아 있었다.

"로렌, 언제부터 필립이 말하는 걸 안 듣기 시작했죠?"

깜짝 놀라며 그녀가 말했다. "무슨 말씀이세요? 듣고 있었어요."

"나는 그렇게 생각 안 합니다. 정확한 순간을 꼬집어 말할 수는 없지만 언젠가부터 당신은 듣고 있지 않았어요. 그렇게 함으로써 대화 대신에 독백이 이어졌던 거죠. 그러나 이건 단순히 남편 혼자 하는 일이 아닙니다. 두 분이 서로에게 한 일입니다."

필립은 약간 굳어졌다. 그는 현학적이라는 식으로 평가받자 기분이 좋지 않았으나, 어쨌든 생소한 일은 아니었다. 로렌이 말했다. "음, 아마 가끔 그가 하는 말을 듣지 않는 것 같아요. 그는 자기 마음에 있는 이야기를 해야 해요. 그리고 난 내가 들어 주어야만 한다고 느끼죠. 하지만 그가 내 이야기를 들어 주지 않는 데 난 너무나 지쳤어요, 정말." 갑자기 그녀의 눈에 눈물이 고였다. "언제나 당신만 힘든 하루였죠. 나의 하루가 어땠는지 아세요? 왜 나에게는 그런 작은 관심조차 갖지 않는 거예요?" 그리고 그녀는 마치 불평하여 규칙을 어기기라도 한 것처럼 갑자기 말을 멈췄다.

필립은 깜짝 놀랐다. 긴 시간 동안 한쪽의 일방적인 대화로 인해 축적된 로렌의 분노는 너무나도 극단적이었고 그에게는 불공평했다. 그녀가 할 말이 있었다면 왜 그동안 말하지 않았는가? 필립은 그녀를 지배하기 위해, 그러니까 로렌으로 하여금 침묵과 지루함과 마침내는 격분에 휩싸이도록 하려고 그녀에게 설교한 것이 아니었다. 그는 무언가를 성취함으로써 흥미를 일으키게 하는 사람이 되도록 자랐다. 그러나 그녀는 관심을 기울임으로써 흥미를 느끼는 사람이 되도록 자랐다. 두 사람은 너무나 자연스럽게 그 역할들을 자신들의 결혼생활에 가져왔고, 그것에 대해서는 서로 생각해 본 적이 없었다. 그들이 바뀌기 어려운 만큼, 서로의 습관이 서로의 기대에 의해 강화되는 관계 안에서는 두 배로 힘든 것이었다.

"두 분 다 가질 수 없는 걸 원하고 있습니다." 내가 짚고 넘어갔다. "관심. 진정한 관심. 그런 것은 결혼생활에서 많은 것을 요구하는 게 아닙니다."

"이제 숙제를 내겠습니다." 내가 말했다. "상대방에게서 원하는 걸 얻을 수 있는 다른 방법을 찾아보세요. 필립, 말로써 로렌에게 가까이 가려는 당신의 노력은 도리어 그녀를 밀어내고 있습니다. 말로 하는 것은 답이 아닐 겁니다."

필립은 무력한 몸짓을 보였다. "무엇을 제안하시는 겁니까?"

"모릅니다." 내가 말했다. "이것은 모든 사람이 각자 자신만의 방식으로 해야만 하는 일입니다. 그러나 제가 확실히 아는 건 두 분 모두 자신들이 생각하시는 것보다 훨씬 더 복잡하다는 겁니다."

"그리고 로렌, 당신은 자신의 관점을 표현할 말을 찾을 필요가 있습니다. 필립이 독백을 하려고 하면 끼어드는 방법도 말이죠." 로렌이 필립을 흘긋 쳐다보았다.

"필립에게는 대화할 때 일방적으로 주도하는 것을 멈추라고 제안했지만, 당신의 도움 없이 그가 바뀔 수 있을지 의심스럽군요."

로렌은 웃었다. "설마 우리가 일주일 안에 그걸 배울 수 있다고 생각하진 않으시겠죠. 그러신가요?"

"나는 뭔가를 배우라고 요구하는 게 아닙니다. 나는 두 분이 완벽하게 해낼 수 있는 어떤 일을 시작하라는 것뿐입니다."

"그럼" 로렌이 말했다. "아마 2주 정도 상담을 안 하는 게 좋을 수도 있겠어요. 연습할 시간이 필요하니까요."

나는 그것을 좋은 신호로 받아들였다. 대부분의 사람은 치료가 치료사의 상담실에서만 일어난다고 생각한다. 아마 치료는 그럴 것이다. 그러나 변화는 가정에서 일어난다. 우리는 2주 후에 다시 상담하기로 했다.

로렌이 필립 없이 제시간에 도착했다. 나는 궁금한 표정을 지었고, 그녀는 침착하게 필립이 몇 분 안에 올 것이라고 했다. "그는 절대 제시간에 오는 법이 없어요. 그러나 그와 다투고 싶지 않고 늦고 싶지도 않다고 결정을 내렸죠. 그래서 먼저 간다고 이야기했어요. 그는 준비가 다 되면 오겠죠."

로렌은 이 이야기를 평소 때와는 달리 아무런 적개심 없이 말했다. 그녀는 필립보다 먼저 제시간에 집을 떠났다. 그의 화를 돋우기 위한 게 아니라 단순히 갈 시간이 되었기 때문이다. 그것은 작은 **독립선언**이었다.

"저……." 그녀가 앉으면서 시작했다. "선생님의 제안에 대해 고민했었어요. 저는 제 능력을 인정하고, 남편에게 요구할 수 있는 권리를 받아들이면서 제 자신에게 좀 더 정직해지려고 노력했습니다."

사실 그건 내가 말했던 게 아니었다. 내가 그들에게 내 준 과제는 좀 더 간단하고 구체적이었다. 그러나 로렌은 내가 제안한 구체적인 부분을 넘어 그 관계의 본질적인 불균형을 해결하려고 노력하고 있었다. 나는 고개를 끄덕였다. 좋은 현상으로 들렸다.

"전 그 사람의 야만성을 더 이상 참지 않기 위해 노력했어요. 한 예로, 지난 일요일에 거실에 앉아 잠시 동안 휴식을 취하고 있었죠. 『타임스』를 무릎에 두고요. 필립이 들어오더니 '주간 평론' 하면서 신문을 잡는 거예요. 전 '여보, 지금 내가 막 읽으려고 했어요. 내가 다 읽으면 그때 당신이 읽을 수 있잖아요.'라고 말했어요. 그는 놀란 것 같았지만 제게 바로 되돌려 주었죠. 전 뭔가 옳은 일을 한 것처럼 느꼈어요."

"물론 당신은 옳은 일을 했습니다." 내가 말했다. "그런데 남편이 신문을 가져가는 걸 두고 야만성이란 단어를 썼다는 게 놀랍군요."

"저한테는 똑같이 느껴져요. 신문을 집어 가는 것이나, 끊임없이 계속 이야기하는 것이나, 나를 때리는 짓이나, 모두 같은 일의 한 부분이에요. 그러나 내가 그걸 견딜 필요는 없겠죠. 그 무엇도 말이에요."

나는 그게 같지 않다고 생각했다. 그녀는 조만간 그것을 구분해야 할 것이다. 그러나 그 순간에는 그녀의 진전이 놀라워 보였다. 그래서 그런 내 생각을 말하지 않았다.

"선생님이 내 준 두 번째 숙제도 하고 있어요. 선생님께서 필립과의 대화에 더 적극적으로 참여하라고 하셨잖아요. 내가 개입하는 게 그에게 필요하다고 말이에요. 그래서 그렇게 하고 있어요. 그는 항상 학자

티를 내는 걸 읽죠. 난 단 한 번도 그 사람이 하는 말을 이해한 적이 없었어요. 하지만 최근에는 그가 읽는 걸 읽고 있어요. 그가 이야기하고자 하는 부분의 실마리를 잡을 수 있도록 말이에요. 어떤 건 정말 흥미로워요."

그때 필립이 들어왔다. "항상 늦습니까, 필립?" 내가 물었다. "아니면 여기 올 때만 그렇습니까?"

그는 화가 나 보였다. "아마 사실은 오늘 여기에 오고 싶지 않아서일 겁니다. 지난번 상담 시간에 선생님은 로렌에게 목소리를 더 높이라고 말씀하셨죠. 나는 어떻게 하고요? 저한테는 선생님이 항상 로렌에게만 더 주의를 기울이는 것처럼 보입니다. 난 도대체 뭘 어떻게 해야 하는 겁니까?"

만약 그 순간에 필립이 경쟁심을 느끼는 형제처럼 말한다고 느꼈다면 이는 아마도 당연한 일일 것이다. 서로에게서 거의 인정받지 못하는 이 부부의 경우, 타인의 관심을 받는 것에 질투를 느끼는 것은 이해할 만한 일이다. 그러나 필립이 이해하지 못한 점은, 로렌이 지루해하면서 침묵 가운데서 그냥 앉아 있기보다 그녀의 마음속의 뭔가를 목소리 높여 필립에게 좀 더 말할 수 있게 된 것이 그에게 동반자가 생겼다는 의미였던 것이다.

그리고 필립은 정말 무엇이 자신의 마음을 억누르고 있었는지를 이야기했다. "그 외에도 오늘 선생님이 우리가 같이 살아야 할지 말아야 할지에 대해 뭐라고 말씀하실지가 두려웠습니다. 로렌은 아무 말도 안 했어요. 난 정말 그녀가 어떻게 느끼고 있는지 모르겠어요."

로렌은 조급한 듯 나를 쳐다보았다. 그러나 나는 아무 말도 하지 않았다. 15분 동안 그녀는 필립과의 관계를 개선하기 위해 자신이 얼마나 열심히 노력했는지 말하고 있었다. 놀라운 것은 그녀가 자신의 이러한 노력에 대해서 그에게는 아무것도 전달해 주지 않았다는 것이다. 그리고 필립은 너무나도 분명한 사실, 그러니까 로렌이 이 결혼생활을 지키기 위해 너무나 열심히 싸우고 있다는 것을 의심하고 있었던 것이다.

"그녀가 정보에 더 밝아지려고 노력하고 있다는 건 압니다. 고맙게 생각합니다. 그리고 두어 번 저한테 맞섰죠. 그러려고 한 건 아니었지만 내가 그녀를 참기 힘들게 했을 때 말해 주었어요. 그리고 그것도 좋다고 생각합니다. 그러나 내가 몹시 궁금한 건 우리가 같이 사는……."

성격적으로 필립은 말의 요점을 반복하기 시작했다. 로렌은 얼굴을 찌푸리고는 내게 무력한 표정을 지어 보였다.

"로렌, 세상에!" 내가 불쑥 끼어들었다. "당신은 분명히 할 말이 있어요. 왜 말하지 않죠?"

"저, 그래요. 말할 게 있어요. 그가 말하는 것에 대해 저도 수많은 감정을 느껴요. 하지만 그는 쉬지 않고 말하죠. 그리고 내가 그를 멈추게 하면 화를 내요."

"당신한테 수없이 말했잖아." 필립이 역정을 내며 말했다. "하고 싶은 말이 있으면 좀 말을 하라고!"

"당신이 내가 어떻게 생각하는지 물어봐 줄 수도 있잖아요. 아주 가끔이라도. 내가 당신을 방해하지 않고도 내가 말할 수 있는 기회를 좀 줘요. 내 말에 좀 관심이 있는 것처럼 말예요."

필립은 반박하기 시작했으나 자신을 진정시켰다. "하지만 난 관심이 있다고."

"좋아요, 필립. 로렌, 당신도요. 계속 이야기하세요."

그들은 남은 상담 시간 동안 이야기를 했다. 필립은 로렌의 침묵이 만드는 문제에 대해 분명히 이야기했고, 또 로렌은 필립이 말이 많은 것에 대해 분명히 이야기했다. 불평이 나왔다. 그러나 그들은 이제 비난과 고발을 넘어서 그들의 깊은 상처가 있는 곳에 와 있었다. 불평과 상처는 말 속에 숨어 있었고, 그것은 서로의 관점을 듣기 위한 여지를 남겨 둔 말이었다.

"무척 희망적이에요." 내가 말했다. 그들은 내 쪽을 바라보았다. 나는 우리 모두 그것이 판결의 순간이라는 것을 느꼈다고 생각한다.

"내 의견을 말해 주기로 약속했죠." 내가 말했다. "난 결혼을 유지할 것인지 말 것인지에 대해서는 말하지 않겠습니다. 그건 전적으로 두 분한테 달려 있어요. 다만 내가 말할 수 있는 건 여러분의 결혼생활에서 폭력이 예상될 수 있으며, 또한 여러분이 원한다면 그 패턴을 바꿀 수 있다는 사실입니다. 사실 두 분은 이미 변화하기 시작했어요. 두 분 모두 같은 걸 서로에게서 원하고 있습니다. 약간의 이해와 약간의 존경을 말이죠. 그러나 그것을 아직까지는 얻지 못했고, 그건 아주 슬픈 일입니다. 하지만 필립, 아내를 구타하는 건 슬픈 게 아닙니다. 수치를 모르는 거죠." 그는 고개를 숙였고, 로렌은 눈길을 거두었다. "그 일이 계속되어서는 결코 안 됩니다. 하지만 저는 그게 더 이상 계속되리라고는 생각하지 않습니다. 당신은 이미 그것이 잘못되었다는 걸 알고 있고, 스스로를 조절할 수 있음을 아니까요. 아마 더더욱 중요한 건 말이죠, 난 로렌이 더 이상은 참지 않으리라고 생각합니다." 로렌의 눈에 눈물이 가득 고였다. 필립도 마찬가지였다.

"여러분은 위험한 사람들이 아닙니다. 파괴적인 거죠. 여러분이 같이 살기로 한다고 해서 위험하리라고는 생각하지 않습니다. 그러나 계속 불행할 수는 있다고 봅니다. 그건 제가 알 수 없는 거죠."

"음…… 나는 우리 둘 다 그걸 바꾸고 싶어 한다고 생각합니다." 필립이 말했다. "그렇지 않아, 로렌?"

"우릴 도와주시지 않겠어요?" 그녀가 물었다.

그게 2년 전의 일이다. 그 후 더 이상의 폭력 사태는 없었다. 나는 수개월간 계속 그들을 상담했다. 가끔 그들의 아들인 제프리도 함께했다. 필립과 로렌의 결혼은 그들이 한때 서로에 대한 로맨틱한 사랑을 통해 기대했던 하늘이 정해 준 천생연분처럼 되지는 못할 것이다. 그러나 그들은 보통의 일상적인 불행으로는 분명히 돌아갔다. 여전히 많은 부분에서 부딪혔고, 많은 부분에서 서로를 실망시켰다고 말하는 것은 단지 그들이 결혼해서 무척 오랫동안 함께 살았다는 것을 말해 주는 것이다.

필립과 로렌이 처음 치료를 받으러 왔을 때는 그들 모두 휘둘리고 있었으며 무력했고, 자신이 상대방의 고집스러움의 피해자라고 느꼈었다. 그들이 생각하기에는 의례적인 그들의 싸움에서 상대방이 자신에게 강요한 운명에 굴복하는 것 말고는 다른 선택의 여지가 없었다. 그러나 자신이 단지 희생자가 아니며, 두 사람이 더불어 생활하고 마침내 그들을 자유롭게 하는 선택권을 가졌다는 것을 그들 스스로 수용했다. 한때 폭력으로 끝났던 그 폭발적인 다툼은 이제 그들이 어떻게 시작할지 그리고 끝맺을지를 아는 이따금의 논쟁으로 바뀌었다.

제6장

암묵적인 계약

　• • •
　보완성 속에서 배우자들은 역할을 분담하고 서로를 격려하며, 이로써 삶은 풍성해진다. 한 사람이 감기에 걸려 짜증이 날 때는 다른 사람이 이끌어 간다. 한쪽의 관대함은 다른 한쪽의 엄격함과 균형을 이룬다. 쫓아가는 사람과 거리를 두는 사람, 적극적–수동적, 지배적–순종적과 같은 보완적인 패턴이 대부분의 부부 사이에 존재한다. 그것들은 너무 과장되거나 혹은 변화하는 상황에 적응하지 못했을 때 문제를 초래하기도 한다.
　사랑에 빠진 두 사람이 그들의 일상과 미래를 함께 나누기로 결정했을 때, 연애 기간에서 기능적인 결혼생활로 가기까지는 긴 조정 시간을 거쳐야 한다. 결혼이란 마치 애리조나 주에 들어가는 것처럼 그저 들어가는 것이 아니다. 그것은 당신이 창조하는 그 어떤 것이다. 그리고 때로는 재창조해야만 한다.

　사라(Sarah)와 샘(Sam)은 20대 시절 사랑에 빠졌다. 그리고 50년이 지난 지금 만났을 때도 그들은 여전히 서로를 사랑하고 있었다. 그들의 관계는 보수적인 배합이었다. 샘이 생계를 책임졌고, 사라는 의존적인 주부였다. 그녀의 연약한 성격은 그로 하여금 그녀를 보호해야만 한다는 느낌을 갖게 했다. 마치 꼭 맞춰져 서로를 제자리에 두는 퍼즐처럼 그들의 역할은 잘 들어맞았다.

50년 동안 샘과 사라는 부부로서 하나로 엮이는 크고 작은 타협들을 해 왔다. 상호적인 보살핌으로 시작된 두 사람은 두 개의 부분적 자아가 서로 껴안고 있는 것으로 끝난다. 그렇게 고정된 보완성은 변화하지 않는 세계에서야 괜찮지만, 우리 모두가 잘 알고 있듯이 상황은 변하기 마련이며, 우리 또한 그 변화에 적응해야만 한다.

샘이 은퇴하자 그의 에너지는 비틀거리기 시작했고, 그와 사라 사이의 관계의 균형을 엉망으로 만들어 버렸다. 평생을 일하는 여느 다른 사람들처럼 그 역시 일이 그의 시간을 구조화해 왔다. 하지만 일이라는 절대적인 자리가 없어지자, 그의 나날들은 친구도 취미도 없이 혼란스럽고 공허해져 갔다. 샘은 사라가 그 자리를 메꿔 주리라 기대했다. 그러나 사라는 시간제로 일하고 있었고, 자신만의 일상을 가지고 있었다. 그래서 샘이 그녀의 자리를 더 많이 요구하는 것이 그녀에게는 방해로만 느껴졌다. 처음으로 그들 간의 훌륭한 하모니가 불협화음을 내기 시작한 것이다. 샘은 인생의 평화로운 리듬에 찾아온 이러한 변화가 자신의 힘을 침식시키는 것으로 여겨졌다. 그는 속도를 늦췄고 서서히 우울감에 빠져들었다. 사라와 샘 둘 다 이러한 전개에 대해 고민했고, 그래서 가족치료사인 모니카(Monica)를 찾았다. 모니카는 전에 샘의 누이동생이 미망인이 되었을 때 극복할 수 있도록 도와준 적이 있었다.

모니카는 30대 초반의 심리학자로서 남편과 두 어린 자녀들과의 가정생활을 자신의 전문가로서의 생활과 절묘하게 조화시키고 있었다. 그녀는 사라와 샘의 관계에 문제가 있다고 보았다. 왜냐하면 두 사람의 부부관계에서 아무런 독립성이나 자율성, 재미를 찾아볼 수가 없었기 때문이다. 모니카에게 있어 그들의 체념은 패배주의적이었다. 샘과 사라는 노인들이 주로 그러하듯이 모니카의 도전을 그들이 젊게 살아가는 한 방법쯤으로 받아들였다. 그들은 논쟁하지 않았다. 그저 좀 더 천천히 걸을 뿐이었다.

모니카는 사라와 샘과의 상담 테이프를 내게 가져와서 어떻게 그들을 움직이게 할 것인가에 대해 자문을 구했다. 내가 그 테이프 내용을 관찰했을 때 그들 세 사람의 관계와 잘 알려진 딜레마인 은퇴와 그에 따른 우울증에 대한 그들의 반응이 내 호기심을 자극했다. 물 밖으로 나온 물고기와 같은 샘은 걱정과 회한으로 가득 차 있었다. 사라는 고전적인 은퇴자의 아내로서, 그녀의 모토는 "그와 함께하겠습니다. 좋을 때나 궂을 때나. 하지만 점심시간은 아님."이었다. 이 두 사람은 노화와 기력의 쇠함, 매일 조그맣게나마 다가오는 죽음과의 만남 등에 대한 자신들의 경험을 다루고 있었다. 그리고 모니카, 그녀는 훌륭한 치료사였지만 자신이 가진 결혼에 대한 이미지 때문에 약간의 조정만이 필요한 이 관계를 재구축하려 했다. 모든 게 아주 익숙한 장면이었다. 그러나 이 부부는 좀 특별했다. 그들이 입은 옷은 최신 유행에 그렇게 뒤떨어진 것은 아니었지만 마치 다른 시대에 있는 것처럼 보였다. 그들이 말하는 무언가와 그것을 어떻게 말하는지 그 방식에서, 지난 50년간 이어져 온 그 두 사람의 관계에서의 역할을 의심 없이 받아들이고 있다는 게 여실히 드러났다. 모니카 역시 그녀 시대의 산물로서, 사실 그녀는 자신의 조부모나 될 법한 사람들을 치료하고 있었던 것이다.

모니카는 내게 그들을 한번 만나 보기를 권했고, 나는 그것에 동의했다.

처음 상담이 시작되었을 때, 나는 일방경 뒤에 앉아 모니카가 그 부부를 맞이하고 한 주 동안 어떻게 지냈는지 묻는 장면을 보고 있었다. 치료사의 상담 장면을 관찰하는 것은 매우 유익하다. 치료사는 약을 바꾸어 가면서 환자에게 직접적인 영향력을 줄 수 있는 의사와는 다르다. 가족치료에서는 가족치료사인 모니카 자신이 곧 그 약이 되는 것이다.

거울을 통해서 나는 샘과 사라가 작은 소파에 나란히 앉아 모니카를 마주하는 모습을 볼 수 있었다. 몇 분 동안 관찰한 뒤에 내가 들어가기로 되어 있었다. 그러나 곤경에 빠진 것은 그 부부만이 아니었다. 그 부부와 함께 있는 모니카 또한 마찬가지였다.

사라가 숙제를 잊어버렸다. "그래서 오는 길에 샘에게 말했죠. 우린 숙제를 잊어버린 두 구식 늙은이들이라고요." 그녀는 기분 좋게 웃었다.

"음, 어쨌건 모니카, 당신한테 솔직히 말하는 거예요. 좋은 한 주간이었어요." 샘의 목소리는 허스키하며 속삭이는 듯했다. 그는 모니카에게 미소를 지은 후 아내를 보며 웃었다. 사라는 일흔 살처럼 보이지 않았다. 머리는 솜씨 있게 염색되었고 몸매도 그대로였다. 쉰다섯 살이라고 해도 믿을 정도였다.

"샘이 뭘 좋아하는지 찾기로 하셨잖아요." 모니카가 사라에게 상기시켰다. 모니카는 샘의 우울증이 사라의 수동적인 반응을 능동적이 되도록 변화시킴으로써 나아질 수 있다고 말하고 있었다. 충분히 논리적이었지만, 이러한 도전은 50년간 유지되어 온 계약에 대한 공격으로 탈바꿈할 수도 있었다.

"그가 시간을 어떻게 같이 보내기를 바라지요? 은퇴하신 지금 말이죠."

은퇴했다는 표현은 샘이 좋아하는 말이 아니었다. "내 평생 일했지요." 그가 말했다. "그러고는 갑자기 은퇴했죠. 사실 난 은퇴라는 말이 무슨 의미인지도 모르겠어요. 난 은퇴라는 걸 원하지 않아요. 난 너무 많은 것을 즐기려는 게 아니에요." 그는 마치 아픈 사람이 침대에서 일어나듯이 말을 끌었다. "내가 좋아하는 일은 내 아내 사라가 좋아하지 않죠. 오늘 아침에 라디오를 틀었어요. 난 세미클래식 음악을 좋아해요. 하지만 그녀에게는 그게 한낮 소음일 뿐이죠. 그래서 성가시게 생각하죠." 샘이 불평할 때 그의 목소리에는 더욱 힘이 실렸다.

"왜 그게 그렇게 성가신지 나도 모르겠어요." 사라는 마치 그녀가 뭔가를 더 좋아하는 게 특별한 미스터리인 것처럼 말했다. 사라는 명랑하게 불평했고 활발한 몸짓으로 설명했다.

모니카는 사라의 과제가 샘이 무엇을 좋아하는지를 알아내는 것이었음을 상기시켰다. 그녀는 변화를 이루기 위해 열심이었지만, 이 두 노인의 이야기에 약간 참을성을 잃고 있었다.

"나는 산책하는 걸 좋아해요." 샘이 거들었다. "음악을 듣고 관심 있는 박물관에 가는 것을 좋아하지요." 그는 머뭇거리다가 포기했다. "아마 난 좋아하는 게 많지는 않은 것 같아요. 나는 내적으로 아주 조용한 사람이에요."

"샘은 우리가 아무것도 안 한다고 해도 절대 개의치 않을 거예요." 사라는 악의 없이 말했고, 샘도 그것에 대해 화내지 않고 받아들였다.

"많은 것을 원하지 않는 게 뭐 그리 잘못된 것인가요?" 샘이 모니카에게 물었다. "그녀가 건강하고, 그녀가 할 수 있는 것만을 원하는 것 말이죠. 우리가 같은 것을 즐길 수 없다면 그녀가 스스로 즐겁게 생활하도록 말입니다." 샘의 굵은 목소리는 온유함으로 가득 차 있었고, 어제의 신부를 위한 낭만적인 남편의 세레나데와도 같았다.

그러나 모니카는 회의적이었다. "거기에 잘못은 없어요. 그게 만약 선생님이 원하는 거라면 말이죠."

"내 아내가 즐겁게 지내기를 바라는 게 잘못되었습니까?"라고 남자가 전문가에게 묻는다. 그것은 감동적이었다. 그러나 우리는 "나는 주는 사람이야."라고 말하는 사람을 의아하게 여기는 그런 세상에 살고 있다. 모니카는 샘의 이기적이지 않은 모습이 미움의 징표는 아닌지 엄밀히 조사하면서 그녀의 역할을 수행하고 있었다.

거울 뒤에서 나는 화가 나고 있었다. 역시 구식 늙은이인 나는 샘과 사라가 정상적인 부부이며, 그들의 작은 차이점이 심각한 문제로 취급되는 것을 볼 수 있었다. 나는 내 장인 어른과 장모님의 플로리다 여행을 생각해 냈다. 그들은 매년 3개월씩을 그 낯선 기후 속에서 보낸다. 장모님은 남편이 너무 좋아하기 때문에 가는 것이고, 장인어른은 아내가 좋아하기 때문에 그렇게 한다. 그리고 나는 다시 팻과 내가 은퇴했을 때 받았던 모든 스트레스를 생각해 냈다. 우리는 하루 종일 같이 있는 게 익숙하지 않았고, 얼마 동안은 개인 공간의 필요성을 절실하게 느꼈다.

70대가 되어서야 샘과 사라는 자신들의 다른 점을 발견하고 있었다. 샘이 은퇴하면서 각자의 일상이 주던 그 완충 장치가 사라지고, 작은 차이점들이 그들의 관계를 삐걱거리게 했다. 그들이 알아차리고 있듯이, 동정심이란 떨어져 있을 때 더 유지되기 쉬운 법이다.

사라는 샘이 다른 곳에 가서 뭔가를 하려 하지 않는다고 불평했다. 그리고 샘은 돈에 대해 너무 걱정했다. "그와 함께 있으면 언제나 '돈이 얼마나 드는데?'라는 말뿐이죠." 모니카가 고개를 끄덕이며 말했다. "레스토랑에 가면 난 언제나 돈이 얼마가 나올지 걱정해야 되고요."

"하지만 가잖아."라고 샘이 항의했다.

"그걸 말하려는 게 아니에요. 난 항상 '이걸 하는 데는 돈이 얼마 드는데……' 하게 된다고요. 그건 즐거움을 앗아 가 버려요."

"지금까지 난 정말 열심히 일했어." 샘이 감정을 실어 말했다. "그리고 돈은 정말 느리게 모이지. 그런데 지금은 빨리 없어지고 있다고."

샘의 초조함은 이해하기 힘든 게 아니었다. 나이가 들면 가진 게 점점 없어진다는 걱정을 하게 된다. 돈, 에너지, 열정, 심지어 가능성 그 자체조차 없어지기 시작한다. 샘을 지금까지 열심히 일하도록 한 원동력은 궁핍에 대한 두려움이었다. 가족이 잘살 수 있도록 모든 기력을 다 쏟았고, 이제는 안정감을 느끼고 싶었다. 그리고 사라 또한 마찬가지로 열심히 일했고, 이제 그녀는 인생을 즐기고 싶었다.

　우리 대부분은 지금이냐 나중이냐를 결정하는 데 어느 정도 내적인 갈등을 가지고 있다. 사라와 샘은 두 사람 사이에서 이러한 갈등을 내보인 것이다. 그녀가 현재에 치중할수록 그는 나중을 보호하기 위해 더 몰아치게 되는 것이다.

　거울 뒤에서 지켜보면서 나는 샘과 사라가 단순히 그 전환 단계에 있다고 생각했다. 나는 전문가인 모니카가 내가 재적응의 과정으로 바라본 이 단계를 부적응으로 바라본 것은 아닐까 우려되었다.

　그래서 나는 상담이 시작된 지 10분 뒤에 상담실로 들어갔다. 가까이서 보자 사라와 샘은 더 활기가 있었고, 더 상처받기 쉬운 상태였다. 큰 색안경은 그녀의 얼굴을 더 조그맣게 보이게 했고, 소녀 시절의 모습을 엿볼 수 있었다. 샘의 피부는 매끄럽고 어두운 색이었다. 세월의 깊은 주름은 안으로 들어가 버린 게 분명했다.

　나는 내 삼촌과 숙모에게서 느끼는 그런 온유함을 느낄 수 있었다. 우리는 문화와 그 긴 세월을 함께 공유했으므로, 그들이 도전을 받아들이도록 하는 데 구애받는 부분이 없었다.

　"정말 보기 좋은 부부입니다. 두 분이 서로를 걱정한다는 건 의심할 여지가 없군요. 지난 50년간 불평해 왔고, 아마 앞으로 20년 동안도 서로에 대해 불평하겠지요. 자, 왜 치료사가 필요합니까? 그녀가 어떻게 해 주기를 바랍니까? 인생에서 무엇을 원합니까? 두 분은 완벽하게 좋은 사람들처럼 보이는데요. 내 이웃이 되셔도 좋을 것 같은데요. 왜 바꾸어야만 합니까?"

　난 반어법을 쓴 게 아니었다. 난 그들에게서 온유함을 느꼈고, 그들이 서로를 조금만 더 받아들이는 법을 배우기를 원했다.

　사라가 재빨리 대답했다. "인생은 항상 개선될 수 있는 것이지요."

　"그건 남편을 변화시키고 싶다는 겁니까?"

"오! 이 사람을 바꿀 수 없다는 건 알아요. 그도 나를 바꿀 수는 없죠. 나는 내 남편에 대해 성가시게 느끼는 점을 받아들이려고 노력하고 있어요. 난 노력하죠."

"그를 받아들이기가 어렵습니까?" 내가 말했다. "누구와 결혼하고 싶나요? 그레고리 펙인가요?"

"그레고리 펙!" 그녀는 약간 혼란스러워하면서 웃었다. 도대체 어디서 이 심술궂음이 나온단 말인가?

나는 나 자신에게 놀랐다. 왜 그렇게 말했던가? 이 사람들은 내 안의 어떤 심기를 건드렸다. 그러나 또한 그들에게 어떤 과장된 부분도 있어 그것이 나로 하여금 그들을 놀리게끔 자극시켰던 것이다. 그녀는 부인했지만 사실은 샘을 바꾸려 하고 있었다. 그는 황소개구리가 공기를 삼켜 자신을 강하게 보이게 하려는 것처럼 큰 소리를 내야만 한다고 생각하는, 그렇지만 교육받지 못한 사람이었다. 나는 그가 과장하는 걸 멈추도록 도와주고 싶었다. 그러나 공기를 빼듯 눌러 버려서는 안 된다.

"무엇을 바꾸고 싶습니까?" 사라에게 물었다.

"이 사람의 몇 가지 습관이요."

"샘, 아내 앞에 앉아 주세요. 당신을 볼 수 있게요. 그리고 그녀가 바꿀 필요가 있다는 부분을 볼 수 있게 해 주세요." 협조에 익숙한 사람인 듯 그는 일어났다가 다시 참을성 있게 앉았다.

"그가 하는 많은 일이 내가 그를 처음 만났을 때는 아무렇지도 않았지요. 아마 그땐 그렇지 않았던가, 아니면 우리가 젊었을 때는 보지 못했던 것들이겠죠."

나는 사라에게 은색 볼펜을 건네주었다. "이건 요술봉이에요. 이걸 손에 쥐시기 바랍니다." 그녀는 별로 놀라지 않고 바로 펜을 받았다. 샘은 괜찮았지만 그녀는 '몇 가지 개선점'을 작성할 준비가 되어 있었다.

"나는 그가 말을 잘하기를 바라요."

"말을 잘하다니, 무슨 뜻이죠? 시적으로? 비유적으로? 아니면 히브리어나 이디시어를 쓰기 바라나요?"

"영어요!" 내 반어법에 개의치 않으면서 그녀는 다시 웃었다. 그녀는 이 상황을 즐기고 있었다. "그가 좀 더 분명히 말했으면 좋겠어요. 왜냐하면 내가 분명히 말하지 못하니까요."

사라는 대부분의 사람이 단지 암시만 하거나 가슴에 담아 둘 만한 말을 솔직하게 말했다. 이것이 이 부부의 아주 특별한 점이었다. 이들은 자신들의 느낌을 가장하지 않았다.

그러고는 사라는 과거 깊숙이 돌아가 어린 소녀의 완전히 신뢰하던 사랑의 추억을 끄집어냈다. "우리가 데이트할 때 나는 그이가 이 세상에서 가장 똑똑하고 자상하고 훌륭한 사람이라고 생각했어요. 내가 기댈 수 있고, 모든 결정을 그가 내려 줄 거라고요."

"그래서 그렇게 됐습니까?"

"거의 그랬어요. 그가 젊었을 때는요. 나는 어머니에게 기대듯이 이 사람에게 완전히 의지했어요."

"그렇게나요?"

"오, 그럼요. 그는 내가 기대고 의지할 수 있는 바위나 나무와도 같았어요. 굉장히 좋은 사람이었고, 날 많이 염려해 주고 너무나 사랑해 주었고, 또 내가 필요할 땐 항상 곁에 있어 줬어요. 지금도 그렇게 느껴요."

"아주 좋은 이야기군요." 순간 나는 호르헤 루이스 보르헤스(Jorge Luis Borges)의 '원형의 폐허(Las Ruinas Circulares)'라는 이야기를 떠올렸다. 어느 마술사가 꿈에서 아들을 만들어 그가 아버지의 발명품이라는 사실을 알지 못하도록 한 채 자신의 삶으로 보낸다는 이야기다. 아무도 자신이 단지 다른 사람의 꿈의 투사라는 것을 발견하고 싶어 하지는 않을 것이다. 아마도 샘을 제외하고는 말이다.

사라는 볼펜을 되돌려 주려 했다. "아니, 아니에요. 가지고 계세요."

내가 말했다. "우린 그가 다시 훌륭해지도록 할 수 있을지도 모르니까요. 어때요, 샘? 당신이 그녀에게 강하고 힘센 사람이 되었다는 게?"

"음, 그건 이 사람이 내가 강한 사람이 되도록 내게 강요하거나 아니면 그녀가 미쳤거나 심리학자 또는 정신과 의사를 찾아가야만 하는 문제겠죠. 아내는 가설적으로 무척 예민한 사람입니다."

"사라가 말하는 건 그녀에게 당신은 아주 강한 바위가 되었다는 겁니다. 그녀가 기댈 수 있는 사람으로 말이에요. 그런데 당신이 지금 말하는 건 그녀의 필요가 당신을 강하게 만들었다는 겁니까?"

"그렇게 생각합니다."

"흥미롭군요. 그게 두 분의 관계가 어떻게 성립되었는지에 대한 부분이군요. 사라, 당신은 샘을 당신의 **보호자**로 만들었고, 그는 당신을 보호했어요. 좋습니다."

여러분도 아마 사라와 샘과 같은 부부를 알고 있을 것이다. 그는 강하고, 그녀는 약하다. 그녀는 주는 쪽이고, 그는 가져가는 쪽이다. 그는 야망이 있고, 그녀는 만족한다. 그녀는 실용적이고, 그는 몽상가다. 이것은 단순히 서로 반대인 사람이 서로에게서 매력을 느낀다는 그런 게 아니다. 이 정반대의 짝은 각 개인의 성격에 못지않게 관계의 산물인 것이다.

배우자는 상대 배우자의 낯선 욕구에 적응하는 법을 배운다. 즉, 캠프를 가거나 일주일에 두 번은 외식을 한다거나 함으로써 말이다. 그런 반면 남편이 공구를 만지기 싫어하면 아내가 집안의 만능 해결사가 되기도 하고, 아내의 부주의함으로 인해 남편이 공과금을 내게 되기도 한다. 그러한 계약이 일일이 설명되지 않는다고 해서 그 계약이 무력한 것은 아니다. 결혼은 균형을 맞추는 과정이기 때문이다.

사라와 샘의 다소 극단적인 상호성의 예는 지금까지는 잘되어 왔다. 그러나 오래된 배합이 새로운 상황에서도 항상 유효한 것은 아니다.

나는 샘을 보며 물었다. "스스로가 약하다고 느꼈을 때나 어떤 확신이 없었을 때는 아내에게 기댈 수 있었습니까? 아니면 그건 계약 조항이 아니던가요?"

샘은 올려다보았다. "그것 정말 내 평생 처음 들어 본 놀랍고도 놀라운 질문이군요. 난 거의 하루 내내 몸이 아프기를 바랐습니다. 왜냐하면 내가 아팠을 땐 아내가 나를 보살펴 주었으니까요. 그것은 거의 섹스보다도 나았죠." 사라가 얼굴을 찌푸렸지만 샘은 계속했다. "그녀는 내가 아프다고 할 때만 거기 있었죠."

그녀가 그에게 준 염려로 가득한 사랑은 그들로 하여금 그들 부부의 경직된 구조에서 벗어나게 했으나, 그것은 오직 그가 아플 때뿐이었다.

"당신이 필요로 했을 때 그녀가 있어 준 거로군요?" 내 상상이었을까, 아니면 그의 눈이 정말 반짝인 것인가?

놀랍게도, 대답한 사람은 사라였다. "그가 아플 때 내가 걱정한 것은 사실 바로 나 자신에 대한 것이었어요. 난 혼자 남겨질까 봐 두려웠죠. 만약 그렇게 된다면 난 견디지 못했을 거예요."

사라는 그녀의 행동의 이기적인 면을 그저 담담하게 인정했다. 그녀는 언제나 기략이 풍부한 행동가였으나, 두 사람 모두 그녀의 그런 면을 보지 않는 게 나았다. 결혼은 자아에 대한 우리의 정의에 한계를 짓거나 어떤 모양을 만든다. 그러나 그 형태는 돌로 조각되어서는 안 되고, 또 그럴 필요도 없다.

"사라, 당신에게는 그 훌륭한 나무가 살아서 강해지는 게 매우 중요합니다. 동시에 샘, 당신은 때때로 보살핌을 받기를 바랐습니다. 그녀가 잘 보살펴 주는 사람이라는 건 알겠군요. 당신은 나이팅게일입니까?"

"아뇨. 전혀 아니에요." 사라가 말했다. "나는 아주 약한 사람입니다." 그녀는 간단하게 변명 없이 말했다.

"축하해 주고 싶군요." 난 그녀와 악수하려 팔을 뻗었다. "당신은 샘을 무척 잘 훈련시켰어요."

이것은 '연약함'을 능동적인 힘으로 바꾸려는 속임수였다. 나는 그들이 수행했던 역할이 상호적으로 결정되었다는 점을 두 사람이 볼 수 있게 되기를 원했다. 결혼 관계에서 연약함이란 보살핌에 대한 강력한 요구이며, 강한 쪽의 역할은 두 사람의 동의하에서만 존재한다.

사라는 기분 좋게, 그러나 조금은 당황해하며 웃었다. "정말이세요?"

"그렇고 말고요. 그는 당신의 필요를 보살피기 위해 자신의 인생을 계획했어요. 아주 좋은 훈련이죠."

"훈련이라니, 그게 무슨 뜻이죠?" 심지어 그녀는 이러한 능력에 대한 암시조차 거부했다. "난 그를 훈련시킨 게 아니에요. 이 사람은 원래 그랬다고요."

"아니, 아니에요. 원래 그런 건 아니었죠. 왜냐면 가끔은 그가 약해지고 싶어도 그건 계약에 없는 거라고 당신이 말한 거죠. 그래서 그는 자기가 정말로 아프면 안 된다는 걸 알았어요. 당신이 하루 정도만 그를 보살펴 주었기 때문이죠. 지금 나이가 어떻게 되시죠, 샘?"

"7월이면 일흔셋이 됩니다."

"자, 이제 남편이 문제가 있다는 걸 아시겠어요? 남편은 자신이 아플 수 없다는 것을 알죠. 당신이 그의 강한 모습을 필요로 하기 때문에요. 아내가 강한 당신을 필요로 하기 때문에 강한 사람으로 남아 있으려는 강력한 동기 자체는 아마 좋은 일일 수도 있을 겁니다."

나는 사라의 자기 자신에 대한 미완성된 정의에 도전하고 싶었다. 그러나 부드러운 방식으로 진행하고 싶었다. 나는 그녀가 이기적이므로 바뀌어야 한다거나, 약하므로 바뀌어야 한다고 제안하고 싶지 않았다. 나는 그녀로 하여금 샘에 대한 자신의 의존성이 결혼생활의 생명력에 대한 공헌으로 작용했음을 바라볼 수 있도록 도와주고 싶었다. 사실 그녀는 약하지도 의존적이지도 않았다. 그녀는 우호적이며 관계에 헌신적인데, 이것은 그녀의 아주 강력한 강점이었다. 그러나 이제는 그 관계의 균형이 움직이고 있었고, 두 파트너는 새로운 규칙을 배워야만 했다.

사라는 몸을 앞으로 숙여 턱을 손에 괴었고, 샘은 놀랄 만치 꼿꼿이 앉아 말했다. "내 매형이 일곱 달 전에 돌아가셨습니다." 그는 단어 하나하나를 강조하며 천천히 말했다. "누이는 그 사람 없이는 살 수 없다고 말하곤 했어요. 그리고 매형이 죽자 곧바로 양로원으로 보내졌죠. 나에겐 정말 무서운 일입니다."

그가 두려워하는 것은 그들의 죽음이었다. 50년간 그에게만 의존해 온 사라가 과연 자기 없이 어떻게 살아갈 수 있을까? 나 역시 궁금했다.

"사라, 일흔 살이셨던가요? 아직 일하고 계십니까?"

"조그만 뜨개질 가게를 하고 있어요. 아주 작은 곳이고 손님도 별로 없지만, 내게 주어진 공간이죠."

"당신은 훌륭한 사업가입니까?"

"아니, 별로 그렇지 않아요. 기…… 기……."

"기업가!" 샘이 도왔다.

"난 그냥, 그렇게 유능하지 않아요. 난 다른 사람이 무엇을 해야 할지 보여 주는 걸 더 잘하죠."

"이 사람은 그 가게를 18년째 운영하고 있습니다." 샘이 말했다. "화요일과 목요일마다 도와주러 오는 여자아이가 한 명 있어요. 그게 이 사람 사업입니다. 일 년 순수익이 만천 달러예요. 순수익이 말입니다. 가게 임대료와 그 여자아이 봉급을 제외하면 아주 적은 돈이 남죠. 하지만 이 사람에게는 그 가게가 무척 절대적인 것 같아요, 내 생각에. 자신을 위한 그 무엇이죠."

"그럼 그건 스스로가 보호하는 일부분입니까?"

"네."

"훌륭하군요. 당신은 스스로가 약하고 따라서 남편이 강해질 수 있는 그런 관계를 잘 꾸려 왔고, 그리고 당신은 아내가 약해져도 보호해 주기 위해 강해진 거로군요. 훌륭해요."

이쯤 되자 난 그 관계가 그리 훌륭하지 않다는 사실을 알았다. 사라의 역할은 너무 작았고, 샘의 역할은 지나치게 요구되었던 것이다. 그것은 그들에게서 유연성을 앗아 갔다.

사라는 좀 더 앞으로 기댔다. "내가 생각하는 것 중 하나는 남편이 내게 잘해 주는 이유가, 이건 내 의견인데요, 그가 인생에서 성공하지 못했다고 느끼기 때문에 다른 물질적인 것보다 자기 자신을 더 주려는 것 같아요." 샘은 아내의 판단을 화내지 않고 듣고 있었다. 이 두 사람은 놀라우리만치 서로를 따르고 있었다.

"요술봉이 필요하다고 생각하십니까?" 사라에게 물었다. "내겐 당신이 당신의 필요에 따라 그의 이미지를 만든 것 같아 보이거든요. 아시겠습니까? 당신은 그를 보호자로 창조했고, 그는 당신의 보호자가 되었어요. 그가 염려하는 것은 당신밖에 없어요. 놀라울 뿐입니다."

나는 '훌륭한' 혹은 '놀라운'이라는 말을 사용했는데, 그것은 그들이 서로에게 부여한 경직된 역할에 대해 꾸지람 없이 주의를 주기 위함이었다. 그것은 또한 존중에서 나온 표현이었다. 선심을 쓰는 듯한 격려의 말들 또한 사실 샘과 사라의 감성적인 대화법에 맞춰 주기 위해서였다.

"그가 거기 없을 때 내가 홀로 서야 한다는 것만 제외하면요." 사라는 내 우려를 짚어 냈다. "내가 그렇게 할 수 있을까요?"

"오, 아마 한동안 우울하겠지만 아주 잘 해낼 겁니다." 사라는 너무나도 샘에게 융합되어 있었기 때문에, 그가 없는 삶을 상상할 수조차 없었다. 나는 어머니를 기억해 내고는 사라의 두려움을 이해했다. 하지만 미망인들도 결국 새로운 날개를 단다는 사실을 그녀에게 알려 주고 싶었다. "언제 그를 묻으실 작정이죠?"

다시 난 그들을 놀렸고, 역시 그들은 개의치 않았다.

"자, 보세요." 사라가 대답했다. "현실적으로 우리가 얼마나 더 살 수 있을 것 같으세요?"

샘은 건강했지만 죽음은 그들을 영원히 기다리지는 않을 것이다.

"앞으로 몇 년이나 지나면 자신을 강하게 만들 수 있겠습니까?"

사라는 입술을 오므리며 숨을 내뿜었다. "노력해 보죠. 우리가 결혼했을 때보다는 지금의 내가 더 강하다고 생각해요."

"아마 당신이 아내를 훈련시킬 수 있을 겁니다, 샘."

"이 사람은 이미 그렇게 하고 있어요. 난 좋아하지 않지만." 사라가 말했고, 정말 그렇게 생각하는 것처럼 들렸다.

"그렇게 노력해 왔어요." 샘이 웃으며 말했다. "나는 그녀가 그걸 알 수 있도록 노력합니다. 내가 없다면 아마도 돈이 좀 필요하겠죠." 그러고는 사라 쪽으로 고개를 돌렸다. "그게 바로 우리가 돈이 어디에 쓰이는지 알아야 하는 중요한 이유라고. 내가 죽고 나서도 당신에게 돈이 남아 있어야지. 바깥세상은 끔찍하지. 그리고 당신은 혼자 힘으로 서야만 해." 그는 이제는 웃고 있지 않았다. "아무도, 아마 당신 딸조차도 거기 있어 주지 않을 거야. 위로야 하겠지만 집세까지 내 주지는 않을 거야."

"그녀가 그것을 배우고 있습니까?" 내가 물었다.

"그녀는 어떤 의미에서는 나를 미워합니다. 내가 자기에게 '돈, 돈, 돈' 하고 주입시킨다고 말이죠. 사실은 그게 아닙니다. 우린 여전히 레스토랑에 갑니다. 돈을 좀 쓰기도 하고요. 여전히 딸애에게 우리가 가진 것 중에서 얼마를 주기도 하죠. 하지만 난 아내가 이러한 일들을 인식할 수 있게 하려고 노력합니다. 그래서 나한테 혹시 무슨 일이 생기면……." 그가 사라를 보았다. "당신에게 돈이 좀 남아 있도록 말이지. 물론 계속 돈을 써야지. 하지만 최대한 절약해야지. 돈이 뭔지를 좀 알란 말이야."

보호자인 샘은 **지배자**인 샘이기도 했다. 사라가 복종을 고집하는 것만큼 완고하게 지배적인 모습을 하고 있었다.

"그래서⋯⋯." 나는 그에게 말했다. "당신은 마치 당장 내일 죽기라도 할 것처럼 행동하려고 노력하는 거고요."

"오, 맞아요." 열심히 고개를 끄덕이며 그가 말했다.

"그렇게 할 수 있겠습니까, 사라?" 그녀는 턱을 문지르며 곰곰이 생각하는 듯했다. "아니면 그가 2년 정도 더 살아야겠습니까? 그는 당신을 훈련시키고 있어요. 아주 친절한 일이죠. 그는 당신이 준비가 될 때까지는 죽지 않을 거예요."

"웬일인지 사람들은, 그러니까 내 가족이나 사위는 내가 능력 있는 사람이라고 생각하고 있어요. 내가 혼자서도 일 처리를 잘할 수 있을 거라고 말이죠." 사라가 말했다. "보세요, 그들은 그렇게 느끼지만 난 아니라고요."

"제발 그들이 그렇게 생각하게 놔두지 마세요. 당신이 남편 없이도 살아가는 걸 샘이 보기 시작하면 그는 죽어 버릴지도 모르니까요. 그는 당신을 위해서 살아 있는 특별한 사람이에요."

나는 모니카를 돌아보았다. "그녀는 그를 위해 놀라운 일을 했어요. 샘은 자신에게서 나타나는 몸의 변화에 대해 생각하는 대신에 아내를 위해 무엇을 할 수 있을지를 걱정합니다. 만약에 이들을 계속 치료하고 싶다면 모니카, 당신이 해야 할 일은 샘이 무능해지도록 도와주는 겁니다. 그게 그가 사라를 훈련시킬 수 있는 유일한 길이에요. 그녀는 자신이 유능해졌다고 남편이 생각하면, 그가 죽어 버릴지도 모른다는 생각에 두려운 겁니다."

"정말 놀라운 생각이군요." 샘이 말했다.

상담 시간이 끝나 가고 있었고, 나는 샘과 사라가 달콤하고 오래된 매력이 있기는 하지만 다른 여느 부부들과 그리 다르지 않다는 사실을 깨달았다. 때때로 견고하고 오래된 관계의 부부들에게 필요하듯 그들 역시 단지 재적응의 단계를 거치고 있었다.

모든 유지되는 관계는 안정과 변화의 공식을 거쳐야만 한다. 샘과 사라는 과장된 형태의 보완성으로 그 안정을 이루었다. 자율권과 유연성을 그 대가로 치르기는 했지만, 그는 자신의 본성을 그녀 아래에 두었고 그녀 또한 자신의 본성을 그 아래에 두었다. 그것은 전통적인 결혼 관계가 거의 모순의 극한으로까지 간 형태다. 그들의 감동적인 상호의존은 샘이 은퇴하기 전까지는 기능적이었다. 하지만 더 이상은 아니다.

성공적인 관계는 변화에 적응할 수 있는 능력 또한 필요로 한다. 부부가 어떠한 형태의 균형을 유지하든지 그들의 관계의 균형은 인생의 주기마다 오는 전환점에서 또다시 조절되어야 한다. 건강한 부부는 안정감과 마찬가지로 유연성을 필요로 한다.

내가 사라와 샘을 유연성으로 가는 방향으로 조금 밀어 줄 수 있을까? 그 뒤를 뒤따르는 것은 장난스럽게 친밀한 싸움이었다. 그렇다 해도 그게 싸움인 것은 마찬가지다.

"당신이 무능해질 필요가 있겠군요. 샘, 아마 일주일에 이틀 정도는 아플 수도 있겠죠. 그럼 한 달에 8일 동안은 아프게 되는 셈인가요? 그 이틀간은 화요일과 목요일쯤이겠죠. 아마도 너무 약해져서 그녀가 보살펴 줘야만 할 거예요. 어떻게 생각하십니까? 정말 좋지 않겠어요?"

사라가 끼어들었다. "그건 정말 나를 괴롭히는 거예요. 난 그가 쇠퇴기에 있다고 지금도 느끼고 있답니다. 남편이 기억할 거라고 생각했는데 기억을 못 하고 있고, 그것들을 내가 기억하게 되면 난 그가 예전처럼 결코 강하지 않다고 느껴요. 그가 예전처럼 능력 있지도 않다고 말예요."

"그게 당신을 걱정시킵니까?"

"네."

그녀에게 직접 도전하는 것은 오히려 그녀로 하여금 더 저항하게 만들

었다. 왜 그렇지 않겠는가? 그녀는 방어적인 질서를 지키려 싸우고 있
었다. 그래서 대신에 나는 모니카에게 이야기했다. "문제는 이분들이 계
약을 바꿀 수 있겠는가 하는 거죠. 내 생각에는 둘 중 누구도 그러기를 원
치 않는 것 같습니다. 하지만 샘이 일주일에 이삼 일 정도 무능해지는
정도는 괜찮을 겁니다."

"내가 살아 있는 한 그건 절대로 안 돼요!" 사라가 웃었고, 그녀의 귀
걸이가 흔들렸다. 그것은 재미있는 이야기였으나, 또한 그녀의 인생에
관한 이야기였다. "난 그가 그렇게 하도록 내버려 두지 않을 거예요!"

"오, 이건 당신을 위한 훈련입니다. 그가 오랫동안 원하던 일이었지만
그동안은 그가 강해야만 했기 때문에 그렇게 할 수 없었다는 걸 아마 당
신도 곧 발견하게 될 겁니다. 그러나 이제 그는 압니다. 당신이 그의 죽
음에 대해 훈련할 필요가 있다는 것을." 그리고 샘을 돌아보았다. "아마
당신이 일주일에 이삼 일 정도 무능해진다면 그녀를 훈련시킬 수 있을
겁니다."

"저 사람이 그렇게 놔두지 않을 거예요." 샘은 말했다. 그는 웃고 있지
않았다. "이 사람은 순간순간 내게 시킬 일을 가지고 있어요."

"샘, 그건 좋아요. 그녀는 그 일들을 가지고 있죠. 하지만 당신이 해내지
못할 거예요. 당신은 그 일들을 시작이야 하겠지만 결국 실패할 겁니다."

"그러면 내가 대신 그 일들을 해야만 하는데요?" 사라가 말했다. "그
게 선생님이 말씀하시는 겁니까?"

"그건 모르죠." 때때로 가장 좋은 답은 답을 하지 않는 것이다. "샘" 나
는 계속해서 밀고 나갔다. "그건 그녀를 위한 겁니다. 아마도 당신은 아
내가 당신을 위해 닭고기 수프를 끓여 줄 수 있도록 하루쯤은 감기를 앓
을 거예요. 다른 하루는 그녀가 당신 기분을 북돋워 줄 수 있도록 우울
해질 거고요. 아마 영화를 보러 나들이에 데려갈 수도 있겠죠. 혹시 당
신이 슈퍼마켓에서 물건을 사야 한다면 우유나 빵을 사는 걸 잊어버리

기도 하죠. 그러면 그녀는 생각해야만 할 겁니다. 그렇게 그녀는 서서히 한 달 안에 자신이 혼자가 되었을 때 어떤 일이 일어나게 될지를 알게 될 겁니다. 그 과정 동안 아마 당신은 좋은 시간을 갖게 될 거예요. 왜냐하면 당신은 그녀가 당신을 보살펴 주는 게 좋으니까요. 누가 압니까? 그러나 당신은 할 겁니다. 사라를 위해서."

내 마지막 의견은 모니카를 향한 것이었다. "이 둘은 놀라운 부부입니다. 아내는 유능하지만 그걸 비밀로 하고 있고, 남편은 가끔 약하다고 느끼지만 그걸 비밀로 합니다. 그들은 정말 놀라워요."

내가 막 떠나려 하자, 샘이 일어나 말했다. "같이 사진을 찍어도 되겠습니까, 선생님?"

놀랍기도 하고 기분이 좋아서 "네, 물론이지요. 하지만 모니카와 함께 찍어야죠."라고 말했다. 그리고 모니카와 나란히 서서 샘이 찍어 주는 사진을 찍었다. 그 순간은 마치 옛날 19세기 은판 사진을 찍는 것처럼 무척이나 시대착오적인 장면이었다.

샘과 사라는 그저 서로를 사랑하는 평범한 부부였다. 그들의 상호의존성의 정도는 아마도 극단적이라고 할 수는 있겠지만, 어느 정도의 보완성은 결혼생활이 잘 유지되도록 해 준다.

그들의 결혼 관계의 폐쇄된 체계 안에서 샘과 사라는 오직 그들만이 연기할 수 있는 장거리 경주의 역할자로 뽑혔다. 사라가 의존적인 아내 역할을 연기함으로써 샘은 집안의 남자 역할을 연기할 수가 있었다.

샘은 그들이 너무나 함께 묶여 있었으므로, 사라가 자기 없이는 살지 못할 것이라고 걱정했다. 그것은 목적 없이 시간을 보내야 하는 은퇴만큼이나 그를 우울하게 만들었다. 내가 샘의 우울증을 너무 가볍게 짚고 넘어갔을까? 그렇지는 않았다고 생각한다. 샘과 사라 둘 다 우리 모두가 인생의 전환기에서 새로운 존재의 길을 찾아 나갈 때 겪게 되는 피할 수 없는 불안과 불확실성을 느끼고 있었다.

그 상담을 떠올리면서 내가 그 부부를 이해하는 데 있어 모니카보다 조금 더 나았던 이유가 있다면, 그것은 아마도 내 나이 때문이 아니었겠나 하는 생각이 든다. 치료사에게 환자와 비슷한 경험이 필요할까? 도움은 된다고 생각한다. 하지만 더 중요하게 기억해야 할 사실은 모든 가족은 각각 독특하기 때문에 모든 치료사가 어느 범위까지는 무지하다는 점이다. 치료사는 자신들이 무지하다는 점을 염두에 두어야 하며, 가족들이 자신을 깨우칠 수 있도록 흔쾌히 허락해야 한다.

모니카로부터 샘과 사라가 전과 같은 생활을 계속한다는 말을 전해 들었다. 습관과 필요에 묶여서 그들은 서로에게 맡겨진 역할을 수행했다. 샘은 일주일에 두 번씩 아프지 않았다. 돈에 대한 걱정과 돈 문제로 사라에게 잔소리하는 일은 계속되었다. 사라는 가게에서 계속 일하면서 샘에게 어디에 가서 무엇을 해야 할지를 계속해서 잔소리했다.

분명히 그들의 평생에 걸친 습관을 바꿀 필요가 조금은 있었다. 변화된 부분은 그들이 서로에 대해 좀 더 관대해졌다는 사실이다. 그들은 계속해서 불평했지만, 더 이상 상대방을 바꾸겠다는 환상은 갖지 않았다. 나는 그들이 자신들의 인생을 지배해 온 상호성을 볼 수 있도록 도와주었고, 그들이 자신들을 받아들이면서 변화의 가능성을 추구해 나가기를 희망한다. 그들은 그것을 수용함으로써 자신들의 문제를 해결해 나갔다.

4년 반 뒤, 나는 사라와 샘을 다시 만났다. 이 책의 집필을 위해 그때의 사례를 정리하면서 그들에게 가졌던 호의와 호기심이 되살아났다. 그녀는 아직도 남편에게 의존하고 있을까? 샘은 여전히 아내에게 지브롤터의 바위와 같은 든든하고 험악한 바위산인가? 그래서 나는 모니카에게 전화를 걸어 후속 상담을 마련해 줄 것을 부탁했다. 우리의 재회는 조금은 놀랍게도 아주 편안하고 친밀했다.

샘은 명랑한 태도로 날씨에 대해 불평했다. 그는 귀찮은 비에다 혼잡한 교통에다 복잡한 도시가 싫다고 투덜거렸다. "다들 정말 무슨 일을 하는 지 모르겠어요. 어디에 가나 트럭이 서 있고, 주차하기가 불가능해요."

그의 머리는 이마에서 좀 벗겨져 있었고, 그의 부드러운 피부는 주름 이 잡히기 시작했다. 그는 일흔일곱이었다.

사라는 여전히 가게에서 일주일에 두 번씩 일을 하고 있었다. 그 일이 자신을 바쁘게 생활할 수 있게 만들어 준다고 그녀가 말하자, 샘은 그 즉시 전혀 돈벌이가 되지 않는다고 지적했다. "한 푼도 안 나온다고요."

사라는 나이 들지 않았다. 그녀의 머리는 여전히 짙고 멋지게 치장되 어 있었다. 그녀는 일흔넷이었지만 세 살 차이인 샘보다 훨씬 더 젊어 보였다.

그들은 최근에 결혼기념일을 축하했는데, 둘 다 자신들의 나이와 죽 음을 상당히 의식하는 것 같았다. 사라가 말했다. "이제 우리는 인생의 막바지에 있죠. 내일 어떤 일이 일어날는지 어떻게 알겠어요? 그건 우 리가 더 이상 여기 있지 않다는 그런 거지요."

샘 역시 큰 낫을 든 저승사자가 문 앞에 서 있을 날을 걱정하고 있었다. "점점 더 아내와 함께 침대에 누워 있다는 게 놀라움으로 느껴집니다. 그리고 아내가 거기 없게 될지도 모른다는 느낌이 들죠. 그게 단순히 사 랑인지 혹은 단순한 두려움인지 모르겠습니다. 가끔 이런 생각을 하죠. 하나님, 만약 그녀에게 무슨 일이 생긴다면 누가 나를 돌보아 주죠?"

은퇴한 지 7년이 지난 지금도 샘은 여전히 퇴직 후의 생활이 힘들다 고 느꼈다. "은퇴했다는 게 무척 힘든 건가요?" 내가 묻자, 사라가 답했 다. "오, 네." 그리고 샘은 "건망증이죠. 뭔가를 자꾸 잊어버리게 되고 그 게 날 미치게 만듭니다."라고 말했다. "그는 두려워하고 있어요." 사라 가 말했다. 상실감, 그의 정신이 그를 배신하면서 그를 흔들어 놓았다.

그것에 대해 그가 할 수 있는 것은 아무것도 없었고, 그의 정신은 노화하고 있었다. 그의 모든 것이 그의 허락 없이 노화되고 있었다. 물론 그는 항상 그 사실을 알고 있었다. 그는 자신이 늙지 않을 것이라고 믿을 만큼 어리석진 않았지만, 그렇게 아는 것과 그 속에서 살아가는 것은 별개의 문제였다.

"무엇을 하며 시간을 보내십니까?" 내가 샘에게 물었다. 그는 별일을 하지 않았다. 아내를 가게에 데려다 주고, 바닥을 청소하고, 작은 일들에서 그녀를 도와주었다. 약국을 경영하는 친구를 위해 약간의 허드렛일을 해 주었고, 옛날 기술을 발휘해 버려진 라디오와 진공청소기를 수리하는 일을 했다. "사람들이 버리는 걸 보면 정말 말도 안 나옵니다."

샘은 사라보다 더 빨리 노화하고 있었고, 그들 관계의 균형이 옮겨지고 있었다. 아니 이미 옮겨졌다. 점점 아내가 남편을 더 보살피고 있었다. 그것은 그들에게는 새로운 일이었다.

"우리가 젊었을 때는 결코 이런 적이 없었어요." 사라가 말했다. "젊었을 때는 무슨 일이든 그가 다 했죠. 그는 정말 세상에서 가장 마음 좋은 사람이었어요. 얼마나 친절하고 훌륭했는지 믿을 수 없을 정도였지요. 그런데 지금 그는 행복하지도 않고, 절망하고 있어요."

잘 살아온 인생을 돌아보는 일은 내적인 평화와 개인의 가치에 대한 확신을 만들어 낸다. 동시대의 많은 남자들처럼 단지 생계를 위해 일해 왔던 샘은 그런 관점에서의 만족감이 없었다. 샘을 비참하게 하는 것은 그가 교육을 더 받지 못했다거나 전문가가 되지 못했다거나 많은 방면에서 자신을 계발하지 못했기 때문이 아니라, 그가 좀 더 성공하지 못했다는 사실 때문이었다. 아마 그가 돈을 좀 더 많이 벌었더라면 나이 든 이때에 아직 사라의 보호자로서의 자기 자신을 느꼈을 것이다.

두 사람 사이의 역할 전환에는 익숙해지는 과정이 필요하다. 아마도 가장 익숙한 역할 반전은 아이들이 사춘기를 거치면서 일어나는 부모와 자녀 관계에서의 역할 전환일 것이다. 이 상호 간의 재적응 과정은 마치 기차를 떼어 바꿀 때처럼 자주 철거덕 소리를 내며 마찰을 일으킨다.

사라와 샘은 너무나 가까운 부부였기 때문에, 그의 편에서 일어난 모든 전환은 그녀의 상호적인 전환과 조화를 이루었다. 논쟁이 있을 때면 이제는 그녀가 화해를 청하는 쪽이었다. 한때 그녀가 불평하는 사람이었을 때는 그가 안심시키는 쪽이었으나, 이제 그 역할이 뒤바뀐 것이다. 솔직한 성격인 사라의 말처럼 말이다. "내가 항상 불평하고 우울해하고 불행해하는 쪽이었지요. 이젠 그가 그걸 이어받았어요."

샘의 심술궂음은 손자들을 대하는 태도에서 특별히 분명해졌다. 그들의 외동딸에게는 다섯 살, 세 살 그리고 6개월 된 세 아들이 있었다. 친구가 많지 않은 사라와 샘에게 외동딸의 가족은 온 세상과도 같았다. 월요일, 수요일 그리고 격주로 금요일마다 사라와 샘은 딸이 일하러 간 사이 손주들을 돌봐 주었다. 사라는 그 애들과 있는 시간을 즐겼다. 그러나 샘은 그렇지 않았다. 아이들은 그를 괴팍하고 참을성 없게 만들었다.

사라가 말했다. "그는 다섯 살, 세 살짜리의 활동성을 감당해 내지 못해요. 화를 내면서 아이들에게 소리를 지르죠. 그 점에 있어서 난 좀 더 융통성이 있지요. 애들이 뭘 하든지 상관하지 않아요. 그냥 놀게 놔두지요. 자기들이 하고 싶은 걸 하게 하는 거예요."

한때 아주 연약하고 자신에 대해 걱정하던 이 여성은 이제 많이 변해 있었다. 나는 그녀가 좀 더 유연성 있게, 덜 이기적이 되었다고 말해 주면서 어떻게 그렇게 되었느냐고 물어보았다.

그녀는 자신의 인생이 어디쯤 와 있는지에 대해서 좀 더 타협하게 되었다고 말했다. "좀 더 젊었을 때는 언제나 만족하지 못했던 것 같아요. 뭔가를 더 바랐죠. 그러나 아마도 지금, 내 인생의 이 시점에서는 '바로 이거야!'라고 말했죠. 그리고 어디 달리 갈 데도 없고요. 이것이 내가 지금 가지고 있는 것이죠."

사라는 샘보다 좀 더 우아하게 늙어 가고 있었다. 샘의 인생은 일하고 가족을 보살피는 게 전부였다. 이제 그것이 없어진 것이다. 반면 사라는 한 사람의 성숙한 개인으로 성장하고 있었다.

"당신은 어때요, 샘?" 내가 물었다. "무슨 일이 있었죠?"

"음…… 많은 사람들을 만났고, 모임에도 많이 참가했습니다. 나는 이 도시의 어리석음을 견딜 수가 없어요."

샘은 정부와 대기업들에 대해서 두서없이 늘어놓았다. 그때 나는 그가 얼마나 늙어 버렸는지 알 수 있었다. 턱 주위의 살이 늘어져 있었고, 그의 턱 끝은 목의 주름진 부분에 감춰져 있었다.

샘의 이야기는 논쟁의 실마리를 잃어버리고는 만남과 관련된 다른 기억으로 빠지고 있었다. "40년 전인가, 아인슈타인의 수업을 들었던 걸로 기억합니다. 겨우 이틀이었지만요. 그 사람은……." 그는 단어를 생각하고 있었다. "아주 총명한 천재였어요."

40년 전에 샘이 다니던 회사에서는 샘과 다른 동료 한 사람을 프린스턴 대학교에서 개설된 수학 과목을 듣도록 보냈다. 담당 교수가 아프게 되자 아인슈타인이 이틀 동안 대신 가르쳤다. 어찌된 셈인지 그 위대한 사람의 별난 면들이 학교 밖의 사람들인 그들에게 모종의 친근감을 주었다. "그는 단 한 번도 목욕을 안 한 것처럼 보였어요. 머리를 한 번이라도 빗었다고 생각되지가 않더군요. 게다가 그는 채식주의자였고 한 번도 신을 신지도 않았지요."

그러나 샘의 머릿속에서 번뜩였던 이야기는 아인슈타인이 모래를 채운 어항과 개미로 가득 찬 성냥 상자를 가지고 했던 실험이었다. 그는 개미를 어항에 부어 넣고는 하나를 꺼내어 죽여 버렸다. "여러분, 가까이 와 보세요." 샘은 그의 말을 기억했다. "그리고 아주 이상한 일이 일어났습니다. 개미는 죽은 개미를 묻었어요. 그리고 아인슈타인이 우리를 보면서 말했어요. '누가 개미에게 죽은 개미를 묻으라고 했습니까?' 내 생각에 그가 말하려던 요점은 대중을 조정하는 소수가……." 샘은 어깨를 으쓱하며 그 요점을 말하지 못했다.

그러나 아마 그는 그 요점을 말했는지도 모른다. 죽음을 두려워했던 샘은 아인슈타인이 실험을 통해 설명했던, 모든 창조물이 죽은 자를 염려하며 보살핀다는 이야기에 위로를 받았던 것이었다.

샘이 두서없이 이야기하는 동안 사라는 그의 이런 모습을 창피해하는 것 같았으나 그의 이야기에 끼어들거나 방해하지는 않았다. 똑같은 이야기를 반복해서 듣는 것을 좋아하지는 않았겠지만 그녀는 묵묵히 참고 있었다. 사라는 좀 더 수용적이며 관용적인 사람이 되어 있었다.

나는 그들이 여전히 서로의 필요를 보완하고 있다는 점을 지적했다. 이제는 그 역할이 서로 바뀐 것뿐이었다.

샘은 동의했다. 아내가 두 사람 중 더 힘이 강한 쪽이 되어 있다는 것을. "오, 네. 절대적으로요!"

사라도 이에 동의하기는 했으나, "그걸 좋아하지는 않아요."라고 말했다. 이제 샘이 모든 통증과 아픔에 대해서 불평하는 쪽이었다. "그건 내 특별한 재능이었다고요!" 사라가 말했다.

어떤 것은 결코 변하지 않는다. 샘은 여전히 샘이었고, 사라는 여전히 사라였다. 그러나 사라와 샘은 바뀌었다. 그 관계의 유연성에서 이 부부의 강점이 증명되고 있었다.

사라는 부부관계에서 약자였던 자신의 역할을 샘이 차지했다는 것에 대해 부드럽게 불평했다. 그러나 그녀를 정말 불편하게 만드는 것은 남편이 손주들을 참아 내지 못한다는 것이었다. 반면에 그녀는 아이들과 함께 있으면 큰 즐거움을 느꼈다.

"딸애와는 그 애가 어렸을 때 내가 너무 엄격해서 같이 있는 걸 즐기지 못했어요. 하지만 지금은 내 손주들이 날마다 자라고 변화하는 데 절대적인 경외심을 느끼죠." 아이들은 예전에는 몰랐던 인생의 즐거움을 그녀에게 가르쳐 주고 있었다.

샘은 손주들이 열 살 정도가 되어서 그와 대화할 수 있게 될 때까지 기다릴 수가 없었다.

"그때 우린 이미 없을 거예요!" 사라가 말했다. 그녀는 큰 손주가 바르 미츠바(Bar Mitzvah, 유대교의 13세 남자의 성인식 – 역주) 때 쓸 야물커 (Yarmulke, 유대교에서 남자 신도가 기도할 때 쓰는 작은 테두리 없는 모자 – 역주)를 뜨고 있었다. "난 그때 없을지도 모르니까요."

사라는 여전히 매력적이며 아직도 외모를 가꿀 줄 알았으며, 또한 내적인 아름다움을 발전시켰다. 다른 사람들의 평가나 인정을 바라기보다는 단지 그들을 배려해 주는 능력이라고 정의 내릴 수 있을 것이다.

나는 샘에게 이제 사라의 도움이 더 필요하게 된 것이 어떻느냐고 물어보았다. "아마 남자 대 여자의 일이겠죠. 난 여전히 그녀에게 내가 좀 더 강한 사람이었으면 좋겠어요."

"그는 당신에게 지브롤터의 바위였지요." 내가 사라에게 말했다.

"여전히 그래요. 그가 나와 함께 있기 때문에 지금 내가 강해진 거죠."

사라는 여전히 샘에게 의지하고 있었고, 그녀를 강하게 만든 게 그의 강인함 때문이 아니라 그의 필요 때문이라는 사실을 아직 완전히 깨닫지는 못하고 있었다. 그녀는 좀 더 복잡하고 더 성숙하며 덜 이기적인 사람이 되었다. 그러나 정작 그녀는 자신의 그런 점을 보지 못했다. 그들은 언제나처럼 하나의 아주 친밀한 팀이었다.

우리는 다시 안녕을 고했고, 다시 한 번 나는 이 부부를 하나로 엮어 주는 사랑의 힘에 놀라움을 금치 않을 수 없었다.

아무도 내게 어떻게 부모가 되는지를 가르쳐 주지 않았다. 아내 팻도 그 것에 대해서 수업을 받은 적이 없다. 하지만 새가 새끼들에게 비행 훈련 을 시켜야 할 시기를 알듯이, 곰이 새끼에게 물고기 잡는 법을 가르치듯 이, 우리는 본능적으로 그것을 알게끔 되어 있다. 아무도 그들에게 가르 쳐 주지 않는다. 그러나 적어도 우리는 그렇게 생각하지 않는다.

나는 침팬지를 다룬 프로그램을 보면서 어미가 새끼를 참을성 있게 대하는 것에 대해 감탄한 적이 있다. 새끼들은 어미의 배에 매달리고, 장난치며 뛰어다니고, 몇 발짝 떨어져 있더라도 항상 어미와 가까운 거 리 안에 있으면서 다시 그 피난처를 찾을 준비가 되어 있다. 독립을 위 해 좀 더 나가 보기도 하고, 손위 형제들과 놀기도 하고, 뛰어내리기도 한다. 하지만 또다시 돌아와 어미에게 매달린다.

만약 그것이 그들에게 본능적인 것이라면, 우리 역시 그래야 한다. 어 머니와 아기 사이에는 자연적인 친화력이 있다. 어린 자식에게 필요할 때 어머니의 젖에서는 젖이 나온다. 부모와 자식은 어떻게 의사소통하 는지를 서로에게 가르친다. 아기의 말─세계 공통적으로 부모들이 만드 는 반복적이며 아무 뜻 없는 소리─은 부모와 자식이 주고받는 자연적 인 신호체계의 일부로서 본능적으로 아는 듯하다. 그러나 시간이 지남 에 따라 모든 일들은 더 복잡해진다. 세상은 우리에게 더 많은 것을 요 구하고, 우리는 서로의 필요를 편하게 들어 줄 시간이 없다. 만약 우리 가 물고기를 잡거나 먹을거리를 찾는 일만 했다면, 생존에 숙달하는 법 을 배우는 데 더 몰두할 수 있었더라면, 우리의 인생은 좀 더 단순했으 리라. 그러나 사회화의 요구는 점점 더 어려워져 간다. 부모 노릇이란 평생에 걸쳐 노력해야만 하고, 다양한 수준의 성공을 보여 주는 많은 사 람들과 기관이 그 일에 연관되어 있다.

대체적으로 육아는 거의 실현 불가능한 임무이며, 모든 부모는 어떤 면 에서는 부족하다. 많은 부모들이 이러한 지식에 대해서 충분히 확신하지 못하며, 여전히 주변의 친구들이나 친척들의 자녀들을 보면서 그들이 완벽해 보인다고 생각한다. 여러분에게 말하지만, 그것은 환상이다.

갈등이나 문제를 피할 수는 없지만, 그 대부분의 해결책이 있다는 사실을 알게 될 때라야 우리는 도움을 받을 수 있다. 부모는 종종 자녀와의 사이에서 일어난 힘든 상황을 벗어날 수 있는 방법을 찾기도 하지만, 때로는 곤경에 빠져서 모두가 지칠 때까지 언제나 똑같이 쓸모없는 해결책과 똑같이 쓸모없는 결과를 반복하곤 한다. 바로 가족치료사가 도움이 될 수 있는 것이 이러한 상황이다.

전문가들은 보통 특정한 기본 전제, 즉 아동의 행동은 가족 전체의 결합된 노력으로 유지된다는 의견에 동의한다. 이것이 새롭게 밝혀진 사실은 아닐는지 모르지만, 그럼에도 아동의 행동을 설명하는 데 있어 이것은 매우 중요한 관점이다. 대부분의 부모는 자기 자녀를 도우려는 노력으로 그 아이의 행동에 지나친 관심을 기울여 아이에 대해서는 전문가가 되지만 그 행동에 대한 자신들의 기여도에 대해서는 장님이 돼 버린다. 그렇지만 아이가 전적으로 부모 양육의 산물이라는 뜻은 아니다. 이러한 주장은 그 아이의 복합적인 현실을 무시하는 것이며, 부모를 마치 몰아치는 군대처럼 치부해 버리는 것이다. 내가 말하고자 하는 바는 아이들은 행동가이자 반응자이며, 보통 우리가 생각하는 것보다 더 순응적이라는 사실이다.

예를 들어 보자. 40대 중반의 부부가 세 살 반이 된 자녀를 데리고 상담을 받으러 온다. 그 아이는 부모가 자리를 뜨려고 할 때마다 매달리고 운다. 아이는 두 살 때부터 탁아소에 다녔으며, 내가 부모와 이야기하는 동안 부모가 가지고 온 장난감을 가지고 놀고 있다. 아이가 노는 모습을 보면, 놀이를 잘 조정하고 영리하며 매우 **독립적임**을 알 수 있다. 나는 그 부모의 보고와 아이의 행동이 일치하지 않는다는 사실을 알아차리고, 아이의 어머니에게 방에서 잠시 나가 줄 것을 부드럽게 요청한다.

그녀는 미소를 지으며 나간다. 아이는 계속해서 놀고 있다. 그다음에는 아버지에게도 방에서 나가 줄 것을 요청한다. 아버지도 그렇게 하고, 아이는 비행기의 격납고를 만드는 데 푹 빠져 노느라 그리 신경 쓰지 않는다. 내가 그 아이에게 부모님을 다시 돌아오게 하고 싶은지를 묻자 고개를 흔들며 아니라고 한다. 그래도 나는 아이에게 대기실에 가서 부모님을 데려오라고 말한다. 그들은 이제 내게 지금처럼 어떤 때는 아이가 무척 독립적이라고 말한다.

나는 부모에게 아이에 대한 그들의 관찰이 옳다고 이야기한다. 사실상 그 아이는 부모들이 매번 보았던 것처럼 매달리는 아이다. 하지만 부모들이 보지 못하는 부분은 바로 아이의 그러한 행동에 그들이 한몫했다는 사실이다. 아이의 어머니는 울기 시작하고, 아버지도 불편한 듯 안절부절못한다. 그들은 어린 자녀를 가진 나이 든 부모로서 아이를 자신들의 기쁨과 관심의 중심이자, 조정하는 대상으로 만든 부분을 인정한다. 우리는 이야기를 나누고 대안을 고려한다. 나는 몇 가지 과제들을 제안한다. 그리고 세 번의 상담 후에 우리는 치료를 끝낸다. 보통 치료는 좀 더 복잡하지만, 이렇게 쉽게 해결되는 경우에는 아주 큰 명쾌함과 기쁨을 느끼게 된다. 나는 스스로 사려 깊었다고 느끼고, 그 부모는 내게 감사하며, 그 아이는 자신이 '치료'를 받았다는 사실을 모른다.

나중에 좀 더 복잡한 사례들을 이야기하겠지만, 모든 사례에 있어서 성공적인 결과는 관점의 변화로부터 온다. 즉, 가족구성원들과 부모, 형제가 그 아이와 관계하는 자신들의 방식을 인식하고 변화시키기 시작할 때, 한 배우자가 다른 배우자에게 대항하는 방법의 하나로 자녀와의 연합관계를 형성하지 않을 때, 그리고 자녀들이 다른 형제나 조부모로부터 부모를 보호하려는 것을 멈출 때와 같이 말이다.

치료과정의 초점은 종종 아이의 증상에서 부모의 갈등으로 옮겨진다. 이러한 경우 나는 아동의 문제에 계속 집중하지만, 초점의 범위를 확장하여

그 부부의 문제 또한 포함시킨다. 그들로 하여금 어떻게 해서 자신들의 부
부갈등이 아이의 증상으로까지 나타나게 되었는지를 바라보도록 요청하는 것이
다. 다시 말하지만, 우리는 변화무쌍한 전환을 한다. 나는 그 아이의 증
상을 부인하지 않는다. 그리고 그 부모의 갈등을 최소화시키지도 않는
다. 나는 단지 그들 모두가 어려운 가족 접전의 한 부분이며, 편협한 '해
결책'으로 인해 꼼짝 못하고 있음을 제시한다.

　이 체계적인 관점은 사람들이 스스로 느끼는 방식이 아니다. 고통은
언제나 개인적인 경험이다. 그러나 가족구성원들이 문제를 상호 관련
된 방식으로 보는 법을 배우게 될 때, 그들은 새롭고 좀 더 민감하게 떠
오르는 방식에 다시 눈뜨게 된다. 예를 들면, 갈등이 있는 부부는 자신들
의 부부갈등이 곧 육아의 갈등으로까지 연장되는 것이며, 그 대가를 치르는 게
바로 자신들의 자녀라는 점을 이해하기 시작할 때, 비로소 서로 '당신이 그랬어.'
'아니, 당신 탓이야.'라는 식의 게임을 기꺼이 뒤로 미루려 할 것이다.

제7장

목발-가족 증상의 중심

필라델피아 아동보호 클리닉에서 상담할 때의 일이다. 비서가 버저를 울렸을 때 나는 상담실에서 우편물을 훑어보고 있었다. 북부 필라델피아의 고등학교 선생님으로 은퇴한 조세프 파스콰리엘로(Joseph Pasquariello)가 아들의 직장으로 인해 베네수엘라에 살고 있는 일곱 살된 그의 손녀에 대해 이야기를 나누고 싶어 한다고 했다. 그의 손녀인 질(Jill)은 히스테리성 마비 증세를 갖고 있었다. 그녀 아버지의 회사는 질이 치료를 받을 수 있도록 가족이 한 달 동안 필라델피아로 돌아와 지낼 경비를 지불하는 데 동의했다. 나는 과연 이 상담을 맡을 것인가?

나는 치료 시간을 한정하는 것을 좋아하지 않는다. 나는 임의적인 상담 횟수로 변화과정을 한정하기보다는 이루어져야 할 것들이 모두 이루어질 때까지 시도하는 것을 훨씬 더 선호한다. 누가 가족의 인생을 바꾸는 데 '얼마의 시간이 든다'고 감히 말할 수 있겠는가? 만약 내가 이 사례를 상담하기로 한다면, 나는 이전에 한 번도 본 적이 없는 가족의 증상을 치료하는 데 한 달이라는 시간만을 갖게 되는 것이다. 마침내 나는 그들을 만나기로 결정했다. 사실 나는 지금까지 단 한 번도 이런 도전을 거절한 적이 없었다.

이 상담을 맡기로 결정한 후로 나는 흥분 상태가 되었다. 히스테리성 마비. 지금은 아주 소수의 사람만이 19세기 유럽에서 갈등을 외현화하는 것으로 보이는 이 증상을 보이고 있고, 아주 소수의 치료사만이 그 증상을 보았다.

히스테리성 마비가 이례적으로 많았던 가장 최근의 사례는 제1차 세계대전 때다. 그때에 수백 명의 군인들이 자살적인 공격을 감행해야만 했던 공포, 아니면 겁쟁이가 되고 불명예를 안게 된다는 것 사이의 갈등에서 무의식적인 해결책으로 몽유병과 같은 혼수상태가 되거나 강직증, 히스테리성 마비 증상을 보인 것이었다. 환자가 아무 유기적인 이유 없이 갑자기 앞을 못 본다거나, 갑자기 걸을 수 없게 되는 것보다 마음의 힘을 더 뚜렷하게 보여 주는 것은 없다. 이 이상하고 혼란스러운 장애는 고대로부터 치료자들을 좌절시켰다.

그리스인들은 히스테리가 자궁의 유주성(流注性)에 의한 것이라고 믿었다. 고대의 의사들은 이 움직이는 자궁이 제자리로 돌아가도록 구슬리기 위해 마비된 부위에는 고약한 냄새가 나는 물질을 얹어 놓고, 자궁 부위에는 향기로운 허브를 놓았다. 이 치료법이 때때로 그들을 고용한 사람이 만족할 만큼의 효과를 나타냈기 때문에, 당시에 이 자궁 유주성 이론은 옳다고 증명되었다.

중세 암흑시대에는 히스테리가 마녀와 마법사의 요술에 의한 것이라고 믿어졌다. 이 이론 역시 많은 치료법을 만들어 냈다. 그 치료과정에서 살아남은 사람이 거의 없었기 때문에, 그 치료법들은 이 병의 중대성과 부정한 힘과 연결 짓는 것의 무효함을 증명한 것뿐이었다. 프로이트(Freud) 역시 히스테리가 마음이 지배당한 것이라고 믿었으나, 그것은 어디까지나 초자연적인 힘이 아닌 무의식의 열망에 의한 것이라고 했다.

　프로이트는 문제의 뿌리에 반드시 숨겨진 성적 환상이 있다고 했다. 천부적인 피아니스트였던 프로일라인 로잘리아 H.(Fräulein Rosalia H.)에게는 손가락 마비가 왔는데, 프로이트는 그녀가 어렸을 때 육욕적인 삼촌을 마사지하도록 강요받았다는 것을 발견했다. 그리고 도라(Dora)의 이야기도 있다. 프로이트는 그녀가 중년의 이웃 앞에서 욕지기를 느끼는 것이 그녀의 억압된 욕망의 증거라고 믿도록 강요하려고 노력했다. 프로이트에 따르면, 그녀가 단지 자신의 진실한 감정으로부터 스스로를 방어하려 했기 때문에 그렇게 항의하고 나선 것이었다. 그러나 그것이 도라가 지나치게 항의한 것이 아니라면 어떻겠는가? 만약 그녀의 부모가 충분히 항의한 것이 아니었기 때문이라면?

　이미 나는 가족치료사처럼 생각하고 있었다. 히스테리성 마비(hysterical paralysis)라는 이 용어는, 성(性)의 혁명이 일어나고 있던 시기에는 잘 맞지 않는 말이었다. 19세기의 히스테리 환자는 과거에는 있되 현재에는 없고, 그의 주변에서 뽑아 낸 견본이 되어 하나의 고립된 창조물처럼 다루어졌다. 그렇다면 이 20세기에 그녀 가족의 정황과 함께 나타난 이 어린 소녀의 히스테리성 마비는 과연 어떤 것일까?

　2주 후 대기실에서 만난 그 가족은 병원이라는 그 장소와는 잘 맞지 않는 듯 보였다. 내 주 고객의 대부분은 가난했고, 그중 많은 사람들이 흑인이나 라틴계였다. 그러나 이 가족은 백인이었고, 옷을 잘 차려입었을 뿐 아니라, 모두가 심지어 여섯 살짜리조차 독서를 하고 있었다. 내가 그 어머니에게 다가가자 그녀는 시계를 보았다.

　내 소개를 하자, 지적으로 보이는 머리가 좀 벗겨진 백발의, 눈썹이 덥수룩한 남성이 일어나 자신이 조세프 파스콰리엘로라고 했다. 그는 나를 그의 아내 로즈(Rose), 딸 자넷 슬레이터(Janet Slater), 손녀인 질(Jill) 그리고 그 동생 데이비(Davey)에게 소개시켰다. 질의 아버지는 일 때문에 묶여 있어 며칠 뒤에 올 것이라고 했다.

가족이 상담실에 들어서자 질이 어머니의 팔을 꼭 잡았다. 한쪽 다리는 끌리고 있었고, 같은 쪽 팔은 굳은 채 몸에 바짝 붙어 있었다. 그녀는 무겁게 앉아 곧 몸을 구부린 상태가 되어 버렸다. 어깨를 구부린 것은 사춘기의 징후를 감추려는 노력이었을까? 나는 프로이트를 다시 생각했다. 그 증상이 어떤 면에서든지 사춘기가 되어 가는 것에 대한, 어린 소녀가 어린 여자가 되어 가는 분명한 징후에 대한 **두려움**과 어떤 관련이 있는 것인가?

파스콰리엘로 부부는 70대 후반쯤으로 보였다. 트위드 양복을 입은 조세프는 텁수룩한 하얀 눈썹이 어두운 색의 안경테를 찌르는 것이 덕망 있게 보였다. 오게 되어 정말 기쁘다고 그가 말했다. "우리가 도울 수 있는 일이라면 무엇이든지요." 아내 로즈는 키가 작고 둥실둥실했는데, 차례로 겹치는 러시아 인형들처럼 목이 없어 보였다. 그녀는 흰색 기지 바지와 밝은 페이즐리 무늬의 블라우스로 화사하게 차려입었다. 질을 보는 그녀의 눈이 눈물로 반짝였다. 나는 보호적인 조부모의 걱정스러운 사랑을 읽을 수 있었다.

슬레이터 부인은 숱 많은 적갈색의 머릿결을 가진 잘생긴 여자였다. 그녀는 질의 옆에 앉았다. 그녀는 딸에게 마비 증상이 오게 된 사고에 대해 내게 말해 주었다.

그들은 컨트리클럽의 수영장에 있었다. 덥고 구름 한 점 없는 날이었고, 선탠 의자에 남편과 나란히 앉아 있었는데 갑자기 비명이 들렸다. 질은 물속에서 발버둥치며 아버지를 비명처럼 불렀다. 그 상황이 장난이라고 생각했던 그는 "무척 재미있구나."라고 말했다. 그러고 나서 그것이 실제 상황임을 깨달은 그는 질을 구하기 위해 물속으로 뛰어들었다. 그가 질을 수영장 물 밖으로 데리고 나왔을 때 질은 더 이상 서 있을 수가 없었다.

질은 몇몇 남자아이들과 놀고 있었고, 그들이 그녀를 수영장 안으로 밀어뜨린 것으로 보였다. 질은 응급실로 급히 수송되었고, 입원하여 검사를 받았다. 검사에 이은 검사들에서 모두 정상으로 진단되었지만, 그녀는 왼쪽 다리도, 팔도 움직일 수 없게 되었다.

나는 그들이 카라카스에 간 지가 얼마나 되었는지 물어보았다. 슬레이터 부인은 그녀의 남편이 국제적 정유회사에서 지질학 엔지니어로 일하고 있다고 했다. 그의 직장 때문에 그들은 2~3년을 주기로 중동, 중남미 지방의 산유국 등 외국에서 계속 살았다고 했다. 그의 그 전 임무는 휴스턴에서 맡았는데, 그곳에서 그들은 아름다운 집을 가지고 있었고, 그녀는 사립학교에서 교편을 잡을 수 있었다. 그러나 2년이 임기였기 때문에 카라카스로 가면서 그곳에서의 생활은 끝이 났다. 그들은 자신들의 직장과 친구들을 떠나는 것이 무척 슬펐다. 베네수엘라에서의 첫 몇 달은 특별한 노력의 연속이었다. 그들의 이삿짐 가구가 수주 동안 도착하지 않았고, 인부들이 집 내부 공사를 아직도 하고 있었다.

나는 만일 슬레이터 부인이 휴스턴에서 카라카스로 자신의 발을 질질 끌며 마지못해 갔다면, 거부의 상징적인 표현으로 질이 몸 반쪽을 끌고 가고 있는 것은 아닌가 하는 생각을 해 보았다. 상담을 시작하고 몇 분이 지나서 나는 효과적인 가설을 하나 세웠다. 아마도 이 아이의 마비는 이사에 대한 그녀 어머니의 적의를 표현하는 것과 같을 것이다. 연구가 계속되면서 첫 번째 가설은 많은 변화를 거치게 될 것이다. 그러나 그것은 정보를 모으고 정리하는 데 반드시 필요한 것이다. 나는 이 가족이 이야기하는 것을 경청함과 동시에 유심히 바라보았다.

말이 많고 거리낌이 없는 노부인인 로즈는 쉽게 웃었고, 쇠할 줄 모르는 힘으로 빠르고 대담하게 말하고 분석했다. "선생님이 내 의견을 물으신다면, 나는 세계 곳곳을 떠도는 것이 아이들에게 건강한 환경이라고는 생각하지 않아요."

슬레이터 부인은 질을 위해서 모든 것을 자신이 혼자 해야만 하는 것에 대한 불평을 털어놓았다. "리처드(Richard)는 집에 있는 적이 없어요. 언제나 일만 하죠."

로즈 파스콰리엘로는 딸이 암시하는 것이 무엇인지를 말했다. "리처드는 자신의 가족에 대해서 좀 더 관심을 기울여야만 하고, 그가 그렇게도 소중하게 여기는 직장에 대해서는 좀 덜 생각해야 해요." 슬레이터 부인은 어머니의 지지를 받아들였다. 그동안 로즈는 손녀를 어르고 있었고, 종종 "불쌍한 질리(Jilly, Jill의 애칭)."라며 딸이 말하는 것에 자연스럽게 끼어들었다. 자넷은 이런 것에 익숙한 것 같았다. 가끔씩 자넷은 약간 초조해하는 듯했으나 아무 소리도 하지 않았다.

낡은 여름 캠프 티셔츠를 입고 의자에 구부정하게 앉아 있는 질은 매우 어려 보였다. 그러나 그 아이는 망설임 없이 다른 어른들과 동등하게 참여하며 자신을 그 대화 가운데로 밀어 넣고 있었다. 이것 역시 질의 어머니는 당연하게 여기는 것 같았다.

질의 동생은 처음에는 어른들의 일을 바라보는 것을 즐겁게 여기는 듯했지만 곧 흥미를 잃었다. 가끔 자신의 주의를 끄는 뭔가를 듣기도 했으나 대부분은 지루함으로 멍하게 있었다. 이것이 과연 누구에게라도 가치가 있는 일일까?

나는 이 가족과 곧 연결됨을 느꼈다. 그들은 좋은 사람들이었고, 아마도 너무 가깝게 엮여 있기는 했지만 따뜻하고 친근감이 들었다. 나는 나중에 이들을 가 보지 않은 영역으로 밀어 넣으며 시험을 해야만 할 것이다. 그러나 지금은 이들과 친숙해지는 것에 집중했다.

환자인 질은 아름다운 짙은 눈동자를 가진 어린 소녀였다. 그 아이는 창백하며 빛나는 피부를 가졌고, 윤기 있는 검은 머리가 땋아 내려져 있었다. 많은 맏아이처럼, 그녀는 놀라울 만큼 조리가 있었다. 좋아하는 일이 무엇이냐고 묻자 아이는 대답했다. "난 도마뱀 잡는 것을 좋아하고, 새들을 쳐다보는 것, 열대화 따는 것을 좋아해요." 그 아이는 학교에 가는 것은 좋아하지 않았는데, 그 이유는 대부분의 아이들이 자신보다 나이가 많았기 때문이었다. 나는 질이 좋았고, 그 애도 날 좋아한다는 것을 금방 알 수 있었다.

나는 슬레이터 부인에게 아동병원에서 완전한 의료검사를 할 수 있도록 조치하겠다고 말했다. 그녀는 이미 검사를 받았다며 반대의 뜻을 비쳤으나, 나는 최선을 위해서 확실히 해 두는 것이 좋겠다고 했다. 나는 후에 그것이 의료 문제임에도 불구하고, 교묘한 심리적 설명을 만들어 내는 정신과 의사 중 하나가 되고 싶지는 않았다.

일주일에 세 번의 상담을 배정하고 첫 상담을 만족스럽게 끝냈는데, 나에게는 12회의 상담이 주어졌고 그중 한 번은 이미 지나가 버린 것이다.

두 번째 상담은 삼 일 뒤에 이루어졌다. 슬레이터 부인이 도착했다. 이번 상담에는 아버지, 어머니, 질 그리고 데이비가 포함되었다. 슬레이터 씨는 장인, 장모가 집에 있을 것을 제안했다. 그는 그들이 오는 것이 필요하지 않다고 생각했다.

리처드 슬레이터는 키가 크고 잘생긴 남자였고, 고불거리는 짙은 색 머리에 선탠이 짙게 되어 있었다. 그는 말에 무게와 권위를 실어 주는 굵은 목소리를 가지고 있었다.

질이 어머니에게 매달려서 발을 질질 끌며 면접실로 들어왔다. 리처드는 뒤에서 걸어 들어와서 그의 아내가 질을 의자에 앉히는 동안 가만히 서 있었다.

모두 앉은 후, 나는 리처드가 가족들과 함께 앉자 대기실에서 만났을 때보다 훨씬 자신감이 없어 보인다는 것을 눈치챘다. 나는 그의 일에 대해 물어보았고, 그는 다른 어떤 주제에서도 찾아볼 수 없는 열정을 가지고 설명했다. 이를 제외하면 그는 동떨어져 보였다. 그는 그리 개입되어 있거나 결합되어 있지 않았다.

나는 이 가족구조를 보여 주는 예비 지도를 만들기 시작했다. 질의 병은 가족의 주의를 그녀의 증상에 고정시켰다. 이것이 드라마라는 것을 생각할 때 이건 충분히 자연스러운 일이었다. 질 자신이 스스로에게 절름발이가 되는 길을 열어 준 것이다. 걷지 못하는 것은 그 아이의 신분증, 즉 그녀에게로 접근하는 그 어떠한 문 혹은 장벽이 된 것이다.

이것은 바람직하지 않아 보였고, 그 가족의 근접성 또한 그랬다. 질은 어머니를 꼭 붙잡고 있었는데, 그것은 이 가족에 대한 어머니의 책임의 무게를 가시적으로 보여 주는 것이었다. 리처드에게서 보이는 거리감은 편안한 거리감이 아니었다. 그는 마치 그의 아내, 즉 총 책임자인 아이들의 어머니에 의해 불려 온 사람처럼 방에 들어섰다.

물론 이런 것은 하나의 지도일 뿐이었고, 다른 지도들처럼 영역의 세부 사항이 아닌 개요만을 보여 줄 뿐이다. 인간적인 것들은 한 가족이 지도상 원근의 도표로 축소될 때 사라진다. 그러나 이 가족구조 지도를 그리는 것만으로도 그 명확성은 분명히 얻을 수 있었다.

이 범상한 사례가 별로 범상한 것이 아닌 듯 보이기 시작했다. 그 증상, 즉 히스테리성 마비라는 것은 분명히 상이한 것이었으나 그것을 뒷받침하는 가족의 역학 관계는 슬프게도 익숙한 것이었다. 그것은 사실 문제를 겪고 있는 중산층 가정의 대표적인 배열 — 결혼생활의 결여 혹은 상실된 친밀감을 대신하는 어머니와 자녀의 친밀한 관계 — 이었다. 이 형태는 너무나 흔한 경우여서 그 아이의 드문 증상을 설명할 수는 없었다. 그것은 미스터리로 남았다. 그러나 질은 현재 그 형태에 박혀 있었고, 그것은 그 아이의 주위에서 콘크리트같이 굳어지고 있었다.

그 당시 제이 헤일리(Jay Haley)는 이른바 '교차세대 연합(Cross-Generational Coalitions)'을 분석하기 위한 3단계 전략을 개발했다. 그 목적은 아이들을 자치적이 되도록 이끄는 것이었다. 첫 단계는 얽혀 있는 부모-자녀 관계를 분리하기 위해 의존적인 아이를 그 아이와 가깝지 않은 부모 쪽에 연결시키는 것이다. 이 가족에서는 그 첫 단계가 분명했다. 나는 리처드를 질 가까이로 옮길 것이다.

그래서 세 번째 상담 시간에 나는 다음과 같은 계획을 슬레이터 가족에게 제시했다. 자넷이 목발 역할을 하는 것에 지쳐 있었으므로, 그다음 주는 리처드가 질을 돌봐야만 했다. 어디를 가고 싶든지, 그 아이는 자신의 목발이 되어 줄 수 있도록 어머니가 아닌 아버지를 불러야만 했다. 나는 리처드가 대부분의 아버지처럼 어머니 노릇을 하는 데는 아마추어이지 않을까 생각했다.

두 번째 단계는 리처드와 자넷 부부를 서로 가깝게 만드는 것이다. 부부가 자신들과 자녀들 사이에 경계선을 만든 뒤에야 그들 사이의 갈등과 친밀함에 대해 이야기를 시작할 수 있을 것이다.

내 전략의 세 번째 단계는 질을 직접적으로 염두에 두는 것인데, 그 아이의 증상과 마비 효과에 맞서 보는 것이다.

진단은 간단했다. 그러나 그에 대해 뭔가를 해 보는 것은 또 다른 이야기였다. 만약 치료 전략이 상담치료의 과학이라면, 진행되는 과정 가운데서 광산, 즉 맥을 찾아내는 것은 예술이다. 그리고 우리에게는 겨우 아홉 번의 상담만이 남아 있었다.

치료의 전략은 보편적이다. 그 결과는 개인의 특성에 따라 다르다. 3일 뒤, 아버지와 딸의 친밀감을 증가시키는 전략은 이 가족 안에서만 가능한 방법으로 전개되고 있었다. 리처드가 책임을 맡게 되면서, 그는 자식과 가깝지 않은 아버지들이 자주 하는 방식으로 그 일을 해냈다. 그는 지배적이 되었다.

그는 질이 필요로 할 때 도와주었다. 그리고 질이 필요로 하지 않을 때도 도와주었다. 그는 질에게 팔만 빌려 준 것이 아니었다. 아이가 가라앉을 때마다 기운을 북돋워 주는 것이 자기 일이라고 여겼다. 그 아이의 기분이 그 아이의 것이 아니고, 마치 아이가 조용한 것이 자신의 죄명인 것처럼. 그는 아이의 무기력함이 만들어 내는 그런 자신의 상황을 원하지 않았으나 그도 어쩔 수 없었다. 그래서 아이는 무능한 상태가 되었고, 그는 잔소리쟁이가 되었다.

리처드는 딸의 리듬에 맞추는 것이 익숙하지 않았기 때문에, 딸이 그의 리듬에 맞출 것을 고집했다. 딸아이가 그렇게 하지 않을 때는 화를 냈다. 질은 심기가 뒤틀려 있었다. 질은 의존적인 아이들이 부모가 그들을 화나게 했을 때 하는 것처럼 반응했다. 질은 더 많이 요구하고 무기력해졌으며, 그것이 아버지의 조바심을 더 강화시켰다. 이제 자넷은 불안했고, 리처드는 피곤했으며, 자신의 딸을 불행하고 형편없으며 어린 아이처럼 구는 딸아이로 만들기를 고집하는 아버지가 되어 있었다.

그것은 내가 원하던 바가 아니었다. 내 목표는 아이의 자율권을 키우는 것이었다. 첫 번째 단계는 정착되어 있었고, 아버지는 개입하는 사람이 되었다. 그러나 그와 함께 걸으면서 질은 불쌍한 절름발이였다. 발자국마다 힘이 들었다. 그 아이는 아버지의 팔에 힘겹게 기댔고, 다리는 뒤에서 끌려오고 있었다. 그 아이를 불쌍하게 생각하지 않기란 힘들었다. 앉아 있는 아이는 뾰로통한 사춘기 소녀 같았다. 부모 사이에서 질은 주먹으로 턱을 괴고 앉아 골난 반항아의 표정으로 구석 한쪽 어딘가를 쳐다보고 있었다.

나는 그 순간에는 질을 무시하기로 했다. 부모는 이미 그 아이가 진귀한 난이라도 되는 것처럼 맴돌고 있었다. 아마도 질은 온실 속의 관심이 아닌 다른 무언가를 필요로 했던 것이리라. 그래서 나는 부모에게 카라카스에 대해 말해 보라고 했다.

리처드는 그곳을 너무나 좋아했다. 그의 카라카스는 따뜻한 태양, 시원한 바람, 매력적인 상점 건물과 분수대, 레스토랑, 나이트클럽 그리고 친절한 사람들이 있는 멋진 곳이었다. 그러나 자넷은 그곳을 무척 싫어했다. 그녀는 휴스턴에 있는 그들의 스페인 식의 아름다운 집, 직장, 친구들 그리고 그녀의 부모를 그리워했다. 카라카스는 '콘크리트와 유리에 회반죽만을 발라 놓은 시골이며 정감이 없는 곳'이었다. 나는 농담조로 그들이 마치 각각 다른 곳에 사는 것처럼 들린다고 말해 주었다. 리처드는 미소를 지었고 즐거워했다. 그러나 자넷은 덜 즐거워했다.

나는 아이들이 어떻게 생각하는지를 물었는데, 그것은 내용이 중요해서가 아니라 아이들이 부모 중 어느 편을 드는지를 보기 위해서였다. 비(非)전투자인 데이비는 중얼거렸다. "몰라요." 질은 "난 싫어요. 거기서는 아무것도 할 게 없어요."라고 말했다. 아이들이 누구 편에 서 있는지는 의심할 여지가 없었다.

"내가 두 사람이 각각 다른 곳에 사는 것 같다고 했던 것은 농담이었습니다. 하지만 어쩌면 그건 웃을 일이 아닐지도 몰라요. 자넷, 당신이 왜 휴스턴을 그리워하는지 리처드에게 설명해 보시겠어요? 당신이 어떻게 느끼는지 그가 이해할 수 있도록 해 보세요."

그들의 대화는 경직되고 긴장감이 돌며 형식적이었다. 자넷은 아이들의 학교에 불만이 있었다. 그녀는 지역사회에서 소외된 것처럼 느꼈는데, 그들이 어울리는 유일한 사람들은 리처드의 정유회사 친구들뿐이었다. "얼마가 지나고 나면 석유 비축에 대해 듣는 것도 질리게 되죠."

"무엇이 그렇게 당신으로 하여금 매사를 안 좋게 보게 하는 거지?" 리처드의 목소리는 이제 가늘고 신랄했다. "아마 당신이 직장을 잡거나 친구를 좀 만든다면 그렇게까지 불평할 일이 많지는 않을 거야."

"하지만 아빠 항상 일만 하잖아요." 마치 큐 사인을 받은 것처럼 질이 끼어들었다. "가끔은 집에 와서 우릴 다른 곳에 데려가 주면 되잖아요."

질은 부모 사이에 앉아 있었다. 나는 일어나 그 아이에게로 갔다. "질, 엄마와 자리를 한번 바꿔 봐라." 그리고 아이가 다른 의자로 옮기는 것을 도와주며 말했다. "자, 자넷, 이제 남편과 이야기해 보세요."

그 결과는 크게 다르지 않았다. 일관성 없는 대화와 뾰로통한 아이. 제외되는 데 익숙하지 않던 질은 팔꿈치에 기대어 골난 얼굴을 하고는 들리도록 큰 한숨을 쉬었다. 아이들은 정말 몇 안 되는 **방어법**을 가지고 있지만, 자신들이 가진 것에 한해서 놀라움을 연출했다.

"이게 정말 필요한 겁니까?" 리처드가 물었다. "질이 너무 불쌍해 보입니다."

나는 동의했으나, 그가 말한 의미에서는 아니었다. "질은 자기 마음대로 하지 못하는 다섯 살배기처럼 행동하고 있어요. 무시하세요. 그냥 자넷과 계속 이야기하세요."

이제 나는 자식들 앞에서 **부부의 자율권**을 지지하는 두 번째 단계를 실행하고 있었다. 그리고 질의 행동을 나이에 맞지 않는 행동이라고 공격함으로써 분리를 만들어 냈다. 그 아이는 바르게 모욕을 받았고, 더 성숙해지도록 도전받은 것이다. 부모는 공격받은 것으로 느꼈다. 그들이 불편해하는 것은 참견과 과잉반응의 패턴을 깰 수 있는 유용한 방해자다.

심리분석가에게 있어 이것은 오이디푸스 콤플렉스(Oedipus Complex), 즉 '어머니–아버지–자녀'의 삼각관계가 아이의 머릿속에서 내부화되는 한 그리스 비극의 변형물 중 하나일 수 있다. 그러나 극적인 정도가 덜하고 변화에 더 자유로운 실제 생활에서 아이들은 부모 양쪽을 번갈아 가며 사랑에 빠졌다 나왔다 하기를 수없이 하기 때문에 많은 삼각관계의 전환을 만들어 낸다. 이 삼각관계는 보통 어떤 종류의 균형 속으로 녹아 들어가지만 지속되는 연합 관계로 굳어질 수도 있다.

상담의 다섯 번째 회기가 되자, 나는 부부만을 봤으면 했다. 그래서 리처드에게 아이들을 대기실로 데려다 주고 올 것을 요청했다. 나는 그들이 부부로서 갖는 어려움을 탐구해 보고 싶었다.

자넷이 리처드를 만났을 때, 그는 스물네 살의 잘생기고 자신감 있는 진지한 사람이었다. 코네티컷(Conecticut, 미국 동부 지역 – 역주)에서 자란 그는 삼 형제 중 맏아들로 사립학교를 다녔으며, 펜실베이니아 대학교에서 지질공학 석사로 졸업했다. 그는 교회에는 가지 않지만 기독교 신자였으며, 충실한 공화당원이었고, 정유회사 국제개발부에서 일하고 있었다. 은유적인 표현에 따르면, 그녀는 그가 제 길을 가고 있다고 생각했다. 그녀가 알았던 다른 청년들과 달리 그는 그녀에게 목매지 않았다. 그러나 시간이 흐르자 장점으로 보였던 그의 독립적인 면이 거리감과 회피로 바뀌었다.

자넷은 외동딸로 북부 필라델피아의 오래된 참나무가 아치를 이루는 거리의 오래된 석조 건물에서 자랐다. 그녀의 아버지는 보험 관련 일을 했으나 적성에 맞지 않다고 생각하고 서른일곱 살 때 고등학교 역사 교사가 되었다. 그녀의 어머니는 가사를 돌봤다. 자넷은 펜실베이니아 대학교를 졸업한 후 저널리즘 방면으로 진출할 계획이었다. 그러나 리처드를 만나고 사랑에 빠지면서, 자신의 야망을 가정생활과 바꾸었다. 여기에 이 특별한 남자가 있었고, 그가 그녀를 필요로 했다. 그것이 그녀가 생각하기에는 충분한 것이었다.

리처드는 자넷의 개방적이며 정감 있는 태도에 금방 끌려 버렸다. 그녀의 유머와 따뜻함은 그의 가족들의 엄격함으로부터 그를 풀어 줄 수 있는 반가운 것이었다. 자넷과 마찬가지로, 리처드도 현실로는 잘 구현되지 않는 그 꿈과 결혼했던 것이다.

서로 원하는 바를 맞추려는 것이 점점 틀어질 때, 사랑했다고 생각했던 사람이 같이 생활하기에 너무 어려워질 때, 그것은 매우 힘든 것이 된다. 그들은 서서히 멀어져 갔다. 그들은 사랑을 희망했으나, 안정으로 타협을 보았다.

멍들고 비통한 이 두 사람이 이야기하는 것을 듣는 것은 슬픈 일이었다. 나는 그들이 이 대화를 통해서 한때 그들이 공유했던 것을 상기시키고, 다시 그것을 회복할 수 있는 가능성을 키우기를 바랐다. 그들이 함께 있게 됨은 질에게 물러날 자리를 내 주는 것이었다.

이제 조부모를 다시 부를 시간이었다. 첫 번째 상담 때 나는 자넷이 리처드에게서 멀어진 것이 그녀의 부모를 끌어들임으로써 한층 더 악화되었다는 것을 충분히 볼 수 있었다.

모든 가족은 대가족이다. 심지어 많은 젊은 가족이 친척들과 거의 왕래 없이 지내는 미국에서조차 대가족은 의지할 수 있는 보고(寶庫)로서 아직도 존재한다. 그러나 이 보고가 부담이 되지 않도록 하는 데는 초기에 경계선의 타협을 필요로 한다. 현명한 부모는 이 경계선을 존중한다. 그렇지 않을 때는 이 대가족이라는 것이 보고가 아닌 미해결된 문제들의 원천이 되는 것이다.

여섯 번째 상담을 하는 날, 슬레이터 가족이 자넷의 부모 없이 도착했을 때 나는 조금 걱정이 되었다. 그러나 파스콰리엘로 부부는 조금 늦었을 뿐이었다.

로즈는 얼굴이 빨갛게 되어 숨을 헐떡였고, 들어오면서 버스를 잘못 갈아 탄 이야기를 길게 늘어놓았다. 그녀는 아주 상세하게 이야기하는 편이었다.

자넷이 참지 못하는 듯 끼어들었다. "택시는 절대 안 타죠? 엄마!"

그녀의 어머니는 미소만 지을 뿐 아무 말도 하지 않았다. 그녀의 아버지는 "신경 쓰지 말자. 무슨 상관이냐? 중요한 것은 여기 왔다는 거야."라고 말했다. 그는 아내의 말에 반박하지 않았고 그냥 무시하고 넘어갔다. 남편이 말하는 동안 자넷의 어머니는 들리게 한숨을 쉬며 이마에서 고불거리는 백발을 빗어 넘겼다.

리처드는 고통스러운 기색이 역력했다. 슬레이터 가족의 삼각관계, 즉 자넷과 질이 가깝고 리처드와는 소원한 구조는 그 대가족의 삼각관계에 의해 지지되고 있었다. 즉, 해결되지 않은 리처드와 자넷의 거리는 자넷과 그녀 부모 사이의 해결되지 않은 애착에 의해 얽어붙어 있었다. 이것은 원래 자주 그런 식이 되곤 하는 것이다.

자넷의 아버지는 아내가 경박하다고 생각했고, 그래서 그들이 부부로서 오랜 시간 동안 함께했음에도, 오래전에 그녀를 진지하게 받아들이는 것을 그만두었다. 자넷 어머니의 부부생활에서 오는 감정의 거리는 딸에 대한 심한 애착이 되었고, 이 애착이 자넷과 리처드가 가까워지는 것을 어렵게 하는 데 일조하였다. 그러므로 이 가족의 얽힘과 거리 둠의 패턴은 삼대에 걸친 것이었다.

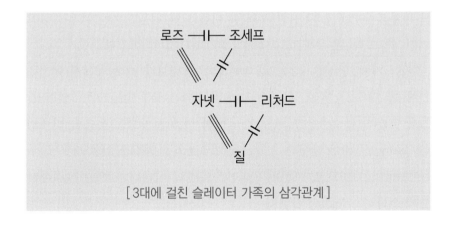

[3대에 걸친 슬레이터 가족의 삼각관계]

아이들의 출현과 함께 자넷의 질에 대한 과다한 애착은 자넷과 리처드의 경계선을 굳혀 놓았고, 그녀를 그녀의 부모로부터 분리시키는 데는 아무런 역할도 하지 못했다. 자넷은 어른으로 취급받기를 바랐으나, 그녀의 어머니는 어머니로서 그녀를 보호하는 역할을 대신할 만한 다른 아무것도 없었다. 만약 자넷과 리처드가 좀 더 가까웠더라면, 혹은 자넷이 좀 더 자기 의지적이었더라면, 그녀는 단순히 어머니의 침입과 지배를 거부했을 것이다.

경계선 만들기 전략의 한 부분은 자넷과 리처드가 파스콰리엘로 부부에게 예의 바르게 거리를 두는 것에 타협하는 것이었고, 그것은 리처드가 이 가족의 핵심 구성원임을 인정하는 것을 포함하는 것이었다. 자넷과 리처드가 자넷의 부모가 리처드를 받아들였는지 아닌지에 대해서 이야기하기 시작했다. 자넷은 리처드가 자신의 부모에 대한 충절을 존중해 주지 않는 것이 얼마나 그녀를 힘들게 하는지를 말했다. 리처드는 "난 그렇게 하고 있는 것 같은데."라며 그가 최근 몇 년 동안 바뀌었다고 말하려고 애썼으나 그녀는 듣고 있지 않았다.

슬레이터 부부는 누가 맞고 누가 틀렸는지에 사로잡혀 있었다. 록우드 부부의 논쟁이 그러했던 것처럼, 내용은 단지 운반 차량일 뿐이었고 엔진, 즉 그 핵심은 우세권과 지배권을 잡기 위한 발버둥이었다.

"지금 자넷, 당신은 리처드를 받아들이는 것보다 이 논쟁에서 이기는 것에 더 흥미가 있군요. 당신은 그가 하는 말을 상투적으로 듣고 있어요. 그에게 웃어 줄 수 있겠습니까?" 자넷이 미소를 짓고는 웃음을 터뜨렸다. "좋아요." 내가 말했다. "그는 당신의 미소가 더 자주 필요합니다."

"그리고 그 반대도 마찬가지예요." 자넷의 어머니가 마치 무대에서 크게 속삭이는 것처럼 말했다.

"보충 설명이 아주 훌륭하군요." 리처드가 짜증을 잘 숨기지 못하면서 말했다.

"아니에요." 내가 퉁명스럽게 말했다. "그녀는 하지 말아야 하는 것을 알면서도 그런 거예요. 자넷, 무엇이 아직도 당신으로 하여금 어머니가 당신을 남편으로부터 보호해 줘야 한다고 생각하게 만드나요?"

"그렇지 않아요."

"오!"

"엄마는 그저 도우려고 할 뿐이에요."

"그러나 어머니는 지금이 당신과 당신 남편에 관한 시간이라는 것을 알면서도 여전히 방해하고 있지 않습니까? 그녀는 정말로 당신 둘 사이를 방해하고 있어요. 그건 어머니들이 자녀의 결혼 초기에 흔히 보이는 모습이죠. 그녀는 당신이 여전히 자신의 어린 딸로 남아야 한다고 고집하는 거예요. 결혼한 지 17년이 지난 지금도 말이죠."

"어머니는 그저 불쑥 끼어들어요." 자넷이 말했다. "실패하는 법이 없죠."

"당신은 어머니가 당신과 남편 사이에 끼어들지 않도록 도와야 합니다. 부모를 도울 수 있다는 건 좋은 일이죠. 그러면 그들은 사위를 얻을 수 있을 거예요. 당신이 양쪽에 끌려가는 대신에 말입니다."

내 지지에 힘을 얻은 리처드가 오래된 상처를 열었다. "당신 부모님을 뵈러 갈 때는 존경하는 마음을 가지지. 그런데 어머니가 이렇게 끼어드는 일이 생기면 내가 할 수 있는 일이라고는 그저 내 화를 가라앉히는 것뿐이야. 처가댁에 다니러 갈 때면 난 언제나 반가운 마음이라고. 그리고 나는 처가댁에 가는 것을 즐겁게 생각합니다." 그가 장인을 보면서 말했다.

파스콰리엘로 씨가 그 눈길을 보았고, "자네가 정말 그렇게 느끼는지는 모르겠지만, 그걸 우리에게 보여 주지는 않아."라고 말했다.

"아니요." 그의 아내가 불쑥 끼어들었으나, 그는 그녀의 어깨에 손을 얹으며 말했다. "내 말을 좀 끝냅시다." 그리고 그는 고개를 돌려 사위를 보았다. "예를 들어 지난번 우리가 자네 집에 갔을 때, 우리는 우리가 이방인이라고 느꼈네."

"무시당하는 것으로." 파스콰리엘로 부인이 더했다.

"제발, 난 당신의 도움이 필요하지 않아." 그의 목소리는 이제 굳어졌고 날이 서 있었다. "내가 그런 느낌을 받은 이유는 자네가 냉담하고 거리를 두는 것 같았기 때문이야. 자네는 의사소통을 거의 하지 않아. 그게 내가 받은 느낌일세. 자네의 표정, 우리를 대하는 목소리 그리고 태도에는 거리감이 있고 냉담하네. 오래전부터 자네의 태도를 생각해 보게나. 불쾌한 듯한 퉁명스러운 태도, 그게 우리가 자네에게 느끼는 거야." 그는 오랫동안 이러한 것들을 마음에 담아 두고 있었다. "자네가 우리를 존경하는지는 모르겠으나 그건 그거지. 하지만 서로 편하게 대하는 것, 같이 있는 것이 편해지는 것, 그건 또 다른 일이야."

장인의 선고는 내려졌고, 우리 모두는 일순간 조용해졌다. 리처드는 대답하지 않았다. 그는 같은 자세로 돌과 같이, 그리고 원망으로 얼어붙어 있었다.

그리고 적대적인 상황을 가장 참지 못하는 자넷이 말했다. "서로 간에 증오의 감정이 있다는 걸 알아요."

"너무 강한 표현이구나." 그녀는 상황을 무마하려는 노력으로 말했다. "원망이겠지, 가끔의."

"엄마는 무엇을 원망하시는 건데요?" 자넷은 알고 싶었다.

"너한테 하는 거라든가, 우리한테 하는 태도."

"먼저 말씀하신 게 그가 나한테 하는 것 때문이라고 하셨나요? 그게 무슨 말씀이세요? 리처드한테도 그렇게 말씀하신 적이 있나요?"

"잠깐만요!" 내가 말했다. "자넷, 어머니를 도와 드려야겠군요. 그 한 가지 방법은 어머니에게 리처드가 당신을 대하는 행동은 어머니가 관여할 바가 아니라고 말씀 드리는 거예요. 만약 당신이 어머니를 도울 일이 있다면, 그건 어머니가 당신의 결혼생활에 참견하지 않도록 돕는 것일 겁니다. 그렇게 할 수 있겠어요?"

"내가 이 아이에게 그렇게 많은 말을 하는 건 아니에요." 파스콰리엘로 부인이 말했다. 아무도 참견쟁이라고 불리는 것을 좋아하지 않는다.

"오, 엄마!" 자넷이 말했다.

"난 소소한 일들을 보는 거야. 네가 부담 가지는 걸 보는 거지."

"어머니, 나는 그것들이 부담이라고 생각하지 않아요. 그건 중요한 거죠. 내가 그것들이 부담이라고 생각했다면 어머니께 의논 드렸을 거예요."

"자넷!" 내가 말했다. "어머니가 당신을 몇 살이라고 생각하는 것 같습니까?"

그녀는 웃었다. "질보다도 더 어리게 보시겠죠."

"그럼 왜 그렇게 하시도록 놔두는 거죠?"

"음…… 어머니는 거부하기 쉬운 사람이 아니에요."

"아니, 틀렸어요. 그녀는 참견하는 사람인데, 당신이 그렇게 하도록 놔두는 거죠. 질을 돕는 방법 중 하나는 받아들일 수 있는 경계선을 확립하는 겁니다. 만약 당신이 어머니가 결혼생활에 끼어들게 하지 않을 수 있다면, 그 또한 딸인 질이 당신의 결혼생활에 끼어들게 하지 않는 본보기를 만드는 것이 됩니다. 왜냐하면 그녀 또한 매우 참견하는 편이기 때문이에요. 어머니는 참견하지만 도움이 됩니다. 당신의 딸은 참견하지만 요구가 무척 지나치지요."

질은 아픈 것이 아니라 참견하고 있는 것이었다. 그 아이는 할머니의 역할을 하고 있는 것이다. 그것은 명예로운 전승이었다.

이제 리처드가 말했다. "질문을 하나 하고 싶군. 당신 아버지가 내가 얼마나 냉담한지에 대해 말씀하셨지. 난 당신도 그렇게 느끼는지 알고 싶어."

내가 개입했다. "대답하기 전에, 리처드가 무엇을 묻고 있는지 당신이 이해하기를 바라요. 그가 묻는 것은, '당신은 내 편이야? 아니면 아버지 편이야?'라는 겁니다."

다시 침묵이 흘렀다. 그리고 자넷이 말했다. "난 당신 편이에요." 그녀는 정말 그렇게 생각하는 것처럼 말했다.

몇 분 후, 그녀의 어머니가 질문하며 끼어들었을 때 자넷이 말했다. "엄마, 제발! 우린 지금 사적인 이야기를 하고 있는 거예요."

자넷의 어머니가 끼어드는 것을 문제로 보는 것은 간단했다. 그러나 경계선의 부재는 양쪽으로부터 유지되고 있는 것이었다. 한 사람이 끼어들기 위해서는 다른 한쪽이 받아 주어야만 하는 것이다. 나는 자넷이 나의 언어, 즉 경계선과 자율권의 언어를 받아들이는 것이 무척 기뻤다.

질이 문제이기는 했으나, 유일한 문제는 아니었다. 자넷과 리처드의 해결되지 않은 갈등, 그것은 그녀의 부모로 하여금 그녀가 도움이 필요하다고 생각하게끔 했고, 이것이 또 다른 문제가 되었던 것이다.

열흘 전, 이 가족의 현실은 분명하게 정의되었다. 그들은 증상을 가지고 있는 자녀가 있는 보통의 가족이었다. 그것은 모든 노력을 그 아이에게 쏟게 했고, 차선책의 폭을 좁게 만들었다. 이제 그것은 그 분명한 정의에 대한 도전이었다. 모든 것이 분명하지 않았고, 혼란이 차선책을 떠오르게 할지도 몰랐다.

치료는 며칠 동안 계속되었다. 부부와 이 대가족의 관계를 강조하는 동안에도 내가 질과 그 아이의 증상을 염두에 두지 않은 적은 없었고, 가족들 또한 그러했다. 아버지를 목발 대신 쓰면서 그 아이는 좀 더 기동성이 생겨났지만, 이제 더 멀리 움직여야 할 때였다. 상담 시간이 끝날 무렵, 나는 질에게 사고가 있고 나서 생활에 방해가 되는 점들에 대해 물어보았다. 그녀는 모든 불편함과 의사들에 대해서 이야기했으나 다리를 저는 것에 대해서는 그리 염려하는 것 같지 않았다. 나는 그 아이와 부모에게 회복의 다음 단계는 부모의 도움 없이 걷는 법을 배우는 것이라고 했다. 나는 아동병원의 정형외과 전문가의 자문을 얻어 그 아이만을 위한 목발을 만들 것이다. 그러는 동안 나는 리처드에게 그가 질에게 건

는 법을 가르칠 수 있도록 다음 상담 회기 때 튼튼한 우산을 가져오라고
했다.

　다음 상담 전에 나는 신경과 보고서를 받았다. 질에 관한 지난 병력과
필요한 모든 검사를 한 결과, 신경과 전문의는 질이 정상적으로 걸을 수
없는 아무런 유기적·구조적 이유를 찾을 수가 없었다고 했다. "그 아이
의 증상에 관련된 복합 구조 전체가 제 기능을 하고 있습니다." 즉, 질의
병은 마음에 있었던 것이다.

　다음으로, 우리는 질을 정형외과에 보내 목발을 맞추게 했다. 기술자
는 질이 가장 좋아하는 색깔이 무엇이냐고 물었고, 그녀는 보라색 목발
을 가지게 되었다.

　슬레이터 가족은 8회기의 상담 동안 데이비를 데려오지 않았다. 리처
드는 그 애가 올 필요가 없다고 생각했다. 나는 문제 삼지 않기로 했다.
가족이 관심을 기울이는 중심이 아닌 형제에게도 나름대로의 일이 있기
는 하지만, 우리에게는 시간이 한정되어 있었고 다뤄야 할 보다 심각한
증상이 있었다.

　가족이 들어올 때 나는 리처드가 새로 산 튼튼하게 보이는 우산을 가
져오는 것을 보고 반가웠다. 개인을 상담하며 자신들의 생활에 대한 환
자의 보고에만 의지해야 하는 상담사들과는 달리, 가족치료사는 생활을
상담실 안으로 끌어들여 올 수가 있다. 이번 상담에서는 첫 번째 단계를
다시 강화할 것이며, 리처드가 딸에게 지팡이로 걷는 법을 가르치게 함
으로써 그 둘을 더 가깝게 만들 것이다.

　그리고 우리는 시작했다. 리처드가 질이 일어나는 것을 돕고 나서 그
아이에게 우산을 주며 기대 보라고 했을 때, 그는 약간 자신이 없어 보
였다. 아버지가 딸을 간호하는 익숙치 않은 역할을 시작하자, 그 아이는

어머니에게 애원하는 눈길을 보냈다.

"좋아요." 내가 말했다. "둘이 좀 더 공간을 가질 수 있도록 자넷과 나는 방의 다른 쪽에 서 있겠습니다."

리처드는 이제 더 단호해 보였고, 질이 우산을 짚고 혼자 서게 할 수 있었다. 그의 격려에 의지하여 질은 절뚝거리며 몇 발자국을 떼었다. 그러고는 흐느끼며 의자에 쓰러졌다. "무서워요!" 부모는 당황했다. 질은 불쌍했다. 그 아이는 무력했고 극적으로 보이기까지 했다.

그 셋에게 이것은 어려운 순간이었다. 자넷은 어머니로서 관찰자가 되어 뒤로 물러나 있는 것이 힘들었다. 질은 넘어지는 것을 두려워했는데, 자신이 다리를 쓸 수 없다는 것에 대해 너무 신경을 쓰고 있었다. 그 아이의 마비는 진짜 두려움에서 온 것이었다. 아버지는 질을 돕기를 간절히 원했지만 어떻게 도와야 할지를 몰랐다. 염려와 절망은 그를 더 거칠게 만들었다. 딸의 눈물에 약간 풀어지기는 했으나 그는 연민보다는 패배감을 더 느꼈다.

"아주 잘하고 있어요, 리처드! 당신은 딸이 두려움을 극복할 수 있도록 도와줄 필요가 있어요. 여러분 모두 무척 잘하고 있습니다. 아주 훌륭한 시작을 했어요."

그들에게 문제가 되는 것은 질이 걷는 것을 배우는 것이고, 둘 다 그것을 두려워하고 있다는 것이다. 나에게는 아버지와 딸의 상호작용을 더 길게 함으로써 그가 그럴 자격이 있으며, 그것을 성공적으로 느끼게 하는 것이 관건이었다.

나는 아동정신과 전문의였을 때, 부모가 치료를 위해 데려온 불행한 아동들과 같이 놀곤 했다. 가족치료사로서 나는 왜 부모들이 자녀들과 더 많이 놀아 주지 않을까 하고 생각했다.

"질, 다른 사람이 네가 지금 얼마나 힘든지 이해하는 것은 무척 어렵단다. 아빠가 이해하도록 하기 위해서 아빠에게 너처럼 걷는 법을 가르쳐 주는 것이 필요할 것 같구나."

"리처드, 잘 관찰하고 따라 해 보기 바랍니다. 아이가 무게를 어떻게 옮기는지 보았습니까?"

나는 그에게 양복 바짓단을 말아 올려 질이 그가 다리를 제대로 움직이고 있는지를 볼 수 있게 하라고 했다. 그는 바짓단을 종아리 중간까지 말아 올리고 약간 부끄러워했다. "이렇게 하면 돼요?"

"아니, 아니에요." 내가 말했다. "훨씬 높게요. 우리가 다리 근육이 어떻게 움직이는지를 볼 수 있어야 해요."

기업의 부회장이 바지를 허벅지까지 말아 올린 채 절뚝거리며 용감하게 방을 걸어가고 있었다. 자넷은 진지한 표정을 지으려 했으나 참지 못하고 마침내 웃음을 터뜨리고 말았다. 질 역시 과장되고 어색하게 걸어가는 아버지를 보면서 웃기 시작했다. 리처드는 얼마간 당혹스러워하는 기색을 보이다가 내 뜻을 알아차린 듯 평정을 되찾았다.

나 역시 이것을 즐겁게 느끼고 있었다. 나는 내가 〈키스톤 캅스(Keystone Kops)〉(미국 무성영화 중 하나. 우스꽝스럽고 엉뚱한 경찰들의 이야기 – 역주)의 감독이 사람들에게 이상한 행동을 아주 정확한 방법으로 지휘하고 있는 것처럼 하고 있다고 느꼈다. 나는 이 순간을 더 길게 하는 것이 옳은 것이라고 느꼈다.

그래서 질에게 아빠가 잘 이해한 것 같지 않다면서 아빠의 팔을 잡고 어떻게 하는 것인지 보여 줄 수 있겠느냐고 물었다. 이 아이를 절뚝거리는 데 있어서 아주 유능한 전문가로 만들어 보자.

내가 그에게 말했다. "정신이 무엇을 할 수 있는지가 정말 놀랍습니다. 보세요, 이 아이의 정신이 '절뚝거리면서 걸어.'라고 하니까 절뚝거리면서 걷지 않습니까? 그러니까 리처드, 당신의 마음이 당신에게 말할 수 있어요. 자기 마음에 대고 '절뚝거리면서 걸어.'라고 해 보세요. 이 아이가 자신의 마음에게 그렇게 하는 것처럼. 그리고 같이 걸으면서 둘 다

절뚝거릴 수 있는지 한번 보세요."

"절뚝거리면서(Crookedly)." 나는 스페인어의 'r'처럼 혀를 구르면서 빠르기와 박자를 만들어 가면서 단어를 발음했다. 둘은 절뚝거리면서 방을 건너갔고, 그건 마치 이상한 한 쌍이 예식의 춤을 추는 것과 같았다.

"어떻게 하는지 배우려면 당신 마음이 절뚝거려야 해요, 리처드. 그런데 당신 마음이 너무 똑바르군요." 이번에는 다 함께 웃었다. 우리 모두는 이 우스꽝스러운, 그러나 진지한 암시를 가진 이 장면의 일부였다.

모든 증상들과 마찬가지로, 이 마비 증세는 가족의 심리 경제에 있어 많은 목적을 달성한다. 그렇기에 단순한 공격이 성공을 거둘 수는 없다. 구조적으로 생각하면서, 나는 대가족 안에서의 세대 간 경계선을 만들기 위해 노력했다. 행동적인 것에 대해 생각하면서 나는 증상을 공격했는데, 질에게 처음에는 아버지와 함께 걷고, 그다음에는 목발을 이용하도록 하게 했다. 이제 나는 질에게 그녀가 마음으로 걷는다고 말함으로써 구체적인 것에서 은유적인 것으로 옮겨 가고 있었다. 마음에 있는 증상은 마음의 게임으로써 극복될 수 있다.

놀이와 같은 분위기가 처음의 위협과 공포의 분위기를 바꿔 놓았고, 나는 더 꼭 집어내는 평을 하는 모험을 했다. "질, 너의 다리는 똑바른데 마음이 절뚝거리고 있구나. 보세요, 리처드. 이 아이가 자신의 마음에게 절뚝거리면서 걸으라고 하지 않으면 절대로 절뚝거리지 않아요. 그러니까 문제는 이 아이의 신체가 절뚝거리는 것이 아니라 아이의 마음이 절뚝거리는 겁니다. 리처드, 당신은 똑바른 마음을 가지고 있어요. 그러니까 당신이 딸을 도와야만 할 겁니다."

그리고 나는 그들에게 특별 주문된 목발이 곧 완성될 것이라고 말했다. "질, 그분들에게 네가 제일 좋아하는 색이 무엇인지 말해 주는 걸 잊진 않았겠지?"

"네, 보라색이라고 말했어요."

"좋아, 넌 아빠를 대신해서 처음에는 그 특수 목발을 쓸 것이고, 그리고 너의 생각을 똑바로 하는 것, 그다음엔 똑바로 걷는 것을 할 거야. 하지만 서두르지는 마라. 시간을 가져."

난 그 아이가 통제할 수 있기를 바랐다. 그러나 나는 다른 한편으로는 질이 서두르기를 바랐다.

질이 자기 신체의 배열을 느끼는 경험이 더 필요하다는 것을 알게 되면서, 나는 그 아이를 알렉산더(Alexander) 테크닉의 트레이너에게 보냈다. (우리의 상담은 잘 이뤄지고 있었지만, 치료의 마법에 전적인 확신을 가진 적은 없다. 문제 해결을 위해 많은 방법을 시도하는 것이 보다 현명해 보인다.) 나는 허리 문제로 그곳에서 치료를 받은 후에 알렉산더 테크닉을 인정하게 되었다. 그곳의 상담사는 조금 마법사 같기도 했다. 나는 그녀에게 전화를 해 질의 에너지를 막고 있는 무엇이라도 없애 줄 수 있으면 무척 감사하겠다고 말했다. 이 처방을 내리면서, 나는 질이 나아진다면 그것이 나의 마법 때문인지 혹은 그녀의 마법 때문인지 영원히 알 수 없을지도 모른다는 점을 인지하고 있었다.

사실 아주 정교한 지팡이인 질의 목발은 무척 멋있게 만들어진 것이었다. 그것은 철로 만든 보라색 통 모양으로, 곡선의 손잡이와 끝을 망원경의 통처럼 끼워 넣을 수 있게 되어 있었다. 늘릴 때는 장총 같은 소리를 내었다. 그것은 재미있는 물건이었고, 어린아이에게는 무척 신기한 것이었다.

나는 지팡이를 잘 감상한 뒤에 질에게 돌려주었다. "아이구, 너무 예쁜 지팡이로구나. 이걸 써서 어떻게 일어나는지 보여 주렴."

"할 수 없어요!" 아이가 칭얼거렸다.

"아니야, 할 수 있어." 나는 단호하게 말했다. "어렵지만 할 수 있단다." 그리고 돌아섰다. 짜증은 관중이 없이는 그리 오래가지 않는 법이다. 그

외에도 나는 이 고집 세고 두려움에 떠는 아이와 세력 다툼에 빠져들고 싶지가 않았다. 그 애가 이긴다면, 우리 둘 다 지는 것이다. 내가 이긴다 면, 그 아이의 부모가 실패했던 것을 내가 성공시킬는지도 모른다.

"리처드, 난 어쩔 수 없군요. 질에게 보라색 지팡이를 써서 일어나라 고 해 주세요." 내가 생각하기에, 아마도 부분적으로는 나를 기쁘게 하 기 위해 그는 자신의 평소 성격과 다르게 단호했다. "애야, 질, 나는 네 가 일어서기를 바란단다." 그리고 부분적으로는 그를 기쁘게 하기 위해 어쨌든 결국 그 아이는 해냈다. 얼굴을 찌푸리며, 자신을 무겁게 일으켜 세우는 대단한 노력의 쇼를 해 보였다. 질은 아주 극적으로 행동했으나 나는 아이가 무척이나 무서워하고 있다는 것 또한 느낄 수 있었다.

자넷은 리처드가 책임을 맡도록 허락했다. 그녀는 타인이 시키는 대 로 하는 길고 지루한 과정을 거치면서 과도하게 도움을 주는 어머니가 되 어 있었다. 그녀는 너무 많은 도움을 주는 것이 다른 사람들을 무기력하게 만 드는 일이라는 점을 배우고 있었다. 그리고 그것을 손에서 놓는 법 또한 배워 가고 있었다.

그 후 상담 시간 중에 자넷은 질이 어렸을 때 얼마나 매달리는 아이였 는지에 대해 말했다. 아이들과 같이 노는 시간에도, 질은 게임을 같이하 는 아이들에게 가는 대신 어머니 곁에 붙어 있었다. 나는 자넷에게 상황 이 별로 바뀐 것 같지 않다고 말했다. 그리고 질에게로 가서 목발을 달 라고 했다. 그리고 자넷이 볼 수 있도록 그것을 위로 치켜들고 말했다. "질, 나는 네가 이걸 그냥 한번 봐 줬으면 해. 이것은 부모님 대신이야. 이제부터는 질, 이걸 부모님 대신으로 하는 거다. 그리고 자넷, 나는 당 신이 조금 더 거리감을 둘 수 있기를 바랍니다. 질은 자기 자신을 이용 해야 하기 때문에, 그래서 화가 아주 많이 날 것이기 때문에, 내가 부탁 하는 건 무척 어려운 일입니다. 그리고 리처드가 좀 더 개입될 수 있도록 도와줘야 할 겁니다. 리처드, 당신은 자넷이 질의 목발이 되려는 걸 거부할 수 있도록 도와줘야 할 거고요."

이제 질은 걷고 있었으므로, 나는 문제가 걷는 것이기보다는 매달리는 것이라는 점을 이야기했다. 걷지 않는 것은 개인적인 문제다. 매달린다는 것은 상호작용에 대한 문제로서 독립성과 자율성에 관한 것이다. 리처드가 질의 절름거림을 흉내 내고 있었을 때, 나는 절뚝거린다는 말을 음절을 늘려서 말하며 놀렸다. 질은 '절-뚝-거-리-며' 걸었다. 왜냐하면, 그 아이의 마음이 '절-뚝-거-리-고' 있었으니까. 그것은 주문이었다. 이제 나는 그 지팡이를 지칭하는 몇 개의 이름을 붙였다. 그것은 단순한 지팡이가 아니었다. 그것은 부모 대신이었다. 뜻이 덜 고정되고 확실히 그 뜻이 사라질 때, 다른 방법들이 떠오른다.

리처드는 만약 질이 목발을 쓰는 대신에 벽이나 가구에 의지해 서 있는다면, 어떻게 해야 할지를 알고 싶어 했다. "그 아이는 자신의 다리를 쓰는 걸 배울 필요가 있습니다. 그러니까 아이에게 공간을 주고 거리를 둬야 합니다. 그러면 아이는 자신이 원하는 걸 무엇이든 배우게 될 겁니다."

절뚝거리고 매달리는 것은 질뿐만이 아니었다. 전 가족이 그러했다. 그리고 그들 모두는 다르게 걷는 법을 배워야만 했다. 리처드의 질문은 부모로서 물어볼 수밖에 없는 것이었다. 자녀가 성장하도록 돕기 위해 부모로서 무엇을 어떻게 해야 하는가? 때로 그 답은 아무것도 하지 않는 것이다. 그냥 놓아주어라.

갈 시간이 되었을 때, 리처드와 질은 일어서서 문을 향해 나섰다. 용감하게, 질에 대해 걱정하지 않는 것처럼 행동했다. 나는 숨을 죽였다. 도와줄 사람이 없자, 질은 힘을 세게 줘 자신을 일으켜 세우고는 보라색 지팡이를 짚고 절뚝거리며 부모를 따라 나갔다.

다음 상담은 복도에서 일어난 일의 연속으로 시작되었다. 질은 작은 일로 골이 나 있었고, 아버지는 아이의 볼을 꼬집으며 기분을 풀어 주려 애쓰고 있었다. 아이는 화가 나 있었고, 아버지는 초조해하고 있었으며, 그들은 서로에게 **초점**을 맞추고 있었다.

"왜 남편은 항상 딸인 질을 보고 있는 거죠?" 내가 자넷에게 물었다. "왜 남편은 아내인 자넷, 당신을 보지 않습니까? 아마 당신의 얼굴이 너무 익숙해진 모양입니다."

"아마 내가 더 이상 그에게 자극적이지 않나 보죠." 그녀는 슬픈 미소를 지으며 말했다.

그때 나는 리처드에게 부부가 따로 이야기하고 싶으냐고 물어보았다. 그들은 그렇다고 했고, 나는 아이들을 대기실로 데려다 준 후에 접수 직원에게 잘 보살펴 달라고 부탁했다.

다시 안으로 들어와서, 자넷은 그들 부부 사이가 죽어 있음을 이야기했다. 아이들을 제외하면 그들은 너무 작은 부분을 공유했다. 그들은 더 이상 단둘이 무언가를 같이하지 않았다.

"아이들 없이는 휴가를 가지 않는다는 말씀입니까?" 나는 부정적인 견해를 감추려 하지 않으며 말했다.

"깨닫지 못했었어요." 조금 불쾌해져서 리처드가 말했다.

자넷은 신혼여행 후 그다음 해에 유럽으로 갔던 6주간의 긴 여행을 여전히 기억하고 있었다. "끔찍했어요. 그에게 너무나 거리감이 느껴졌어요. 우린 단 한마디 말도 나누지 않았어요. 그는 자기가 뭘 생각하고 있는지 나한테 말하려 하지 않았어요." 리처드는 자넷이 마치 그녀의 어머니처럼 말을 너무 많이 한다고 생각했다.

가까이에 있다는 것은 그 어떤 관계도 시험하기 마련이다. 그리고 6주란 긴 시간이었다. 그러나 두 사람을 멀어지게 한 것은 그 사건만이 아니었다. 그것은 그 사건과 거기에 덧붙인 그들 자신과 관련해서 들려준 이야기에 들어 있다. 자넷은 리처드가 자신을 돌보려 하지 않기 때문에

냉정하다고 말했다. 남편은 아내가 자신에게 의지하려 드는 것이 마치 어
린애 같다고 말했다. 항상 상대방의 행동이 문제의 원인인 것이다.

　그 후 아이들이 태어났고, 그것은 자넷과 리처드의 정신을 서로에게서
다른 곳으로 돌려 이혼의 가능성이 배제되도록 했다. 이야기를 들으면
서 나는 그들이 자신들의 오래된 상처에 대해 방어적이 되거나 서로를
공격함 없이 편하게 대화할 수 있게 된 것을 좋은 징조로 받아들였다.

　그 상담이 끝나고 나서 자넷과 리처드는 질과 데이비를 자넷 부모님
에게 맡기고, 3일 동안 버몬트로 여행을 떠났다. 그들은 오래된 여관의
벽난로와 청동 침대가 있는 방에서 묵었다. 그들은 단둘이 있었고, 그것
이 좋았다.

　자넷의 부모는 아이들과 아주 멋진 시간을 가졌다. 토요일에는 할머
니가 둘을 데리고 머리를 자르러 갔고, 그 후 쇼핑을 가서 아이들이 좋
아하는 정크 푸드가 잔뜩 있는 식당가에서 점심을 먹었다. 일요일에는
할아버지가 아이들과 공놀이를 할 예정이었으나 너무 더웠기 때문에 비
둘기 먹이를 주러 공원에 갔다. 그 공원은 아직도 연인과 어머니들과 아
이들, 벤치에 앉아 있는 노인들에게 안식처를 제공해 주는 곳 중 하나였
다. 구걸을 하는 것이라곤 다람쥐와 비둘기뿐이었다. 그들은 함께 웃었
고, 같이 노는 작은 기쁨을 즐기고 있었다.

　할아버지와 할머니는 온화한 관대함으로 손주들을 대했다. 그것은
쉬웠다. 그들은 아이들에게서 아무것도 바라지 않았고, 아이들과 함께
있는 것을 자유롭게 즐겼다.

　질은 이제 목발로 쉽게 걷고 있었고, 나는 그 아이가 곧 그것도 필
요 없게 되리라는 것을 느낄 수 있었다. 그러나 나는 이러한 갑작스러
운 개선이 재발의 가능성을 안고 있다는 것 또한 알고 있었다. 이 현상
을 처음 깨달은 심리분석가들은 마치 이러한 증상이 근원적인 갈등의

한 신호일 뿐이며, 그 갈등이 해소될 때까지 환자는 그 증상이 필요한 것 — 하나가 아니면, 그다음 또 하나 — 이라 말하며, 이것을 '대체 증상 (symptom substitution)'이라고 불렀다. 이것은 가족의 구성원 중 한 사람만을 두고 생각할 때는 논리에 맞는 이야기다.

사람들이 때때로 퇴보하는 이유는 그 증상이 필요하기 때문이 아니라 개선 사항이 전 가족에게 동시에 일어나지 않기 때문이다. 하지만 질의 독립을 향한 진보는 부모의 부부 사이의 친밀감이 자라나는 것과 맞아떨어지고 있었다. 나는 실패할 가능성을 남겨 두고 싶지 않았기 때문에 증상으로 다시 주의를 돌렸다.

나는 우리가 작은 실험을 해야 하며, 거기에는 모든 사람들이 각자 자기 역할을 잘하는 것이 중요하다고 말했다. "이 멋진 목발을 일주일 동안 내가 가지고 있겠습니다. 이번 한 주 동안 질, 너는 부모님께만 의지해서 걸어야 한다. 리처드 그리고 자넷, 두 분은 하루하루 번갈아 가며 질을 도와야 합니다. 오늘이 화요일이군요. 리처드, 딸의 대체 목발이 되어 주겠습니까? 그리고 내일은 자넷, 당신 차례입니다. 이런 식으로 말이죠. 질, 이 실험은 특별히 너를 위한 거야. 이번 한 주 동안 너는 무척 중요한 발견을 하게 될 거야."

한 달의 주어진 시간이 끝나고 슬레이터 가족이 카라카스로 돌아가기까지 겨우 두 번의 상담이 남아 있었다. 그 시간은 가족구조에서 일어난 변화를 더 강화하고, 질이 혼자서 걸을 수 있도록 약간의 마지막 압박을 주는 데 필요했다. 이제 나는 그 아이가 할 수 있으리라는 것을 알고 있었다.

그다음 상담은 아주 짧은 것이었다. 자넷과 아이들은 리처드와 함께 뉴욕에 갔고, 필라델피아로 돌아오는 기차는 연착되었다.

그들은 행복해 보였다. 자넷은 더 여유 있어 보였고, 리처드는 더 생동감이 있었다. 데이비는 아버지 옆에서 걷고 있었는데, 여전히 이곳에 있는 것보다는 밖에 나가 놀고 싶다는 얼굴이었다. 그러나 그 역시 더 편안해 보였다. 질이 어머니를 잡고 걸어 들어왔다. 멀리서 그 아이가 보내는 따뜻한 미소는 아이가 더 이상 우울하고 제멋대로가 아니라는 것을 말해 주고 있었다.

우리는 딸을 보조하는 부모의 임무에 대해서 이야기했다. 리처드는 질이 지팡이를 이용해 독립성을 유지하는 것이 더 좋겠다는 것을 발견 했다. "내가 돌아볼 때마다 갑갑한 느낌이 들었습니다. 내 말은 이 아이가 주변에 있는 건 좋았지만 갑갑한 느낌이 들었다는 겁니다."

질은 아버지가 하는 말이 무슨 뜻인지 알았다. "나는 내가 오히려 부모님께 방해가 된다는 느낌을 받았어요."

이쯤 되자, 데이비는 이 모든 것이 자기와는 상관이 없다는 결정을 했다. 모든 이야기는 한 귀로 흘렀고, 마치 교회에 한 시간 동안이나 홀로 있게 된 아이처럼 뒤로 기대앉아 발을 허공에다 흔들면서 손을 뚫어지게 쳐다보았다.

자넷도 질이 자신에게 기대는 것이 부담스럽다고 말했다. "사실……." 그녀가 말했다. "아마도 결국 지팡이를 쓴다는 것이 그리 나쁘지만은 않았던 것 같아요." 질은 눈길을 돌렸다.

내가 예상했던 대로 자넷과 리처드는 질이 자신들의 팔에 매달려 있는 것을 괴롭게 생각했다. 그러나 질은 부모의 행동에 지나치게 주의를 기울였기 때문에, 부모가 그렇게 느꼈다는 것 말고 자신이 갑갑하게 느꼈다는 것에 대해서는 아무 말도 하지 않았다.

"이 아이는 두 분을 보는 것에 너무 개입되어 있고, 두 분이 어떻게 느끼는지에 대해 걱정하기 때문에 정작 자기 자신이 어떻게 느끼는지는 모르고 있어요. 질은 **부모 관찰자**(parents watcher)입니다. 이 아이는 당신이 어떻게 생각하는지를 알고 있어요."라고 내가 자넷을 보며 말했다. 그리고 리처드를 보면서, "그리고 당신이 무엇을 생각하는지도 말이죠."라고 말했다. "하지만 정작 자기 자신이 무엇을 생각하는지는 모르죠. 아주 특별하지 않습니까?"

질은 부끄러워하며 미소를 지었다.

자넷은 질이 계속적으로 자기에게 몰두하고 있는 것에 대한 부담스러운 느낌에 대해 말했다. "이 아이는 감옥 간수 아니면 구속복(정신병자, 죄수 등의 난동을 막기 위한 재킷-역주) 같아요." 이것이 질의 마음에 상처를 주었을지는 모르지만, 아이는 겉으로는 내색하지 않았다. 질은 입을 굳게 다물고 눈을 가느다랗게 뜨는 것 외에는 다른 기색이 없었다.

그리고 자넷이 질에게 직접적으로 말했다. "알지? 엄마가 널 사랑하는 거. 하지만 사람은 숨쉴 공간이 있어야만 하는 거란다. 주변의 공간 말이야. 다른 사람이 나를 목 조르지 않을 것 같은." 그녀는 팔을 뻗어 질을 목 조르는 시늉을 했다. 질은 셔츠 맨 위의 단추를 만지작거렸다.

리처드는 주말 동안 그들이 참석했던 결혼식 피로연에 대해 말했다. 어느 순간, 그는 질이 혼자서 벽에 기대어 있다는 것을 알아차렸다. 그래서 그는 건너가 그 아이가 할 무언가를 찾아 주어야 했다.

"아주 좋아요!" 내가 말했다. "질, 이제부터 내가 무척 흥미로운 사실을 네게 이야기해 주겠다. 너만이 부모님에게 구속복이 아니라 부모님 또한 너한테 구속복인 거야."

나는 일어서서 벽 쪽으로 가서 그 보라색 지팡이를 들고 기대었다. "그러니까 네가 거기 있었고, 음…… 너는 너의 일을 생각하고 있었겠지. 그리고 아마도 그 뭐야, 음…… 조금 지루했겠지? 아니면 좀 즐겁지 않았거나? 그 15분간이 아주 중요하단다. 네가 이겨 낼 수 있으려면 그건 오직 부모님이 너를 그리 많이 보고 있지 않아야 한다는 거거든. 그들은 너를 너무 사랑한 나머지 널 숨막히게 하지."

그러고는 목소리를 낮추어 미래를 제시하며 질에게 직접 말했다. "조만간에, 어느 날 너는 네가 할 줄 아는 어떤 것을 할 수 있게 될 거야. 그러니까 혼자서 걷게 될 거야. 지팡이 없이, 엄마 없이, 아빠 없이 말이다. 이건 네게 일어날 일이라고 네가 이미 알고 있는 이야기야. 그리고 넌 이미 그럴 준비가 되어 있단다. 하지만 그건 너의 시간에 맞추어 일어나야겠지. 그건 너 스스로 결정할 거야. 네게 지팡이가 더 이상 필요하지 않다는 것을. 그건 아빠의 시간표에 따를 것도 아니고, 엄마의 시간표에 따를 것도 아니란다."

그리고 나서 자넷이 내게 말했다. "그런데 한 가지 이해가 안 되는 일이 있어요. 이 아이가 처음으로 수영을 했거든요, 이번 주말에. 어떻게 그런 일이 생겼을까요?"

리처드가 답하기 시작했으나 내가 중간에서 막았다. 그리고 질이 자신을 위해서 이야기해야 한다고 말했다.

어머니의 질문에 대한 질의 대답은 깜짝 놀라게 하는 것이었다. "계속…… 만약에 엄마와 아빠가 내가 수영하는 걸 지켜본다면 얼마나 좋을까 하고 생각했어요."

나는 건너가서 질과 악수했다. "정말 잘했다! 물에 빠졌니?"

"아니요." 그 아이가 웃으면서 말했다.

"좋아, 그건 네가 양쪽 팔다리를 모두 썼다는 뜻이다. 좋아, 아주 좋은 일이야. 먼저 너는 부모님을 생각했고, 그리고 네가 그것을 즐겁게 생각한다는 것을 발견했다. 너는 너의 신체를 발견하고 있는 거야. 만약에 부모님이 그렇게 하도록 한다면 너는 자랄 거야."

이 말에 질은 수줍게 웃었다. 그러나 그다음에 그 아이는 말했다. "선생님은 아주 가까운 시일 안에 아마도 제가 지팡이가 필요 없을 거라고 하셨어요, 그렇죠? 하지만 저는 저를 아니까요. 그건 아마도 제가 지팡이를 던져 버리기를 원해야만 할 거예요. 그러나 그러기엔 전 너무 무서운걸요."

그녀는 압박을 받고 있다고 느꼈고, 가르침을 요청하는 것으로 답했다. 나는 "너는 너 자신이 두려움을 이겨 낼 수 있다는 것을 발견하게 될 거야."라고 말했다. 너는 발견하게 될 거야. 그것은 하나의 코드 단어가 되었다. 나는 그녀에게 걸으라고 강요한 것이 아니라 결정을 하라고 말한 것이었다. 그들이 떠나는 모습을 보면서, 나는 그 아이가 조만간 걷게 되리라는 것을 알았다.

마지막 상담을 위해 가족과 함께 왔을 때 질은 여전히 지팡이를 쓰고 있었고, 그건 내게 실망 그 이상이었다. 그러나 가족 구성에는 변화가 있었다. 조부모는 자넷과 리처드에게 공간을 더 내주었고, 슬레이터 가족은 서로를 더 필요로 하며, 질의 자율권을 더 존중하고 있었다. 이론상으로는 이제 질이 그 지팡이를 머지않아 떨쳐 버릴 것이었다. 그때가 되면 나는 그것으로 만족해야 했다.

그들에게서 연락이 있기까지는 여섯 달이 흘렀다. 이번에는 리처드가 전화를 했다. 질은 학교에서 잘 생활하고 있었고, 아주 인기가 많았다. 그러나 그 아이는 여전히 걸을 때 목발을 쓰고 있었다. 그들은 걱정하고 있었다. 소아과 의사는 만약 그 아이가 계속 그렇게 한다면 오른쪽 다리의 근육이 제대로 발달하지 않을 것이라고 했다. 그들이 일주일간 나를 만나러 와도 되겠는가?

일주일이란 긴 시간이 아니다. 그러나 나는 이 가족에게 무척 친근감을 느꼈다. 우리는 악마에게 대항하여 함께 싸웠던 것이다. 그리고 더 이상 질이 목발을 사용해야만 할 아무런 이유가 없었다. 나는 지금에 와서는 그 증상은 이름일 뿐이지 심리적인 힘에 의한 것이 아니라고 생각했다. 만약 그것이 사실이라면, 아마도 이번에는 내가 알맞은 치료 의식을 찾을 수도 있을 것이다.

우리의 첫 번째 상담 시간은 치료라기보다는 재회의 시간이었다. 그들은 나를 만나는 것을 기뻐했다. 그사이의 수개월이 마치 몇 시간인 것만 같았다. 거기에는 단절이 없었다. 우리는 여전히 잘 통하고 있었다. 나는 의사가 되는 것을 멈추고 삼촌이 되었다.

자넷은 질이 어떻게 지내고 있는지, 얼마나 공부를 잘하며, 친구를 잘 사귀고 있는지 말해 주었다. 자신을 칭찬하는 것을 들으면서, 질은 자부심의 미소가 번지는 것을 참을 수가 없었다. 지난 여섯 달 동안 그 아이는 이제 아이에서 사춘기 소녀로 변해 있었다. 아이는 이미 미인이었다. 질은 학교와 새 친구들에 대해서 예전의 그 우울했던 언짢음의 흔적조차 보이지 않게 열심히 말했다. 가족 밖의 넓은 세상이 예전에도 이미 있었지만 알아채지 못했던 것들—예쁜 옷들, 친구와의 우정, 대중음악 등—로 채워지기 시작했다.

이틀 후, 두 번째 상담을 시작하면서 내게 목발을 달라고 질에게 말했다. 그것은 나와 그들을 다시 연결해 준, 또한 여섯 달 전 우리가 함께 했던 때를 떠올려 주는 오랜 친구였다. 내가 그 목발을 잡는 것은 인사를 하는 의미였다. "이 보라색 동물의 의미는 무엇이지?"

"무슨 말씀이세요?" 아이가 작게 물어보았다.

"너의 인생에서 무슨 뜻이냐고?"

"도움?"

"그래, 정말 사랑스러운 것이지."

"무기가 될 수도 있어요." 데이비가 말했다. "칼이 안에 들어 있는 것 같이요."

"그래." 나는 천장을 향해 길이를 최대한 연장했다. "기계총 같은 소리를 만들지." 그러고 나서 길이를 줄여 지휘자처럼 흔들었다. "지휘자의, 지휘봉?"

"지휘봉이요." 질이 말했다.

더 길게 말할수록 그 물건은 점점 더 미스터리가 되는 것이었다. 그것은 더 이상 복잡하지 않은, 생명이 없는 것이 아니었다. 그것은 의미와 중요성을 가지고 있었다.

그들은 질이 계속 목발을 짚고 걸었기 때문에 치료를 받으러 왔다. 그러나 그 목발은 목발 이상의 것이었다. 그것은 가족의 일부분이었다. 나는 목발과 그 의미를 가지고 마치 원시의 치료사가 마법 가루를 불 속에 던져 넣어 변화의 영혼을 불러오는 것처럼 했다. 나는 신비화의 작업을 한 것이다. 진실을 감추기 위한 것이 아니라 불확실성을 소개하기 위해서.

내가 리처드에게 무엇을 생각했느냐고 물었을 때, 그는 "음, 어린아이들이 아기 때 쓰던 담요를 가지고 다니는 것처럼, 아마도 예쁜 지팡이를 가지고 다니는 것이 그 담요를 가지고 다니는 대신이 아닐까요?"라고 답했다. 그 답은 너무나 좁은 것이었다. 그것은 단순히 질이 의존적이라고 한 것이었다. 내가 초점을 넓히지 않는 한 우리가 가진 짧은 시간은 허비될 것이라는 생각이 들었다.

"그러나 질처럼 똑똑한 아이가 왜 담요를 가지고 다녀야겠습니까?"

"그것 없이는 뭔가가 잘못될 것 같아요." 예전의 칭얼대는 느낌의 흔적을 다시 목소리에 담아 질이 말했다.

"음, 내 생각엔 이 목발이 두 분인 것 같습니다." 나는 리처드와 자넷이 보도록 목발을 들었다. "물론 이게 더 말랐죠." 자넷이 웃었다. "하지만 왜 질이 두 분을 이러한 형태로서 필요로 할까요? 내 질문은 왜 네가 여전히 부모님을 필요로 하냐는 거란다."

"네, 그래요."

"하지만 이런 형태로?"

질은 어리둥절해했고, 데이비는 더 이상 평소처럼 지루해하지 않았다. 자넷은 공손하게 들었고, 리처드는 하품을 했다. 여전히 생각 없이 그것을 가지고 놀다가, 나는 그것을 뻗어 리처드의 다리를 걸어 당겼다. 그들은 모두 웃었다. 갑자기 나는 그 목발의 새로운 용도를 알았다. 무의식중에 튀어나온 장난스러운 몸짓이 아이디어를 주었다. 나는 자넷의 발목을 걸어 리처드의 방향으로 당겼다. 다시 그들이 웃었다. "아! 이건 부모님을 잡는 붙잡이(parent-catcher)구나!"

비유의 마법은 모호함에 있다. 부모의 대체물이었던 목발이 '부모를 잡는' 도구가 되었고, 그것은 새로운 의미를 가졌다. 내가 질에게 말했다. "두 분을 같이 잡아 놓을 필요가 있다고 생각하니? 때때로 두 분이 헤어질까 봐 두려운 거냐?"

"네." 아이는 아주 작게 대답했다.

아무도 말하지 않았고, 그 망설임의 순간 모든 것이 갑자기 이동했다. 나는 그 아이에게 말했다. "지금 네가 말한 것은 무척 중요한 것이다. 부모님께 그것에 대해서 이야기하렴."

"음, 그런 일이 일어날 수도 있잖아요. 두 친구 분들에게도 일어났고, 책이나 텔레비전에서도 항상 일어나는 일이니까요. 그리고 부모님은 항상 싸우시잖아요." 그 아이는 어린아이일 뿐이었고, 아이가 이야기한 것은 진실이었다. 그 사실은 진실의 한 부분이었으나 그 아이에게는 그것이 진실의 전부였다.

논리적인 리처드가 설명했다. "때로는 어떤 일들에 대해서 꺼내 놓는 것이 낫단다. 그런 일들을 마음에 담아 두는 것은 좋지 않아."

자넷은 고소당한 느낌이었고, 그것을 좋아하지 않았다. "당신은 우리가 항상 싸운다고 생각해요, 리처드? 그런 말 전에도 했잖아요, 우리가 항상 싸운다고."

"우리가 항상 싸운다고는 생각 안 해. 하지만……."

데이비가 불쑥 말했다. "아니에요."

"봐요, 데이비는 우리가 항상 싸운다고 생각 안 하잖아요."

질이 말했다. "아니에요. 하지만 적어도 하루에 한 번은 어떤 종류의 논쟁이 있잖아요."

"왜 그게 없어야만 하는 건데!" 자넷이 말했다. "왜 우리가 모든 일에 항상 동의해야만 하지?"

"그렇지는 않아요. 하지만 사이좋게 지내지 않잖아요, 그렇죠?"

자넷은 대답하지 않았다. 일어나고 있는 일들에 대해 준비가 되지 않았던 리처드는 "대부분의 일들에는 동의한다, 그렇지 않아? 대부분의 중요한 일에는 동의해."라고 말했다.

질은 최근에 일어난 논쟁 중에 그들이 서로를 상스러운 말로 불렀던 것을 상기시켰다. 자넷이 말했다. "음, 그래. 그땐 어린아이처럼 행동했지. 아마 네가 우리를 도와줄 수 있을지도 모르겠다. 그때 왜 우리가 어린아이처럼 행동한다고 말해 주지 못했니?"

"왜냐하면 엄마가 우리한테 참견하지 말라고 했을 테니까요. 우리 일이 아니라고 하면서."

"자넷!" 내가 말했다. "당신의 딸한테 당신은 결혼생활 중에 계속 싸울 것이고, 이 아이의 도움 없이도 당신들이 그것을 잘 해결하겠노라고 약속할 수 있겠습니까?"

그녀는 웃었다. "네, 할 수 있어요."

리처드도 웃었다. "우린 결혼한 지 17년이나 되었습니다."

"그래요. 하지만 당신의 딸이 당신의 부부 문제를 해결하기 위해서는 자신의 도움이 필요하다고 생각하고 있습니다. 아마도 같은 싸움을 지난 십 수년 동안 계속하셨겠지요, 아닙니까?" 그리고는 질에게 물었다. "어른들은 자주 지루해진다. 왜 그렇게 그들에게 관심을 기울이는 거니? 왜 그들을 계속 관찰하는 거지?"

그리고 목발을 다시 들었다. "이 물건은 양방 도로예요. 이것은 이 아이가 두 분을 필요로 한다는 상징이지만, 또한 두 분이 질을 필요로 한다고 느끼는 상징이기도 합니다."

"질, 너에겐 더 이상 이것이 필요하지 않단다. 그러나 넌 이것이 필요하다고 생각하고 있구나. 자, 보렴." 그리고 나서 나는 리처드와 자넷의 사이에 목발을 들고 일어섰다. "넌 여기에 서 있다. 그리고 넌 네가 여기에 서 있는 한 부모님이 헤어지지 않을 거라고 생각하는 거야. 부부가, 그리고 너와도. 그건 매우 친절한 일이구나. 그렇지만 너는 그들을 위해 너 자신을 희생하고 있는 거야."

여기에 또 다른 역전이 있었다. 부모 대체, 부모 붙잡이, 부모의 필요. 그 목발은 다시는 단순한 목발이 될 수 없었다. 질, 자넷 그리고 리처드는 그들의 필요를 직접적으로 타협해야만 할 것이다.

"자, 두 분이 한 가지 해야 할 일은 딸에게 두 분이 계속 논쟁을 할 것이고, 될 수 있는 한 가장 좋은 방법으로 해결할 것임을 다시 확신시켜 주는 겁니다. 그리고 그 일에 이 아이가 필요하지 않다는 것도 말이죠."

내가 자넷에게 직접 말했다. "리처드와의 문제를 해결하는 데 있어서 딸의 도움이 필요하지 않다고 확신하십니까?"

"네, 확신해요." 자넷은 감정이 북받쳐 말했다.

"여러분이 하시는 말씀은 무척 중요합니다. 질에게 해고되었다고 말씀하실 수 있겠습니까?"

"네. 그리고 정말 저는 그렇게 생각합니다."

"질, 엄마가 너를 네가 하고 있는 어머니 역할에서 해고했다는 것을 이해할 수 있겠니? 리처드, 당신이 자넷이 질을 해고했다는 약속을 지킬 수 있도록 도와줘야 할 겁니다. 그리고 당신도 이 아이를 해고해야만 해요."

"네. 기꺼이 그러지요."

"그럼 직접 그렇게 말해 보시겠어요?"

"질, 우리는 네가 필요하지 않아." 리처드가 침착하게 이야기했다. "엄마와 나는 너를 해고한다. 알겠니? 너는 너 자신의 할머니가 되는 그런 이상한 위치에 더 이상 있지 않아도 된단다."

상담이 끝나 갈 때, 나는 여섯 달 전 그들에게 내 준 숙제를 다시 한 번 되풀이했다. 질은 목발을 한쪽에 치워 두고 부모에게 의지해야만 했다. 나는 우리가 마침내 이 질긴 증상의 중심을 부러뜨렸다고 느꼈다. 그러나 그 어떤 가능성도 타진하고 싶지는 않았다.

"나는 네가 엄마에게서 물러날 수 있도록 그 목발을 주었다. 이제 4일간—오직 4일간이다—부모님께 기대는 걸 다시 한 번 경험해 보기 바란다. 그리고 그동안 내가 이 목발을 가지고 있겠다."

질은 나를 매우 진지하게 바라보았고, 아랫입술을 깨물고 아무 말도 하지 않았다.

다시 한 번, 리처드와 자넷은 4일간의 실험 기간 동안 질이 그들에게 매여 있는 것을 짜증스럽게 느꼈다. 그들은 모두 이 안배에, (내 희망이 었지만) 그것이 상징하는 패턴에 질려 있었다.

또 다른 일도 일어났다. 둘은 자신들이 시작한 것을 끝냈다. 즉, 그동안 서로 말하지 않았던 오래된 불평을 털어놓게 된 것이다. 그들은 이야기했고, 들었고, 언성을 높였으며, 그들 자신들의 유령을 보았고, 울었다. 그들이 두려워한 '분노와 허무'에 갇혀 그들은 분노를 선택했고, 그것이 그들이 상상했던 것보다는 덜 치명적이라는 것 또한 발견했다. 그들은 상담 시간 중 많은 시간을 그들이 함께 이야기한 것을 설명하는 데 할애했다. 질에게 무슨 일이 생겼건, 그들은 이제 그들 자신의 결혼생활을 회복한 것에 감사하고 있었다. 질은 눈에 띄게 해방된 포로처럼 느긋해 보였다.

시간은 빨리 흘러갔고, 이제 떠나야 할 때가 왔다. 우리는 모두 일어섰다. 그리고 질은 내게 목발을 다시 돌려 달라고 했다. 나는 그것을 아이에게 돌려주었지만, 잠시 나와 머무르자고 했다. 나는 그 아이를 앉히고 내게 그 목발을 다시 달라고 했다. 아이는 다시 내게 목발을 주었고, 눈을 크게 뜨고 나를 보았다. "질, 나는 네게 더 이상 이것이 필요하다고 생각하지 않는단다. 그리고 나는 정말 이게 갖고 싶구나."

아이는 안 된다고 했다. 질에게는 여전히 그것이 필요했다. 그러나 만약에 질이 그것을 포기한다면 카라카스로 돌아갔을 때의 생활이 더 쉬워졌을 것이다.

"곧 그렇게 될 거야. 너는 이미 준비되어 있지만, 넌 그게 언제라고 말할 수 있는 사람이 되어야 한단다. 그건 완전히 너한테 달려 있어."

우리는 악수를 했고, 질은 걸어서 나갔다. 그 아이는 여전히 보라색 목발을 짚고 있었지만 거의 기대고 있지 않았다.

2주 후에 나는 카라카스로부터 편지 한 통을 받았다. 그것은 질에게서 온 것이었다.

친애하는 미누친 박사님께

박사님은 제게 제가 지팡이 없이 걷게 되는 날 편지를 쓰라고 하셨고, 그게 정확하게 지금 제가 하고 있는 일입니다. 선생님이 저와 제 가족을 위해 올해 해 주신 일들에 대해 저는 진심으로 감사드립니다. 박사님의 친구가 되어 드리는 것 말고는 이 모든 것에 대해 정말 어떻게 보답해 드릴 수 있을지 모르겠습니다.

저는 정말 선생님을 꼭 다시 뵙고 싶어요. 가능하다면 유럽에서, 아니면 베네수엘라에서라도요. 하지만 한 가지 분명한 것은 우리가 어디에 있든지, 무엇을 하든지, 제가 선생님과 편지를 주고받고 싶다는 거예요. 선생님이 많이많이 보고 싶을 거예요.

8월 30일

사랑하는 질로부터

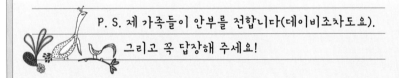

P. S. 제 가족들이 안부를 전합니다(데이비조차도요).
그리고 꼭 답장해 주세요!

나는 아직까지 질에게 답장하지 않았다.

제8장

부모는 죄수인가, 간수인가

"어디가 아프십니까?"라는 의사의 질문에 우리는 아픈 엄지손가락이나 욱신거리는 발목 또는 상처 난 곳을 가리킨다. 우리는 증상이 나타난 부위를 가리키면 의사가 무엇이 잘못되었는지를 찾아내어 우리를 치료해 줄 것이라고 확신한다.

그러나 그 가운데서 우리는 관련 통, 즉 실제 환부와는 동떨어진 곳에서 느끼는 통증이라는 전혀 예상치 못한 현상을 발견하곤 한다. 발뒤꿈치의 아픔은 아킬레스건이 늘어난 것으로 판명되거나, 왼쪽 어깨의 통증은 불행하게도 심장마비의 증상이 될 수도 있다. 그런데 왜 정작 문제는 다른 곳에 있는데도 어떻게 해서 우리는 다른 곳에서 고통을 느끼게 되는 것일까? 관련 통에 대한 신비는 뇌에 위치한 고통의 감각 항로인 신경 경로의 지하수를 이해하게 될 때라야 비로소 풀리게 된다.

가족의 불행이 증상으로 드러날 정도로 고통스러운 지점에 다다르게 되면, 우리는 종종 분명한 확신을 가지고 문제가 어디에 있는지를 지적하곤 한다. 문제는 우울한 아버지, 광장공포증에 걸린 아내 또는 지나치게 활동적인 아이일 수 있다. 어떤 가족을 처음 만나 무엇이 문제인지를 질문하면 "제가 문제입니다. 박사님, 전 우울합니다." 또는 "애들이 문제예요. 완전 통제 불능이에요."라는 대답을 듣게 된다. 그러면 나는 종종 "그렇게 확신하지 마십시오."라고 말하곤 한다.

가족들에게도 역시 고통의 알 수 없는 신비스러운 경로가 있는 법이다.

병원에서 집으로 데려온 그날부터 워든(Warden) 부부에게 스티븐(Steven)은 정말 다루기 힘든 아이였다. 두세 시간 간격으로 깨어나서는 소리를 지르며 젖을 달라, 껴안아 달라, 업어 달라, 간지럼 타며 놀아 달라, 옷 갈아입혀 달라고 졸라 댔다. 그의 부모는 완전히 탈진되어 버렸다. 첫 돌을 맞이할 때쯤 그 아이는 집 안 전체와 모든 것에 모터를 단 작은 축음기가 되었다. "안 돼!"라는 말도 이 아이에게는 아무 소용이 없었다.

워든 부부의 둘째 아이인 라이언(Ryan)은 비교적 수월한 아이였다. 첫 2주 동안은 밤새 잠만 잤고, 그의 형과는 달리 종종 혼자 노는 데 만족해했다. 그러나 자랄수록 그조차도 그의 형 스티븐처럼 점점 더 고집스러운 아이가 되어 갔다.

나는 이러한 내용을 댄 패러것(Dan Farragut)을 통해 알게 되었는데, 그는 전직 학교심리학자이자, 지금은 개인상담실을 운영하면서 워든 가족을 치료하고 있었다.

댄 패러것은 행동 통제를 위한 행동기법에 그의 치료의 초점을 맞추었다. 결과는 거의 진전이 없었다. 워든 부부와 아들들은 열심히 각각의 새로운 기술을 익혔고, 그중 어떤 부분은 진전을 보이기도 했지만 이러한 기법들 모두는 부모와 아이들을 더 밀착시켰다. 일 년 후 약간 치료에 진전을 보였던 새로운 신호들이 모두 신기루였던 것으로 판명되었을 때, 댄은 나에게 전화를 걸어 워든 가족을 만나 상담해 줄 수 있는지 물었다. "아마도 내가 뭔가를 놓치고 있는 것 같아요."라고 말하면서.

　워든 가족을 상담 대기실에서 만난 시각은 오전 9시였지만, 아이들의 부모는 이미 길고 힘든 하루를 다 보낸 사람들처럼 무척 초췌한 모습을 하고 있었다. 허니 워든(Honey Warden)은 서른 살인데도 거의 중년으로 보였고 무척이나 피곤해 보였다. 아름다운 금발이 힘없이 길게 묶여 있어서인지 창백해 보이는 그녀의 인상이 더 두드러져 보였다. 지난 5년 동안 아이들을 키우는 고락으로 소진된 그녀는 지칠 대로 지쳐 보였다.

　톰 워든(Tom Warden)은 아내보다 다섯 살에서 열 살 연상인 듯했으며 역시 지쳐 보였다. 눈 아래에는 흑반이 있었고, 얼굴에서는 심각한 표정이 떠나지 않았다.

　반면 어린 두 소년은 아주 깔끔한데다 행복해 보였다. 다섯 살과 네 살인 그들은 쌍둥이로 착각할 정도로 서로 닮았다. 둘 다 청바지에 흰색 터틀넥을 입고 있었다. 스티븐의 머리는 갈색이었지만 아버지만큼 어둡지는 않았고, 라이언은 어머니처럼 멋진 금발이었다. 두 아이 모두 '꼬리'라고 부르는 긴 머리 한 다발을 목 뒤로 기르고 있었다.

　아이들은 아주 잠시 동안만 스스로 놀 수 있는 능력이 있어 보였는데, 얼마 있지 않아서 부모의 관심을 요구했다. 먼저 라이언이 아버지의 소매를 붙들고는 자기가 무엇을 만들었는지 봐 달라고 요청했다. 아버지가 거절하자 그는 어머니에게로 가서 연필을 달라고 했다. 그가 앉자 이번에는 스티븐이 일어섰다. 둘은 교대로 방 안을 아주 소란스럽게 일이 분 동안 여기저기를 돌아다니더니, 이번에는 부모의 주위를 돌아다니며 그들을 걱정스럽게 만들었다. 아이들은 마치 한곳에 내려앉지도 않고 계속해서 윙윙거리며 귀찮게 하는 한 쌍의 파리 떼와도 같았다.

　흔히 무기력한 부모들이 그러하듯이, 아이들의 부모는 소년들의 그런 소란스러운 행동을 계속해서 지적하거나 아이들이 쉽게 흘려 버릴 만한 힘없는 목소리 톤으로 지시하는 방식으로 대응했다. 예를 들면, "스티븐, 벽에 부딪치지 마라. 알겠니?" "라이언, 블록으로 집을 지어 보지 그러니?"라는 식이다. 그들은 아이들을 통제할 능력이 없어 보였고, 어떻게 해야 할지조차 모르는 것 같았다.

나는 다루기 힘든 아이들과 무기력한 부모를 치료할 때마다 책임을 지려는 충동을 항상 억제하곤 한다. "조니(Johnny), 그러지 말거라."라고 말하는 것은 나에게 무척 쉬운 일이며, 그러면 그 아이도 그만둘 것이다. 그렇지만 내 말에 그 아이들이 반응하도록 만든다고 해서 과연 부모들의 그 무기력하고도 절망적인 일상의 드라마에 무슨 도움이 되겠는가? 그것은 오로지 타인의 아이들을 다루는 나의 한 가지 기술일 뿐이다.

이삼 분 정도 아이들의 부모와 대화를 시도했지만 별 성과가 없자, 나는 부모에게 우리가 대화할 수 있도록 아이들에게 한쪽 구석에 가서 놀도록 말해 줄 것을 부탁했다. 이러한 간단한 부탁은 부모가 자녀에게 어떻게 통제권을 행사하는지를 관찰할 수 있는 좋은 기회이며, 그러면 대개는 그들의 가정에서 나타나는 몇 가지 문제들을 재현시키곤 한다.

그들이 아이들을 자리에 앉히는 데 성공했을 때 나는 그들에게 질문했다. "어떤 문제로 댄 패러것 상담사에게 상담하러 오셨나요? 그분이 두 분을 치료하는 데 있어서 제가 어떻게 도움을 드릴 수 있을지 제게도 말씀해 주시겠습니까?"

그들이 대답하기도 전에 사내 녀석들은 누가 어떤 장난감을 가지고 놀지를 놓고 시끄럽게 싸우기 시작했다.

"스티븐, 제발!" 그의 아버지가 말했다.

그러자 놀이를 시작하는 대신 아이들은 다시 부모 주위로 모여들기 시작했다.

"라이언이 내 머리를 당겼어요!"

"스티븐이 놀려요!"

"라이언이……."

이제 대화는 아이들이 만들어 낸 이 소란스러움을 설득하려는 노력으로 바뀌어 버렸다. 부모들은 마치 자원봉사 소방요원같이 작은 산불에서부터 또 다음 산불을 끄기 위해 바삐 움직였다. 양쪽 부모가 아이들을 다루느라 정신이 없었기 때문에 우리의 대화는 금방 끊어져 버렸다.

"두 분, 혹시 휴식을 취해 본 적이 언제인가요? 아이들을 지켜보지 않고도 두 분만의 대화를 나누는 게 가능한 적이 있으신가요?"

"아이들이 모두 잠들거나 텔레비전을 볼 때 외에는 그런 적이 없습니다." 허니가 말했다. 그녀는 말하는 동안 손동작이 많았고, 빠르고 신경질적인 몸짓으로 자신의 말을 강조했다.

나는 그들이 대화에 집중하고 더 이상 아이들을 바라보지 않게 하려고 노력했다.

"집은 넓습니까?"라고 나는 질문했다.

"아뇨." 스티븐이 말했다. "농장입니다."

"그럼 침실은 몇 개인가요?" 쓸데없는 질문이 아니었다. 나는 공간과 경계에 관심이 있었다.

"세 개입니다." 그가 말했다. 예전에는 아이들이 한 방을 사용했지만 지금은 각자 자기 방이 있었다.

"퇴근해서 집에 돌아오면 어떤 일이 있습니까?"

"어디에 있었건 상관없이 저는 6시 30분까지는 집에 돌아옵니다. 때로는 아이들이 잠들 때까지 그냥 기다렸다가 들어오기도 하고요."

그가 몇 시에 귀가하는지 물어보지도 않았는데 그는 사뭇 고백을 하는 것 같았다.

"그렇지만 보통은 아이들이 깨어 있겠죠?"

"불행하게도 거의 그렇습니다."

부모가 내 질문에 대답하기 시작했을 때, 아이들은 구석에 앉아 장난감에 정신이 팔려 있었다. 스티븐은 거대한 외계인에서 미래형 해군 함정으로 변신할 수 있는 복잡한 일본 장난감을 가지고 있었으며, 라이언은 평범한 미국 스포츠카를 가지고 있었다.

워든 가정이 하루를 마감하는 장면은 여느 미국 가정에서나 흔히 볼 수 있는 모습이다. 어찌 됐든 남편은 아내가 그날 밖에서 있었던 이야기를 들어 주고 이해해 주기를 기대하면서 귀가한다. 그러나 그가 집에 도착할 무렵 아이들은 작은 시계처럼 태엽이 풀려 있다. 그래서 허니는 정신없이 바쁘다. 톰은 할 수 없이 다른 방으로 가서 텔레비전을 켜거나 신문을 집어 든다.

"아이들을 재울 때쯤이면 남편은 텔레비전을 시청하거나 독서를 하고 있습니다. 내가 일을 마칠 때면 대부분 그이는 잠들어 있지요." 그녀가 말했다.

"그래서 두 분은 아무것도 할 수 없다는……."라고 이야기를 시작했지만, 허니는 아이들에게 완전히 마음이 가 있어서 내 말을 들을 수 없는 것 같았다. 그녀는 내 정면에 앉아 있었지만 곁눈질로 걱정스럽게 아이들을 쳐다보고 있었다. 그래서 나는 "당신은 나를 바라보고 있지만 아이들이 당신의 주의를 온통 빼앗고 있군요. 당신의 인생은 대부분 어머니의 역할로 가득 차 있죠?"라고 말했다.

"네, 대부분이요." 그녀는 한숨을 쉬었다. "아이들이 행복하고 잘 교육받고 바르게 성장하도록 노력하면서요."

"우아! '행복, 교육, 바르게' 무슨 의제 같군요."

그 말이 마치 신호인 것처럼 스티븐이 라이언의 장난감을 빼앗았고, 라이언이 스티븐을 찔렀다.

"얘들아!" 아이들의 아버지가 소리치며 벌떡 일어나 두 아들을 들어서 떼어 놓았다. "스티븐, 네가 라이언의 자동차를 빼앗았니?"

누구나의 예상대로 아이들은 "아뇨." "맞아요, 스티븐이 그랬어요!" "아뇨, 제가 안 그랬어요!"라고 말했다. 이는 아주 흔히 볼 수 있는 장면이다.

열성적인 부모가 끼어들어 이런 다툼을 종결하려고 할 때, 마치 카인과 아벨처럼 형제간의 질투가 살인으로까지 이어질 수 있다는 내용은 무척이나 상투적인 이야기다. 스티븐과 라이언의 말다툼을 종결하는 데 아버지가 굳이 개입할 필요가 없다는 게 분명했다. 톰과 허니가 육아의 부담에서 조금 더 자유로워져야 할 필요가 있다는 사실 또한 명확했다. 그러나 지금은 그 어느 쪽도 서로의 **자율성**을 존중하지 않고 있었다.

나는 몸무게가 훨씬 더 많이 나가는 부모들이 자기보다 몸무게도 훨씬 적은 미취학 아동 자녀들에게 쩔쩔매는 모습을 볼 때마다 의심의 여지없이 부부 사이의 갈등이 자녀 양육의 전쟁터로까지 이어져 소모되고 있으며, 부부가 서로 다른 방향으로 끌고 나갈 때 자녀들은 혼란에 빠져 버리는 그 인과 관계를 잘 알고 있다.

아이들이 서로 다시 잡으려고 소란스럽게 떠들기 시작하자 아버지가 다시 일어나 그들을 향해 고함을 질렀다. 그러고는 라이언을 거칠게 의자에 앉히면서 말했다. "조용해질 때까지 여기 얌전히 앉아 있어."

"깨질 만한 물건은 다른 장소로 옮기셨습니까?" 나는 다시 어른들의 대화를 시작하려고 시도하면서 질문을 던졌다.

"다 깨져 버렸습니다." 톰이 말했다.

그는 계속해서 말했다. "벽에는 구멍이 뚫려 있습니다. 문에도 구멍이 나 있고요. 이젠 더 이상 그 구멍을 가리려는 노력조차 하지 않습니다."

"믿을 수가 없군요." 나는 정말 놀라워하며 말했다. "그게 정말인가요?"

"네, 정말입니다." 그가 말했다.

"그럼 도대체 어떻게 관리하십니까?"

대답하기도 전에 그는 아이들의 행동으로 인해 다시 주의가 흐트러졌다. 그가 일어나려고 할 때, 나는 손으로 그를 제지했다. "부인을 바라보십시오." 그러나 그는 아이들로부터 눈을 뗄 수가 없었다.

"저는 두 분이 더 걱정됩니다. 아이들이 아니라 두 분이요. 두 분의 삶이 너무나 끔찍합니다."

"네." 톰은 동의하면서 자신의 신발을 내려다보았다. 허니는 그런 남편을 바라보고는 내게로 시선을 돌렸다.

"두 분이 함께 시간을 보내기는 합니까? 춤추는 거 좋아하세요?"

"저는 좋아하지만 이 사람은 아니에요." 허니가 말했다.

"영화 보러 가는 건 어떠세요?"

"전 좋아해요……." 그녀가 말했다.

"저도요." 톰이 자신 없이 말했다. "단지 우리는…… 가지 않습니다."

"하루에 15분 정도는 아내와 대화할 시간이 있습니까?" 대답은 부정적이었다.

"나는 두 분의 **결혼생활**이 정말 걱정됩니다. 그러면 어떻게 결혼생활을 유지하겠습니까?"

우리는 몇 분 동안 그들이 얼마나 바쁘고 아이들이 번잡스러운지에 대해 이야기를 나누었지만, 허니는 여전히 아이들로부터 시선을 떼지 못하고 있었다.

"부인에게는 아이들을 쳐다보지 않고 이야기를 하는 게 무척 어려운 일이군요." 내가 말했다.

"저 두 아이에게는 그래야만 합니다. 애들이 정말 빠르거든요." 그녀가 웃으면서 말했다.

이 가족에게는 세대 간의 중립적인 순간이란 아예 존재하지 않았다. 아이들의 모든 놀이는 부모의 통제하에 있었다. 아이들의 놀이에서 가장 위대한 부분은 **자유**다. 어른들의 구속으로부터의 자유, 상상의 나래를 펼 수 있는 자유.

그러나 스티븐과 라이언에게는 이 자유가 없었다. 부모들의 희망과 불안의 많은 부분이 아이들에게 고정되어 있었기 때문에, 톰과 허니는 자신들의 세계와 아이들의 세계 사이의 경계선을 넘어 버렸고 아이들의 놀이를 빼앗아 버리게 된 것이다. 아이들이 자유롭게 놀기 위해서는 어른들의 호의적인 무관심이 필요하다. 아이들이 사물과 자신들의 상상력을 다루기 위해서는 부모가 필요한 것이 아니라 놀이시간이 필요한 것이다. 부모들이 아이에게 정신이 팔려 있거나 혹은 그 반대인 경우, 진정한 놀이는 사라지고 대신 통제를 위한 투쟁만이 남게 된다.

"아이들을 계속해서 감독할 필요가 있는 건가요, 아니면 부인이 그만둘 수 없을 정도로 아이들을 지켜보는 데 익숙해진 건가요?"

"아마 제가 아이들을 지켜보는 데 익숙해진 걸 겁니다." 그녀가 웃으며 대답했다.

톰은 "글쎄요…… 아이들은 언제나 물건을 부수고 싸운답니다."라고 말했다.

그러는 사이 지난 몇 분 동안 어떤 주목도 받지 않았지만, 아이들은 바닥에서 조용하게 놀고 있었다.

"스티븐!" 나는 이쪽으로 오라는 몸짓을 취하며 말했다. "너에게 할 말이 있는데, 넌 정말 멋지게 해냈구나." 나는 손을 뻗어 그와 악수했다. 그는 눈을 반짝였다. "네가 노는 방법이 아주 근사하단다." 그는 다시 싱긋 이를 드러내며 웃었다.

아이가 지금까지 가지고 놀던 장난감 배를 보면서 "저건 뭐니?"라고 물어보았다.

"그건 스티븐 비밀전함이에요." 아이가 자랑스럽게 말했다.

"저건 어떻게 움직이는 거니?"

대부분의 어린아이들처럼, 스티븐은 관심을 받는 게 신이 나서인지 자신의 전함을 자랑하며 행복해했다. 그것은 움직이는 함포와 돔 모양의 조타실 등 진짜처럼 보이는 부속으로 만들어진 미래형 회색 플라스

틱 모델이었다. 몇 군데를 움직이면 모양도 바꿀 수 있었다.

"우아!" 내가 감탄하면서 말했다.

라이언이 형과 어울려 같이 놀려고 다가오면서 관심을 분산시켰다. 경계선이 없는 가족에서는 한 아이가 하는 일에 자동적으로 다른 아이도 포함되는 것으로 여겨지곤 한다.

나는 라이언에게 "안 돼! 나는 지금 스티븐과 이야기하고 있단다. 너는 저쪽에 가서 놀도록 하렴." 하고 말했다.

라이언은 소외감을 느꼈을 텐데도 그것을 표현하지 않고 그냥 있던 자리로 돌아가서 놀이를 계속했다. 나는 스티븐에게로 관심을 되돌렸다. "어떻게 움직이는지 내게 보여 줄래?" 그러고는 그의 눈높이에서 같이 세상을 보기 위해 그와 함께 바닥에 앉았다.

많은 경우, 개입은 탐구를 위한 시도다. 내가 스티븐에게 같이하자고 했을 때는 그를 오게 하려는 것이 아니라, 그가 무엇을 하는지를 보기 위해서였다. 마찬가지로 라이언에게 내가 형과 이야기하고 싶다고 말했을 때, 나는 그가 어떻게 반응할지 알지 못했다. 라이언이 기꺼이 우리들(스티븐과 나)이 대화하도록 내버려 두는 모습은 비록 이 소년들이 각자의 공간을 갖는 데 아직은 익숙하지 않고 통제에 대해서 여전히 의문을 갖고 있기는 하지만, 차분하고 명백한 지시를 받게 되면 순종한다는 사실을 보여 주었다. 여기서 아이들에게는 분명하게 좋은 습관이 내재되어 있으며, 나는 그 부모가 이러한 부분을 자극할 수 있도록 도와주어야 한다고 생각했다.

나는 스티븐에게서 부모가 설명한 괴물 대신 본래의 어린아이로서의 모습을 되찾아 주기 위해 스티븐과 놀고 싶었다. 나는 그가 가진 최고의 잠재력을 이끌어 내고 싶었다. 과연 이 아이는 집중할 수가 있을까? 이 아이는 얼마나 밝은 모습을 간직하고 있을까? 과연 관심을 받으면 차분해질 수 있을까? 어린아이의 놀이는 지성과 창의력을 투영하는 엑스레이와도 같다.

스티븐은 나에게 어떻게 배의 포탑이 선회하는지, 탑에 있는 사람들이 어떻게 배를 조종하는지, 또한 어떻게 그의 상상력이 발휘되는지를 보여 주었다. 그의 놀이는 복잡하고 집중력이 필요한 것이었다. 그는 조용하고 사려 깊으며, 함께 있으면 재미있는 전혀 다른 아이가 되어 있었다. 하지만 나는 아이와의 놀이를 즐기면서 동시에 내가 부모의 자리를 대치한 게 아닐까 걱정이 되었다. 치료사가 권력을 빼앗고 유능함을 증명하면 할수록 부모들은 자신이 더 무능력한 것처럼 느껴지기 마련이다. 물론 이것은 내가 원치 않는 일이다. 그래서 스티븐에게 "이걸 어떻게 움직이는지 아빠도 아시니?"라고 물어보았다.

스티븐은 놀이에 마음을 빼앗겨 대답하지 않았다. 나는 "아빠를 모셔 오렴." 하고 말했다. "스티븐, 네가 나와 아빠 모두에게 보여 줄 수 있도록 아빠에게 이쪽으로 와서 같이 앉자고 해 봐."

스티븐은 아빠에게 가서 손을 잡았다. "나랑 가실래요?"

톰은 크게 한숨을 내쉬며 이쪽으로 와서는 우리에게 합류했다. 아들과 함께 바닥에 앉아 있는 게 익숙하지 않은 것이 분명했다.

"좋아." 나는 말했다. "이제 이 기계가 어떻게 움직이는지 우리에게 보여 줄 수 있겠니?" 스티븐은 그렇게 했다.

이제 화가 난 아버지가 통제 불능의 아이에게 무력하게 충고하는 대신, 어린 소년이 아버지와 행복하게 놀고 있었다. 왜냐하면, 아버지가 아이의 수준에서 아이의 표현으로 아이와 어울리자 스티븐이 돋보일 수 있었기 때문이다. 적어도 장난감 전함에 대해서는 스티븐이 전문가였다.

이후 몇 분 정도 함께 노는 동안, 나는 즐거운 상호작용을 계속하려고 시도하던 말을 자제했다. 그 이유는 스티븐의 인도를 따르기 위해서였다. 나는 아버지와 아들 모두에게 주도권을 잡으려고 싸우는 것만이 그들

간의 유일한 상호작용 방법이 아니라는 사실을 깨닫게 해 주고 싶었다.

다시 한 번 라이언이 다가왔고, 나는 "라이언, 스티븐이 나와 아버지에게 뭔가를 보여 주고 있단다. 그러니 넌 저쪽에 가서 놀거라."라고 말했다.

그러자 이번에는 라이언이 어머니에게로 갔으며, 어머니는 그를 안아 주었다. 라이언은 소외되는 데 익숙하지 않았고, 어머니는 남겨지는 기분이 어떤 것인지 이해하는 듯했다.

"스티븐…….." 내가 말했다. "네 장난감을 가지고 혼자 놀 때도 있니? 아니면 라이언이 항상 너랑 같이 노니?"

가족 문제 전문가들은 보통 형제 관계의 중요성을 과소평가하곤 한다. 아마도 부모와 자녀 간의 지나치게 긴장된 상호작용이 너무나 현저하고 또 개선의 필요성이 많아 형제간의 세계가 잘 드러나지 않기 때문일 것이다. 형제 관계에 관해 유일하게 전문 문헌에서 널리 알려진 용어는 '형제간의 경쟁' 정도다. 그러나 사실 아이들은 형제들과 지내면서 또한 형제들을 따라 하거나 그들로부터 소외당하는 과정에서 인생을 배우게 된다.

우리가 몇 분 동안 놀고 난 후, 스티븐이 고개를 들더니 우리의 행동을 따라 움직이도록 설치된 비디오카메라를 발견했다. "저 카메라는 뭐예요?" 그는 알고 싶어 했다.

"이리 와 보렴." 나는 말했다. "내가 보여 주마." 내게 다가온 이 소년은 의심할 줄 모르는 작은 아이가 되어 있었다. 내가 그에게 팔을 두르자 그는 내 옆에서 나를 꼭 껴안고는 내가 비디오카메라를 가리키는 것을 바라보았다.

"카메라에게 움직이라고 해 봐." 내가 말했다.

"움직여!"

놀랍게도 카메라가 움직였다. 스티븐은 마음을 빼앗겨 버렸다.

"자, 다른 카메라에게도 말해 봐."

"움직여!" 그가 큰 목소리로 말하자, 카메라가 움직였다.

"봤지?" 내가 말했다. "이건 마술이란다."

스티븐은 자신의 명령에 복종하는 새로운 전자 장치를 경이로움이 가득한 커다란 눈으로 바라보았다. 아이들의 언어는 마술의 언어이고, 경외심의 언어다.

"톰, 라이언과 같이 놀고 휴식을 취하는 그런 시간이 자주 있나요?"

그는 확신이 없었다. "아마도 가끔은요." 그는 마지못해 말했다.

아직도 요술 카메라에 빠져 있는 스티븐이 카메라를 향해 다시 움직이라고 말했다. 카메라는 여전히 그의 명령에 복종하며 움직였다.

"이제 비밀을 말해 줄게, 스티븐." 나는 그에게 말했다. "내가 너에게 비밀을 말해 줬으면 좋겠니?"

그는 고개를 끄덕이며 나에게 얼굴을 가까이 댔다. 나는 그의 귀에다 속삭였다. "다른 방에 있는 어떤 사람이 이 카메라를 조종하고 있단다. 문을 열고 그 방에 가면 카메라를 움직이는 아저씨를 보게 될 거야. 그분의 이름은 조나단(Jonathan)이야. 가서 인사해도 된단다."

나는 항상 통제받고 있는 스티븐을 자유롭게 해 줌으로써 이 아이의 자율성을 탐색하고 싶었고, 그가 스스로 그렇게 행동할 능력이 있는지 알고 싶었다. 그에게 다른 방을 탐색해 보라고 요청함으로써, 나는 그에게 부모를 떠나서 상담실의 문을 열고 왼쪽으로 돌아가 관찰실의 문을 찾아 낯선 사람들이 가득한 어두운 방으로 들어가서 카메라를 조종하는 사람을 찾아, 마지막으로 자기를 소개하게끔 하는 다소 복잡한 과제를 내 준 것이다. 또한 나는 아이 부모의 반응에도 관심이 있었다. 과연 그들이 이 아이를 믿을까? 어린아이들의 치료는 말이 아닌 행동과 움직임의 치료다.

스티븐은 즉시 방 밖으로 씩씩하게 걸어 나가서는 옆방으로 가서 카메라맨에게 자신을 소개했다. 그가 나가자마자 라이언이 형의 자리를 차지했다.

"너 나랑 놀고 싶니?" 내가 말했다.

라이언이 '그렇다'고 대답했다. 라이언은 내게 작은 자동차와 장난감 소방서를 보여 주었다. 그는 조용하고 행복하게 일이 분 동안 놀이를 했다. 스티븐이 돌아오자 나는 스티븐에게 라이언을 데리고 가 그 카메라맨을 소개해 주라고 제안했다.

다시 한 번 나는 융통성을 시험해 보았다. 라이언이 과연 스티븐의 지도를 따를 것인가? 부모는 스티븐이 책임지게끔 내버려 둘 것인가? 자녀들에 대한 부모의 시야는 과연 얼마나 좁을까?

허니는 두 소년이 방을 떠나자 근심스럽게 바라보았다. 내가 "난 단지 당신에게 휴식 시간을 조금 주고 싶었습니다."라고 말하자, 그녀가 웃었다.

양쪽 부모 모두 그렇지만 특히 허니는 긴장되고 조심스러웠다. 그들은 쉬어야 할 시간에도 아이들에 대한 걱정의 무게를 떠안고 있었다. 그리고 그 풀리지 않은 긴장을 아이들과의 상호작용에 또다시 가져오곤 했다.

허니에게 친구가 있는지를 물어보자, 가끔 춤을 추거나 코미디를 보러 수요일마다 클럽에 간다고 했다. 톰은 그것이 여자들만의 모임이라고 말해 주었다. 남편을 남겨 두고 춤을 추러 가는 게 좀 이상하게 생각되어, 그러면 부부가 언제 함께 시간을 보내는지 물었다.

"보통 밤늦은 시간입니다." 허니가 대답했다.

바로 그때 동생과 함께 돌아온 스티븐이 전등 하나를 껐다.

"안 돼!" 허니가 날카롭게 말했다. "다시 켜."

"괜찮습니다." 내가 말했다. 여기서 나는 소년의 행동을 게임으로 바꿈으로써 '통제와 반항'이라는 주기를 깨뜨리도록 도와주고 싶었다.

그래서 다음 몇 분 동안 나는 스티븐에게 다양한 전등 스위치를 껐다가 켜 보라고 요청했다. 그는 기꺼이 응했다. 그러는 동안 그의 잘못된 행동은 탐구적인 행동으로 바뀌어 갔다.

"아주 좋아." 내가 말했다. "아주 잘했어. 대단히 고맙구나."

스티븐의 얼굴이 기쁨으로 빛났다. "전 스위치가 어떻게 작동하는지 알아요."

"그렇고 말고. 그런데 스티븐, 숫자를 얼마까지 셀 수 있지?" 나는 그에게 물었다.

"백까지 셀 수 있어요."

스티븐이 자랑스럽게 백까지 수를 세는 동안, 줄곧 부정적으로만 이야기하던 그의 아버지가 미소를 지으며 아들과 함께 조용히 숫자를 세어 나갔다.

치료사가 부딪히게 되는 문제 가운데 하나는 아이의 긍정적인 행동을 성공적으로 이끌어 내는 게 뜻하지 않게 부모에게는 일종의 도전이 된다는 것이다. 목표는 아이들의 능력이 부모의 능력의 한 부분이 되도록 만드는 것이다. 그렇지만 이 두 남자아이들을 통제하기 위해 결국 질 수밖에 없는 싸움 속에 갇혀 버린 채, 무엇을 어떻게 해야 할지 이미 다 알고 있다고 믿고 있는 이 부모와 과연 내가 어떻게 의사소통할 수 있을까?

마침내 스티븐이 "구십구, 백." 하고 말했다.

"정말 잘했다." 나는 말했다. 그러고는 그에게 이름의 철자를 물었고, 그가 대답했다. 나는 그에게 몇몇 단어의 철자를 물어보았는데, 그가 막히게 되자 어머니에게 가서 도움을 청했다. 어머니는 그에게 소리 내어 말해 주었다. 다음번에 또 그가 막히게 되자, 나는 이번에는 아버지에게 가서 물어보라고 제안했다.

"두 분은 서로를 어떻게 도와주십니까?" 나는 부모에게 물었다. "제가 발견한 사실 중 하나는 아이들이 놀고 있을 때 남편 분이 무척 긴장한다는 겁니다."

"네." 허니가 동의했다. "저도 그 모습을 지켜보고 있습니다. 마치 전 모든 걸 감독하는 사람 같아요."

"그 말은 남편이 아이들을 돌볼 때도 그를 지켜본다는 뜻인가요?"

"네." 그녀가 약간 당혹해하며 웃었다.

"왜죠?"

"왜냐하면 그이가 나만큼은 아이들을 잘 모르기 때문이죠. 예를 들면, 그이는 아이들 옷을 봐도 누구 옷인지도 몰라요."

"세상에! 허니, 그렇게 하면 당신 인생은 곧 질식해 버릴 겁니다."

"글쎄요, 저는 가끔 남편이 아이들을 돌보는 책임을 충분히 다할 때조차도 조심한답니다. 그럴 땐 제가 개입을 하죠. 그것은 신뢰에 관한 문제라고 할 수 있어요. 언젠가 제가 남편과 아이들을 두고 외출했을 때 그이는 다소 이해할 수 없는 행동을 했습니다. 그이는 아이들을 보면서 잠든 적도 있었죠."

"그건 이미 몇 년 전 일이에요." 톰이 이의를 제기했다.

"아이들이 다칠 수도 있었어요." 허니가 말했다.

"전 겨우 몇 피트(1ft는 30.48cm다 – 역주) 정도 떨어진 의자에서 잠이 들었을 뿐입니다."

마치 내가 그들이 사건을 제출한 상소법원이라도 되는 양 그들은 내게 증거를 제시했다. 그렇지만 어쨌든 진실은 남편보다 아내가 아이들에 대해 훨씬 더 많은 책임과 부담을 지고 있다는 것이다. 그는 가장이었지만, 그녀는 양육자였다. 여기서 그들은 자신들이 만들어 낸 각본을 따르고 있었다.

두 번째 각본은 일종의 어두운 전조처럼, '다루기 힘든 아이들'이라는 드라마로 인해 부부 사이가 소원해지는 비극이었다. 부모-자녀의 갈등은 부부간의 충돌을 우회적으로 표현하는 것으로 보였다.

"허니, 그런 점에서 당신은 죄수입니다. 방금 톰은 아이들을 통제하는 데 필요한 일을 했습니다. 때때로 아이들을 통제하는 데 필요한 건 그들에게 주의를 기울이지 않는 것입니다."

어찌 됐든 아이들을 성공적으로 다룰 뿐 아니라 이 부부의 회피적인 태도를 계속해서 파고 들어가는 내 태도가 이 부부의 경계심을 건드리는 것 같았다. 곧 톰이 나에게 도전했다.

"이 아이는 항상 칼을 쫓아다닙니다." 그는 큰 아이를 가리키며 말했다.

"칼이요?"

"네, 칼 말입니다. 우리는 항상 벽과 천장에서 칼자국을 발견하곤 합니다. 전 이 아이가 동생을 찌르지 않으리라고 확신할 수가 없습니다."

"어떻게 이 아이가 칼을 찾죠?"

"이 애가 손에 넣을 수 없는 건 없습니다. 당신이 말했듯이 이 아이는 바보가 아니니까요."

"아이는 영리합니다." 5분 전에 소년들은 바닥에서 강아지들처럼 친하게 놀고 있었고, 철자를 말하고 숫자를 세는 능력을 자랑했다. 이제 톰은 진짜 문제는 아이들이라는 점을 내게 상기시켜 주고 있었다.

"전 간수처럼 살 수는 없습니다." 톰이 말했다. 그는 다소 흥분해 화를 내며 우겼다. "아시다시피 이 방 저 방으로 다니며 자물쇠를 채우고 물건을 치워야 할 지경입니다."

"그렇게 살고 계십니까?"

"네!" 그는 감정 섞인 목소리로 대답했다.

허니 역시 작은 두 아이들에게 희생되었다고 느끼는지 칼에 대해서 더 자세히 설명하려고 했다. "아이들은 놀면서 과도를 천장으로 던지곤 합니다."

"어떻게 아이들이 찾을 수 있는 장소에 칼을 놓아두십니까?" 나는 뻔한 질문을 던져 보았다.

"왜냐하면 칼을 놔둘 곳이 없으니까요." 그녀가 말했다. "전 요리할 때 칼을 사용합니다. 사실 저는 칼을 숨기고 자물쇠를 채우는 것 외에 다른 것은 잠가 두는 게 없습니다."

아이들이 괴물이라는 그들의 관점에 대하여 한 시간 정도를 이야기한 후에 우리는 다시 원점으로 되돌아와 있었다. 곤경에 빠진 사람들이 흔히 그러하듯 그녀는 "내가 뭘 어떻게 할 수 있겠습니까? 그건 도저히 불가능합니다."라고 계속 말하고 있었다.

나는 교차점에 서 있었다. 어느 방향을 선택하든지 결국은 가족 문제에 대한 중요한 탐구로 나아갈 수 있었다. 그리고 계속해서 부부관계의 갈등과, 그것이 부모-자녀 관계의 갈등에 영향을 미치는 방식에 초점을 두거나 혹은 자녀들에 대한 통제의 문제에 집중할 수 있었다. 그러나 톰과 허니의 부부관계에 직접적으로 접근할 때마다 그들의 저항이 느껴졌기 때문에, 나는 다른 경로를 통해 부부 문제를 다룰 수 있기를 바라며 이번에는 아이들에게 초점을 맞추기로 결정했다.

나는 괴물 아이를 길들이기 위한 몇 가지 구체적인 작전과 암시 방법을 알고 있었는데, 이제 그 방법들을 모두 사용해 보기로 했다.

"스티븐!" 내가 말했다. "잠깐 이리 와 볼래? 네가 얼마나 키가 큰지 알고 싶구나."

스티븐이 오자 나는 그에게 똑바로 서 달라고 부탁했다. 그리고 라이언을 불러 스티븐 옆에 서도록 했다. 아이들은 서 있었지만 내 앉은 키보다 작았다. 하지만 스티븐은 부모의 눈에 실제보다 더 커 보이고 있었다. 따라서 이 방법은 그를 실제 크기로 줄이려는 시도였다.

그다음에는 스티븐에게 주먹으로 내 손을 힘껏 때려 보라고 요구했다. 처음에는 자신이 마치 헤비급이라도 되는 듯 약간 망설였다. 그렇지만 "아냐, 더 세게! 너의 온 힘을 다해서!"라는 부추김에 그는 손을 올려 주먹을 날렸다.

나는 실제로 그 아이들이 얼마나 작은지를 증명하고 작은 소년들이 강력하다는 신화로부터 그들 네 사람 모두를 깨어나게 해 주려고 시도하고 있었다.

톰은 이 작은 아이가 내게 주먹을 날릴 때 주춤거린 채 걱정스럽게 쳐다보았다. "이게 네가 최선을 다한 거니?" 나는 말했다.

그러자 스티븐은 얼굴을 찡그리며 최대한 헐크 호건(Hulk Hogan)을 흉내 냈다. 하지만 그러한 음향 효과에도 불구하고 그는 작은 소년에 불과했으며, 그의 주먹은 힘이 없었다.

나는 톰에게 아들 옆에 서도록 요청했다. "네 키가 얼마나 되는지 보고 싶구나. 스티븐, 아빠 옆에 서서 네가 얼마나 큰지 보렴." 3피트 소년과 6피트 어른의 차이는 물론 대단했다.

다음에 나는 톰에게 소년을 공중으로 들어 올려 보라고 요청했다. 이제 부모에게 내가 무엇을 말하려고 하는지가 명확해졌다. 톰은 그 작은 아이를 천장까지 들어 올렸다.

"우아!" 그 순간 스티븐이 즐거워하며 소리쳤다.

나는 다시 톰에게 라이언을 들어 올리라고 요청했다. "나는 아빠가 힘이 센지 안 센지 알고 싶었단다." 나는 스티븐에게 말했다. "아빠가 힘이 세니?"

스티븐은 크게 고개를 끄덕였다.

"아빠는 강해. 그렇지 않니? 그럼 엄마는 어떨까? 엄마가 너희를 안아 올릴 수 있을까?"

허니는 다가와서 아이들을 하나씩 안아 올렸다. 그녀는 톰처럼 머리 위로 아이들을 들어 올리지는 못했다. 대신 아이들을 껴안고 입을 맞춰 주었다.

"보셨지요." 나는 허니와 톰에게 말했다. "나는 이 아이들이 어떻게 그런 끔찍한 삶을 두 분에게 주고 있는지를 이해할 수가 없습니다."

그 순간 라이언이 탁자 램프 중 하나를 가지고 장난치기 시작했다. 이번에는 아이의 어머니가 조용하지만 단호한 어조로 그만두게 했다.

"바로 그겁니다. 아주 잘하셨습니다." 나는 말했다. "보셨지요? 그는 통제가 가능합니다." 나는 말을 계속했다. "이제 제 생각을 말씀 드리겠습니다. 스티븐, 잠깐 이쪽으로 오렴. 의자 위에 올라서 볼래?"

그는 의자에 올라섰다.

"톰, 이쪽으로 오세요. 네가 아빠보다 크니?"

"아뇨." 조심스럽게 확인한 후 스티븐이 말했다.

"어디 보자, 스티븐. 우리가 좀 더 높은 걸 찾을 수 있는지. 저기 라디에이터, 그 위에 서 보거라." 스티븐은 바닥에서 3.5피트 정도 높이의 라디에이터 위에 올라섰다.

"이제 아빠보다 큰지 한번 보자."

아버지가 옆에 서자 이제는 스티븐이 머리 하나 정도는 더 컸다.

"그럼 엄마보다도 키가 크니?" 허니가 와서 톰 옆에 섰다.

"네가 두 분보다 키가 크구나!"

스티븐은 이것을 제일 좋아했다. "내가 제일 커요!"

"하지만 그건 사실이 아니죠." 내가 말했다. "그건 느낌일 뿐입니다. 아이가 당신보다 크다고 느끼는 것이지 사실은 전혀 그렇지 않습니다."

오래전에 나는 가족치료에 있어서 한 수학적인 원리를 개발했다. 만일 미취학 아동이 부모 중 한 사람보다 키가 더 크다면 그는 다른 부모의 어깨 위에 서 있는 것이다. 나는 이 이론을 톰과 허니에게 증명하려고 했다.

"예를 들면, 당신은 이 아이를 쉽게 들어 올릴 수가 있습니다." 나는 한 팔로 부드럽게 스티븐을 라디에이터에서 들어 올렸다.

"당신은 이렇게 할 수도 있습니다." 나는 아이를 안고는 자리에 앉아

서 그의 양팔을 가슴으로 엇갈리게 당겨 꽉 잡아서 그가 빠져나가지 못
하도록 했다.

"움직일 수 있니?" 내가 물었다. 스티븐은 몸을 흔들었지만 꼼짝도 할
수 없었다. 나는 그를 꼭 끌어안았고, 그는 만족스러운 새끼 고양이처럼
미소 지으며 내 무릎 위에 웅크렸다.

"그래, 너는 작은 소년이야. 몇 살이지?"

"다섯 살!" 손가락 다섯 개를 펴 보이며 완전히 어린 소년이 되어 버린
그가 말했다.

"네게 보여 주고 싶은 게 있단다. 저 구석에 가서 인형을 가져오렴. 그
게 얼마나 재미있는 인형인지 보여 줄게."

스티븐은 구석으로 달려가서 왕자처럼 생긴 인형을 가지고 돌아왔
다. 사실 그것은 양면 인형으로 왕자나 개구리가 될 수 있었다. 나는 스
티븐에게 어떻게 인형이 개구리에서 왕자로 변하는지를 보여 주고 싶었
고, 부모들이 이 메시지를 알아차리기를 바랐다.

"인형에게 입을 맞추면 어떤 일이 일어나는지 보여 줄게. 이건 아주
재미있는 인형이란다. 왜냐하면 네가 입을 맞추면……." 나는 왕자의
옷을 그의 머리 위로 당겼다. "뭔가 다른 게 된단다."

"개구리다!" 스티븐이 기뻐했다.

개구리가 왕자가 될 수 있다는 것은 스티븐이 어린 소년에서 괴
물로 그리고 다시 어린 소년으로 돌아오는 변형에 대한 일종의 은유
(metaphor)였다. 이것은 스티븐과 그의 부모를 위해 마련된 무언의 쇼
였다.

"스티븐에게 두 분보다 자신이 크다고 믿게 만드는 어떤 일이 생겼죠.
하지만 사실은 그렇지 않습니다."

톰과 허니는 처음으로 몸을 앞으로 기대어 앉았고, 우리의 대화에 완
전히 집중한 것처럼 보였다.

"부모가 되는 것 외에도 두 분이 어른이 되는 게 매우 중요합니다. 두 분은 아이들을 돌보고는 있지만 자기 자신은 돌보고 있지 않습니다. 두 분은 자신들을 간수라고 말했지만 제가 보기에 두 분은 죄수입니다."

"허니, 당신은 여자들만의 저녁 모임에 갑니다." 나는 계속했다. "그럼 두 분은 부부 모임에는 갑니까?"

"아뇨." 톰이 머리를 흔들며 조용히 말했다.

"이 결혼생활이 얼마나 유지되리라고 보십니까?"

허니는 어깨를 으쓱하며 말했다. "모르겠어요." 그녀는 아랫입술을 깨물었다.

"확실히 말할 수 있는 건, 만약 두 분이 서로를 위한 시간을 만들지 않는다면…… 길지 않을 겁니다. 허니, 당신은 두 아이에게 매여서 항상 바쁠 겁니다. 당신은 한 사람의 성인으로서 살아갈 시간이 없을 겁니다. 왜냐하면 당신은 단지 엄마로만 살고 있기 때문이죠."

그 순간 라이언이 와서 내게 개구리 왕자 인형을 도와 달라고 요청했다. 인형은 개구리 상태에 있었다.

"두 분은 아이들을 작게 만드는 방법을 찾을 필요가 있습니다. 아이들이 갖고 있지도 않은 힘을 이 작은 아이들이 가지고 있다고 생각한다는 점에서 두 분은 불합리한 생각을 가진 부모입니다."

"그렇지만 이 아이들을 무시할 수는 없습니다." 톰이 다시 이의를 제기했다.

"나는 두 분의 부부관계가 더 걱정됩니다." 나는 반복했다. "두 분에게는 아이들을 다루는 기술이 필요 없습니다. 두 분에게 필요한 건 서로를 즐기는 기술입니다."

톰이 생각에 잠겨 말했다. "우리는 방법을 잊어버렸다는 생각이 듭니다."

"두 분 모두 아이들의 죄수가 되어 가고 있는 것 같군요."

그리고 나는 일어서서 악수를 하고 헤어졌다.

그 상담 후에 나는 댄 패러컷과 그 가족에 대해 어떻게 치료를 계속해 나갈지를 함께 나누었다. 우리는 그 상담에 대해 만족해했다. 나는 그 가족이 함께 인생을 경험해 나가는 방향으로 어떤 변화가 일어났다는 사실을 알고 기쁨을 느꼈다. 특히 아이들에 대한 상담 결과에 만족했다. 나는 그 아이들을 좋아했고 아이들도 나를 좋아했으며, 우리는 함께 아이들이 '끔찍한 괴물'이라는 부분에 대해 도전했다. 그렇지만 나는 댄 패러컷에게 워든 부부의 결혼생활이 공허해 걱정스럽다고 말했고, 아이들 중심의 가족상담을 그만두고 대신 부부만 따로 만나 볼 것을 제안했다.

워든 가족과 상담한 지 4개월 후, 댄은 나에게 전화를 걸어 상담의 진행 상황을 알려 주었다. 톰은 허니와 아이들을 회피하는 행동을 그만두고 남편과 아버지 역할에 더 충실해지고 있었다. 톰과 허니는 더 많은 대화를 나누기 시작했고, 톰은 아이들을 감독하는 데 있어 좀 더 많은 부분을 담당했다. 이에 대해 허니는 소외된 것처럼 느꼈다.

톰이 아이들에게 더 많이 관여하면 할수록 그들 부부는 서로 간의 더 많은 차이점에 직면하게 되었다. 그들은 아이들을 언제 재울지 혹은 아이들에게 집안에서 얼마만큼의 책임을 부여할지를 놓고 다투었다.

자녀 양육에 대한 의견 차이가 심해지면서 허니와 톰은 자신들의 부부관계에 대해서도 싸우기 시작했다. 그들은 함께 외출할 때 어디로 가야 할지를 놓고 다투었고, 또한 친구들과 함께 시간을 보내는 문제나 혹은 성(sex) 문제로 다투기도 하였다. 그 당시에 그들은 모든 문제에 대해 항상 말다툼을 하는 것처럼 보였다. 아이들을 통제하고 부부로서 더 가까이 다가가도록 그들을 상담해 준 결과, 부부가 충돌하게 되는 방향으로 나아가는 결과가 나타나게 된 것이다. 4개월 이내에 허니는 톰과 아이들을 떠나 집을 나왔고 영구적인 별거를 고려하기 시작했다.

나는 별거 가능성에 대해서 생각은 했지만, 허니가 아이들을 포기하리라는 것은 전혀 예상 밖의 일이었다. 나는 불행한 이 일련의 사건에 일조한 듯한 느낌이 들어 무척 당황스러웠다. 내가 긁어 부스럼을 만든 꼴이 돼 버린 것이다. 나는 별거가 두 사람 모두를 위해서 좋을 수도 있다고 생각은 했지만 아이들 문제가 마음에 걸렸다. 댄이 계속해서 양쪽 부모를 개별적으로 만나고 있었으므로 나는 다시 한 번 상담을 제안했다.

상담실에 들어왔을 때 워든 가족의 급격한 재구조화가 눈에 띄게 드러났다. 그것은 이들 가족 네 사람 모두에게 일어난 몇 가지 눈에 띄는 변화 때문이었다. 스티븐과 라이언은 지칠 줄 모르는 듯 에너지를 전혀 잃지 않았으나, 우리가 함께한 45분 내내 바닥에서 자기들끼리 장난을 하면서 시간을 보냈다. 부모들이 과거에 자녀들에게 묶어 두었던 속박의 줄을 풀어 주자, 아이들은 거칠어지는 대신 부모에 대한 반항을 멈추었다. 아이들은 자유롭게 놀고, 부모들은 자유롭게 이야기했다.

톰은 4개월 전에 만났을 때보다 덜 우울하고 덜 격앙되어 보였다. 머리는 짧아졌고, 안경은 어두운 테 대신 밝은 금속 테를 쓰고 있었으며, 아이들의 행동에 대해서도 더 이상 그렇게 불안해하지 않았다. 신경을 쓰지 않는다기보다는 아이들을 믿는 것처럼 보였다.

허니는 생기가 넘치고 내가 기억하는 모습보다 훨씬 더 아름다워졌다. 긴 금발은 빛이 나고 얼굴은 여유로워 보였다. 그녀는 어두운 색의 바지에 검은 터틀넥을 입고 있었다.

아마도 가장 놀라운 점은 허니와 톰 사이에 공공연한 적대감이 존재하지 않는다는 사실이었다. 대개 부부가 헤어질 때는 극도의 격렬한 소외감을 경험하곤 한다. 나는 왜 톰과 허니가 그렇지 않은지가 궁금했다.

허니가 먼저 말문을 열었다. 그녀는 자신에 대해 설명하고 싶어 하는 것 같았다.

"지난번 저희가 여기 왔을 때 박사님의 말씀이 저에게 강한 인상을 주었습니다. 전 모든 걸 다 하고 있었죠. 사실 저도 알고는 있었지만 어떻게 그만둬야 할지를 몰랐었습니다. 박사님이 옳았습니다. 전 남편을 믿지 않았습니다. 그이가 자발적으로 아이들과 함께 시간을 보낸다고 생각하지 않았기 때문에, 만약 제가 남편에게 강요하면 남편이 화를 내서 혹시 아이들에게 더 나쁜 영향을 미칠까 봐 두려웠거든요.”

더 이상 그녀의 시선은 아이들을 좇지 않았다. 심지어 아이들이 시끄럽게 장난을 쳐도 산만해지지 않았다. 그렇지만 그녀는 또한 톰에게도 시선을 주지 않았다. 그녀는 불안한 눈길로 나를 바라보았다.

“그런데 지난번 상담 이후로 제가 굳이 말하지 않아도 남편이 더 많이 도와주기 시작했습니다. 불행하게도 그때가 바로 우리 부부 사이가 더 심각해지기 시작한 시점입니다. 우리는 너무나도 달랐죠. 양육에 대한 생각도 완전히 다르고, 함께 일할 때도 노력은 했지만 잘되지 않았습니다. 우리가 뭘 하든지 항상 싸움으로 끝났습니다.”

톰은 아무 말 없이 듣고 있었다. 헤어지려는 사람들 사이에 일반적으로 나타나는 고통스러운 충돌이 없었다. 마치 두 사람은 이미 이혼한 것처럼 보였다.

허니가 계속 말했다. “오랫동안 상황이 제대로 되지 않았을 때 나 자신을 변화시켜 보려고 노력했습니다. 그이가 아이들과 아무것도 하지 않으려고 했을 때는 제가 모든 걸 다 했습니다. 그리고 그이가 더 많이 도와주려고 했을 때는 그렇게 하도록 내버려 두었습니다. 그렇지만 잘되지 않았습니다. 나는 나 자신을 바꿀 수가 없었습니다.”

그래서 그녀는 떠났다.

무슨 일이 일어났는지에 대한 톰의 이야기도 허니의 이야기와 별반 차이가 없었다. 다른 점이 있다면 그는 아내가 떠난 사실 때문에 고통스러워하고 있었다는 것이다. 그는 버림받고 거절당했다고 느꼈다.

결혼에 대한 이야기에서 아이들 이야기로 화제를 바꾸면서 그는 밝아졌다. "두 아이 모두 훨씬 나아졌습니다. 저는 아내보다 좀 더 엄격해서 그녀가 전에 했던 것처럼 아이들이 많은 물건을 가지고 놀도록 허락하지는 않습니다. 그렇지만 박사님이 하신 말씀도 기억해서 아이들끼리 놀 시간은 충분히 주고 있습니다."

그는 또한 스티븐에게 더 많은 책임을 주기 시작했다. 예전에 스티븐의 방은 유해한 쓰레기 더미처럼 취급당했다. 스티븐이 방을 엉망으로 어지럽혔기 때문에, 그들은 박스 스프링에서 매트리스를 떼어 내어 바닥에 깔고는 값나가는 모든 물건들을 치워 버렸다. 그들의 메시지는 '우리는 포기했다. 네 마음대로 하라.'였다. 그러나 허니가 떠난 이후로 톰은 모든 것을 바꿨다. 그는 침대를 다시 합치고, 스티븐에게 공부할 수 있는 낡은 책상을 주었으며, 심지어 스티븐의 방에 컴퓨터를 설치했다. 스티븐은 이제는 물건을 부수는 식으로 반응하지 않는다. 그는 자신의 방을 깔끔하게 유지하기 시작했다.

톰이 이 이야기를 했을 때 나는 "이걸 어떻게 설명하시겠습니까?"라고 물어보았다. "모르겠습니다" 그가 말했다. "아마도 그는 단지 신뢰받기를 원했었나 봅니다." 톰은 마치 자신의 이야기를 하고 있는 것 같았다.

허니가 떠난 후 아버지와 아들의 관계는 좀 더 편안해졌다. 삐걱거리는 기류를 만들어 내던 부부간의 숨겨진 갈등이 더 이상 없었다.

톰은 결혼생활이 깨진 데 대해 다소 철학적인 반응을 보였다. "이런 일들은 일어나게 마련입니다." 그가 말했다. "사람들은 서로를 돌보는 일을 그만두고 있죠." 그는 마치 희망이 사라진 것처럼 슬픈 기색조차 없이 말했다.

사실 나는 톰이 허니가 떠난 사실 때문에 당황하고 상처받은 것을 감지했다. 그의 분노와 상처는 원망으로, 쓰라림으로, 그리고 마침내 절망으로 변했다. 그들은 둘 다 노력했지만 서로에게 맞추는 데는 실패했다. 그리고 이제는 포기해 버린 것이다.

톰이 말했듯이 이런 일들은 생겨나기 마련이다. 그렇지만 다른 일들, 다른 불길한 사건들이 톰과 허니 사이에서 일어나고 있었다. 서로에 대한 상처와 분노는 예전에 그랬듯이 다시 보이지 않게 되었다. 보이지 않고 해결되지 않은 채로, 다시 육아의 장(arena)에 영향을 미치고 있었다. 아이들을 맡으면서 톰은 허니를 밀어내고, 그녀가 아이들을 포기하도록 부추기고 있었다.

나는 톰에게 말했다. "그녀가 당신을 떠나가는 것에 대한 당신의 분노가 아이들로부터 그녀를 밀어내는 힘이 되고 있다는 사실을 아십니까? 아이들에게는 엄마가 필요합니다."

그는 아무 말도 하지 않았다.

"허니!" 나는 말했다. "당신은 아직도 이 아이들의 엄마입니다. 당신은 아이들을 사랑하고 아이들도 당신을 사랑합니다. 당신은 영원히 그들의 일부이고, 이 사실은 당신 남편이 뭐라고 하든 변하지 않습니다."

이 사례는 내게 무척 어려운 상담이었다. 상담을 하다 보면 이런 일도 생기곤 한다는 그런 말이 이 상황에 대해 내가 느끼고 있는 책임까지 면책해 줄 수는 없었다.

이 고통스러운 만남에서는 타개책도, 통찰도, 원상 복구도 없었다. 자녀에 대한 관심이라는 공통점을 잃어버린 채, 이제 이 부부는 오랫동안 숨겨져 있었던 두 사람 사이의 공허를 마주 대하고 있었다. 내가 톰과 허니에게 말한 결론 가운데 한 가지는 이들 부부 사이에서 어떤 일이 일어난다 하더라도 부모로서의 역할은 결코 사라지지 않는다는 사실을 상기시켜 주는 것이었다. 그러나 이 부분에서도 나는 잘못 생각하고 있었다. 일 년 후 허니는 두 아이가 있는 한 남자와 재혼을 했다. 그리고 허니는 자신의 의붓자식들에게 혼란스러울 것이라는 이유로 스티븐과 라이언을 더 이상 만나지 않았다. 상담을 하다 보니 정말 이런 일도 다 생긴다.

톰과 허니의 치료는 부부관계와 부모─자녀 관계의 대립을 설명해 준다. 부부는 부모 역할을 더 잘 수행하기 위해서 자신들의 결혼생활을 돌봐야만 한다. 역으로 결혼생활이 파경에 직면할 때, 부부는 부부관계의 갈등이 부모─자녀 관계에 악영향을 끼치지 않도록 보호해야 한다.

치료를 받으러 오기 훨씬 전부터 이미 워든 부부 사이에는 사랑은커녕 심지어 동정심조차 존재하지 않았다. 그러나 고통의 경로는 쉽게 변하곤 한다. 허니와 톰 사이의 증오심은 밑으로 감추어지고, 두 자녀에 대한 통제 불가능한 행동으로만 나타났다. 스티븐이 '과잉행동증(Hyperactivity)'으로 공식적인 진단을 받았을 때, 초점은 아이의 증상에 맞추어졌고 부부 사이의 어려움은 감추어졌다.

워든 가족의 치료는 성공인가 혹은 실패인가? 나는 인생을 그런 식의 좁은 관점으로 측정하는 것은 불가능하다고 생각한다.

개별적인 관점에서 보면, 허니는 톰과의 불행했던 부부관계로부터 벗어났다. 그녀의 새로운 가족이 그녀로 하여금 좀 더 충만한 삶을 살 수 있는 기회를 주었으면 하는 바람이다. 톰과 두 아이라는 새로운 가족 구성도 분명 이전보다는 더 행복하고 기능적으로 보인다. 아이들의 증상 또한 잘 진정되었다.

그러나 설령 두 부모와 자녀들의 불행한 삶이 지속되는 것보다는 차라리 이혼하는 편이 더 나은 선택일 수도 있다는 그런 가능성을 감안한다 하더라도, 어머니가 자녀들을 버리는 모습은 우리의 마음을 아프게 한다. 허니의 새 출발은 난해하고 비틀린 변화였다. 어머니의 부재는 소년들의 인생에 커다란 빈 공간을 남겼다. 나는 다만 그것이 영구적이 되지 않기만을 바랄 뿐이다. 그러나 부모 중 한쪽이 자녀들과의 연락을 중단했다 하더라도 이혼으로 인해 가족이 완전히 붕괴되는 것은 아니다. 다만 형태를 바꿀 뿐이다.

말할 필요도 없이 이 결혼 관계의 파경에 대해서 나는 무척 유감스럽게

생각한다. 가족을 이혼으로부터 '구하는' 것만이 내 일은 아니지만, 자녀
문제에 있어서만은 나는 그 방향으로 기울곤 한다. 워든 가족과는 끝내
지 못한 과제가 있다. 할 수만 있다면 나는 허니와 그 소년들이 다시 이어
질 수 있도록 돕기 위해, 양쪽 가족을 네트워크 미팅(network meeting)에
초대하고 싶다. 그렇게 나는 항상 행복한 결말을 꿈꾸곤 한다.

제9장

아버지의 분노

자녀를 때리고 싶지는 않지만 구타를 하게 된 한 남자의 이야기를 하고자 한다. 가정폭력에 대한 보고서에는 가정폭력의 전형적인 예로서 도시 빈곤이나 실업, 알코올중독, 잔인한 사람과 같은 모습을 보여 주고 있다. 하지만 문제가 항상 그런 식으로만 발생하는 것은 아니다.

폭력은 우리 모두에게 위험을 느끼게 하는 일종의 추악한 힘의 형태를 띤다. 폭력적인 사람은 힘이 세고 위협적으로 보인다. 폭력에는 두 가지 형태가 있다. 어떤 목적을 달성하기 위한 폭력은 '강제적인 폭력(coercive violence)'으로 불린다. 그러나 또 다른 형태의 폭력은 '애원하는 폭력(pleading violence)'으로 존재한다. 이것은 필립과 로렌의 사례에서도 볼 수 있듯이 희생자가 자기 자신을 희생자로 인식하는 경우다. 아동학대나 배우자의 구타가 존재하는 가정 내에서 폭력적인 남자들 혹은 여자들은 종종 자신들이 다른 배우자의 꾐에 무력하게 반응하게 되는 경험을 한다.

이런 상황에서 자포자기한 통제 불능의 공격자들은 자신의 어려움을 이해해 달라고 애원한다. 그러한 사실 왜곡에 대한 우리의 감정적인 반응과는 상관없이, 이런 종류의 폭력적인 사람들에 대해 징벌을 내려 관리하는 것은 오로지 희생의 감정만을 증가시키고 십중팔구 더 심각한 폭력을 가중시킬 뿐이다.

퍼렐(Farrell) 가족은 버몬트 주의 평범한 중산층 가정이었다. 카터 퍼렐(Cater Farrell)은 40대 초반이다. 그는 대학을 졸업하고 수년간 필라델피아에서 수습사원으로 근무한 뒤에 사냥과 낚시 가이드로 일하기 위해 고향인 버몬트 주로 돌아왔다. 하루에 2백 불을 받고 그는 도시의 소란스러움에 지친 사람들을 버몬트의 숲과 강으로 안내했다. 이 일은 그에게 절대 지루하지 않은 직업이었다. 그렇지만 가이드는 불확실한 직업이어서, 가장 인기 있는 가이드만이 그 일로 생활이 가능했다. 카터는 여유롭고 상냥해야 하는 가이드로서의 매너가 부족하고, 마음의 치유를 갈망하는 여행객들과 친절하게 대화하거나 그를 좋아하게끔 만드는 기술이 부족했다. 그렇지만 그가 가지고 있는 배튼 킬(Batten Kill)과 메타위 강에서의 훌륭한 플라이 낚시 기술 그리고 가을에는 사슴을, 봄에는 야생 칠면조를 찾아낼 수 있는, 아직까지 실패를 모르는 그의 탁월한 능력이 진지한 스포츠맨들로부터 높은 평가를 받았다.

내가 그 가족들을 만났을 때, 카터는 가이드 일을 그만두고 버몬트 주의 어류와 야생 생물부서에서 감독관으로 일하고 있었다.

카터의 부인 페기(Peggy)는 초등학교 교사였는데, 오랜 경험과 훌륭한 감각으로 그 지역의 교장 자리에 공석이 생길 때마다 계속해서 추대되곤 했다. 그녀의 대답은 매번 같았다. "나는 교사이지 행정가가 아닙니다." 그래서 많은 이들이 종종 범하게 되는, 좋아하는 일과 멋진 직함을 맞바꾸어 버리는 실수를 그녀는 5년마다 피하고 있었다.

페기와 카터에게는 세 자녀가 있는데, 18세 소녀와 16세 소년 그리고

11세의 소녀였다. 로빈(Robin)은 고등학교 3학년이었고, 키이스(Keith)는 2학년 그리고 티피(Tippi)는 6학년이었다. 좋은 아이들이었으나 카터와 페기는 자녀들과 문제가 있었다.

퍼렐 가족은 케이트 케네디(Kate Kennedy)라는 상담사를 통해 나를 소개받았다. 그들은 몇 개월 전에 자녀의 양육 문제로 케이트를 찾아갔지만 곧 난항에 부딪힌 상태였다. 과거 나의 제자였던 케이트는 내게 상담받는 게 도움이 되리라 판단해 퍼렐 가족을 주말에 뉴욕으로 오도록 설득했다.

퍼렐 가족이 들어서자 방이 꽉 찼다. 키가 크고 긴장돼 보이는 아버지는 나로부터 가장 멀리 떨어진 구석진 의자에 앉아서 휴식을 취했다. 그는 푸른색 바지와 붉은색 폴로 셔츠를 입고 있었고, 긴 콧수염을 기르고 있었다. 다음에 들어선 그의 아내는 둥근 얼굴을 가진 작고 매력적인 여성으로 들어와 남편 옆에 앉았다. 그녀의 피부는 맑았고, 짧고 붉은 금발을 하고 있었다. 빛바랜 복숭아색 블라우스는 그녀의 단아한 모습을 돋보이게 했고, 남편의 강렬한 색상과 대비되었다. 그녀의 뒤로 아이들이 들어왔는데 어머니 옆에 한 줄로 앉았다. 십 대인 두 아이들은 아버지로부터 멀리 떨어져서 끝에 앉았다.

나는 부모에게 질문을 하면서 말문을 열었다. "케이트 상담사와 얼마 동안 만나셨죠? 그분과 약 두세 달간 상담을 하게 된 이유를 말씀해 주시겠습니까?"

"아마 두 달 정도라고 생각합니다." 퍼렐 부인이 말했다.

그녀의 목소리는 온화했지만 절도가 있었다. 그녀는 아름답고 부드럽고 차분하며 절제할 줄 아는 여성이었다.

"로빈과 키이스는 문제가 있습니다." 카터가 설명했다. 그의 목소리는 아내보다 좀 더 강압적이었다. "학교와 집에서 모두 문제가 있죠."

그는 붉은 갈색 머리를 한 마르고 단단한 근육의 소유자였다. 날카로운 코와 긴장된 옆모습은 매를 연상시켰다.

"우리는 규율에 문제가 있습니다." 그는 자신의 관점에서 상황을 요약하여 말했다.

"우리라면 두 분 모두를 말하는 겁니까?"

"네." 그가 고개를 끄덕였다.

"누구와 문제가 있습니까? 두 아이들?" 나는 18세의 로빈과 16세의 키이스를 가리켰다.

"사실 모두 다입니다." 그가 말했다. "그렇지만 특히 이 두 아이입니다. 규율, 아니 규율의 부재가 진짜 주된 문제입니다." 그는 부모라기보다는 가부장적이며, 규칙과 규율을 충실히 믿는 엄격한 사람이었다. 그는 부인을 흘긋 보고는 한숨을 쉬었다. "우리는 좋은 규율에 대한 계획을 세워 본 적이 없습니다. 다만 임시방편으로 대처하는 식입니다. 어떤 상황이 발생하면 그때서야 뭔가 행동을 취할 뿐입니다."

이 부부에게서 보이는 형식성과 온화함의 혼합에서 무언가가 나로 하여금 핵심을 찌르게 했다. "가족 중 누가 보안관 역할을 하십니까?"

카터와 페기는 곤혹스러운 침묵 속에 서로를 쳐다보았다. 대부분의 부모는 눈에 뻔히 보이는 사실이 아닌데도 부부가 힘을 공유하는 것처럼 시치미를 떼곤 한다. 그러자 카터가 말했다. "제 생각엔 저인 것 같습니다."

그의 부인은 이의를 제기하지 않았다. 그래서 그녀에게 질문했다. "그러면 부인은 부보안관이십니까, 아니면 피고 측 변호사이십니까?"

그녀는 애처로운 엷은 미소를 지었다. "아마 지금까지 피고 측 변호사였을 겁니다." 그녀의 남편은 의자에서 약간 자리를 바꾸었다. 그녀는 아주 조용히 앉아 있었다.

"그럼 남편 분은 유능한 보안관이신가요? 무능한 보안관이신가요?"

"유능했다면 우리가 여기에 오지 않았겠죠." 그가 어깨를 조금 으쓱하며 말했다.

"그렇다면 가족들은 무능한 보안관을 가지고 있군요. 피고 측 변호사는 유능한가요, 무능한가요?"

"불행하게도 제 생각에는 아주 유능한 피고 측 변호사입니다." 그녀가 말했다.

"우아, 당신들은 문제가 있습니다." 내가 말했다. "이건 최악의 배합이죠." 그들은 웃으면서 쑥스러운 미소를 주고받았다.

그들은 예의 바르고 친절했지만 다소 경계하며 나에게 접근했다. 나는 그들의 문제가 심각하다는 사실을 알았다. 케이트 상담사는 아버지는 화가 폭발해서 가끔 폭력적이 된다고 말해 주었다. 그렇지만 그들은 신중하고 예의 바르며 잘 통제된 행동을 하고 있었다.

그래서 나는 그런 형식적 정중함을 깨 보려고 독특한 암시를 시도했고, 그들은 보통의 말로는 표현하기 힘든 부분을 받아들였다.

다시 나는 로빈과 키이스에게로 방향을 바꾸었다. 로빈은 어머니처럼 작고 예뻤다. 그녀는 푸른 셔츠 위에 데님 재킷을 입고 있었다. 그녀의 남동생은 아버지처럼 키가 크고 마른 체형으로 낡은 흰색 티셔츠 위에 짙은 청색의 스포츠형 점퍼를 입고 있었는데, 남자답게 손이 컸지만 몇몇 십 대 소년들에게서 보이는 양성적인 모습처럼 거의 여성적으로 보였다.

"엄마가 항상 아빠의 뒤에서 너희를 보호하려고 하시니?" 나는 아이들에게 물었다.

"네." 로빈이 대답하자, 그녀의 남동생은 고개를 끄덕였다.

"그 말은 너희가 아직 아빠와 어떻게 대화를 해야 할지 배우지 못했다는 의미로구나. 왜냐하면 엄마가 너희가 할 일을 하고 있으니까."

"글쎄요……." 로빈이 말하기 시작했다.

그녀의 어머니가 끼어들었다. "그게 바로 제가 말하려고 했던 겁니다. 아이들이 아빠와 문제가 생기면 저에게로 오는 대신에 아빠에게 가서 대화를 해야 합니다."

"이런 식으로 되는 거군요." 내가 말했다. "방금 엄마가 너희의 대변인이 되어 주셨네."

로빈이 끄덕였다. 그녀는 나이보다 어려 보였지만 눈치가 빠르고 통찰력이 있었다.

"그래서 엄마가 이런 식으로 돕는 거로구나."

"글쎄요, 엄마는 아빠에 대한 것만 그래요." 로빈이 말했다. "하지만 거기엔 그럴 만한 이유가 있어요."

"아니." 내가 말했다. "그녀는 방금 나한테도 그렇게 했단다."

"아!" 로빈이 응수했다.

"나는 너에게 말하고 있었고, 그녀는 나에게 너를 대변했다. 혹시 내 말투가 거슬리니?"

"아뇨." 로빈이 미소 지었다. "전 괜찮은데요."

"대변인이 필요하니?"

"아뇨." 그녀가 여전히 웃으면서 말했다.

나 역시 미소를 짓곤 페기에게로 방향을 돌렸다. "어머니, 긴장을 푸십시오."

"죄송합니다." 그녀는 웃으며 대답했고, 공격으로 받아들이지는 않는 것 같았다. 나는 상담 중에 이와 같은 일이 일어나는 것을 좋아한다. 이것은 그들 가족의 존재 방식으로 처음으로 완전히 동화되는 것이기 때문이다. 어머니는 방금 내가 가족의 규칙을 깨뜨렸다고 말했다. 즉, 내가 그녀를 통하지 않고 아이들과 접촉한 것이다. 흔히 폭력적인 남성이 있는 가정에서는 낯선 남자를 받아들이기 전에 확인을 해야만 한다. 그래서 어머니가 문지기가 되었던 것이다. 그럼 아버지는 어디에 있었을까?

밀착과 격리가 서로를 강화시키는 하나의 패턴이듯, 어머니의 지나친 간섭이 아버지의 낮은 관여와 짝을 이룬다는 가정하에 이제 아버지의 고립을 탐색해 보기로 했다. 만일 내가 틀렸다면 그들이 나를 고쳐 줄 것이다.

"그래서……." 나는 로빈에게 돌아서며 말했다. "엄마가 너를 보호하는 일을 잘하고 계시는구나. 그런데 넌 어떤 문제가 있는 거지?"

"글쎄요, 전 아빠와 잘 지내지 못해요. 그래서 많은 어려움이 있어요." 그녀는 이 문제에 대해 이미 생각해 왔던 사람처럼 확신을 가지고 강한 뉴잉글랜드 악센트로 말했다. "아빠와 전 전혀 대화를 하지 않아요. '소금 좀 건네주세요.'라는 식의 말을 제외하고요. 우리는 어떤 진지한 이야기도 할 수가 없어요. 그리고 대부분 의견도 일치하지 않고요."

"예를 들면?"

"예를 들면 모든 부분에서요."

"러시아나 중국 같은 문제?"

그녀는 흔히 자신을 설명해 보라고 묻는 어른들에게 십 대들이 보이는 희미하게 찌푸린 미소를 지었다. "아뇨, 심각한 이야기라면 저와 관련된 것들이에요. 제 문제요. 학업과 관련된 일이나 남자 친구 문제 같은 거요."

"아버지는 어떤 짐승이지?" 나는 이 예의 바른 가족들에게 솔직한 언어로 응수했다. 나는 케이트가 설명해 준 폭력적인 이미지와 내가 보고 있는 쾌활하고 예의 바른 가족 사이의 부조화에 도전을 받았다.

아버지를 사랑은 하지만 어떻게 대화해야 할지 모르는 딸이 뭐라고 말하는지 좀 더 주의해서 들으려고 앞으로 당겨 앉았다.

"짐승이요?" 그녀는 말했다. 한숨을 내쉬었다. 이것은 쉽지 않았다.

"아빠는 야만적인 사람이니?"

"아뇨, 그렇진 않아요. 아빤 성실하지만 사람들 사이에서는 폐쇄적인 사람이에요. 오랫동안 나는 아빠가 우리와 관계를 맺고 싶어 하지 않는다고 생각했어요. 그렇지만 아빠 나쁜 사람은 아니에요. 그게 전부예요."

"아빠가 사람들을 이해하지 못한다는 말이니?"

"아뇨, 나는 아빠가 사람들을 두려워한다고 생각해요. 신체적으로는 그렇지 않지만, 사람들에 대해서 울타리를 치고 있다고 느껴요. 글쎄요, 아마도 그들이 낯선 사람이기 때문이거나 혹은 그들에게 관심이 없기 때문이겠죠."

"알았다." 내가 말했다. "키이스, 넌 어떻게 생각하니?"

"네? 전 박사님이 뭘 말씀하시는지 정확히 모르겠어요." 키이스는 누나보다 덜 논리적이고 감정에 관련된 이 대화를 확실히 불편해했다. 그래서 나는 그에게 더 쉽게 질문해 보았다. "너와 아빠 사이에 문제가 있니?"

내가 그의 아들인 키이스에게 말할 때 카터는 뒤로 기대어 팔꿈치를 의자 뒤에 대고 휴식을 취했다.

"글쎄요, 그렇다고 할 수 있죠. 왜냐하면 우리는 서로 다르니까요." 키이스는 유감스러운 듯 말했지만 결국 피할 수 없는 사실이었다. "그리고 보통 십 대 청소년과 아버지들은 잘 지내지 못하잖아요."

"그렇지 않단다." 내가 말했다. "십 대 중에도 아버지와 무척 잘 지내는 청소년들도 있단다. 네 말은 네가 아빠와 잘 지내지 못한다는 뜻이로구나." 키이스가 고개를 끄덕였다.

"그러면 엄마와는 어떠니? 넌 엄마와는 잘 지내니?"

"네." 그런 질문을 하는 게 이상하다는 듯이 그는 말했다.

"왜지? 내 생각에 십 대들은 어머니와 잘 지내지 못하는 것 같던데."

"아니에요." 그가 말했다. "저는 엄마와는 대화할 수 있어요."

"엄마에게 여자 친구에 대한 이야기도 할 수 있니?"

"물론이죠. 엄마에겐 뭐든지 이야기할 수 있어요."

"왜지? 그거 놀라운 일이로구나. 내가 네 나이였을 때 나는 아버지와 그런 일들에 대해 이야기했어. 아버지는 나보다 먼저 청소년기를 보냈지만 어머니는 남자아이의 사춘기를 경험해 본 적이 없으니까."

나는 어머니의 중심적인 역할에 대해 도전하기 시작했지만, 단순하고 명백한 논리를 내세우고 있었다. 내 말은 논리적으로 약점이 없었기 때문에 어머니에 대한 도전이 겉으로는 드러나지 않았다.

이제 나는 키이스의 어머니에게로 되돌아갔다. "자라나는 젊은 애들을 통찰하는 게 어떻습니까?"

"내가 그런 통찰력을 가졌는지는 잘 모르겠군요." 그녀는 내가 준 암시로부터 스스로를 방어하며 침착하게 말했다. "그렇지만 아이들이 어떻게 느끼는지 내게 말할 수 있고, 내가 들어 주고 보살피고 이해할 것이라는 사실을 아이들에게 알려 주고 싶습니다."

매우 신속하게 아버지가 이 가족의 문제라는 게 확인되었다. 자녀들은 아버지와 대화할 수가 없고, 어머니가 기강을 잡고 있었다. 내 질문의 논리는 아버지의 고립과 그를 향한 가족들의 분노의 자취를 추적하고 있었다. 내 감정의 논리는 나로 하여금 패잔병인 아버지를 보호하게 했다. 이것은 거의 반사적이었다. 가족 중의 하나가 아웃사이더일 때, 나는 그 사람을 끌어당겨 그를 가족의 원 안으로 다시 되돌려 놓고 싶어 한다.

"티피!" 나는 열한 살짜리 아이에게 돌아서며 말했다. "로빈은 여태껏 많은 문제가 있었다고 말하는구나. 키이스는 아빠와 이야기하는 데 어려움이 있다고 하는데, 넌 어떻지?"

조금 전까지 이 아이는 아래를 내려다보며 팔꿈치를 앞으로 기대고 딴생각을 하고 있었다. 아이는 고개를 불쑥 들고는 자기에게 의견을 물어 준 것에 다소 놀라면서 기뻐하는 표정이었다.

"음, 전 두 분 중 누구와도 대화하는 데 어려움이 없어요." 아이의 악센트는 언니와 오빠보다도 강했다. "그렇지만 아빠에게 사실 그런 이야기는 하지 않아요." 아이는 아버지를 향해 몸짓을 하면서 말했다. "남자 친구나 뭐 그런 이야기요. 특별한 이유가 있는 건 아니에요."라고 말하고 티피는 어깨를 으쓱했다.

"그러면 엄마랑은 이야기하니?"

"으흠……." 그녀가 대답했다. 그녀의 표정은 '당연하죠'라고 말하고 있었다.

"카터 씨, 당신은 티피와 어떤 식으로 대화하죠? 이 아이는 당신이 자기를 이해할 수 있다고 느끼는 유일한 사람인 것 같군요. 어떻게 하셨죠? 어떻게 성공하신 겁니까?"

"그 애가 아직 어렸을 때 전 좋은 관계를 가지려면 좀 더 일찍 시작할 필요가 있다는 사실을 깨달았습니다." 그는 감정을 통제하고 말을 삼가면서 천천히 신중하게 말했다. "그래서 전 티피가 아직 아기였을 때 그 아이와 꽤 많은 시간을 함께 보냈습니다."

만일 그가 큰 두 아이들로부터 어떻게 사랑을 얻을 수 있는지를 알았더라면, 만일 그가 아이들을 향해 열려 있다는 것을 아이들에게 알려 주었더라면, 아이들은 그와 타협했을 것이다. 그렇지만 그는 자존심이 너무 강해서 혹은 너무 수줍어서 아이들이 알아차릴 만한 어떤 신호도 주지 않았으며, 그래서 그런 일은 일어나지 않았다.

카터의 어떤 부분은 나를 감동시켰다. 그는 신사였고 겸손했으며 과묵하지만 접촉을 갈망하고 있었다. 그는 자녀들과의 관계에서 분명 문제가 있었지만, 자신을 조용하고 무관심하며 친절하지만 냉정하게 드러냈다. 아르헨티나 탱고의 테마 중 하나는 남자다운 남자는 결코 울지 않으며, 운다고 해도 절대 다른 사람들에게 눈물을 보이지 않는다는 것이다. 버몬트에도 이와 비슷한 탱고가 있음에 틀림없었다.

"카터 씨, 근거 없는 억측일 수도 있지만 부인께서 당신과 아이들 사이를 방해하고 있다고 생각하시는 것 같군요, 맞습니까?"

"사실입니다." 그는 주저하며 말했다. "선생님이 어떤 부분을 말하는

지 정확히는 모르겠지만 아내는 **중재자**였습니다. 저는 아내가 의도적으로 아이들로부터 나를 떼어 놓거나 혹은 그 반대로 했다고는 생각하지 않습니다. 제가 아이들과 그리 잘 지내지 못하는 것을 가장 좋은 방법으로 해결하려고 했던 게 원래 아내의 의도였다고 생각합니다."

나는 그가 아내를 방어하고 있는 데 놀랐다. 그렇지만 카터는 명예를 중시하는 사람이었다. 그는 여전히 기사도를 믿고 있었다. 만일 내가 이 사람을 좀 더 자유롭게 해 주지 않는다면, 말 못하는 욕구불만으로 가려진 품위와 원칙이 폭력적으로 변해 버린 멜빌(Melville)의 비극적인 이야기에 등장하는 주인공 빌리 버드(Billy Budd)처럼 행동하게 될까 봐 염려스러웠다.

나는 미소 지으며 말했다. "이 아이들은 당신의 자녀입니까?"

"제가 알기로는 그렇습니다." 그 역시 미소를 지어 보였다.

"아이들 모두를 당신이 키우셨습니까?"

"글쎄요, 전 티피를 키웠습니다. 다른 두 아이는 아내가 키웠습니다."

"그러면 그들은 부인의 아이들이군요." 그러곤 나는 무척 예민하고 솔직해 보이는 로빈에게로 돌아섰다. "너는 편모 가정에서 자라는구나."

"아니에요. 우리는 아빠에게 속해 있어요. 그냥 엄마와 지내는 것처럼 가까운 관계가 아빠와는 없을 뿐이에요."

"왜 이렇게 되었습니까, 페기?"

"뭐라고 하셨죠?"

"어떻게 해서 이렇게 되었습니까? 당신은 아이들이 셋이고, 내 책에는 세 아이면 손이 많이 가서 대개 양쪽 부모 모두를 필요로 한다고 되어 있습니다. 어떻게 이 두 아이에게는 부모가 하나밖에 없습니까?"

"그 질문에는 답하기가 쉽지 않네요." 그녀는 내가 제대로 이해했다는 사실에 불안해하면서도 마치 전문적인 조력자처럼 감정을 억제하면서 천천히 말했다. "한 가지 이유는 남편과 제가 젊어서 처음 가정을 이루기 시작했을 때 자녀들을 양육하는 문제에 대해 아주 다른 생각과 감정을 갖고 있었기 때문일 겁니다. 그리고 우리의 차이점을 해결해 나가기보다는, 아이들을 어떻게 양육해야 할지를 결정하거나 내가 옳은 것으로 알고 있는 것을 하려고 할 때 저 혼자 떠맡으려고 했던 것 같아요."

논리로는 가족들이 진실이라고 알고 있는 이야기를 바꿀 수 없다는 것을 나는 알고 있기 때문에 난처함을 느꼈다. 그렇지만 불합리가 나를 구해 주었다.

"남편과 언제 이혼하셨습니까?"

"뭐라고요?"

"언제 남편과 이혼하셨습니까?"

이번에는 그녀가 내 말의 의미를 알아차리고 침묵했다.

내 질문은 마치 집시 점쟁이의 질문 같았다. 직관이 모호함 속에 가려져 있었다. 그녀는 원하는 대로 대답할 수도 있었다. "이해를 못하겠습니다."라고 할 수도 있고, "미쳤군요."라고 할 수도 있었다.

꽤 오랜 시간이 흐른 후 그녀가 조용히 말했다. "10년쯤 전입니다."

다시 한 번 침묵이 흘렀다.

카터는 부인을 정면으로 보며 말했다. "그보다 더 오래 됐어."

그들은 말없이 서로를 바라보았다. 그러고는 페기가 눈길을 떨어뜨렸다.

"그럼 누구와 결혼했습니까? 페기, 자녀들인가요?"

그녀는 바로 대답하지 않았다. 마침내 그녀가 말했다. "저도 잘 모르겠어요. 전 아직도 미혼이라고 생각합니다."

예기치 못한 대답이었다. 아마도 그녀의 환상일 것이다. 그녀는 사실 모성이 무척 강해서 자녀들에게 많은 관여를 하고 있었다. 그렇지만 마음속으로는 외로웠고, 불행하며 자신이 인정받지 못한다고 느끼고 있었다. 그녀는 혼자였다.

"당신에게 무슨 일이 생긴 겁니까, 카터 씨?"

"어떤 면에서요?"

"폐기에 관해서요."

"나는 질문을 이해하지 못하겠습니다." 그는 적개심이 가득 찬 목소리로 말했다. 내가 파고들수록 그는 저항했다. 아마도 내가 밀어낸다고 느끼는 방향으로 가는 게 두려웠거나 그냥 강요당하는 게 싫었을 수도 있다.

퍼렐 가족은 자녀들 때문에 치료를 받으러 왔다. 그러나 지금까지 상담한 15분 동안 우리는 부부간의 공허감에 깊숙이 들어가 있었다. 카터는 아이들에 대한 그의 부적절한 규율과 통제 불능의 성질, 폭력, 심지어 그의 외로움까지도 탐색할 준비가 되어 있었다. 그러나 한계는 있었다. 그는 자신의 침실 문을 열어 낯선 사람이 상세히 조사하도록 내버려 두지는 않았다.

"글쎄요, 질문은 간단합니다. 부인은 10년 전에 당신과 이혼했습니다. 당신은 어땠습니까? 아내를 변화시키려는 일, 즉 그녀가 당신을 이해하도록 도와주고자 하는 일에 더 이상 에너지를 쏟지 않기로 결정한 때가 언제였습니까?"

"그 질문은 그 당시 부부관계가 어떠했냐는 지나치게 단순한 생각에 기초하고 있습니다."

"무슨 뜻인지 말씀해 주시겠습니까?"

"제 생각에 근본적인 문제는 가족 내에서 아버지의 적절한 역할에 대한 제 생각 때문인 것 같습니다." 그는 천천히, 신중하게 감정을 자제하면서 말했다. "아이들이 충분히 자라면 아이들과 내가 여러 가지 일들을 같이하게 될 것이라고 항상 생각하곤 했습니다. 그렇게 되면 내가 좀 더 적극적으로 자녀들에게 관여하게 될 것이라고 말입니다."

보통 아버지들이 이 말을 공공연하게 하는 것은 아니지만, 이것은 그저 그들의 일반적인 생각이다. 남자는 제공자이고 여자는 양육자다. 카터는 아이들이 충분히 자라 올바로 행동하고, 그와 함께 활동할 수 있을 때 아버지의 역할이 시작된다고 생각했다.

"그 말은 아이들이 어렸을 때는 아내에게 자녀들을 떠맡겼다가 아이들이 나이가 들면 넘겨받겠다는 뜻입니까?"

"아뇨, 인수받는 게 아니라 일부가 되는 겁니다. 이런 일이 생기는 게 몇 살이든지 그때까지 아버지로서의 내 역할은 일하고 청구서를 지불하는 것입니다."

"그리고 아내는 양육하도록 하게 하고요."

"맞습니다. 아이들을 키우고, 의사와의 약속을 걱정하고, 야식과 체벌 같은 그런 일들은……."

"그녀의 일이었군요." 내가 말했다. 그리고 페기에게 물었다. "그럼 당신은 그것을 받아들였습니까?"

그녀는 양 미간을 찌푸렸다. "일정 기간 동안은 그렇게 했다고 생각합니다."

"그렇다면 여러분은 정말 편모 가정이었군요. 어머니가 모든 것을 돌보았습니다. 페기, 왜 그런 이상한 협상을 받아들였습니까?"

"전 더 나은 방법을 알지 못해요." 그녀가 감정적으로 말했다.

"'여보, 나는 당신이 필요해요.'라고 말할 줄 모르셨나요? 네 마디밖에 안 됩니다." 그녀는 대답하지 않았다.

"그가 한 가지 역할을 했으니 당신은 다른 여러 가지 역할을 한다는 말씀입니까?"

카터는 고개를 끄덕였다. 페기는 그렇지 않다. "티피가 서너 살이 되기 전까지는요. 그때부터 전 일하기 시작했고 많은 역할을 했습니다."

"남편에게 도움을 청해 본 적이 있습니까?"

"네." 그녀가 부드럽게 말했지만 성의 있는 대답은 아니었다. 그녀는 남편을 너무 공개적으로 비판하는 것을 원하지 않는 것처럼 보였다. 여기서는 아니다. 지금은 안 된다. 그런 점에서 이 부부는 서로 닮아 있었다.

"그럼 남편이 도와줍니까?"

"나이가 들어 가면서 남편은 더 협조적이 되었습니다." 분명한 시인은 아니었다.

"자녀들에게 남편이 필요하다고 생각하십니까?"

"네, 반드시요."

"그럼, 이 키 큰 친구가 아버지와 대화를 시작할 수 있는 자리를 만들어 주기 위해서 무엇을 하실 작정입니까?"

양육이 아마추어의 영역으로 남아 있는 이유 중 하나는 부모가 요령을 터득하자마자 아이들은 조금씩 자라 완전히 새로운 형태의 문제를 다시 던져 주기 때문이다. 결혼생활 초기에는 카터와 페기의 엄격한 형태의 전통적인 가족은 그런대로 잘 꾸려 나갔다. 그러나 아이들이 자라면서 그가 관여하려고 하자 거기에는 더 이상 아버지의 자리가 없었다.

"서로에게 화가 많이 나 있습니까?"

"그렇지 않습니다." 카터가 말했다.

"아내에게 화가 나지 않는다고요?" 믿기 어려웠지만 이제서야 나는 그게 진실임을 알았다. 그 가정의 규칙은 '결혼생활의 갈등에 대한 공개적인 시인은 없다.'였다.

"네." 그는 지금 나에게 느끼는 분노를 감추려고 애쓰면서 말했다.

"전 당신이 아이들에게 화가 나 있다고 생각하는데요?"

"네." 그의 턱이 눈에 띄게 경직되어 보였다.

"누구에게 화가 나셨습니까? 키이스입니까?"

"때때로 그렇습니다. 그리고 로빈과 티피."

"케이트 케네디가 말해 준 바로는 당신이 키이스를 때리거나 모든 아이들을 때렸다고 하더군요."

"맞습니다. 제가 아이들을 때렸습니다."

그의 생각에는 아이들을 때리는 일이 용인되는 체벌이었다. 이것은 통제 불능의 폭력이 아니었다. 그에게 그것은 단지 '수단'일 뿐이다. 그는 목적을 이루기 위해 그들을 때렸다. 그러나 그는 자제심을 잃었을 때도 그들을 때렸다. 그는 여태껏 잘못을 저질러 왔으며, 자신도 그 사실을 알고 있었다. 그리고 내가 이 모든 것을 다시 들춰냈기 때문에 나를 싫어했다.

"키이스를 때릴 때 당신이 때린 건 키이스뿐이었습니까?"

아이들의 그릇된 행동 때문에 부모 중 한쪽이 격분하게 되면 진짜 분노는 곧잘 다른 쪽 부모에게로 향하곤 하는데, 특히 두 사람이 자녀들을 어떻게 다룰 것인가에 대한 문제로 갈등할 때가 대부분이다. 내 질문은 그 문제에 대한 시각을 넓히려는 것으로, 자녀들이 아내의 아이들이 된 상황 속에서 자녀들에 대한 카터의 반응을 알아보기 위함이다.

그는 당황한 듯 보였고, 나는 질문을 되풀이했다. "키이스만 때렸습니까?"

"네." 그는 내 눈을 쳐다보면서 말했다.

"그때 아내를 때리지 않았다고 확실히 말할 수 있습니까?"

"아뇨. 전 저 자신을 때렸습니다." 카터는 지적인 사람이었다. 그는 자존심과 죄책감으로 가득하고, 엄격한 가치에 구속되어 있었다. 그는 자신에게 잘못이 있다고 보고 기꺼이 죗값을 치르려고 했다. 그는 자신의 잘못을 페기의 탓으로 돌리려 하지 않았고, 또 내가 그렇게 하도록 내버려 두지도 않았다.

"그건 저도 압니다. 제가 이해되지 않는 건……."

"아뇨. 전 아내를 때리지 않았습니다."

"로빈을 때릴 때 로빈만 때렸습니까, 아니면 그때 아내도 때렸습니까?"

"아닙니다." 그가 말했다. "전 페기를 때리지 않았습니다."

그는 이해했지만, 나는 다른 사람들도 그런지 확인하고 싶었다. 그래서 키이스에게 물었다. "내가 아빠에게 뭘 질문하는지 이해가 되니?"

"그게 엄마에게 어떤 영향을 미쳤나요?"

"그래. 나는 혹시 아빠가 엄마에게 화가 나서 너를 대신 때린 게 아닌지를 질문하는 거다. 왜냐하면 아빠가 너희를 상대할 때마다 너희가 엄마의 아이들이기 때문에 엄마 역시 상대해야만 하거든. 너는 어떻게 생각하니?"

"글쎄요……." 키이스는 말했다. "두 분은 어른이고 서로에게 화가 나면 대부분 이야기로 해결하시는 것 같아요."

키이스의 부모는 서로에게 고함치지 않으므로, 이 아이는 그들이 이성적이라고 생각하고 있었다. 이것이 그의 부모가 그에게 가르친 신화였다. 가족의 신화를 알게 되면 더 이상 질문할 필요가 없어진다. 그러나 아버지가 도달할 수 있는 위험 수위를 알기 때문에, 나는 이 이야기에 이의를 제기하지 않을 수 없었다.

"카터 씨, 나는 당신이 대단히 화가 나 집을 나간 것으로 알고 있습니다. 가족들과 몇 주 동안 떨어져 계셨죠?"

"아뇨." 그가 말했다. "화가 많이 나서 나간 게 아닙니다. 나갈 당시에는 화가 나지 않았습니다. 나는 단지 아이들이 말을 듣지 않아 어떻게 기강을 잡아야 할지 모르겠다는 좌절감 때문에 쉽게 아이들을 때리게 된 것 같습니다."

"어떤 사건이 가장 선명하게 마음에 남아 있습니까?"

"가장 기억나는 사건은 키이스와 관련된 일입니다." 그에게 이와 관련된 과거의 기억을 떠올리는 것은 쉽지 않은 일이었다.

"키이스요? 좋습니다. 그러면 세 사람이 그 사건에 대해 한번 이야기해 보시겠습니까?" 나는 팔로 키이스와 그의 부모를 가리키며 말했다.

폭발 직전의 반응을 보이는 로렌과 필립 같은 커플에게는 분노를 촉

발하는 대면은 권하지 않는다. 그러나 이번 상담은 달랐다. 분노는 가라 앉아 있었고, 분노가 떠오를 때면 이미 통제 불가능한 상태였다. 그래서 이 가족에게는 폭력을 자극하는 갈등을 드러내는 일이 필요했다.

페기가 말했다. "우선 그 일이 있었을 때 전 거기에 없었습니다. 저는 부르는 소리를 듣고 그 자리에 갔습니다." 아무도 그 끔찍한 순간을 돌이키고 싶어 하지 않는 것 같았다.

"좋습니다." 그들을 안심시키려 노력하면서 내가 말했다. "아마도 여러분 세 사람이 함께 조각을 맞출 수 있을 겁니다."

"아빠는 어떤 사건을 말씀하시는 거죠?" 키이스가 알고 싶어 했다.

도대체 얼마나 많은 사건이 있었단 말인가? 별도의 사건들로 나뉠 수 있는 것일까, 아니면 사실은 마치 소시지의 끈처럼 이어진 하나의 긴 사건일까?

대답을 한 것은 그의 어머니였다. "아빠가 담배를 들고 위층으로 올라가선 네가 그랬다고 한 일 말이다."

누구도 이야기할 준비가 되어 있지 않았다.

그러자 그의 어머니가 천천히 말문을 열었다. "내가 너나 로빈과 아빠를 통해서 그 상황에 대해 듣기로는, 아빠가 담배를 손에 들고 위층으로 올라와서는 네 얼굴에 들이댔을 때 네가 무척 놀랐다고 했다. 너는 그때 아빠가 무엇 때문에 그렇게 화가 났는지, 그게 무슨 일인지 몰랐다는 거지."

이제 키이스가 기억해 냈다. "글쎄요, 제가 아는 거라곤 제가 로빈과 이야기를 하고 있었는데, 그때는 밤이었고 자러 가기 직전이었어요. 우리는 이야기를 하고 있었죠. 그런데 아빠가 거칠게 위층으로 올라와서 담배 뭉치를 내밀었어요. 저와 로빈은 어리둥절해서 그저 서로 얼굴만 바라봤죠. 그런데 아빠가 그걸 내 얼굴에 문지르면서 내 목을 잡고 벽에 밀치고는 큰 소리로 온갖 욕설을 했어요. 하지만 전 이해할 수가 없었어요. 거의 충격 속에 빠져 있었죠. 도대체 무슨 일인지를 몰랐거든요. 아빠가 저의 목을 졸랐고, 전 전혀 숨을 쉴 수가 없었죠. 거의요. 그리고 로빈이 소리를 질렀고 엄마가 달려온 걸로 기억합니다. 그렇지만 저는 도대체 정말 무슨 일인지를 몰랐습니다. 참 이상한 사건이었어요."

그 공격을 떠올리면서 키이스는 분노하지도, 공포감을 보이지도 않고 다만 어리둥절해할 뿐이었다. 마치 아버지는 야수라기보다는 그의 생각이나 기분을 가족들 중 그 누구도 이해할 수 없는 이방인 같았다.

"계속해 보렴. 난 네가 그 상황에서 어떻게 대처했는지 알고 싶구나."

페기가 말했다. "위층으로 올라갔을 때 전 남편이 벽에다 키이스를 붙잡아 올린 걸 봤어요. 그래서 저는 그의 팔을 잡아당기기 시작했고, 그에게 놓아주라고 이야기했지요. 그러자 남편이 나를 밀쳐 냈습니다. 전 그곳에 서서 남편이 키이스를 놓아줬는지를 확인했죠. 그리고 남편이 놓아주자 키이스는 자기 방으로 들어가 버렸죠. 전 카터에게 무슨 일인지를 물었고, 그는 아무런 말도 없이 아래층으로 내려가 버렸습니다. 전 로빈을 통해서만 그 상황을 이해해야 했습니다. 그 애가 그 상황의 목격자였죠."

"엄마에게 뭐라고 말했지?"

"음, 아빠가 위층으로 올라왔을 때 전 그냥 키이스와 있었어요. 아빠는 아무 말도 하지 않았죠. 그러더니 담배를 꺼내서 키이스의 얼굴에 뭉개곤 목을 조르기 시작했어요. 그리고 그를 벽에 밀치더니 이렇게 말했죠. '그래. 넌 배운 게 아무것도 없지! 그렇지? 도대체 언제쯤이면 아빠 물건을 훔치는 짓을 그만두겠니?' 키이스는 계속 말했어요. '제가 안 가져갔어요.' 그렇지만 아빠는 멈추지 않았어요."

로빈은 간단하고 꾸밈없이 고통스럽고 창피스러운 그 사건을 이야기했다. 아이의 이야기를 들으면서 카터는 얼굴을 돌리고 싶은 충동과 싸웠다. 그의 눈동자는 흔들렸지만 억지로 가족들을 바라보고 있었다. 자존심 강한 사람이 진실과 맞서려고 결정을 한 것이다.

로빈은 계속했다. "엄마를 부르러 아래층으로 내려갔는지, 아니면 제가 소리쳐서 엄마를 부르기 시작했는지는 잘 기억나지 않지만 엄마가 위층으로 올라왔어요. 전 아빠로부터 떨어져 있었고, 엄마가 아빠의 팔을 잡고는 그만두라고 했어요. 그러자 아빠는 팔을 휘두르면서 엄마를 밀쳐 냈어요. 그리고 나서 아빠가 놓아주자 키이스는 방으로 갔어요. 그리고 티피는 이 모든 소리를 듣고는 자기 방에서 울고 있었어요."

아버지가 아들을 때렸고, 두 개의 상처가 공개되었다. 하나는 아버지와 아들, 다른 하나는 남편과 아내 사이였다. 양쪽 모두 아직 치유되지 않았다.

그 사건 이후 카터는 방으로 가서 여행 가방을 챙겼다. 그리고는 아내에게 업무 때문에 일주일간 떨어져 있어야 한다고 말했다. 그는 작별 인사를 하고는 떠났다. 일주일 후 그가 돌아왔을 때는 아무도 그 사건에 대해 말하지 않았다. 그렇게 그냥 묻혀 버린 것이다.

카터의 격렬한 분노 폭발은 가족구성원 모두를 두려움에 떨게 했기 때문에, '처벌'과 '속죄'라는 일종의 의식인 어떤 단호한 행동이 필요했다. 그래서 그는 떠났다. 이것이 그가 선택한 태도였다. 가족은 이해했고, 두려워서 뭐라 말할 수도 없었다.

나는 카터를 바라보았다. 그는 좋은 사람이면서도 굽히지 않으려고 했다. 나는 지하 단층선 위에 지은 이 집이 언제든지 다시 폭발할 가능성이 있다는 문제 제기를 통해 그와 그의 가족을 도와야 할 필요를 느꼈다. 지금까지 나는 카터가 폐기를 결코 때린 적이 없다고 확신했지만, 그는 자녀들이나 자기 자신을 상처 입힐 위험에 처해 있었다.

카터는 다른 사람들이 이해할 수 있도록 자신을 해명할 기회를 가진 것에 대해 기뻐하는 것 같았다.

"그때 전 옷장 위에서 담배 한 상자가 개봉된 걸 발견했습니다. 누군가가 포장을 뜯고는 담배 상자를 다시 붙여 놓으려고 했더군요. 그래서 하나가 없어진 것을 몰랐습니다. 키이스, 넌 예전에 네가 내 담배를 가져갔던 일을 기억할 게다. 그래서 난 그게 너라고 단정 지었던 거야. 네가 담배를 훔치고 있다는 생각에다가 정말로 나를 화나게 만든 건 내가 한 상자에 담배가 몇 갑이 들어 있는지도 모를 만큼 내가 우둔할 것이라고 네가 생각했다는 점이다. 내 지능을 모욕한 것. 그게 나를 그토록 화나게 만들었다."

아들이 자기를 바보라고 여겼다고 생각했을 때, 그는 화가 끓어올라 분노를 주체할 수 없을 지경이 되었다. 카터가 말할 때 그의 아내와 딸은 고개를 떨어뜨린 채 듣고 있었다.

카터는 이어서 말했다. "그리고 담배를 들고 위층으로 올라갔을 때 나는 무슨 말인가를 하려고 했다. 그런데 그게 무슨 말이었는지는 모르겠고 기억이 잘 나지 않는다. 그런데 내가 위층에 갔을 때 너와 로빈이 거기에 서서 이야기하고 있었고, 나의 분노는 너무나 커져서 아무 말도 할 수가 없었다. 나는 어떤 말도 할 수 없는 상태여서 네게 뭐라고 설명할 수가 없었다."

여기서 뭔가 중요한 게 간과되고 있었다. 그래서 나는 로빈에게 말했다. "아빠에게 왜 그렇게 화가 나셨는지 여쭤 봐라."

"우리가 이야기하고 있을 때 왜 그렇게 화가 나셨어요?"

"너희 둘이 이야기하고 있었던 것은 이것과는 아무런 상관이 없다. 난 누군가 내 방에 들어와서 내 옷장에 손을 대고 뭔가를 훔쳤다는 사실 때문에 화가 난 거야."

"나는 너희 아빠가 틀렸다고 생각한단다." 내가 말했다. "나는 아빠가 너희 둘이 이야기하고 있는 걸 봤을 때 화가 났다고 생각해."

"아뇨." 카터가 흥분해서 말했다. "둘이 이야기하고 있었던 사실은 이 일과는 전혀 무관합니다."

나는 내 논점을 반복했다. "나는 너희 아빠가 틀렸다고 생각해."

"전 틀리지 않았습니다." 카터가 나의 눈을 똑바로 쳐다봤고, 나는 그의 분노를 느꼈다.

"카터!" 나는 확고하게 말했다. "당신은 아버지에 불과합니다. 내가 전문가입니다. 나중에 당신은 내 말을 이해하게 될 겁니다."

"아마도요." 그가 냉담하게 말했다.

나는 직업을 이용하여 그를 누르고 있었다. 나는 카터에게 미안함을 느꼈다. 나는 그의 고립감과 무력감에 동정심을 느꼈다. 하지만 그의 확신과 정당하다는 태도는 나를 좌절시켰다.

나는 키이스에게로 돌아서서 말했다. "아빠에게 왜 그렇게 분별없이 행동하셨는지 나중에 물어보진 않았니?"

"전 아빠께 이전에 거짓말을 한 적이 있어요. 아빠는 대부분 그리고 그 당시에도 저를 거짓말쟁이로밖에 생각하지 않았어요. 적어도 제가 보기에는요. 그래서 제가 할 수 있는 건 아무것도 없다고 판단했죠."

"넌 아빠가 옳다고 보니? 아니면 아빠가 미쳤다고 생각했니?"

키이스는 미소를 지으며 고개를 저었다. "아빠는 미치지 않았어요."

"아빠가 미치지 않았다고? 그렇다면 왜 아빠에게 묻지 않았니?"

"글쎄요, 보통 전 심각한 문제에 대해서는 사실 아빠와 잘 이야기를 할 수가 없어요."

"네 말은 아빠가 무정하다는 뜻이니?"

"아뇨. 아빠는 무정하진 않아요. 단지……." 다시 소년은 난처해 보였다. 아버지의 이상하고도 고집스러운 방식을 이미 알고 있는 범주와 조화시키려는 그런 불가능한 시도는 그렇게 쉬운 일이 아니었다.

나는 상담의 감정적인 강도를 높이고 있었다. 나는 위험하고 비합리적인 행동을 보호하려는 침착한 논리가 싫었다.

"넌 어떠니, 로빈? 아빠의 행동에 놀라지 않았니?"

"전 아빠가 키이스를 때릴 거라고 결코 생각해 본 적이 없어요."

"넌 아빠에게 '무슨 일이에요, 아빠?'라고 물어볼 수는 없었니?"

"네, 왜냐하면 그 후 몇 주 동안 아빠가 정말 미웠거든요. 아빠 곁에 가까이 가고 싶지도 않았어요."

"키이스, 너도 아빠가 미웠니?"

"그랬던 것 같아요."

"부인께서는 무슨 일이 있었는지 이해하십니까?"

"아뇨." 짧은 대답 속에 수많은 감정이 담겨 있는 것 같았다.

"남편에게 무슨 일이었는지 물어봤습니까?"

"네." 그녀가 말했다. "우리는 그 후에 이야기를 나눴습니다. 남편이 왜 그렇게 화가 났는지 제게 말해 주었습니다."

"그럼 당신은 이해했습니까?"

"아뇨, 별로요."

그리고 모든 것은 묻힌 채 남겨졌다. 그 사건, 분노, 죄책감, 공포, 미움, 사랑 모두 다. 나는 카터의 고립감을 감지했다.

나는 일어서서 카터에게 의자를 가족으로부터 떨어뜨려 내 옆으로 가져오도록 부탁했다. 그는 주저 없이 그렇게 하고는 앉았다. 나는 그와 가족 사이의 거리를 보고는 충분치 않다고 생각되어 그 그룹으로부터 충분히 더 멀리 의자를 옮겨 달라고 부탁했다.

그러고 나서 나는 그에게 말했다. "나는 당신에게 무슨 일이 생겼는지 이해합니다. 하지만 가족 중에서 당신을 이해하는 사람은 아무도 없는 것 같습니다."

"무슨 일이 생겼습니까?" 그가 호기심 반 경계심 반이 섞인 채 물었다.

"당신에게 무슨 일이 생겼냐 하면……." 나는 일어서서 그의 의자를 그룹으로부터 멀리 떼어 놓으며 말했다. "이것이 당신에게 생긴 일입니다."

그는 나와 아이들과 아내를 차례대로 쳐다보았다. 그것은 안을 들여다보고 있는 외로운 이방인의 모습이었다.

내 목소리는 부드럽고 간절해졌다. "당신은 소외된 사람입니다." 이제 나는 모든 사람들이 이해할 수 있도록 표현했다.

카터와 나는 몇 분 동안 단둘이서 이야기했다. 나는 우리가 너무 부드럽게 이야기하고 있어서, 나머지 가족들이 우리 이야기를 들으려고 귀를 기울인다는 사실을 알아차렸다. "그들은 모두 둥글고 아름답습니다." 내가 말했다. "당신은 사각형의 쐐기입니다. 당신은 혼자입니다." 이어 나는 가족들이 들도록 목소리를 높였다. "당신과 그들 사이에는 보이지 않는 장벽이 있기 때문에 당신이 폭력적으로 된 겁니다. 그들은 당신 마음에다가 저들은 하나의 집단이고, 당신은 소외되었다는 감정을 심어 준 겁니다."

카터 퍼렐은 자신을 엄격하고 시대에 뒤떨어진, 규범을 실천하는 사람으로 여겼다. 하지만 그가 보지 못했고 완전히 인식하지 못한 것은 그의 완고함이었다. 그의 아내는 아버지의 무능한 권위로부터 자녀들을 보호하는, 일종의 이론만 아는 심리학자였다. 둘 다 충실하게 점점 더 극단적인 위치로 서로에게 양극화되었다.

서로에게 다가가는 대신에 따로 표류하면서 어머니는 자녀들과 가깝게 연결되었고, 아버지는 바깥에서 고통스럽게 분노하도록 내버려졌다. 그는 화가 나서 아들과 이야기하려고 위층으로 올라갔지만 소년과 누나가 활기차게 친숙한 대화를 나누고 있는 모습을 발견하고는 거절감과 소외감에 압도되어 버렸다. 말문이 막히고, 아이들과 이야기하는 것이 불가능하다고 느끼면서 순간적으로 폭발한 것이다.

나는 카터에게 가족 옆으로 다시 돌아가도록 요청했고, 그는 이전에 자신의 의자가 놓여 있던 페기의 옆으로 돌아갔다.

"왜 자녀들에게 가까이 갈 수가 없는 것입니까?"

"질문이 왜 내가 아이들에게 가까이 다가갈 수 없다고 느끼느냐는 건가요?" 그는 다리를 꼬고 뒤로 기대어 앉았다.

"네." 나는 그에게 가족에게로 다시 돌아갈 공간을 찾아 주고 싶었지만, 그는 말하기 쉬운 상대가 아니었다.

그는 팔짱을 끼며 대답했다. "그에 대한 대답은 아이들이 어렸을 때 내가 아이들과 함께한 시간이 부족했었기 때문이라고 해 두죠."

"카터, 지금입니다. 이 일은 지금 여기에서 일어나고 있습니다."

"좋습니다. 질문을 이해합니다. 내가 지금 아이들과 관계를 맺지 못한 건 개인적으로 제가 그들에게 관여하는 것에 대해 그들로부터 적개심을 느끼기 때문입니다."

"그렇군요."

"전 제가 아이들의 문제를 이해한다는 것을 그들이 알도록 수많은 제안과 시도를 해 봤습니다. 저도 그런 문제들을 경험해 왔으니까요. 전 그들을 이해합니다."

"그렇다면 당신은 왜 그렇게 무기력합니까?"

그는 나에게 상처와 분노, 죄책감이 가득한 시선을 보냈다. 인간의 감정이 복잡하게 얽힌 모습을 이보다 더 잘 알 수가 있을까?

그의 죄책감에는 자신이 배반당하고 이해받지 못했기에 자신은 정당하다는 감정이 있었다. 나는 그에게 수탉의 허세와 죄책감의 가책을 버리고 자신의 무기력함에 직면하도록 요구하고 있었다. 필요와 외로움을 받아들이는 것만이 그가 온전한 사람이 되고, 가족의 온전한 일원이 되게끔 할 수 있다.

다시 나는 가족 내에서 나의 **동료** 치료사 역할을 하고 있는 로빈에게 물었다. "왜 아빠는…… 너의 아빠가 될 수 없는 거니?"

"글쎄요, 아빠가 안 계신 지 너무 오래돼서……."

"너에게 아빠가 없었다는 건 사실이 아니야. 사실 특정한 방식으로는 너에게도 아빠가 있었어."

"하지만 최근에 그 일이 일어난 뒤로는 아빠를 받아들이기가 너무 두려워요. 또다시 그런 일이 일어나지 않는다는 걸 우리가 어떻게 알 수 있겠어요?" 로빈이 말할 때 그 목소리에는 자기 어머니의 훈련된 인내심이 약간 담겨 있었다.

"글쎄, 다시 믿어 볼 수도 있겠지. 집에서 아빠의 위치가 계속 그렇다면." 가족구성원의 바깥에 그가 앉아 있었던 자리를 가리키며 내가 말했다. "만약 그가 들어가려고 노크해야 할 필요가 있다면."

"페기, 어떻게 남편이 그렇게까지 소외당하게 되었습니까? 아빠가 되기 위해서 왜 그렇게 이성을 잃은 채 폭력적으로 행동해야만 할까요? 어떻게 그런 일이 생겼습니까?"

"제 생각엔 기술 부족이라는 아주 간단한 문제 같아요. 그이는 관심을 갖고 아이들과 좋은 관계를 유지하고 싶어 하니까요."

잘못은 카터에게 있었다. 남편이 무능했다는 답이다. 우리는 카터의 성격에 결함이 있다는 데 초점을 맞춘 이러한 설명으로부터 벗어날 필요가 있었다. 그리고 그들 관계의 복잡한 공감대 내의 비극적인 결함을 이해하는 방향으로 가야만 했다.

"그러면 카터가 어떻게 소외감을 느끼는지, 누가 그를 소외시키는지, 그리고 그것이 어떻게 변화될 수 있는지에 대해서 함께 이야기해 봅시다."

이제 페기가 남편에게로 얼굴을 돌렸다. "오늘 아침에 티피가 당신에게 학교에 좀 더 일찍 데리러 와 줄 수 있는지 물었던 거 기억나요? 그 애가 숙제를 안 한 수업에는 가지 않아도 되게 말이에요."

"그래." 그는 요점이 무엇인지 의아해하며 말했다.

"당신이 말했죠. '안 돼, 티피. 미안하다. 난 널 도와줄 수가 없겠구나.'"

"응."

"그건 티피와의 아주 훌륭한 의사소통이었어요. 당신의 사정을 그 애에게 알려 준 거지만, 그 애가 어떻게 느끼는지도 당신이 신경 쓴다는 걸 보여 줬죠."

"내가 어떻게 그렇게 했지?" 그가 물었다.

"당신은 '미안하다. 난 널 도와줄 수가 없겠구나.'라고 말했죠. 당신은 그 애가 문제가 있다는 것을 알고 있고, 거기에 관심을 갖고 있다고 말했어요. 하지만 이것이 일이 돌아가는 이치라는 것도 알려 줬죠. 그건 종종 당신이 다른 아이들을 대하는 대부분의 방식들과는 달랐어요."

"어제 저녁만 하더라도 키이스가 설거지 기계에 세제가 없다고 말했을 때, 당신은 굉장히 심술궂은 말을 했죠. '너한테 설거지 기계 세제가 필요하다고 해서 우리가 그걸 항상 갖고 있어야만 하는 건 아니란다.' 사소하지만 그런 두드러진 말들이 당신이 아이들에게 신경 쓰지 않는다는 걸 느끼게 하죠."

페기는 카터에게 마치 인내심 많은 선생님이 학습 지진아를 대하는 것처럼 말했다. 그녀는 남편이 아이들과 말하는 것을 막지 않았고 그를 가족으로부터 소외시키지는 않았지만, 그들의 접촉에 대한 통역자요 재판관이었다. 그렇지만 나는 페기가 변화에 개방되어 있다고 느꼈다. 이제 예비군인 아이들에게로 이동할 시간이었다. 나는 조력자로서 아이들에게 다가갔다.

"키이스, 엄마와 자리를 바꿔 앉아 봐라." 내가 말했다. 그는 그의 아빠처럼 흔쾌히 응했다. 키이스는 똑바로 앉았고, 그의 옆에 앉은 아버지는 앞으로 기대어 나를 마주 보았다.

"카터, 페기가 아이들과의 대화를 당신에게 통역해 주는 위치에 계속 있는 한, 아이들은 당신과 어떻게 대화해야 할지, 그리고 당신도 그들과 어떻게 이야기해야 할지 모를 겁니다. 키이스와 직접 이야기해 보십시오."

"난 네가 이 바지를 입는 게 마음에 들지 않는단다." 그가 말했다. 이것은 틀림없이 그의 마음속에 있었던 생각이다. 그는 마치 자신의 편협함을 증명해 보이려고 결정한 것 같았다.

"왜요?" 키이스가 물었다.

"왜냐하면 그건 찢어진 바지이고, 나는 네가 그 찢어진 바지를 입고 학교 주위를 돌아다니는 것을 봐 줄 수가 없구나. 너 스스로에 대해 좀 더 자부심을 가져야지. 내 자식들이 너덜거리는 옷을 입었다고 남들이 수군대는 걸 난 원치 않는단다."

키이스는 갑작스러운 비판을 불평 없이 들으며 앉아 있었지만, 마치 또 다른 무의미한 잔소리를 참으며 듣고 있는 것처럼 그의 눈동자는 초점을 잃었다.

카터가 말을 마쳤을 때 키이스가 말했다. "그러니까 아빠 말씀은 제가 이 찢어진 바지를 입는 게 아빠 체면을 깎아내린다는 거죠?" 대부분의 사춘기 아이들이 그렇듯 키이스는 멀리서도 위선을 감지할 수 있었다.

"나한테도 그렇고, 그건 너 자신한테도 마찬가지다."

"그건 아빠 관점에서나 그렇죠. 하지만 전 제 방식이 좋아요. 그리고 제가 찢어진 옷을 입었을 때 남들이 뭐라든 전 상관없어요."

"넌 입을 만한 바지가 그것밖에 없니?"

"이 바지만 있는 건 아니지만 전 이게 제일 마음에 들어요."

"이게 네가 제일 좋아하는 바지란 말이냐?"

내 아들의 장발은 나를 미치게 만들었다. 나는 카터가 어째서 그렇게 느끼는지 충분히 이해가 되었다.

"네, 그래요. 하지만 전 정말 학교에 입고 가기 싫은 말쑥한 옷들도 많이 있어요."

"그러니까 너는 사람들이 너에 대해 뭐라고 생각하든 간에 누더기 같은 옷을 입고 돌아다니는 것이 괜찮고, 좋은 바지를 입고 학교에 가기 때문에 다른 사람들이 멍청이라고 생각하든 말든 상관없다는 말이냐?"

키이스가 고개를 끄덕였다. 소년과 그의 아버지는 더 이상 할 말이 없었다.

"이걸로 대화는 끝이다." 카터가 말했다. "내가 너를 이해할 수 있는 방법은 없는 것 같구나."

카터에게 키이스의 말은 마치 외국어같이 들렸다. 그는 그리스어를 이해하는 방식과 마찬가지로 소년의 '상관없다'는 식의 옷 스타일을 이해했다. 그렇지만 나는 이런 아버지와 아들의 주고받기 식 대화를 의사소통의 실패로 남겨 두고 싶지 않았다. 나는 그들이 사실은 대화를 했다는 사실을 일깨워 주고 싶었다. 좋은 의사소통에 의견 일치가 반드시 필수적인 것은 아니기 때문이다.

"보세요, 이건 각기 다른 문화를 사이에 둔 두 사람의 완벽하게 좋은 대화입니다. 당신과 당신의 아들은 각각 사물을 다르게 보는 두 문화에 속해 있습니다. 이 아이들이 속해 있는 정신 나간 문화에서는 너덜거리는 바지가 최신 유행이고, 말쑥한 바지가 구식이죠. 우리는 구세대여서 그것을 이해하지 못할 뿐입니다. 그는 그것을 당신에게 설명할 수 있는 능력이 필요한 것입니다. 그렇지만 페기가 **통역관**입니다. 그래서 그들은 그녀를 찾아가는 것입니다. 그러는 동안 당신은 사각의 말뚝으로 남아 있게 되고 들어갈 수가 없는 것이지요."

"이제 키이스, 아빠가 널 이해할 수 있도록 너 자신을 설명하는 것이 네가 할 일이다. 넌 아빠가 네 찢어진 바지를 받아들일 수 있도록 도와드려야 할 필요가 있단다."

나는 일어서서 키이스에게로 가서 물었다. "만일 네가 무릎을 더 잘 보여 주려면 바지를 좀 더 찢는 게 낫지 않을까?"

나는 엄격한 아버지의 통제로 인해 나타난 불필요한 다툼이 해소되기를 바라면서, 너덜거리는 스타일이 악의 없는 십 대의 꾸밈일 뿐이라는 것을 장난스럽게 드러내려고 시도하고 있었다.

로빈이 킥킥 웃었다. 그녀의 어머니도 미소를 지었다. 키이스는 똑바로 앉아서 그의 바지를 더 잡아 찢어 정말 그의 무릎까지 보이도록 했다. 만일 그가 부끄러워했다면 무릎을 그렇게까지 보이지는 않았을 것이다. 그는 그의 아버지처럼 배짱이 있었다.

"그거야!" 내가 말했다. "바로 그거야!"

"카터, 저런 미적 감각을 이해할 수 있겠습니까? 나도 못합니다. 저건 미친 짓이죠. 그렇지만 저게 바로 이 아이들이 생각하는 그들만의 방식이죠. 당신의 아들은 무릎이 아름답다고 생각하는 이질적인 문화 집단의 일원입니다." 나는 어깨를 으쓱하며 말했다.

"아빠에게 그게 왜 아름다운지 설명할 수 있겠니?"

"글쎄요……." 그가 시작했다.

"부탁한다." 그의 아버지가 말했다.

15세의 소년이 사춘기 아이들이 선호하는 옷 스타일에 대한 복잡한 심리를 아버지에게 어떻게 설명할 수가 있겠는가? 그것도 너무 엄격해서 자신의 모습을 찾아가는 실험을 하려는 아들의 욕구를 참아 내기가 너무나 어려운 아버지에게 말이다. 하지만 키이스는 시도했다.

"이건 아빠가 아무것도 증명할 필요가 없다는 걸 보여 주는 것과 같아요. 아빠도 자신이 다른 사람들보다 더 낫지 않다는 걸 이미 알고 있다는 거죠. 아빠도 아시겠지만, 많은 아이들이 항상 자기들이 입은 조다시(Jordaches) 청바지나 고급 브랜드 옷을 자랑하거든요. 그렇지만 저와 제 친구들은 다른 사람들이 자기들과 같지 않다는 이유로 따돌리는 그런 아이들을 참을 수가 없어요. 그런 아이들은 항상 자기들 옷이 얼마나 비싼지에 대해서 이야기하죠."

"그럼 조다시나 그런 고급 청바지를 입은 아이들이 너희가 그걸 입지 않았다고 해서 너희를 따돌린다는 거냐?" 카터가 물었다.

놀랍게도 아버지와 아들은 서로를 이해하고 있었다. 우선 아들은 많은 사춘기 아이들이 말로는 설명할 수 없는 부분, 즉 성장이란 소속감과 소외에 관한 것임을 설명할 수 있었다. 그와 동시에 놀랍게도 아버지는 아들에게 솔직함을 드러내고 있었다.

"네." 키이스는 아버지와의 의사소통에 그다지 익숙하지 않은 듯 고개를 끄덕였다.

"카터, 당신이 열다섯 살이었을 때의 유니폼은 어땠나요? 당신은 당신의 소속감을 어떻게 나타냈습니까?"

긴 침묵이 흘렀다. 그러고 나서 카터는 그의 아들에게로 얼굴을 돌렸다. "없었습니다. 전 소속되지 않았었습니다." 그의 목소리에는 진실 어린 슬픔이 배어 있었다. "네가 말한 소속되었다는 의미에서 본다면 난 그 어디에도 소속되어 있지 않았었다. 그래서 난 널 이해할 수가 없단다." 어울리지 않는 게 그에게는 친숙한 이야기였다.

"소속되지 않았었다고요?" 내가 물었다.

"네." 그가 조용히 말했다.

"그것참 안됐군요. 소속감은 매우 중요한 것입니다. 당신은 외로웠겠군요."

"네." 그가 침착하려고 애쓰며 말했다.

"혹시 단체에 가입한 적은 있었습니까?"

"열여덟 살 때쯤요. 아마도 제 기억으로는 그때였던 것 같습니다."

"어땠습니까? 키이스에게 말해 주세요."

다시 한 번 긴 침묵이 흘렀다. "내가 그때 어땠는지는 정확하게 기억이 나진 않아. 그렇지만 내가 열여덟 살이었을 때, 네 삼촌 자레드 (Jared)와 제이미(Jamie), 레이먼드(Raymond) 그리고 나까지 네 사람이 함께 다니기 시작했단다. 우리는 함께 어울리는 걸 좋아했단다. 관심사가 같았거든. 우리는 똑같이 엉뚱한 유머 감각을 갖고 있었어. 우리는 사회나 구세대 그리고 제도에 대해 똑같은 불만을 갖고 있었지. 우리는 서로 잘 맞았단다."

카터가 성장기와 소속되고자 하는 몸부림에 대해 얘기하자, 페기는 두드러지게 동정심을 보이며 경청했다.

나는 키이스를 향해 얼굴을 돌렸다. "그게 아빠의 찢어진 바지였구나."

키이스는 생각에 잠겨 고개를 끄덕였다.

카터의 이러한 고백은 어떤 점에서는 그의 아이들이 그와 비슷할 수 있다는 점을 깨닫게 해 주었다. 아들과 아버지는 관습과 제도에 대해 동일한 불만을 공유하고 있었다.

나는 카터에게 몸을 돌려 말했다. "아까 키이스가 그것을 설명했을 때 그것은 매우 명확했습니다. 하지만 그는 대부분은 노력하지 않습니다. 대신 그들은 페기, 당신에게로 갔죠."

"그리고 당신은 그 모든 것을 수용합니다. 그래서 당신은 홀어머니였던 것입니다."

나는 카터의 비합리적인 행동에서 초점을 확대해 그것을 서로 책임이 있는 상호 간의 문제로 바라보도록 시도하고 있었다. 그러나 그녀는 비난을 받는다고 느끼고 반격했다. "전 그 말을 받아들이기가 힘듭니다. 전 최선을 다해 그 문제를 처리했습니다."

"그렇지만……." 내가 말했다. "남편은 소외당했다고 느낍니다. 그래서 그는 이방인으로 남아 있는 겁니다."

"그건 그가 선택한 거예요."

"아닙니다. 그것은 노력이 합해져 생긴 결과입니다. 페기, 전부 그가 혼자 했다는 건 사실이 아닙니다. 가족 모두가 함께한 겁니다. 로빈, 넌 아빠를 소외시켰다. 키이스, 너도 아빠를 소외시켰다. 티피, 너에 대해서는 잘 모르겠다. 넌 아빠와 대화하니, 아니면 아빠가 너무 고지식하다고 생각하니?"

"고지식하다는 말이 무슨 뜻인지 잘 모르겠어요."

"그건 지금 무슨 일이 일어나는지를 잘 모르는 것과 같단다. 마치 내가 지금 무슨 일이 일어나는지 잘 모르는 것처럼." 카터가 자원해서 말했다. 그는 티피와는 방어적일 필요가 없다고 느끼는 것 같았다.

"티피, 넌 아빠를 가르칠 수 있다고 생각하니?"

나는 일이 돌아가는 '당연한 방식'에 도전하고 있었다. 엄격하고 권위적인 가족구조 속에서 나는 가장 어린아이에게 아빠에 대한 교육을 책임지도록 한 것이다.

"저 혼자요?"

"그래, 너 혼자. 다른 누가 너를 도울 수 있겠니?"

"키이스 오빠요." 그녀가 오빠를 바라보면서 말했다.

"너희 둘 다? 그럼 키이스와 얘기해 보거라. 난 네가 좋은 선생님이 될 수 있을 거라고 생각한단. 네가 중간에 그만둘 거라고 생각하지 않거든. 아마도 너희 둘 다 아빠가 지금 시대로 들어올 수 있도록 도와줄 수 있는 여러 방법들을 생각할 수 있을 거야. 너희도 알겠지만 아빠는 1950년대에 갇혀 있단다."

티피는 "전 어떻게 문제를 풀어야 할지 잘 모르겠어요."라고 말했다. 그리고 오빠에게 돌아서서 간절하게 말했다. "오빠는 어떻게 아빠에게 최신 유행을 받아들이도록 가르칠 수 있을지 알아?"

키이스는 싱글거리며 웃었다. "그건 무척 어려운 일이야." 그가 말했다. "아마도 우린 매번 아빠에게 최신 정보를 알려 줘야만 할 거야."

"그렇지만 그건……." 티피는 무척 흥분했다. "그건 오빠가 아빠에게 그게 멋지다고 말하는 것과 같아." 아이는 키이스의 찢어진 바지를 가리키며 말했다. "아빠는 오빠가 그렇게 말하는 것은 알지만 정확하게 그게 왜 멋진지, 어떻게 멋진지는 이해하지 못해서." 티피에게 그녀의 아버지는 호모 어덜투스(Homo Adultus)라는 다른 종에 속해 있었고, 진정한 경험을 나눌 가능성은 거의 없어 보였다.

"그러면 네가 망사 셔츠가 멋지다고 하면 아빠가 망사 셔츠를 사시겠구나. 그게 네가 말하고자 하는 거니?"

"아냐! 내가 말하는 건, 왜 아빠가 망사 셔츠를 원하시겠어? 그건 아빠가 망사 셔츠나 찢어진 바지를 입는 사람들과 어울려 다니시지 않기 때문이야. 그건 우리한테 받아들여졌기 때문에 우리에게나 멋진 거야. 이건 마치 우리 학교에 금발 브리지를 하고 다니는 여자애들과도 같아. 아무도 금발 브리지를 하지 않기 때문에 그게 유행에 뒤떨어져 보이는 거지. 하지만 오빠를 제외하고 모두가 그렇게 하고 다닌다면 아마 오빠도 그 일원이 되려고 금발 브리지를 하게 될 거야. 그리고 아빠 주위의 모든 사람이 구멍 난 바지를 입고 다닌다면 아빠도 결국엔 바지에 구멍을 내게 될 거고."

티피는 아직 어려서 순응할 필요성에 대해 개방적으로 말했다. 언젠가 그녀는 인생의 의미가 무엇인지와 같은 질문을 하게 될 것이다. 그렇지만 지금 그녀가 알고자 하는 모든 부분은 보기에 괜찮은가다.

"나는 너희 젊은 애들이 아빠가 지금 시대 사람들을 이해할 수 있도록 도와주기 바란다. 그렇지만 너희는 아빠의 권위에 민감하게 반응하면서 아빠를 어떻게 가르쳐야 할지를 배울 필요가 있어. 아빠에게는 권위가 있는 게 중요하단다. 할 수 있겠니? 이건 어려운 기술이란다."

키이스가 고개를 끄덕였다. 그는 자발적인 자세를 보였다.

"자, 티피, 너는 어떠니? 네가 아빠를 가르칠 수 있다고 생각하니?"

티피는 씩 웃으며 끄덕였다. 어리고 빈정댈 줄 모르는 이 아이는 아버지를 신세대화한다는 생각을 좋아했다. 나는 감동받았고, 카터는 미소를 짓고 있었다.

그러자 키이스가 말했다. "그건 엄마와 우리가 함께하는 방법인데요. 우리는 함께 대화할 수 있어요."

"그래, 나도 안단다." 내가 말했다. "하지만 그게 바로 아빠의 문을 닫게 했단다."

그리고 로빈에게 말했다. "아빠는 존경과 권위에 대해서 무척 다른 교육을 받았단다. 그걸 이해할 수 있겠니?"

"어떻게 다른 거죠? 네, 이해해요."

"그렇지만 넌 그렇지 않았어."

"네, 그땐 아빠가 그렇게 버림받은 줄 몰랐어요. 그건 우리의 잘못이기도 해요."

"나에겐 쉽게 보이더구나. 난 너희가 방에 들어와서 앉는 것을 보고 바로 알았다. 너희 세 아이는 가능한 한 아빠로부터 멀리 떨어져서 엄마 곁에 앉았지. 엄마는 마치 보호벽처럼 너희와 아빠 사이에 앉았지. 그건 아주 간단했단다."

"전 아빠가 그렇게 선택한 것처럼 느꼈어요." 로빈이 어머니의 생각을 반복하면서 말했다.

"아빠에게는 어떤 선택권도 없었단다." 내가 말했다. 물론 정확한 사실은 아니었지만, 나는 아이들이 이 상황에서 자신들의 **역할**을 알아차리기를 바랐다. 그들은 이미 아버지의 **역할**을 알고 있었다.

"전 그이가 고통받고 있었다고 생각합니다." 페기가 말했다. "너희가 아빠와 이야기하지 않을 때 아빠는 당혹해하고 분노했다. 이제 그걸 이해할 수 있겠니?"

로빈은 고개를 끄덕였고, 그녀의 눈에는 눈물이 가득했다.

시계를 보니 거의 세 시간이나 흘러 있었다. "여기서 끝내겠습니다. 네 시군요."

퍼렐 가족도 조금 놀란 것 같았다. 세 시간 동안 우리는 가족의 고통에 깊이 들어가 있었고, 이제는 끝낼 시간이었다. 그들은 버몬트로 돌아가야만 했다. 카터와 페기는 직장으로 돌아가야 했고, 아이들은 학교로 돌아가야 했다. 상담을 끝낼 시간이었지만 나는 그 분위기를 깨고 싶지 않왔다.

"나는 너희 세 아이에게 과제를 내 주고 싶단다. 너희가 머리를 모아서 아빠가 너희와 잘 연결될 수 있도록 돕는 계획을 세워 보거라. 나는 너희 아빠를 잘 모르기 때문에 어떻게 해야 하는지 모르지만, 그가 외롭다고 느낀다는 건 알고 있단다. 너희 아빠는 외톨이로 자랐다. 그리고 집에서도 지금 여전히 외톨이란다. 아빠를 돕기 위해서 너희가 뭘 해야 할지 생각해 볼 수 있겠니? 너희 셋이 그걸 할 수 있겠어?"

세 아이 모두 고개를 끄덕였고, 티피가 가장 열성적이었다. 그리고 우리는 헤어졌다.

카터와 페기는 부모로서 어떻게 아이들을 양육할 것인가에 대해 매우 다른 생각을 가지고 있었고, 합의점을 찾는 대신 서로를 더 멀리 밀쳐 내 버렸다. 페기는 카터가 사사건건 아이들에게 트집을 잡는다고 보았기 때문에, 그로부터 자녀들을 보호하려는 게 어쩌면 당연했다. 그러므로 그녀가 그렇게 할 때 카터가 화를 내는 것 또한 당연했다. 그렇게 어머니와 아이들은 더 가까워지고 아버지와는 점점 더 멀어지는 패턴이 형성되었던 것이다.

이러한 부모 사이의 양극화된 패턴을 지닌 가족들은 말다툼을 하게 된다. 그렇지만 카터와 페기의 경우는 달랐다. 그들은 모든 것을 속으로만 간직했다. 그 결과로 분노가 곪아서 빈정거림으로 변했다. 그들은 보통의 통계 수치에는 거의 나타나지 않는 일종의 **정서적인 이혼**을 했던 것이다.

카터는 꿋꿋한 엄격함으로 자신이 두려워하고 경멸하는 연약함을 감추어 버렸다. 그는 외로움과 내면의 불확실성을 부인하고, 그의 엄격한 도덕 코드를 침해하는 아이들의 행동을 공격했다. 페기는 그에게 동의하지는 않았지만, 그렇다고 그에게 직접적으로 도전할 수도 없었다.

이 가치 시스템 안에서는 그 어떤 유연성도, 성장의 작은 공간조차도 없었다. 시간이 흐름에 따라 가족구조는 파괴적인 회전을 했다. 페기는 좋은 어머니이자 전임 교사가 되어 모든 영감과 이해의 자원이 되었던 반면, 카터는 페기의 훌륭함에 도전하지 못한 채 그 자신이 점점 더 작아져서 이제는 가족 안을 들여다보기나 하는 아웃사이더가 되어 버렸다. 그는 더 이상 아버지도, 남편도 아니었던 것이다.

그래서 퍼렐 부부는 여자는 보금자리를 짓고, 남자는 사냥을 하는 전통적인 가족의 모습이 되었던 것이다. '아이들이 자라면…….' 카터와 페기는 그렇게 생각했다. '아이들이 자라면, 그때는 카터가 속하게 될 공간이 있을 거야.' 그 사이에 페기의 어머니로서의 역할은 아내가 될 공간이 없을 정도로 커져 갔다. "나는 아직도 독신입니다." 가족 내에서의 그녀의 역할을 부정하면서 말이다. 그러나 사실 그녀는 점점 더 어머니가 되어 갔다.

퍼렐 가족 내의 폭력 분출은 폐쇄적인 의사소통 채널로 인해 표현이 차단되면서 나타난 혼란과 상실의 산물이었다. 이러한 채널을 개방할 때 압력이 분출되고 폭력이 재발하지 않게끔 될 것이다.

분노를 부인하고 회피하려는 카터의 욕구는 전 가족을 분노의 죄수로 만들었다. 재개방에 대한 접근으로 인해 카터는 아내와 아이들에게로 다가갔고 수용을 향해 나아갔다. 페기는 남편과 아이들 사이에서 빠져나와 남편에게로 다가갔다. 아이들은 부모가 기대한 것 이상으로 그들의 역할을 잘 해냈다. 그들은 이제 아버지와 그 중간 지점 이상에서 다시 만나게 되었다.

재 혼

가정생활에서 이혼이나 재혼 등으로 인해 혈연관계가 없는 혼성가족 내의 삼각관계는 가장 악명 높은 문제인 것 같다. 의붓 부모와의 삼각관계는 비록 순수하게 시작되더라도 무척 까다롭게 변할 수 있다. 아마도 혼성가족이 범하는 가장 커다란 실수는 그들 자신을 전통적인 핵가족의 모습으로 만들려고 애쓰는 것일 것이다. 과거의 상처를 치유하려는 열망과 새로운 규칙에 대한 조급함으로 인해 혼성가족은 때때로 시간을 두고 해결해야만 할 일들을 너무 서두르곤 한다.

아이를 양육하는 것은 균형 잡힌 팀에 의해서 행해질 때 가장 잘 이루어지지만, 이 '균형 잡힌 것'이 반드시 공평함을 의미하는 것은 아니다. 혼성가족은 친부모가 이끄는 대로 따르는 게 가장 현명한 일이다. 왜냐하면, 의붓 부모는 이미 규칙이 세워진 가족 속으로 편입되는 것이기 때문이다. 대부분 가장 효과적인 것은 친부모가 규칙을 실행하는 것이다. 친아버지 혹은 친어머니만이 징계를 할 수 있는 도덕적인 권위를 가지고 있다. 의붓 부모는 보조자로서 시작해야 하고, 완전한 파트너십에 편해지도록 시간을 두어야만 한다.

재혼한 가정에서 가장 어려운 역할은 의붓어머니의 역할인 것 같다. 아버지들은 가능한 한 빨리 새 부인으로 하여금 자신의 아이들을 돌보게 하려고 한다. 이것은 아마도 궁극적으로는 어머니가 아이들을 돌보는 것이 옳다는 생각 때문이 아닐까?

혼성가족도 일반 가족들이 새로 결성될 때 거쳐야 하는 조화와 가정의 울타리를 만들어 가는 과정을 동일하게 거쳐야만 하지만, 거기에는 커다란 차이가 하나 있다. 그것은 서로 초혼으로 맺어지는 일반 가족들에게는 부모들이 아이들을 상대하기 전에 서서히 관계를 맺을 시간이 주어지지만, 혼성가족에게는 그런 시간이 주어지지 않는다는 점이다.

제10장

두 번째 시도

비탄에 빠진 혼란스러움으로 인해 어리벙벙해지는 것이 바로 이혼이다. 어떤 이들은 운둔해 버리고, 또 어떤 이들은 두 번째 결혼을 통해 다시 행복을 찾게 되기를 기대하며 새로운 관계를 발전시켜 나간다. 그렇지만 불행하게도 이전의 결혼을 통해 생긴 두 가족의 아이들이 하나로 묶이게 되면, 이 두 번째 시도 역시 첫 번째 결혼처럼 되어 버리는 수가 종종 있다. 새로운 배우자가 과거에 사별을 했든 이혼을 했든 간에 의붓부모와의 삼각관계가 종종 그런 그들의 문제를 증명해 주곤 한다.

삼각관계? 이전 결혼에서 상처받은 두 명의 전문가가 운 좋게도 다시 사랑을 찾게 되었을 때 누가 삼각관계에 대해 생각이나 했겠는가? 일반적으로 우리는 아주 자연스럽게 두 부부가 각기 조각을 잃어버린, 그런 두 개의 작은 가족이 결합하는 것만을 생각한다. 물론 재혼이 재결합을 의미하기는 하지만, 사실은 그보다 훨씬 더 많은 의미를 지니고 있다.

혼성가족은 경쟁과 갈등, 질투와 미움 그리고 사랑이라는 요소들이 다시 생겨날 가능성이 짙다. 의붓 부모와 의붓자식 사이 그리고 의붓 형제자매 사이에서 일어나는 슬프게도 익숙한 경쟁이 새로운 관계를 통해서 상호 간을 만족시키려고 하는 순간 일어날 수 있는 어두운 면이다.

가족들은 우리가 알고 있는 것보다 더 가능성이 풍부하며, 이것이 의붓 가족보다 더 실재적인 곳은 없다. 이렇게 풍부한 가능성을 이득으로 변화시키려면 각각의 많은 새로운 관계의 온전함을 존중해야 한다. '하나의 크고 행복한 가족'을 원하는 것도 물론 좋지만, 대부분의 행복한 가족은 여러 조각 부분, 즉 신뢰를 나눌 수 있는 충분한 시간을 필요로 하는 작은 관계, 다툼과 화해, 문제 해결, 공동 작업 그리고 함께하는 여가 활동 등에 의해 만들어진다.

의붓 부모들은 친부모와 친자식 간의 충성심에 대한 주장을 존중할 필요가 있다. 그렇게 하지 않는 것은 의붓 가족을 형성하는 사람들이 저지르는 커다란 실수가 될 수 있다. 실수하는 것을 피하는 일 또는 실수를 범한 후에 해결해 가는 일에 대해 염려하는 것이 가족치료사로서 내가 할 일이다. 그렇지만 수년간 나는 가정생활의 긍정적인 가능성을 점점 더 인식하게 되었다. 의붓 가족은 물론 어려울 수 있지만, 또 굉장히 성공적일 수도 있는 것이다.

힘에 부치는 상황이 발생하기 전까지는 상담전문가에게 전화할 생각조차 못하는 대부분의 가족들과는 달리, 론(Ron)과 마시(Marci)는 두 사람 모두 재혼 초기에 일찌감치 상담을 요청해 왔다.

"한 친구에게 조언을 부탁했습니다." 론이 설명했다. "그 친구는 박사님이 로스앤젤레스에 며칠 동안 계실 것이라는 걸 알고 있었습니다. 우리는 아직 어떤 심각한 문제는 없습니다만 제대로 시작하고 싶습니다." 라고 그가 말했다. 이처럼 유별나게 조심스러운 요청에 호기심을 느껴 나는 그들을 만나는 것에 동의했다.

나는 LA는 끊임없이 스스로 재투자하는 도시라는 동부 해안 지역의 일반적인 사람들의 편견을 가지고 그곳으로 여행을 갔다. 내가 예상했던 대로 론과 마시는 현대적인 캘리포니아 커플이었다. 론은 녹음이 비어 있는 날짜 중간중간에 클럽에서 연주를 하는 스튜디오 뮤지션이었다. 한때 '잘나가는' 배우였던 마시는 커다란 항공 우주 기술 회사에서 비서로 일하고 있었다.

마시가 자리에 앉자 다섯 살짜리 어린 딸 하이디(Heidi)가 그녀 곁의 벽을 따라 내 왼쪽으로 앉았다. 론과 열두 살인 그의 딸 데니스(Denise)도 가까운 벽을 따라 서로의 곁에 앉았다. 자리 배치의 효과는 부모를 통해 바른 각도로 합쳐진 두 작은 가족을 그려 내기 위함이었다.

네 사람은 젊고 신선하며 여유로워 보였다. 검은 더벅머리와 라운드넥 스웨터를 입은 론은 내가 관람했던 콘서트에 등장했던 가수 폴 사이먼(Paul Simon)을 연상시켰다. 그의 신발은 목이 높은 검은 운동화였다. 마시의 딸 데니스는 어깨 길이의 금발을 하고 있었고, 어린 소녀처럼 보이게 하는 짧은 주름치마를 입고 있었다. 그렇지만 그녀의 조숙한 무관심은 열두 살짜리 딸이기보다는 아버지의 친구처럼 보이게 했다. 마시는 둥근 얼굴형에 짧고 곱실거리는 벌꿀 색 머리를 하고 있었다. 예쁜 얼굴이었다. 그녀는 검은색 티셔츠와 청바지 위에 베이지색 재킷을 입고, 재킷에 어울리는 하이힐을 신고 있었다. 그녀의 딸인 하이디는 더 어리고 인형처럼 보이게 하는 분홍과 흰색 드레스를 입고 있었다. 그녀는 조용하고 정중했으며, 내가 받은 인상으로는 네 사람 중 가장 부끄러움을 많이 탔다.

론은 그와 마시가 막 불행한 결혼에서 벗어났으며, 두 사람 모두 서로에게 아이들을 위해 옳은 일을 하고 있다는 확신을 갖고 싶다는 말로 시작했다. 내가 두 사람이 결혼한 지 얼마나 되었는지를 묻자, 그는 미소를 지으며 말했다. "6주 정도 되었습니다." 나는 이런 일은 LA에서만 가능할 것이라는 생각이 들었다.

어떤 심각한 문제로 치닫기 전인 결혼생활 초기임에도 불구하고, 론과 마시가 상담전문가를 만나기로 한 결정은 상담치료적 경향의 캘리포니아 라이프 스타일에 잘 어울려 보였다. 아마도 캘리포니아의 밝고 맑은 기후가 그들로 하여금 완벽한 관계를 향한 밝은 비전을 선사했으리라. 그럼에도 론과 마시가 대면하고 있는 것은 심각했다. 예방적인 가족치료는 진부한 캘리포니아의 표현처럼 보였지만 사실 이치에 맞았다.

내가 그들의 첫 번째 결혼에 대해 물었을 때, 어느 쪽인지 확신할 수는 없지만 론은 조급해하거나 불편해했다. 나는 캘리포니아 사람들은 미래지향적이며, 과거는 돌아보지 않는다고 배웠다. 론의 경우에는 미래에 대한 극단적인 낙천주의자의 확신이라기보다는 역사, 특히 가슴 아픈 과거에 대한 단호한 삭제였다. 그렇지만 나는 무슨 일이 있었는지, 그들이 어떠한 감정의 짐을 지니고 왔는지 알고 싶어서 그에게 강권하여 물었다.

론은 어려서 결혼했다. 그의 전처는 그가 일하던 한 클럽에서 노래를 불렀다. 딸 데니스가 태어난 후 전처는 노래 부르는 것을 그만두고 탤런트 사무소에서 시간제로 근무하며 클럽에서 배웠던 과음하던 습관으로 되돌아갔다. 론은 전처와 그녀의 음주 습관에 대해 이야기하고 싶어 했지만, 그녀는 그것에 대해 듣고 싶어 하지 않았다. 그녀는 가수 경력을 끝낸 것에 대해 불행해했고, 그를 비난했다. "아이를 갖자고 한 것이 대체 누구 생각이었어?" 어느 날 밤 서너 잔의 샤도네이를 마신 후에 그녀가 말했다. 그들이 대화할 수 있을 때란 오로지 그녀가 술을 한두 잔 정도 마신 때인 것 같았다. 그녀는 술을 마시기 전에는 긴장하고 짜증스러워했다. 술을 두세 잔 마시고 난 후에 그녀는 자주 화를 내고 독설을 퍼부었다. 상황은 호전되기도 하고 악화되기도 했다. 이 시절에 대해 론은 오직 "'쉽지 않다'고만 합시다."라고 말했다. 9년이 지난 후에 그들은 모든 것을 끝내기로 했다. 데니스는 어머니와 살게 되었지만 어머니의 음주는 더 악화되었고, 결국 론이 데니스의 양육권에 대한 소송에서 이겼다.

마시 역시 어려서 결혼했지만, 그녀의 결혼생활은 3년밖에 지속되지 않았다. "우리는 사랑에 빠졌다고 생각했지만 진실하게 서로를 알았던 적은 없었습니다. 저는 노력했지만, 그는 그렇지 않았기에 우리에게는 진정한 기회조차 없었습니다."

열정에 빠져 결혼한 마시와 배우였던 그녀의 전남편은 그들의 사랑의 감정이 서로의 차이점을 극복하게 해 줄 것이라는 환상을 가졌다. 그들은 낭만적 이상주의를 실현하기 위한 **치료과정이 결혼만큼이나 필요하다는** 것을 발견하게 되었다.

이혼한 사람들이 항상 성격 결함으로, 또는 감정 자제의 실패로 인해 고통받는 것은 아니라는 사실과 또한 어떤 것에 필연적으로 실패한 것이 아니라는 사실에 대해 여기서 길게 설명할 필요는 없을 것이다. 이혼은 실수를 바로잡고, 진창에 빠진 생활을 제자리로 돌려놓는 용기 있는 과정이 될 수도 있다. 그렇지만 이혼에 대해 우리가 종종 접하게 됨에도 불구하고, 보통 사람들은 이혼이 한 가족의 '끝'이라고 생각하거나, 가족 형태의 변화를 요구하는 몇몇 가족이 지닌 인생 주기의 한 단계라는 아주 편협한 이해만을 가지고 있다. 그러나 **이혼은 끝이 아닌 과정이다.**

론과 마시 모두에게 있어서 헤어짐은 상실과 자유였으며, 또한 오랜 혼란의 시간이었다. 상처로부터 회복되는 데 혼자 있는 시간이 필요한, 이혼한 지 얼마 안 되는 다른 사람들과는 달리, 론은 헤어지자마자 거의 바로 새로운 데이트를 시작했고, 마침내 마시를 만나게 되기 전까지는 끊임없이 여러 여자와 데이트를 즐겼다. 그는 자유로운 것에 안도했지만 혼자이기에는 그동안 너무 많은 상처를 받았고, 사랑은 그의 마음의 상처에 훌륭한 붕대 역할을 했다.

마시는 두 번째에는 더욱 신중했다. 이혼한 직후에 그녀는 누구도 만나고 싶지 않았다. 첫 번째 결혼으로 인한 결과와 실수를 생각하면, 그녀를 강타한 이혼의 충격은 그 여파가 대단히 컸다. 아마도 그녀가 가슴 아파했던 상실은 실패한 결혼 관계의 현실 그 자체보다는 그녀 자신과 가족에 대한 것일 것이다.

두 아이들은 마치 예전에 들었던 선조들의 역사를 듣는 것처럼 이 이야기를 경청했다. 어찌 됐든 론과 마시는 그들이 겪었던 상처를 주는 과정으로부터 아이들을 보호해 온 것처럼 보였다.

"그래, 하이디!" 내가 말했다. "이제 너는 큰언니 한 명과 아빠가 한 분 생겼구나. 우아!"

"둘!" 그녀가 작은 목소리로 말했다.

"아빠가 둘!" 내가 말했고, 그녀가 웃었다.

론과 마시는 두 가족을 하나로 합쳤다고 생각할지 모르겠지만, 사실 상황은 그보다 훨씬 더 복잡한 것이다. 의붓 가족의 형태는 퓨전이나 증류, 개인의 정체성을 잃어버리는 것처럼 가족들을 '섞는' 그런 것이 아니다. 새로운 가족은 하나의 합체된 단위라기보다는 각기 특유의 모양을 갖추며 자매로, 부부로, 그리고 의붓 부모와 자식으로서의 역할을 다 하도록 해 주는 어떤 경계를 필요로 하는 작은 짝으로 이루어진 복합체다. 나는 이러한 짝들을 각각 연구해 보기로 했다.

나는 그것을 하이디로부터 시작했다. 그녀가 제일 어렸으므로, 가족 재구성에 관한 심각한 이야기를 명랑한 어조로 시작할 수 있을 것 같았다.

"갑자기 큰언니가 생긴 것이 어떠니? 그녀가 두목 행세를 하니?"

하이디는 '아니'라는 예의 바른 대답으로 머리를 흔들었다.

"그녀가 두목 행세를 안 한다고?"

이번에 하이디는 웃으면서 단호하게 고개를 끄덕였다. "아니요!" 데니스를 장난스럽게 가리키면서 그녀가 말했다. "언니가 내게 무엇을 하라고 말하긴 해요."

"그리고 그게 잘 먹히죠." 데니스도 같이 장난스럽게 말했다.

"언니들은 늘 그런 식이란다." 내가 말했다. "자기들이 모든 답을 잘 알고 있다고 생각하지. 큰언니가 있는 것이 쉬운 일이니?"

"음…… 아니요."

그들은 자매이면서도 자매가 아니었다. 그들은 친구가 될 수도 있고 라이벌이 될 수도 있지만, 아직까지는 모든 일이 재미있어 보였다.

"그리고 이제 너의 엄마는 예전보다 훨씬 더 바쁘시니?"

"네. 제가 유일하게 속상해하는 것은 엄마가 내게 더 이상 관심을 갖지 않는다는 거예요. 엄마는 새아빠에게만 모든 관심을 기울여요!"

론과 마시 둘 다 조금 난처해하며 웃었다. 그리고 마시가 말했다. "나쁜 사람 같으니." 그녀는 깊고 조용한 목소리로 따뜻하고 이해심 많은 태도를 보였다.

"엄마를 발로 차면서 '새아빠에게만 관심 주지 마세요.'라고 말해 봤니?" 내가 말했다.

하이디가 그 생각에 즐거워하며 웃었다. "말도 안 돼요!"

하이디의 귀여움은 나에게도 전염되었고, 나도 나이 어린 아이처럼 되어 버렸다. "너는 엄마 정강이를 차고 '여보세요, 여보세요, 저 여기 있어요.'라고 말할 수도 있어. 그런데 그렇게 해 봤니?"

그녀가 머리를 흔들었다.

"해 보렴, 가끔 그 방법이 통한단다. 아니면 엄마 발을 밟아."

이번에는 모두가 웃었다.

"어쩌면 너는 새아빠를 찰 수도 있어."

"말도 안 돼요! 나는 엄마를 찰 거예요."

"나는 아빠를 찰 거야." 데니스가 감미로운 목소리로 말하며 아버지의 어깨를 쿡 찔렀다.

두 소녀들은 당연히 그들 자신의 친부모를 우선순위로 주장했다. 새로운 짝은 친절하기는 하지만 그래도 역시 **침입자**였다. 아이들 각자는 그녀들이 부모에게 가지고 있었던 **독점권**을 조금 잃게 될 것이었다. 그렇게 함으로써 새 자매와 새 의붓 부모와의 관계를 맺어 가기가 약간은 쉬워질 것이다.

"데니스, 이렇게 해 보자. 너와 하이디가 자리를 잠깐 바꿔 주렴."

그들은 이제껏 친부모들이 자신의 친자식들을 보호하는 의붓 가족의 위치로 앉아 있었다. 나는 **변화의 가능성과 어려움**을 연구해 보고 싶었다.

데니스는 일어나서 마시 옆에 앉았고, 하이디는 론의 곁에 앉았다.

"내가 왜 이렇게 했는지 아니, 데니스? 그래야 하이디가 새아빠를 찰 수도 있고, 네가 아빠에게 지어 보이는 그 표정을 마시에게도 시험해 볼 수 있지. 너의 아름답고 매혹적인 표정은 아빠한테만 통하는구나."

"아니에요. 이게 통해요."라고 말하고 아이는 작은 소녀의 버전으로 또 다른 기교가 뛰어난 매력적인 표정을 지어 보였다.

"이게 엄마에게 통하는 거예요." 하이디가 소리 높여 말했다. 그녀는 팔짱을 끼고, 아랫입술을 쭉 내밀어 과장되게 뾰로통한 표정을 지었다. 모두가 웃었다.

"그 표정을 새아빠에게도 보여 주렴." 내가 말했다.

하이디는 새아버지에게 찌푸려 보였지만, 그에게는 어머니에게처럼 먹혀들지는 않았다. "그건 오로지 내 엄마에게만 통하는 거예요." 아이가 결론지었다.

"마시, 데니스가 당신에게도 애교를 부립니까?"

"아니, 별로요. 자기 아빠를 위해 많이 아껴 둔답니다."

소녀들은 그들의 기술이 오직 자신들의 친부모에게만 통한다는 것을 배우고 있었다.

나의 일반적인 사례들과 달리 론과 마시는 아직은 심각한 문제에 봉착하지 않았고, 단지 그들은 '제대로 첫발을 내디뎠는지'라고 론이 말했던 것처럼 그저 확신을 갖고 싶어 했다. 대부분의 경우에 나는 현존하는 양식에 대한 도전자이자 파괴자다. 그러나 변화의 과도기에 있는 가족들이나 새로운 양식을 만들어 가는 과정 가운데 있는 가족들에게는 나의 일이 자신들에게 익숙한 장애물을 통과해서 들어와야만 하는 배를 인도하는 항구의 키잡이와도 같다고 생각한다. 이때 나의 일은 도전하는 것이 아니라 지지하고 안내하는 것이다.

"자, 이건 두 분께서 하셔야만 할 큰일입니다. 여러분의 초혼 때는 얼마나 쉬웠나 생각해 보십시오. 그때는 아이들이 태어나기 전에 부부가 함께 맞추어 나갈 수 있는 그런 시간이 있었습니다. 그러므로 아이들이 태어났을 때, 두 부부는 이미 견고한 조직이어서 자녀들은 이 두 아이가 여러분에게 하려는 것과 같은 일을 할 수가 없게 됩니다."

"분리하고 정복하라!" 론의 재치 있는 말에 모두가 웃었다.

이때 하이디가 새아버지인 론을 장난스럽게 찼다.

"론, 내 생각에 만약 하이디를 계속 그 의자에 앉혀 둔다면 당신과의 관계를 발전시킬 겁니다." 그가 웃었다.

"매우 아픈 관계요." 데니스가 농담을 했다.

모든 관심에 신이 난 하이디는 새아버지를 더욱 세게 차기 시작했다.

"아마도 론은 자신을 방어할 방법을 찾게 될 겁니다." 내가 이어 말했다. "그렇지만 데니스, 너의 스타일은 너무 부드러워서 네게서는 아빠가 자신을 방어할 수 있다는 생각이 들지 않는구나. 두 사람이 2년 동안 함께 있었니?"

"네." 데니스가 대답했다.

"어땠니?"

이번에는 론이 대답했다. "정말 바빴습니다. 내가 밤에 일을 했어야만 했기 때문입니다. 그리고 아이를 원한다고 생각했다가 막상 아이에게 매이게 되면 벗어나는 것이 상책이라고 생각하는 사람들과 두 번이

나 사귀게 되었고, 불행하게도 우리는 그 두 번의 관계를 함께 지나와야
만 했습니다. 우리는 두 가지 경험을 같이했는데, 그것은……."

"끔찍했어요." 데니스가 말했다.

"비극적이야." 론이 극적으로 말했다.

"베디(Veddy)." 데니스가 동의했다. 그들은 자기들 둘만 통하는 대사
가 있었다.

"네 아빠가 우리는 함께 매우 어려운 두 가지 관계를 지나왔다고 말했
는데, 너는 어떻게 관련이 있었지?"

"저는 아빠와 함께 있었죠, 물론. 그들이 같이 있거나 할 때면 저도 함
께 있었습니다. 그쪽에서 '오, 아가야!' 하면 나는 '네? 네, 물론이죠.'라
고 대답하곤 했어요."

"얼마 동안이나?"

"알레그라(Allegra)와는 2년 정도였어요." 데니스가 말했다.

"알레그라와 저는…… 일 년…… 반 동안 함께 지냈고."

"그리고 캔디스(Candice)." 데니스가 추가했다. 그녀는 론이 기록을
잊는 것을 원치 않았다.

"그리고 데니스는 우리와 마지막 반 년을 같이 있었습니다. 그리고 캔
디스와는 약 2주 함께 지냈습니다." 그는 웃었다.

"아니에요. 그것은 한 달하고 2주였어요." 데니스는 점수기록원처럼
말했다. 그녀는 매력적이기를 포기하고, 이제는 아버지가 그녀로 하여
금 지나오게끔 했던 길을 상기시키는 데 여념이 없었다. 데니스의 마음
속에는 자신이 제일 우선순위에 있었다.

오늘날의 기준에서 보아도 두 소녀들은 조숙해 보였고, 그것은 아마
유명한 캘리포니아의 편안함보다는 그들의 부모가 그들에게 친구로서
의지하는 그 방식 때문일 것이다.

"마시, 조심하셔야 합니다." 내가 말했다.

"정말 주의하라고요?" 마시가 웃으면서 말했다.

"데니스가 당신을 방해할 겁니다."

"오, 벌써 시도하고 있는걸요."

이 모든 대화는 장난스러운 어조로 이어졌고, 아이들은 그것을 일종의 게임처럼 생각했지만, 아이들의 부모와 나는 그게 그렇지만은 않다는 것을 알고 있었다.

이혼 부모의 자녀들은 무서운 일들을 많이 경험한다. 그들은 부모들이 서로에 대한 사랑을 끊어 버리는 것을 지켜봐 왔다. 버림받을지도 모른다는 두려움이 그들을 공포에 휩싸이게 했다. 그러므로 새로운 가족구성원과의 경쟁은 심각한 일이다.

"네가 새엄마를 이길 수 있을 것이라고 생각하니, 데니스?"

"당연하죠."

"네가 나를 떠나게 할 수도 있다고 생각하니?" 마시가 물었다.

"아니요, 전 그렇게 하고 싶진 않아요. 다만 새엄마의 약점을 잡고는 그다음에⋯⋯." 그녀는 자기가 선을 넘어섰는지 알아보려고 아버지를 옆으로 힐끗 보면서 웃었다. "그렇지만 나는 화가 나는 경우에만 그렇게 할 거예요."

"좋아. 그럼 다른 조합을 한번 만들어 보자." 내가 말했다. "데니스, 아빠와 자리를 바꾸렴."

두 소녀는 이제껏 부모 사이에 앉아 있었다. 이제 데니스가 하이디 옆으로 옮겨 가면서 그녀의 아버지는 마시 옆에 앉을 수 있었고, 그녀는 가짜로 공포를 흉내 내며 말했다. "오, 안 돼요!"

론은 마시 옆에 앉아서 말했다. "재미있는 발상입니다."

"그래서 론과 마시, 두분은 어떻게 이런 복잡한 관계를 조정해 갈 겁니까?"

"우리는 어떻게 우리 모두를 하나로 이끌 수 있을지에 관해 이야기하는 데 함께 많은 시간을 보냈습니다." 론이 말했다.

"결혼하기 전입니까?"

"아니에요. 우리가 함께한 이후부터입니다."

마시가 말했다. "우리는 이런 생각을 했습니다. '당연히 당신도 나도 아이가 있으니 이건 정말 쉬울 거야.' 우리 둘 다 이 아이들을 좋아하니 무엇이 문제가 되겠습니까?" 그녀는 자신의 순진한 낙천성을 보여 주면서 어깨를 으쓱했다.

데이트할 때 론과 마시는 각자의 아이에 대한 사랑을 존중했다. 독특한 캘리포니아의 낙천주의로 그들은 용감히 새로운 가족으로 전진하고자 하는 그들의 능력에 대해 한 치의 의심도 없었다. 그러나 그들은 그 순진한 아이들의 천진난만한 행동이 반드시 필요한 절충안을 손상시킬 수도 있다는 것을 알아차렸다. 그들은 친부모와 세운 기존의 양식이 변화하는 것에 대해 저항했고, 의붓 부모를 피해 다니기 위해 최선을 다했다.

론이 말했다. "사실 우리는 서로의 의향을 떠보고 있는 중입니다." 그는 명백히 데니스의 찬성을 바라는 동시에, 이것이 무엇을 말하는지 설명하기 위하여 그녀를 향해 돌아섰다. "우리는 가족의 질서를 잡기 위해 몇 개의 규칙을 만드는 중입니다."

"론, 가능하다면 마시를 쳐다보고 계속해서 그녀와 이야기하십시오. 아이들은 자기들끼리 놀도록 그냥 놔두시고요." 그리고 나는 소녀들에게 소파로 자리를 옮기도록 부탁하고는 일어나서 두 세대 사이의 장벽인 것처럼 앉았다.

론이 계속했다. "우리는 몇 개의 규칙과 그 기본과 기초를 세워 가는 중이고, 서로를 알아 가는 법을 배워 가고 있으며, 또 무엇이 우리의 장점과 단점인지에 대해 배워 가고 있습니다. 우리는 성취와 자기표현이라는 것이 협력과 상호 이해와 함께 공존할 수 있다고 믿습니다." 그는 자신이 한 말의 입증을 바라며 나를 쳐다보았다. "어떻습니까?"

"책의 한 단원같이 들립니다." 우리는 둘 다 웃었다.

"우리는 그것을 매일 쓰고 있답니다." 그가 말했다.

"일상적인 표현으로 좀 더 설명해 주세요." 내가 마시에게 말했다.

"글쎄요……." 그녀가 말했다. "어떤 일이 발생할 때 우리는 서로 이야기하고 상의하며, 우리가 그 상황에 대해 어떻게 대처할 것인지를 결정하려고 합니다. 아시다시피 우리의 목표는……."

"현실로 두 단계만 낮춰 보십시오."라고 내가 말했다. 론이 대답했다. "좋습니다. 아이들이 자기 방을 청소하지 않을 때……."

"바로 그겁니다!" 내가 말했다.

모두 웃었다. 우리 모두 알듯이 인생은 '사건의 발생'이 아니라, 아이들이 방을 치우도록 따라다니는 것과 같이 현실적이고 구체적이다.

묵인이라는 것이 종종 이혼한 부모들에게는 특별한 문제가 되어 버린다. 아이들은 두 가족 살림의 비일관적인 점을 이용하고, 결손가정은 인원이 부족하며, 이혼한 부모들은 종종 혼란과 우울함에 빠지곤 한다. 데니스의 친어머니는 이혼 후에 허우적거렸다. 그녀는 가능한 한 모든 에너지를 일에 쏟아부었고, 귀가 후에는 스트레스와 피곤을 풀기 위해 두어 잔의 와인을 마시곤 했다. 그러나 두 잔은 석 잔이 되고 넉 잔이 되었으며, 그녀는 느슨하게 정신을 놓은 상태에 빠져들어 어머니의 역할에서 빠져나갔다. 그녀는 데니스를 관리하는 것에 느슨하게 되었을 뿐 아니라, 이제는 저녁을 짓고 정리 정돈하는 것까지도 딸에게 의지해야만 했다. 심지어 어떤 아침에는 직장에 출근하도록 옷을 입는 것조차 딸의 도움을 받아야만 했다.

마시는 결혼했을 때도 책임감 있는 어머니였으며, 이혼 후에도 계속해서 자신의 역할을 수행했다. 반면에 론은 결코 규율이 엄격한 사람이 아니었다. 론은 술은 마시지 않았지만 그 역시 이혼 후에 약간 정신이 나가 있었다. 이렇게 혼란에 빠지고 외로울 때조차 부모로서의 권위를 주장하기란 어려운 일이다.

이제 마시와 론은 이 두 가지 상이한 양육 방식이 조화를 이루는 일에 당면해 있었다. 부모들이 그들이 자라 온 전통을 따라, 혹은 그와는 반대로 자녀들을 양육하기로 결정하는 것은 첫 번째 결혼에서조차 쉽지 않은 일이다. 부모와 자녀들이 이미 그 규칙과 리듬을 세워 놓았을 때, 그것이 두 번째 결혼이라고 해서 그 일이 더욱 쉬워지는 것은 결코 아닌 것이다.

나는 마시에게 물었다. "당신이 데니스와의 사이에서 가지고 있는 어려움은 어떤 것입니까?"

그녀는 불평을 쏟아 내고 싶지 않은 듯 잠시 주저했다. 누구도 사악한 계모가 되고 싶어 하지는 않는다. "아마도 가장 큰 어려움은 데니스가 스스로 자신의 물건에 대해 책임지도록 하는 것일 겁니다. 나는 아이의 뒤를 졸졸 따라다니며 물건을 정리해야 한다고 생각하지는 않습니다. 왜냐하면 아이는 그런 일을 스스로 하기에 충분한 나이이기 때문이죠."

마시와 데니스는 그들 관계의 초점을 정확히 맞추는 데 예상했던 것보다 힘든 시간을 보내고 있었다. 그 관계의 초점은 아직도 흐릿하고 막연해 보였다. 데니스는 자매와 같은 우정을 상상했던 반면, 마시는 누가 책임자인지에 대해 한 치의 의심조차 없을 것이라고 상상했다.

"당신의 스타일은 무엇입니까? 친절하고 싶으신가요?"

"나는 친절하고 싶습니다만, 때때로 잔소리로 끝나곤 합니다. 그리고 나는 그게 싫습니다."

"론, 당신의 스타일은 어떻습니까?"

"조용하다가 폭발합니다." 그가 무의식적으로 농담하며 말했다.

"당신은 마시와 비슷합니까, 아니면 다릅니까?"

"처음에 데니스와 내가 오랫동안 떨어져 있었기 때문에 많은 죄책감을 느꼈다고 생각합니다. 그래서 나는 인생이 매우 아름다우며, 장밋빛이고, 매 순간 '우아, 우리가 함께 있구나' 하고 감동하고 싶었습니다. 그건 한편으론 정말 좋았지만 다른 한편으론 비현실적이었습니다."

"그게 잘되지 않았군요, 그렇지요?"

"네. 그게 잘되지 않았을 때, 나는 조용히 이야기하고 또 내가 아이에게 가까이 가려 한다는 것을 이해시키려고 노력하면서 그들의 관심을 끌려고 합니다." 론은 열두 살 아이에 관해서 배워야 할 것들이 아직 많이 있었다. "만약 그게 통하지 않고 그 아이가 내 말에 대해 꼬투리를 잡거나 말을 바꿔 버리면, 나는 화가 나서 그걸 가라앉혀야만 합니다. 나는 아직도 끝까지 그저 조용하고 이성적일 수 있는 그런 상태에 있지 못합니다. 그래서 좀 화를 내고 소리치는 경향이 있습니다."

"현실 세계에 온 것을 환영합니다." 내가 말했다.

"네." 그가 대답하며 웃었다.

론은 부모들이 자녀들을 다루는 데 있어서 부드러운 이성에 의지해야 한다는 대중적인 관점에 찬성하고 있었다. 이 대중적인 관점은 이성이라는 것이 부모들에게 책임자가 되도록 도덕적 권위를 부여해 줄 것이라는 믿음이다. 그럴 수도 있으리라. 그렇지만 때때로 책임자라는 것, 즉 책임을 진다는 것이 사람을 더 쉽게 이성적으로 만드는 것이다.

"그의 양육 방식에 대해 어떻게 생각합니까, 마시?"

그녀는 주저하며 론을 바라보았다. 그들은 함께 웃었다.

"괜찮아요, 여보. 나는 받아들일 수 있어요."

"내 생각엔 아이에 대한 양육 방식은 아직도 개발 중에 있다고 생각합니다. 그리고 그게 그렇게 쉽게 되는 일이라고는 생각하지 않습니다. 남편은 반드시 해야 할 때만 부모의 역할을 합니다. 아마도 그가 하지 않는 편이 더 낫지 않은가 싶습니다. 그러니까 부모가 되는 것이 아니라 부모로서 아이들을 양육하는 것 말입니다."

"그가 데니스와 논쟁을 벌이면 관여하십니까, 안 하십니까?"

"나는 보통 그가 확신이 없는 시점에 도달하거나, 누군가가 말을 했으면 하거나, 피드백이 필요한 것처럼 보일 때까지는 관여하지 않습니다."

마시는 현명한 여자였다. 그녀는 직관적으로 데니스의 어머니 역할을 하려고 서두르지 않았다. 의붓 부모로부터 해야 할 일을 지시받는 것에 대해 분개하면, 아이들은 "당신은 내 어머니가 아니야!"라고 말한다. 그들의 말이 옳다.

"현재 당신은 데니스의 기강을 잡는 것을 떠맡지 않으려고 주의하고 계시지요?"

"맞습니다. 데니스는 론의 딸입니다. 그래서 그가 하도록 내버려 두고 있습니다."

"그리고 당신은 시간을 두고 데니스와의 관계를 발전시킬 것이고, 더욱 편해질 것이라고 생각하시지요?"

"네."

나는 소녀들에게 자리로 돌아와서 어른들과 함께 앉도록 했다. 나는 의자를 하이디에게로 가까이 당겼다. 그녀는 분홍과 흰색의 드레스를 입고서는 어린아이인지라 발이 바닥에 닿는 것이 어림없음에도 매우 똑바로 어른스럽게 앉아 있었다.

"너부터 시작하자, 하이디. 괜찮지?" 그녀가 수줍게 웃었다.

"너는 엄마가 너에게 충분한 관심을 쏟지 않는다고 했지? 그게 한 가지야. 그 밖에 다른 점은 뭐지?"

"그게 유일한 점이에요." 그녀가 말했다.

그녀의 모든 조숙한 매력에도 불구하고, 하이디는 아직도 어려서 어머니가 자신의 세계의 전부였다. 그러나 마시가 하이디를 사랑하고, 마시의 세계의 중심에 그녀가 있음에도 불구하고, 하이디가 마시의 세계의 전부는 아니었다.

"네 엄마가 매우 부드러운 어깨를 가졌음에 틀림이 없는 것 같다. 넌 엄마 어깨에 머리를 기대는 것을 좋아하니?"

하이디가 미소 지으며 고개를 끄덕였다.

"아빠는 어때? 새아빠에게도 시도해 본 적이 있니? 가서 그의 어깨를 시험해 보렴."

그녀는 고개를 저었다.

"싫어? 아직은 아니야?"

"내가 아빠에게 익숙해지면요." 그녀가 말했다.

"그래, 나는 6주가 그렇게 긴 시간은 아니라고 생각한단다. 그의 어깨가 얼마나 부드러운지 시도해 볼 수 있나요, 마시?"

마시는 론에게 꼭 붙어 앉아서 그녀의 머리를 그의 어깨에 기댔다. "그는 굉장히 멋지고 부드러운 어깨를 가지고 있네요." 그녀가 말했다.

하이디가 말했다. "엄마도 부드러운 머리를 가졌을 거야."

우리는 모두 웃었다. 하이디가 이제는 그렇게까지 수줍지는 않은 모양이다.

"데니스!" 내가 말했다. "너에게 이 새로운 상황 중 어려운 점은 무엇이지?"

"글쎄요, 내가 많은 것을 바꿔 가야만 한다는 거예요. 아주 많이."

"어떻게?"

"글쎄요……." 그녀는 아버지를 힐끗 보면서 말하기 시작했다. "예를 들어 내가 영화를 보러 가거나 어떤 일을 하고 싶어 한다면, 예전에 아빠는 '오, 좋아!'라고 말했어요. 단지 '몇 시에 돌아올 거니?'라고 물었지요. 그렇지만 지금은 '내가 엄마를 만나야만 하거든. 또 나는 이것도 해야 하고 저것도 해야 해. 그래서 우리가 아마 시간이 없기 때문에 네가 그곳에 갈 수 없을 것 같아.' 그리고는 이러쿵저러쿵……. 그래서 전 심지어 거의 가지 못할 때도 있어요."

"그럼 넌 누구에게 물어보니?"

"아빠와 새엄마 둘 다요."

"그러면 아빠는 역시 네가 갈 수 없다고 말하시니?"

"글쎄 말이죠, 지난번에 아빠는 내가 누구와 함께 가는지 모르기 때문에 갈 수 없다고 말했어요. 아빠는 내가 자동차 극장에 가는 것 또한 원치 않았어요." 그녀는 십 대 청소년들이 부모들의 걱정을 무시할 때 사용하는 비꼬는 어투로 말했다.

데니스는 그녀의 행동이 아버지에게 어떤 영향을 미치고 있는지, 아니면 혹시 자신이 야단맞을 처지에 있는지를 알아보려고 아버지의 눈치를 살폈다.

"그러니까 아빠가 변했구나." 내가 말했다. "아빠가 왜 변했을까?"

"잘 모르겠어요. 아마도 새엄마 때문이겠지요. 아빠는 아빠로서 그리고 그 이상의 사람처럼 행동해야만 해요."

"네 말은 새엄마가 아빠에게 영향을 미치고 있다는 거니?"

"네." 그녀가 키득댔다.

"그리고 새엄마가 뭐라고 말하더라? '당신은 너무 부드러워요.'였던가?"

론과 데니스가 그들 둘만 함께 있었을 때, 론은 데니스가 그에게 면죄부를 주기를 바라면서, 그 아이가 원하는 일을 하도록 대부분 내버려 두었었다. 그러나 이제는 모든 것이 바뀌고 있었다.

데니스는 불평하는 동안 착한 아이로 남아 있었다. 그래도 아이에게는 규칙이 갑작스럽게 바뀌는 것이 쉬운 일이 아니었다.

"그리고 너는 아빠에게 영향을 줄 수 없지? 해 보기도 전에 넌 이미 알고 있어. 나는 네 표정을 보고 알았단다. 너는 기억하지 못하겠지만 그레타 가르보(Greta Garbo)라는 훌륭한 여배우가 있었는데, 그녀는 '어떻게 당신이 나에게 그런 아픈 상처를 줄 수 있어요?'라고 갈망하며 고뇌에 찬 표정을 지었단다. 마치 네 표정은 그 표정 같았어. 완벽하게 그 표정을 짓는구나."

"항상 통하는 건 아니에요." 데니스가 무미건조하게 말했다. 발전 중인 이 새 가족은 다른 가족들과 마찬가지로 긴장감은 가지고 있었지만, 마음을 여는 것을 어렵게 만드는 어떤 쓰라림과 증오심까지는 아직 발전시키지 않았다.

"그런데 그 표정이 새엄마에게도 통하니?" 내가 물었다.

"절대로 안 통해요." 그녀가 말했다.

"물론 아니지. 너는 새엄마에게는 새로운 것을 시도할 필요가 있어. 그것이 너의 기회란다."

"새로운 표정을 시도하라." 데니스가 농담을 하듯 따라 했다.

내가 말했다. "너는 새로운 것을 배울 필요가 있을 거야."

데니스는 심각한 자세로 되돌아갔다. "나는 여러 가지 많은 일을 해내곤 했고, 어린아이처럼 취급된 적은 없었어요."

"넌 너의 아빠가 그렇게 융통성이 있기 때문에 네 나이에 비해 더 어른스러워진 거니?"

"그렇게 말할 수도 있겠네요. 내 생각엔 이것 때문에…… 글쎄요. 제 친엄마는 할리우드 에이전트였고, 엄마는 집안일을 할 시간이 별로 없었어요. 그래서 제가 일어나서 아침을 준비하고, 엄마가 귀가하기 전에 저녁을 준비하곤 했지요."

"네가 엄마를 위해서 아침저녁을 준비했다고? 그래서 네가 이상한 동물이었구나." 데니스가 웃었다.

"너는 네 엄마의 엄마처럼 행동했어. 그 말은 네가 너의 할머니였다는 뜻이야." 이 말에 데니스는 낄낄대며 풀어졌다.

"그렇게 말할 수도 있을 거예요."

"그런데 지금 너는 여기에 있고, 새엄마는 네 친엄마보다 더 시간이 많지?" 나는 그녀의 친어머니를 비판하지 않으려고 조심스럽게 말했다. "새엄마는 좀 더 관리적이지?"

"그리고 저의 모든 것을 빼앗겨 버려서 전 더 이상 많은 것을 할 수가 없어요. 부모님이 내가 열두 살인 것처럼 행동해야 한다고 말할 때, 그리고 내가 열두 살인 것처럼 행동한다는 생각이 들 때 전 정말 힘이 들어요."

"아니, 아니. 너는 열두 살 이상으로 행동하고 있단다."

"네." 이것은 그녀도 수긍했다.

"그렇지만 그것은 훈련에 의한 것이란다. 이제 너의 가족은 바뀌었고, 그것은 힘든 일이야."

"그리고 또 하나의 큰 변화는 옛날에 저는 아빠와 어디든지 갈 수가 있었지만 지금은 아무 곳도 전혀 갈 수 없다는 거예요."

"이런 세상에! 그래서 너는 아주 짧은 시간 동안 세 가족을 옮겨 다녔구나. 네 친엄마의 가족 그리고 아버지와 단둘이서. 아니다, 아버지와 있을 때 너는……."

"우리는 두 쌍의 관계를 가졌죠."

"나는 네가 말할 때 '우리'라고 표현하는 것이 너와 너의 아빠를 하나의 팀으로 만들어 주기 때문에 좋구나. 하지만 그것이 너에게는 어떤 문제가 될 수도 있단다. 데니스, 아빠는 이제 새엄마와 팀을 이루기를 원하고 있고, 새엄마도 너의 아빠와 팀을 이루고 싶어 하거든. 그리고 넌 아마도 네 자신이 혼자 있는 것을 발견하게……."

"그리고 전 혼자 빗속에 버려질 거예요."

"그렇지만 너는 너와 같이 빗속에 버려졌다고 느낄 하이디와 함께할 수가 있단다. 그러니까 너희는 '함께'가 될 수 있어."

"네, 하지만 그것이 조금은 어려워요. 하이디는 일곱 살이나 어리고, 저는 일곱 살이나 많으니까요."

"그래." 내가 말했다. "너보다는 하이디에게 더 쉬울 거야. 아마도 너는 좀 더 힘든 시간을 보내게 될 거야."

데니스가 동정받는 것에 행복해하며 웃었다. "아~주 힘든 시간이요."

"그것은 좋은 것일 수도 있단다. 그렇지만 네게 생기는 일이 네게 좋은 것이라는 사실을 알기까지는 시간이 좀 걸릴 거야. 나는 네 새엄마가 '내가 책임자예요.'라고 말한다는 사실이 좋단다. 하지만 네가 친엄마와 함께 지낼 때 종종 네 엄마는 '데니스, 네가 책임지고 대신 하렴.' 하고 말했지. 이건 무척 커다란 변화야."

"무척 크죠." 데니스가 동의했다.

그 시점에서 나는 일어서서 론과 마시가 다시 자리를 옮겨서 소녀들과 함께하도록 했다. "좋아요, 이제 두 분은 이쪽으로 와서 이 그룹에 합류하세요. 아시다시피 여러분은 아주 멋진 그룹입니다."

"저도 그렇게 생각합니다." 론이 말했고, 마시도 동의했다.

"어려운 일이 될 테지만, 당신들은 좋은 분들이어서 아마도 잘해 나갈 겁니다."

론이 마시를 바라보고, 마시 또한 론을 바라보며 미소를 지었다. "물론이죠!" 그가 영국식 악센트로 말했다.

그리고 내가 말했다. "데니스의 좋은 점은 영리하고, 이해를 잘한다는 것입니다. 아이가 감성적으로는 여리지만 머리가 좋다는 것이 많은 도움이 될 것입니다."

론은 그의 딸을 자랑스럽게 바라보며 미소를 지었다.

"마시, 당신은 데니스와 대화를 시작하는 방법을 찾아야 할 것입니다."

마시가 끄덕였다.

나는 마시와 데니스에 대해서 토론하는 것에서 론과 하이디로 옮겨 갔다. "론, 당신은 보통 그렇게 지적이신가요?"

그는 으쓱하며 미소를 지었지만, 내 말이 무엇을 의미하는지 불확실해하며 눈을 굴렸다. "그것에 대해서 정말로 생각해 본 적이 없습니다."

"당신은 과장법으로 말합니다."

"아티스테(artiste, 불어로 예술가 - 역주)." 그가 말했다. "잘 모르겠네요." 나는 그를 당황시키고 있었다.

"아이들과 놀아 주십니까? 하이디와 놀아 주십니까?"

"아주 조금이요." 그가 불확실하게 말했다.

론의 재치 있는 표현은 장난치려고 준비된 것이지만 그렇게 되지 않았다. 이것은 조정권을 포기하는 것이 실질적으로 어렵다는 것을 감추기 위한 어른들의 말장난이었다.

"하이디!" 내가 말했다. "아빠는 어떻게 놀아 주어야 하는지 잘 모르는 것 같은데, 네가 아빠에게 가르쳐 줄 수 있겠니?"

"그건 아빠 스스로 배워야만 해요." 아이는 아직도 어머니의 애완동물 역할을 연기하면서 말했다.

마시가 말했다. "아빠가 모든 것을 자기 혼자 배울 수는 없단다."

"네가 아빠를 가르칠 필요가 있을 거야, 하이디. 아빠는 뻣뻣해서 네가 아빠를 부드럽게 해 줄 필요가 있어."

"맞아요." 론이 하이디의 용기를 북돋워 주려고 말했다.

론은 하이디에게 더 가까이 다가갈 수 있도록 하기 위해서 자신만이 아니라, 그 자신의 천진난만한 부분에 가까이 다가갈 수 있도록 자신이 좀 더 명랑해져야 할 필요가 있다는 나의 논점을 수용했다. 그가 작은 의붓딸과 놀아 주는 것을 배우는 것은 아내에게 커다란 선물이 될 것이다.

나는 다시 마시에게로 돌렸다. "마시, 아마 당신과 하이디는 데니스가 더 어려지고, 론은 더 장난치며 놀 줄 알아야 한다는 걸 기억하면서, 아마도 이 두 사람을 도와줄 필요가 있을 겁니다."

마시가 말했다. "글쎄요, 가끔 우리는 정말 심각해지곤 한답니다. 인생이란 것이 피곤하고 힘들고 정말 심각하지만 우리는 훨씬 더 많이 가벼워져야 할 필요가 있다고 생각합니다."

"그리고 두 분이 격전을 벌이고 있을 때 유머 감각을 발휘할 수 있는 사람, 상황이 어렵고 불합리하다는 것을 알게 하는 사람은 누구입니까?"

론이 말했다. "우리가 그걸 어떻게 받아들일 수 있을는지는 아직 잘 모르겠습니다." 그가 웃었다. "그러나 아마도 그래야만 하겠지요."

마시가 동의했다.

"여러분은 아주 새로운 가족입니다. 나는 여러분이 멋진 사람들이라고 생각하며, 이 울퉁불퉁한 인생길에서 최고의 운이 따르기를 바라고 있습니다. 아시다시피 나는 어떤 부분이 어려울지 알아낼 수는 있지만, 그것이 여러분 가정에 어떤 좋은 일을 할는지는 잘 모르겠습니다."

어느새 마쳐야 할 시간이 되었고, 우리는 작별을 고했다.

대부분의 재혼한 사람들처럼 론과 마시는 그들이 그동안은 찾아내지 못했던 상호보완성이 기다리고 있는 두 가지 별개의 이야기를 지닌 상태에서 만났다. 이제 그들은 그 상호보완성을 만들어 가야만 한다.

산산조각이 난 두 가족을 단합시킬 수 있으리라는 그들의 능력에 대해 재혼 초기에는 어떤 확신을 가지고 있지만, 첫 번째 마찰을 경험하게 되면서 그들은 두 사람이 합쳐져 하나가 될 수 있다는 환상에서 깨어나게 됐다. 이 새 가족 안에 구성된 여섯 개의 각각의 작은 그룹은 서로의 관계가 발전하고 풍성해질 수 있도록 해 주는 경계선이 필요할 것이다. 새로운 결속이 과거의 충성심을 대신할 수는 없기 때문에, 소녀들과 친부모들 사이의 관계는 특별히 존중되어야 할 것이다.

매력적인 미소를 동반한 그들의 여유로운 매너에도 불구하고, 론과 마시는 소위 이혼한 모든 사람의 머릿속을 떠나지 않는 '두 번째에도 혹시 잘 해낼 수 없을지도 모른다.'는 걱정으로 고무되어 있었다.

실패를 경험하고 재혼하는 부모들은 종종 행복한 가정을 만드는 데 굉장한 부담감을 느낀다. 그렇지만 마시와 론은 너무나 불안해서 그들의 생활 어느 부분에서도 아이들을 제외시키지 않으려고 하는 그런 경우는 아니었다. 그들은 외로움과 친밀감, 둘 다를 갖지 못하게 하는 가로막힌 벽처럼 되어 버리는 일종의 '모두 다 뭉쳐서 고여 버림'에 빠진 그런 가족들 중 하나는 아니었다. 그들 자신의 권리와 아이들의 자율에 대한 존중은 아이들에게는 아이답게 지낼 시간을 주고, 부부에게는 그들만의 시간을 보낼 수 있게 하는 세대 간의 경계선을 지키도록 만들어 줄 것이다.

아이들은 가족에서 가장 중요하고 상처 입기 쉬운 구성원일 것이다. 사실 가정이란 '아이들을 키워 내는 기관'이라고 말할 수 있다. 그럼에도 가족의 삶은 부부의 강한 결속에 달려 있다는 점을 기억하는 것이 중요하다.

론과 마시는 이전 결혼생활의 기억이 너무나 불행해서 마음속으로부터 몰아내 버렸기 때문에, 다른 재혼 부부들보다는 훨씬 덜 부담감을 가지고 있다. 이것이 그들의 신선한 출발을 한결 쉽게 만들어 줄 것이다.

제11장

의붓딸의 습관

우리는 삶의 이야기를 생각할 때 가끔 가정생활이 그 이야기의 혼합 세트라는 사실을 간과하곤 한다. 이 경우 첫 번째 이야기는 재혼이고, 두 번째는 교착상태에 빠진 아이의 성인기로의 성장 이야기, 그리고 부모의 차이와 그것과 관련된 아이들의 문제로 묘사되는 세 번째 이야기가 삼각 구도의 이야기를 만든다.

의붓 가족들에 관한 연구는 재혼한 부부관계의 유대 강화가 매우 중요하다는 것을 보여 주며, 아이들의 필요에 대해 드러내고 말하지 못하도록 하는 것은 새로운 결혼생활의 친밀감을 저해한다는 점을 알게 해 준다. 그렇기에 사생활을 보호하고 그들의 관계에 대해 노력할 시간을 주기 위해서는 부부 주위에 경계선을 만드는 일이 매우 중요하다. 모든 새 부부는 단둘만을 위한 사랑의 시간이 필요하다. 재혼생활을 잘해 나가는 것은 다른 어떤 활동에서 성공하는 것과 마찬가지로 시간을 투자해야만 하는 것이다.

피셔(Fischer) 가족은 마약에 중독된 딸이 있는 교양 있는 중산층의 가족이다. 그들의 다른 아이들은 모두 성인이며 성공적인 삶을 살고 있다. 대체로 부모들은 문제가 있는 아이를 하나 두고 있으면 다른 성공한 아이들에 대해서 재빨리 먼저 말하곤 한다. 아버지와 계모와 함께 살고 있는 25세의 스테파니(Stephanie)는 코카인에 중독되어 있었다.

나는 '마약과 알코올중독자 갱생 센터'에 스테파니가 들어간 이후부터 피셔 가족과 함께 일해 온 재능 있는 젊은 가족치료사 에이드리언 사이먼(Adrienne Simon)으로부터 먼저 스테파니와 그녀의 가족에 대해 들을 수가 있었다. 스테파니의 인생에 부모가 과잉 간섭하는 것을 막는 것에 어려움이 있었기 때문에, 에이드리언은 내게 그들을 만나 줄 것을 요청했다. 부모의 간섭이 딸의 회복을 막고 있다는 것은 중독을 이해하는 흥미로운 방법이며, 그것은 오로지 가족치료사만이 들어 줄 수 있는 그런 사실이었다.

스테파니 부모의 지나친 간섭이 그녀의 자율성을 방해하고 있다는 것은 사실이었다. 그렇지만 스테파니의 무책임함은 그녀의 독립권에 대해 지지하는 것을 거의 불가능하게 만들었다. 우리의 상담 목표는 두 가지였다. 먼저 스테파니의 피해자로서의 위치에 도전하고 싶었고, 그녀로 하여금 자기 자신과 중독에 대해 책임지게 하고 싶었다. 동시에 나는 그녀의 부모가 스테파니를 구제하는 것과 그녀를 통제하려 드는 것에 맞서고 싶었다.

해리 피셔(Harry Fischer)는 키가 크고 건장하며 잘 차려입은 비즈니스맨의 전형적인 모습이었다. 놀랍게도 상담과정에서 그가 먼저 입을 열기 시작했다. 그는 이번이 두 번째 결혼이며, 그의 첫 번째 아내에 대한 것과 재혼한 아내인 페이(Fay)의 전남편이 사망했다는 사실을 내가 이해해 주기를 바랐다. 또 그는 내가 다른 것들도 이해하기를 원했다. "나는 간섭하지 않는 스타일이고, 페이는 간섭하는 스타일입니다. 아마도 우리의 문제들 중 어떤 것들은 그래서 시작됐을 겁니다. 나는 일이 발생하도록 내버려 두고 결과를 다룹니다. 페이는 그 일들이 일어나는 동안 공격하는 걸 좋아합니다. 그녀는 그것에 대해 나와 다투고, 그녀와 다툴 때 나는 화가 납니다." 나는 그의 간결함과 정직함을 존경했다.

페이 피셔는 희끗희끗한 머리를 한 힘차고 직선적인 잘생긴 여성이었다. 그녀는 지금은 논점을 이해해야만 할 시간이라고 말했다. 그들은 자신들이 할 수 있는 한 최선을 다해 왔지만, 스테파니가 계속해서 그녀의 인생을 망쳐 놓고 있다는 것이다.

스테파니는 계모의 불평에 재빠르게 대답했다. 그녀는 내가 그녀의 입장에서 이야기를 듣는 것을 조급해했다. "글쎄요, 내가 좀 망치기는 했습니다." 그녀는 인정했다. "그렇지만 내겐 사생활이 하나도 없습니다. 부모님은 나의 모든 걸 알고 싶어 한답니다." 그녀는 미안해하는 동시에 분노했다.

스테파니는 그녀의 아버지처럼 각진 얼굴을 하고 있었지만, 그의 건강한 혈색과는 대조적으로 창백했다. 그녀는 어두운 회색 모직 정장과 긴치마, 짙은 색 스타킹을 신고, 어두운 눈 화장에 어둡고 붉은 갈색 계통의 립스틱을 바르고 있었다. 나는 그녀가 정말 자신이 어떻게 보이는지를 알고 있는지, 그리고 그녀가 실제로 자기 자신을 비극적이라고 생각하고 있는지가 궁금했다. 그녀는 너무나 조심스러운 복장을 하고서는 너무나 애처로운 목소리로 이야기했다.

"부모님은 어떻게 해서든지 당신에 대한 모든 것을 알고자 하는군요?"

그녀는 입을 굳게 다문 채 미소를 지었고, 슬픔에 잠겨 머리를 저었다. "이렇게 하든 저렇게 하든 그들은 알아냅니다."

"당신이 좀 더 약아져야 할 것 같군요."

"그렇겠지요." 그녀가 겸연쩍어하며 말했다. "부모님이 내 인생에 너무나 간섭하면서 나를 붙잡아 두고 있습니다." 25세의 스테파니는 아직도 부모와 청소년기의 논쟁에 갇혀 있었다. "그들은 계속 간섭해서 결국엔 내가 아무것도 할 수 없게 만듭니다."

중독자가 있는 가족들은 그들의 방식을 집요하게 고수하는 경향이 있다. 그래서 더 폭넓은 관점에 대한 저항이 상당히 크곤 하다. 그리고 죄책감은 오직 한 사람에게만 집중적으로 부여된다. 부모는 너무 오랫동안 아이의 파괴적인 행동 후의 결과만을 처리했어야 했기에, 그 아이의 유능함을 발견하기란 거의 불가능하다. 가족치료사는 부모의 고통을 인식하고 동조하여 그 가정의 문제아를 고립시켜 버릴지도 모른다는 위험 부담으로부터 시작하거나, 혹은 그 문제아의 편을 들어 부모 쪽을 잃어버리게 될지도 모른다는 위험을 감수하는 것에서부터 시작해야만 한다. 그렇다면 과연 내가 그 중간 지대를 찾아낼 수 있을까?

"스테파니, 나는 당신이 가족이란 것에 대해서 잘 알고 있는지 잘은 모르겠습니다만, 가족은 항상 두 개의 상호적인 길로 이어져 있습니다. 다시 말하자면, 부모님이 당신의 인생에 간섭한다면 그건 당신 또한 그들의 관심을 당신의 인생에 끌어들이는 일에 능숙하다는 뜻입니다."

"아마도요." 그녀가 투덜대며 크리넥스 티슈를 홱 뽑으러 성큼성큼 걸어갔다.

"누군가 당신을 보호해 줄 사람이 필요하다고 생각합니까?"

"아니요! 나는 나 자신을 잘 보호할 수 있습니다." 그녀가 말했다. 그녀의 발끝에 매달려 있던 검은색 하이힐이 좀 더 빠르게 흔들렸다.

"그러면 당신이 원하지 않는데도 어떻게 부모님이 당신을 그렇게 간섭하는 거지요? 모순 같지 않나요?" 피셔 씨는 그의 팔꿈치를 앞으로 기대고 있었다. 피셔 부인은 다리를 꼬고 재킷을 당겨 자기 어깨에 덮고 있었다. 나는 그들의 생각을 감지할 수 있었다. '이 사람은 모든 걸 우리의 잘못으로 돌려 비난하려 들 거야.'

그렇지만 난 계속해서 스테파니에게 말했다. "당신 또래의 대부분의 사람은 자신만의 작은 방 가득히 비밀을 가지고 있습니다."

"모든 사람에게 묻는 것입니까?" 그녀의 아버지가 말을 가로막았다. "아니면 스테파니에게 묻는 것입니까?" 그는 커다란 몸짓을 하며 말했다. "나는 왜 우리가 그렇게 걱정하는지에 대해 말할 수는 있습니다만, 이 애가 선생님께 직접 이야기하도록 하겠습니다. 이 애는 자신의 사생활을 보장받아야만 한다고 생각하는 것으로 보이고……."

"그래요. 난 사생활을 보장받아야만 해요. 아니 모든 사람들이 사생활을 보장받아야 해요."

"내가 이야기를 끝낼 수 있게 끼어들지 마라." 해리가 말했다. 그 말은 무미건조하고 확정적이었으며, 대화를 중지시켰다.

"좋아요. 난 말하지 않겠어요." 스테파니는 딱딱한 사탕을 지갑에서 꺼내어 공격적으로 빨았다.

"늘 이런 식입니다." 해리가 넌더리를 치며 말했다. 그는 마치 '우리가 참아 내야만 하는 것이 어떤 건지 잘 봤지요?'라고 말하는 것처럼 어깨를 으쓱했다.

침묵 속에 치욕스러워하며 스테파니는 대화를 거부하고, 그녀의 구두가 달랑거리는 데만 열중했다.

그들은 익숙한 영역 내에 있었다. 이것은 민감하고 걱정하는 아버지와 무책임하고 반항적인 딸 사이의 이미 잘 알려진 춤이었다. 두 사람은 각자 '정확하게 어떻게 하면 서로를 자극할 수 있는지'를 잘 알고 있었다. 이렇게 감정이 고조되어 있을 때면, 나는 새로운 그 어떤 것, 그러니까 언쟁 너머의 것, 불확실함과 희망을 여는 어떤 것을 유심히 살피며, 인내의 보통 문턱을 넘어 그 이상으로 두 사람의 대화를 끌어가려고 노력한다.

"스테파니, 지금 막 아버지와 당신 사이에서 무슨 일이 일어났습니까?"

"평소처럼 우리는 싸웠습니다. 우리는 그냥 잘 지내지 않습니다."

"그게 전부가 아닙니다. 당신들은 단지 말다툼을 했을 뿐입니다. 그런데 왜죠? 당신은 아버지가 무엇을 했다고 느꼈습니까?"

"나에게 무시하며 말했습니다." 그녀는 버릇없는 십 대처럼 말했다. "늘 그렇죠." 그녀는 불쑥 일어나서 탁자 위의 크리넥스 통으로 가서 석 장의 티슈를 획 잡아 뺐다. 다시 한 번, 증오에 차고, 반항적이며, 오해받고 있다는 동작이었다.

"좋아요." 내가 말했다. "부모님은 당신을 마치 열여섯 살처럼 여기고, 당신은 그들에게 마치 열여섯 살처럼 행동합니다. 당신은 집에서 멀어지면 스물다섯 살인가요?"

"그렇습니다."

"그렇다면 왜 집에서는 열여섯 살입니까?"

스테파니는 머리카락을 꼬아 얼굴 앞으로 밀고는 아무 말도 하지 않았다. 그녀는 부정하지 못할 정도로 지금껏 너무나 많이 망쳐 버렸고, 그 전체 무게를 실감하기조차 어려울 정도로 수많은 실패를 겪었다.

페이도 겪을 대로 다 겪었다. 나의 질문들은 지난 2년간의 비극적인 현실과는 좀 동떨어져 보였다. "내가 좀 끼어들어도 될까요?" 그녀는 스테파니를 바라보았고, 목소리는 점점 불쾌해져 갔다. "나는 네가 지금은 충분히 성숙했고, 네 인생을 감당할 수 있고, 이제는 우리가 우리 인생을 좀 살도록 해 줄 수 있으리라 생각한단다. 그렇지만……."

나는 자동적으로 일어서서 스테파니에게 그녀의 부모 사이의 자리에서 이동하도록 동작을 취했다. 이 행동은 경계선을 넘어선 것에 대한 반사적인 반응이었고, 자율에 대한 구체적인 은유였다. 그렇지만 예상치 못하게 스테파니는 고집을 부렸다. "나는 이 자리가 매우 편안합니다."

"아니에요, 아닙니다. 당신은 그곳이 편하지 않아요."

"전 편해요. 저는 소파가 좋지, 의자는 싫습니다."

"그래요, 그렇지만 나는 이 순간 당신이 부모님 사이에 앉는 것을 원치 않습니다."

"글쎄, 전 괜찮습니다. 전 정말 여기에 앉고 싶습니다." 스테파니는 팔짱을 끼고 다리를 꼬고는 나를 노려보았다. 모두 아무 말도 하지 않았다.

마침내 스테파니가 일어서서 자리를 옮겨서 침묵을 깼다. 어떻게 우리가 이런 상황을 만들었을까? 나는 스테파니를 구해 주려고 노력했지만, 그녀는 내가 자신을 쥐고 흔든다고 느끼고는 내게 반항하였고, 갑자기 나는 피셔 집안의 도전과 통제의 드라마 속 배우가 되어 있었다.

"스테파니가 하는 무엇인가가 당신으로 하여금 그녀를 열여섯, 열네 살로 믿게 하고, 그래서 당신은 **통제적**이 됩니다. 그리고 스테파니는 그런 당신을 굉장히 증오합니다."

해리는 '통제적'이라는 단어에 반응했다. "우리는 이 아이를 통제하지 않습니다. 우리는 단지 이 애가 해 왔던 일들로부터 아이를 떼어 놓으려고 애쓸 뿐입니다. 왜냐하면 우리 또한 그 일에 연관되어 있기 때문입니다. 만일 당신이 집 문 앞에서 소환장을 받았고, 그 소환장에 당신이 법정에 출두해야만 한다고 써 있다면…….

"그건 저의 일이에요. 아버지 일이 아니란 말이에요."

"글쎄, 그건 우리 집 일이다." 페이가 화를 내며 말했다.

"제가 저만의 우체국 사서함을 가지는 편이 차라리 더 낫겠네요." 스테파니가 대답했다.

"좋아, 그렇다면 설치해라." 아버지가 말했다. 그는 묵과할 준비가 되어 있었다.

페이는 그렇지 않았다. 그녀는 이기적이고, 무책임한, 생각 없는, 무례한, 그리고 부정직한 같은 단어들을 사용하면서 격론을 펼치기 시작했다. 각각의 단어들은 스테파니에게 아직 좀 남아 있는 자존심에 못이 되어 박혔다. 한두 번 스테파니는 자기 자신을 방어하려고 시도했다.

"나도 그저 어머니처럼 법을 지키는 한 시민일 뿐이에요!" 그러나 점차 뾰로통하고 침울해지기 시작했다. 그녀가 잘못하는 것이 아니라 무언가가 잘못되어 갔다. 그녀의 얼굴에서 그것을 읽을 수가 있었다.

한때는 이것이 페이로부터 스테파니를 보호하기 위해 해리가 개입하게 되는 신호가 되었으리라. 그러나 스테파니가 마약중독자가 된 이후로 이 오래된 연합은 약해졌고, 해리는 이전의 개입하는 활동을 접고 퇴각했다. 무의식적으로 나는 해리의 예전 역할을 떠맡았다. "페이, 당신이 이런 식으로 말할 때 스테파니는 몇 살일까요?"

"우리는 설명하려고 노력했습니다." 페이가 대답했다. "우리는 거듭해서 노력했습니다! 그녀는 내 신용카드에 수천 달러의 빚을 졌고, 심지어 직업조차 없습니다. 그렇지만 우리가 그녀를 구제해 주려고 할 때면……."

"내가 스스로를 구제하도록 제발 내버려 두세요." 스테파니가 되쏘았다.

"잘했어." 내가 말했다. 스테파니는 지금 어른처럼 취급받기를 요청하고 있었고, 나는 그것을 지지하고 싶었다.

스테파니는 부모가 지적한 모든 일들을 저질렀다. 문제 아이를 가진 대부분의 부모가 깨닫지 못하는 것처럼, 스테파니의 부모가 깨닫지 못하는 것은 그들이 근심을 표현하는 그 방법이 곧 스테파니의 무책임함을 지속하도록 만들 뿐이라는 것이었다. 잔소리로는 어떤 사람도 더 책임감 있게 만들 수가 없다. 잔소리는 사람들을 단지 방어적이 되도록 할 뿐이다.

나는 계속했다. "어른은 자신이 취한 행동의 결과를 책임지고 살아갑니다. 부모님이 항상 당신을 구하기 위해 대기하고 있다면, 당신은 결코 어른이 될 수 없습니다."

다시 한 번 이것은 익숙한 발단이었다. 나는 스테파니와 하나가 되어 그녀의 부모에게 도전하고 있었지만, 또한 그녀에게 합류함으로써 정확하게 부모의 요구대로 그녀가 자율적이고 책임감을 갖도록 제안하고 있었다.

성숙해 가는 과정의 인생극은 대부분 영웅, 즉 그 인생을 이끌어 가는 자의 신화 속 주제의 다양함으로 그려진다. 이것은 맞기도 하고, 틀리기도 하다. 스테파니와 같이 가족들과 심리적으로 뒤엉켜 버린 청년들은 친구를 만들고, 직장을 구하고, 사랑에 빠지는 것에 더 힘들어하고, 심지어 어떤 이들에게는 이런 일들이 전혀 불가능한 것처럼 보이기도 한다. 이런 일들이 발생하게 되면, 우리는 실패한 영웅인 그 젊은이만 비난하게 되는 경향이 있다.

사실 스테파니의 문제는 그녀가 열두 살 되던 해, 그러니까 그녀의 생모가 사망하고, 아버지가 재혼하던 그때 오래전에 이미 시작되었다. 이 마약중독의 이야기는 아버지의 재혼과 그로 인한 가족의 삼각관계에 의해 복잡해져 더욱 혼란스러운 동화가 되어 버렸다.

처음 해리와 페이가 만났을 때 둘은 모두 50대였고, 각각 배우자를 잃은 지 얼마 되지 않았었다. 둘 다 길고 행복했던 결혼생활의 종말에 한탄하고 있었다. 두 사람이 서로를 발견한 것은 슬픔과 외로움의 끝이며, 희망과 행복의 새로운 시작이었다.

아이러니하게도 바로 그 희망이 문제의 씨앗을 싹 틔웠다. 새로운 결혼생활은 이전의 결혼에 영향을 받게 되어 있다. 이전의 결혼이 너무나 행복했기 때문에, 깊이 사랑받았던 과거의 망령이 새로운 반려자를 구속하고 압박하는, 상대방에 대한 기대라는 형태로 끊임없이 되살아났다.

페이는 두 명의 성인이 된 자녀들이 있었고, 세 명의 손자와 손녀가 있었다. 해리는 한 명의 결혼한 자녀와 그가 재혼할 당시에 아직 열두 살이던 스테파니가 있었다. 이제 이렇게 확대된 가족은 자녀들과 손자, 손녀들을 포함하고 있었고, 그들 모두는 어떻게 새로운 관계를 만들어 가야 하는지를 배워야만 했다. 자녀들은 각자 자신들의 부모의 새로운 배우자를 죽은 부모 대신으로 여겼고, 또한 부모 중 홀로 남겨진 한 사람의 새로운 행복도 보았다.

그렇지만 스테파니에게는 상황이 달랐다. 그녀는 아직도 죽은 지 일 년이 된 친어머니에 대한 강렬하고 신선한 추억을 지니고 있었다. 그녀에게 페이는 **침입자**였다.

해리와 페이는 모든 커플이 희망에 넘쳐 결혼하듯이 그렇게 희망에 가득 차서 재혼을 했다. 그들은 그들의 인생과 가족 그리고 미래를 병합하였다. 그들은 잃어버린 것들을 재창조할 것이었고, 한 가족이 될 것이었다.

그러나 페이는 그의 최상의 부분을 일과 아슬아슬한 사춘기의 의붓딸에게 바친, 남편이 없는 상실에서 탄생한 새 가족의 일원이 되었다. 사춘기의 친자녀와 맞서는 것도 너무 힘든데, 의붓 자녀까지 떠맡는 일은 더 어려웠다. 의붓 부모가 규율을 잡기 위해서는 도덕적인 권위를 얻어야만 한다. 하지만 이것은 시간이 걸린다. 어머니로서의 역할을 민감함보다는 열정으로 생각했던 페이에게는 그럴 시간이 없었다. 왜냐하면 해리는 스테파니를 양육하는 일을 페이가 그 집안에 들어온 그 순간부터 곧바로 그녀에게 넘겨줬기 때문이다.

페이는 남편을 사랑한다는 것을 보여 주는 하나의 방법으로서 이방인과도 같은 그녀의 딸과 의미 있는 관계를 맺을 필요가 있었다. 반면 스테파니는 이 침입자를 사랑할 의무감을 전혀 느끼지 못했다. 그러기는커녕 그녀는 자신이 아버지의 독점적인 소유물로 남겨지는 편이 더 나을 성싶었다. 해리는 뒤로 물러서서 이 과정을 비판하면서 두 이방인을 **강요된** 친근함 속에 몰아넣었다.

그녀가 생각했던 결혼, 꿈꾸던 행복을 이제는 속았고 **빼앗겼다**고 느낀 페이는 점점 더 좌절하고 분노하게 되었다. 시간이 흐를수록 그녀는 원치 않는 어른들의 과잉 감독에 대해 마치 사춘기의 청소년처럼 대꾸

하는 스테파니를 더 통제하기 위해 더 요구하고, 또다시 약속을 요구했다. 재빠르게 전쟁 구도가 그려졌다. 스테파니는 "페이가 매일 못살게 굴어요."라며 아버지가 자신의 편에 서서 중재해 줄 것을 요구했다. 해리는 그가 사랑하는 두 여자가 그의 애정을 놓고 투쟁하는 삼각관계 속에서 옴짝달싹 못하게 된 자신을 발견했다.

서서히 세 사람 사이의 긴장이 그들의 삶을 지배해 갔다. 페이는 스테파니의 무례함, 그녀의 어투, 친구들, 학교 성적, 방 정리 상태 등 모든 것 때문에 괴로워했다. 모두 예상치 못했던 것이지만, 해리는 페이의 계속된 비난으로 인해 분노로 타올랐다. 스테파니는 마치 자신이 한 모든 일들이 자기 잘못인 것처럼 느껴졌다. 스테파니 또한 아버지처럼 극도로 개인적인 성향을 가지고 있었다. 학교에서 집으로 돌아오면, 그녀는 자신의 방 안식처에서 은둔하고 싶어 했다. 그래서 페이가 해대는 질문들은 자신에 대한 보살핌보다는 감시처럼 느껴졌고, 따라서 그녀에게 사랑을 주려 애쓰는 계모는 자신에게 대항하는 세력이 되어 버렸다. 스테파니는 야간 학교에 늦게까지 남아 있기 시작했고, 열여섯 살 때는 면허증도 없이 장난 삼아 자동차를 몰고 나가 사고를 저질렀다. 슬프게도 이런 위기는 이미 예상할 수 있었던 것이었다.

스테파니는 분열된 충성심을 상징하게 되었다. 그녀는 해리로 하여금 친어머니에 대한 추억과 함께 아버지의 딸인 자신에 대한 충성심을 해리가 빚지고 있다는 것을 상기시켜 주었다. 페이는 해리가 자신을 향한 우선적인 충성심을 확언했다고 주장했다. 그래서 스테파니는 페이의 그런 모든 요구에 대해 분개했고, 아버지에게 자신을 지지해 줄 것을 요구했다. 해리는 처음에는 스테파니에게, 다음에는 페이에게 화가 났다. 자신이 제대로 대우받지 못한다고 느낀 페이는 그러면 그럴수록 스테파니에 대한 압박을 더 가했고, 스테파니는 그에 대해 더 큰 반항과 함께 아버지에게 자기편이 되어 달라는 호소를 키워 나갔다. 그래서 스테파니는 꼼짝 못할 상태에 빠진 두 상황의 결합의 초점이 된 것이다.

갈등은 스테파니가 4년간 떨어져서 대학에 다니는 동안은 완화되었다. 그러나 그들 모두는 긴 방학이 있는 여름을 두려워했다. 그녀가 학기를 마치고 집에서 지내려고 돌아왔을 때, 예전의 그 패턴으로 다시 돌아가 비난과 증오가 타올랐다. 스테파니는 직장을 구했지만 술을 마시기 시작했고 나중엔 마약을 했다. 그리고 해고당했다. 이러한 일들이 그녀의 아버지와 계모가 말하는 스테파니의 성인기의 잘못된 시작에 관한 이야기의 요약이었다. 그들에게 그녀는 실망 그 자체였다.

스테파니의 관점에서 보면, 그녀가 은행에서 행한 업무는 좀 특수한 것이었다. 그렇지만 업무 수행을 위한 압박은 그녀 내면에서 의심을 불러일으켰다. 일이 끝난 후 그녀는 동료들과 어울려 몇 잔의 술을 마시면서 긴장을 풀고, 직장생활이라는 전쟁에 대한 이야기를 나누었다. 몇 잔의 마르가리타를 마신 후 그녀의 긴장은 풀어졌고, 따뜻하고 이완된 감정이 그녀를 감쌌다. 무감각함이 그녀가 웃고 농담하는 것을 쉽게 만들어 줬고, 자신이 어딘가에 소속된 것처럼 느끼게 했다.

처음 스테파니가 세 명의 동료 연수생들이 코카인을 사용하는 것을 보았을 때, 마치 심한 사고를 당하고 달리는 차 속에 사람이 갇혀 있는 것을 본 것만큼이나 두려움으로 온몸이 떨리는 것을 느꼈다.

일주일이 지난 후 스테파니의 선임자가 작은 봉투를 꺼내며 마치 코카인을 사용하는 것이 세상에서 가장 자연스러운 일인 것처럼 말했다. "우리 한번 코를 시원하게 해 볼까?" 스테파니는 '네'라고 대답하기가 두려웠지만, '아니요'라고 대답하기는 더 두려웠다. 그래서 그녀는 "네."라고 답했다. 그녀는 스스로에게 '이번 한 번뿐이야.'라고 말했다.

그 후로 스테파니는 마약을 하는 시간에 같이 동참하기 시작했고, 긴장을 풀기 위해서 소량의 코카인을 정기적으로 흡입하기 시작했다. 스테파니는 진짜 걱정이 많은 사람이었다. 그녀는 자기가 어떻게 보이는지, 사람들이 자기를 어떻게 생각하는지, 그리고 은행 업무를 하는 게 자기에게 맞는 것인지에 대해 걱정했다. 그렇지만 마약에 취해 기분이 좋을 때면 그 모든 것에 대해 걱정하는 것을 멈출 수가 있었다. 심지어 부모님이 그녀에 대해서 걱정하고 있다는 것조차도 걱정하지 않을 수 있게 되었다.

집에서 그녀의 기분은 흥분과 허탈 사이를 오갔다. 페이는 콧물이 흐르는 그녀의 코와 붉은 눈을 보고, 해리에게 스테파니가 마약을 하고 있는 것 같다고 말했다. 해리는 믿을 수가 없었다. 마침내 증거의 무게가 압도적이 되었고, 눈앞에 다 드러나고 나서야 스테파니는 고백했다.

"네, 코카인을 조금 했어요." 그녀는 인정했다. "그렇지만 정말 아무 문제없어요. 그냥 내버려 두세요." 그녀의 눈에서 눈물이 흘렀고, 약속은 맺어졌다.

그렇지만 스테파니는 멈출 수가 없었다. 그녀는 보가트(Bogart)나 캐그니(Cagney)라는 이름의 클럽에 드나들기 시작했고, 모르는 남자의 침실에서 두통을 느끼며 깨어나곤 했다. 그 무렵 그녀는 업무를 하기가 점점 힘겨워지는 것을 발견했다. 그녀는 보통 신경을 안정시키기 위해서 '코카인 소음(Jangles)'이라고 불리는 퀘일루드(Quaalude)나 넴뷰탈(Nembutal, 최면 진정제 – 역주)을 피워야만 했다.

상황은 더 악화되어 갔다. 그녀는 은행에서 해고당했고, 그들은 그녀에게 추천서를 써 주는 것조차 거절했다. 그녀는 창백해졌고 야위어 갔다. 이제 그녀가 자주 들르는 클럽들은 훨씬 더 거친 장소에 더 거친 남자들이 있는 곳이었다. 그녀는 더 이상 기분이 좋아지기 위해서가 아니라 단지 마약을 원하는 열망을 멈추기 위해 마약을 했다. 그러나 마약을 필요로 하는 열망은 더욱더 강렬해졌고, 그녀의 내면에서 결코 지칠 줄 모르는 것이었다. 그 욕망은 충족되어야만 잠잠해졌고, 약 기운이 떨어지면 또다시 깨어나서 그녀를 미치게 만들었다.

어느 날 아침 일어났을 때 스테파니는 코로 숨을 쉴 수가 없었다. 욕실에서 코를 풀자 콧속 살점 같은 핏덩어리가 빠져나왔다. 그녀는 두려웠다. 어떻게 그녀의 삶이 이렇게까지 통제 불능이 되었을까?

두 시간 후에 페이는 스테파니를 마약치료센터에 입원시키고 있었다. 페이가 접수실의 여자 직원과 이야기하고 있는 동안 스테파니는 여러 장의 서류를 작성했다. 스테파니는 그 사무원이 프로그램에 대해서 설명하는 동안 미소를 지었지만, 속으로는 소리치고 발로 차고 울부짖고 있었다.

해독을 위해 그녀를 데려간 작은 방에서 스테파니는 홀로 시간의 흐름을 잃었다. 누군가 들어와서 혈압과 온도를 잰 후, 얼마 지나지 않았을 때 그녀는 헤매고 있었다. 그녀는 구토가 심했는데, 그럴 때마다 언제나 화장실까지 가서 토할 수 있는 상황이 아니었다. 한두 번 의사가 들어와서 리브리움(Librium, 신경 안정제의 일종 ─역주)을 주었다. 후일 그녀는 해독이 심한 독감에 걸린 것과 같다고 친구들에게 말했지만, 사실은 그보다 훨씬 더 나빴다.

스테파니가 마약 치료의 두 번째 단계에 접어들었을 때, 그녀의 부모는 회복기에 있는 사람들의 가족들을 위한 특별한 모임에 일주일에 두 번씩 참석하기 시작했다. 그 모임에서 자신들의 경험을 나눠야 할 때, 그들은 마치 그녀가 그 자리에 없는 것처럼 그녀에 대해서 제삼자에게 이야기했다. 그녀는 그곳에 없었다. 그녀의 마음은 휴가 중이었다. 그녀는 해독과정을 통과해 냈고 회복되기 시작했지만, **부모의 독선적인 비난만은** 견딜 수가 없었다.

직업심리학자 중 한 사람인 에이드리언은 스테파니가 아직 센터에 있는 동안 스테파니와 부모 모두가 가족치료를 시작해야만 한다고 강력히 권하였다. 이것은 회복 중인 마약중독자들에게 가족의 문제를 대면하도록 강요하는 일은 될 수 있는 한 피해야만 하는 것으로 여기는 전통적인 마약 치료 접근법과는 상당히 상반되는 것이었다.

따로 분리해서 볼 때 스테파니의 문제는 **중독**이었다. 가족체계의 구성원으로서 보아도 그녀의 문제는 중독이었다. 가족이 그녀로 하여금 코카인을 흡입하도록 만들지도 않았고, 부모는 그녀의 중독에 책임이 없었다. 스테파니는 가족 내에서 중독된 것이 아니라 현실로부터 도피하기 위해서 코카인을 사용했던 직장 상사와 동료들의 영향으로, 즉 가족 외부로 인해 중독되었다. 그렇지만 가족구성원들도 중독이 지속되는 데 있어 한몫할 수 있다. 중독치료의 전문 용어에 따르면, 그들은 중독이 계속되도록 지지하는 관계에 중독된 상호 중독자들이다.

가족치료사들은 한 시스템의 각 구성원들이 서로에게 피드백을 줌으로써 각 구성원들의 행동을 재강화하는 것으로 보고 있다. 즉, 각 가족 구성원이 다른 구성원의 행동의 원인이자 또 그 결과로서, 그들은 서로에게 그리고 서로를 묶어 버린다. 이러한 관점에서 보면 가족의 구성원들은 문제의 한 부분이지만, 또한 문제 해결의 일부가 될 수도 있다.

나의 첫 번째 목표는 스테파니가 자율이 있는 곳에는 항상 책임도 따른다는 사실을 깨달을 수 있도록 돕고, 그녀의 부모가 딸에게 정중하게 그 책임을 요구할 수 있을 때 그것이 곧 딸의 성장을 도와주는 것이라는 점을 인식할 수 있도록 도와주는 것이었다. 두 번째 목표는 이 부부가 스테파니에게 지나치게 몰두해 있는 것에서 벗어날 수 있도록 도와서 부부가 서로 간에 친밀한 관계를 형성할 수 있게 하는 것이었다.

"페이, 두 분과 함께 이야기하고 싶은데 남편 곁의 편안한 소파에 앉아 주시겠습니까?" 그녀는 말없이 일어나서 해리 옆에 가 앉았다. "스테파니가 성장할 수 있도록 어떻게 두 분이 서로를 도울 수 있을까요? 이것이 매우 어렵긴 합니다만 생각해 보셔야만 합니다. 우리가 할 수 있는 최소한의 것은 무엇일까요?"

여기서 핵심 단어는 '최소한'이었다. 그러나 때때로 '적은 것이 곧 많은 것'이라는 점을 이해하는 것이 피서 가족에게는 거의 불가능했다. 그들은 최선을 다하는 것과 설령 거의 같은 결과를 가져온다고 할지라도 '많은 것이 더 좋은 것'이라는 생각에만 전념하고 있었다.

"최소한의 것?" 해리가 그 부분을 지적했다. "나는 조금만 하겠습니다. 내가 하는 것의 대부분, 내가 하는 행동들의 많은 방법은 페이에 의해서 만들어진 것입니다." 그는 한 구절씩 끌어내면서 말했다. 페이에게 돌아서서 그는 계속 말했다. "당신이 나에게 넘겨준다면 나는 스테파니가 자신의 수준을 되찾도록 만들겠어. 나는 이 애를 물 흐르듯이 대할 것이고, 물은 스스로의 수준을 찾아가지." 그는 자신이 의미하는 바를 보여 주려고 커다랗게 동작을 취했다. 그의 생각으로는 페이가 물을 역류하도록 만들고 있었다.

마치 동정과 분노를 모두 써 버린 것처럼 해리의 목소리는 피곤하고 실망스러우며 논쟁하고 싶어 하지 않은 듯 들렸다. "만일 스테파니가 자신의 인생을 파괴하고 싶어 한다면 난 그 애가 그렇게 하도록 내버려 둘 거야. 그러나 당신은 결코 그런 일이 일어나지 않게 하지. 당신은 이 애가 꼭 도움을 받아야만 한다고 생각하지. 우리가 스테파니를 도울 장소를 찾아 그곳으로 데려가면 그 아이는 또 그곳에 가지. 그렇지만 스테파니는 돌아서서 우리가 자기를 도우려 했다는 사실에 분개할 거야. 우리는……."

"제가 말 좀 해도 될까요?" 스테파니는 그저 멀리서 방관하고만 있을 수가 없었다.

"아니." 해리가 종전과 동일하게 단조로운 어조로 말했다.

나는 스테파니에게로 다가가서 이것은 그녀 부모님 사이의 분쟁이라고 그녀에게 속삭였다. "그들이 해결하도록 내버려 두세요."

그녀는 크리넥스 통에서 티슈 한 장을 홱 뽑아서 코를 닦았다. 그리고 쓸쓸하게 말했다. "아빠는 그냥 시간이 날 때 저걸 되풀이하는 거예요."

이 가족 내 두 사람 사이의 어떠한 반목이든 그것은 제삼자의 참여를 유발했다. 이것은 원래의 토론을 우회하도록 만들었고, 그들로 하여금 어느 방향으로도 나아가지 못하게 만들었다.

"어디 한번 봅시다." 내가 가까이 다가선 채로 스테파니에게 속삭였다.

"우리는 그녀가 스스로 방법을 찾도록 내버려 둬야만 해요." 해리가 계속했다. "이것이 내가 당신에게 말하고자 하는 것입니다. 나는 기꺼이 이 상담치료에 동참해서 논의는 하겠지만 결국 이 애가 감옥에 가야만 한다면 가야 합니다. 만일 그게 방법이라면 그렇게 해야만 해요."

이것은 페이에게는 감당하지 못할 일이었다. "내가 그런 것을 내 눈으로 보지 않아도 된다면 가능하겠죠." 그리고 그녀는 나에게로 돌아섰다. 무엇 때문이라 딱 꼬집어 말할 수는 없었지만, 갑자기 그녀는 한 10년쯤은 더 늙어 보였다. "내가 길을 잃었던 바로 그 지점에 우리가 도달했군요. 이건 우리에게 물질적 희생을 요구하고 있어요." 그녀는 지쳐 보였지만 목소리만큼은 예리한 압박을 전혀 잃지 않고 있었다.

"페이, 페이." 내가 걱정스럽게 말했다. "어떻게 해서 당신은 이런 과중한 책임을 지게 된 겁니까?"

"어떻게요? 자기 스스로가 그렇게 인정한 것처럼, 내 남편이 갖고 있는 방식이 이 모든 것을 관망하고 뒤로 물러서서 모든 일이 발생하도록 그냥 내버려 두기 때문입니다. 나는 결코 그런 식으로는 살아 본 적이 없습니다."

"그렇지만 그것이 당신을 어떻게 만들어 가고 있는지를 좀 보세요."

"알아요. 그것은 파괴적이고 여러 반격을 남깁니다."

해리의 강한 수동성은 페이의 통제를 유발하고, 동시에 페이의 강력한 통제는 해리의 수동성을 유발한다. 한쪽은 다른 한쪽의 연장이었다. "페이, 당신은 책임감이 무척 강한 분입니다. 그리고 당신보다 속도가 느린 남자와 결혼 했습니다. 당신은 남편이 한 걸음 움직일 때 두 걸음을 뗍니다."

"저도 압니다." 페이가 말했다. "우리는 각각 자신이 낼 수 있는 북소리에 맞추어 행진하지요."

"맞습니다. 그렇지만 거기에 더할 것이 또 있습니다. 해리는 기다리는 데 전문입니다. 그런데 만일 그가 조금이라도 기다리면 당신은 먼저 시작해 버립니다. 이건 확실하게 예상할 수 있는 일입니다. 그는 기다리고 당신은 뛰어듭니다."

페이가 웃었다. "나는 선생님께서 왜 그렇게 이야기하시는지 정확하게 알 것 같군요." 그녀는 포기할 준비가 되어 있지 않았다. "아주 객관적으로 말해서 나는 선생님께서 지금껏 말씀하신 모든 것을 존중하고 존경하고 있습니다."

"그렇지만?"

"그렇지만……." 그녀는 계속했다. "주관적으로 개입될 때면 나는 피가 들끓는 것을 느끼고 매우 힘이 듭니다." 페이의 말에 따르면, 스테파니의 독설과 해리의 무관심이 그녀를 조종하고 있었다. 그것은 그 두 사람이었다.

그래서 그들 세 사람은 이해심에 굶주리고 비판에 민감해져서 가족의 아픔을 일으키는 그들의 역할에 대한 어떠한 직접적인, 심지어 건설적일 수 있는 비평에 대해서조차 마치 햇볕에 탄 상처에 댄 얼음 조각처럼 느끼고 있었다. 그래서 페이와 해리 모두 각자 상극이라는 나의 주장이 공격인 것처럼 느껴졌고, 페이를 방어적으로 만들었다. 그녀의 분노에는 이성이란 게 거의 없었고, 그것을 따르고자 하는 욕구조차 없었다.

나는 해리에게로 다가가 그 앞에 섰다. "페이가 앞으로 자신이 혼자라고 느끼지 않도록 어떻게 그녀를 대하실 수 있겠습니까?"

나는 세 개의 극점에서 가족의 삼각관계를 중재하고 있었다. 첫째, 나는 스테파니에게 용기를 주어 더욱 책임감을 갖도록 했다. 이제 나는 해리와 페이로 하여금 서로에게 집중할 것을 말하고 있었다.

"당신과 페이가 서로를 위해서 무엇을 할 수 있을지를 생각하는 것으로 시작해야만 할 것입니다. 나는 당신이 스테파니에게 지나치게 많은 시간을 할애하고 있다고 생각합니다. 스테파니는 스스로에게 의지하는 방법을 배워야만 합니다. 지금까지 당신은 그녀를 위해서 할 수 있는 모든 것을 해 주었습니다. 어떻게 하면 페이가 긴장을 풀 수 있도록 도와줄 수 있을까 하는 생각을 해 볼 수 있겠습니까?"

"상당히 힘들게 시작하겠죠." 그가 말했다. "아마도요."

그에게도 어렵고 무거운 세월이었다. 그는 나름의 원한을 품고 있었다. 그를 지옥 같은 생활로 몰고 갔던 딸은 아팠기 때문에 어느 정도 용서할 수가 있었다. 그렇지만 그가 줄 수 있는 것 이상을 요구하는 죄를 범한 페이를 용서하는 데까지는 무척 힘든 시간을 보내고 있었다.

페이는 천성적으로 열성적인 에너지를 지니고 있었다. 하지만 그녀는 그 에너지를 어머니로서의 역할에 쏟아부었고, 이제는 그 역할 말고는 어디에다 그 힘을 쏟아야 할지를 몰랐다. 페이의 성난 불평에 대해 해리가 응해 주지 못하는 것은 그녀로 하여금 더욱 안달하게 만들고, 더 불만투성이로 만들 뿐이었다. 스테파니가 제대로 할 때까지 그녀는 스테파니를 돌보는 일을 그만두지 않았고, 페이가 멈출 때까지 스테파니는 제대로 하지 않았다. 그만두는 것은 페이에게 가장 어려운 부분이었다. 무언가를 그만두려고 시도하는 것은 항상 잘되지 않았다. 그녀에게 잘되는 것은 무언가 다른 것을 다시 시작하는 것뿐이었다. 해리가 그녀의 곁에 없었기 때문에 불행하게도 페이는 해리와 좀 더 개입되는 것을 시작할 수가 없었다.

상담이 끝난 후, 나는 상담을 의뢰해 온 가족치료사인 에이드리언 사이먼에게 피셔 가족 세 사람과 함께 울타리 만들기에 집중할 것을 조언했다. 에이드리언은 반드시 그 부부하고만 이야기하고, 스테파니를 그 대화에서 제외시켜야만 했다. 만일 그들이 스테파니의 문제에 초점을 맞추려고 하면, 가족치료사는 그들 부부 자신의 인생에 더 집중하도록 방향을 바꿔야만 했다. 또한 나는 부모와 부담스럽게 연루되는 것을 스테파니가 저항할 수 있도록 돕기 위해서 가족치료사가 스테파니만 따로 만날 것을 제안했다.

에이드리언은 스테파니가 스스로 더 많은 책임을 지고 가족으로부터 자신의 개별화를 시작할 수 있도록 돕는 데 집중했다. 가족치료사와 스테파니는 직장에 지원하는 법, 자극적이지 않으면서도 멋지게 옷 입는 방법 그리고 면접 태도 등 실질적인 문제들을 심사숙고했다. 그들은 심지어 남자에게 콘돔을 사용하도록 말하는 방법까지도 논의했다.

스테파니는 코카인 사용을 그만두었고 술에서 깨어났다. 그녀는 아직도 집에서 살고는 있었지만 진지하게 구직 캠페인을 시작했다. 스테파니에 대해 걱정할 이유가 줄어들자, 페이와 해리는 서로에게 좀 더 많이 개입하고 더 많이 부딪혔다.

에이드리언이 다시 세 사람을 함께 만났을 때, 그녀는 그들이 여전히 예전의 파괴적인 패턴을 반복하고 있다는 사실을 발견했다. 페이는 스테파니를 크고 날카로운 목소리로 비판했다. 스테파니는 저항했다. 해리는 화가 난 채로 옆에서 조용히 관망만 했다. 페이는 점점 더 목소리가 커지고 날카로워졌다. 마침내 격노한 해리가 딸에게 폭언을 퍼부었다. "스테파니 자신이 바로 근본적인 문제라는 사실을 잊지 맙시다. 스테파니는 직장을 구하는 것도 거부하고 있고, 그저 그녀가 제일 잘하는 일만 하나 하면서 앉아 있을 뿐입니다. 아무것도 안 하는 것 말이죠. 대체 넌 하루 종일 뭘 하는 거냐?"

그녀가 뭘 했냐고? 그녀는 정지되고, 지치고, 조용하고, 멍한 삶을 살고 있었다. 실패와 마약중독자 자신만의 지옥에 대한 환상으로 두려움에 휩싸인 채 단지 그녀는 텔레비전만을 보았고, 약간의 독서를 했고, 하얀 가루와 그녀 내면의 차갑고 텅 빈 공간에 뜨거운 바람을 불어넣는 것을 생각하지 않으려고 무진장 노력했다.

스테파니는 면접을 잘 마친 것에 대한 흥분으로 집에 돌아온 날에 대해 이야기했다. 그녀가 그 흥분을 아버지와 나누었을 때, 그는 그저 대수롭지 않게 말했다. "취직하게 되면 내게 알려다오."

독립적인 성인의 삶의 시작에 실패한 이후 그들의 가족 속으로 다시 숨어 버린 많은 다른 젊은이들과 마찬가지로, 스테파니는 상처받았고 연약했다. 그녀는 자신에게 실망했고, 부모의 이해를 갈구하고, 그들의 비판에 무척 민감했다. 이것이 바로 수치심(shame)이라 불리는 바로 그것이다.

스테파니는 아버지로부터 그녀를 사랑하고 자랑스러워한다고 말하는 것을 듣고 싶어 했다. 그러나 그녀의 행동이 그녀의 아버지로 하여금 그렇게 말하게 하는 것을 더 어렵게 만들었다는 사실도, 그런 말을 듣고 싶어 하는 그녀의 바람을 조금도 사그라지게 하지는 못했다. 아마도 그녀는 '용서해 주세요, 아버지를 실망시킨 저를 용서해 주세요.'라고 말하고 싶었을 것이다. 그리고 그녀의 아버지 또한 '너를 사랑한다.'고 말하고 싶었을 것이다. 그렇지만 두 사람 모두 이것을 어떻게 표현해야 할지를 몰랐다.

스테파니의 수치심 저편에는 그녀 부모의 죄책감이 있었다. 만약 자녀들이 부모의 성적표라고 한다면, 해리와 페이는 기말고사를 망쳐 버린 것이었다. 스테파니는 부모인 자신들을 패배자로 느끼게 했고, 그들은 자신들이 실패했다는 기분에 그들 각자의 성격대로 반응했다. 페이는 몰아치는 개입으로, 그리고 해리는 철회하는 쓰라림으로 말이다.

에이드리언은 피셔 가족의 무엇이 잘못되었는지에 대해서 명백한 그림을 그리고는 있었지만, 그들이 자신의 말을 듣도록 하는 데는 문제가 있었다. 에이드리언은 부모와 너무나 밀착되어 있었다. 그녀는 부모의 좌절과 고통을 느꼈고, 동정심에 사로잡혀 있었다. 그래서 그녀는 다시 한 번 내가 피셔 가족을 상담해 줄 것을 요청했다.

나는 대기실에서 피셔 가족을 영접하고 사무실로 안내했다. 페이와 해리는 예전과 같아 보였지만 스테파니는 밝고 달라 보였다. 그녀는 푸른 실크 셔츠와 짧고 검은 치마를 입고 있었다. 그녀의 짙은 머리 뒤의 리본은 셔츠와 잘 어울렸다. 그녀의 얼굴은 창백함이 조금 가시었고, 미소를 지을 때면 그녀의 볼이 기분 좋게 둥글어졌다. 나는 페이가 팔을 깁스한 것에 주목했다. "남편이 당신 팔을 부러뜨렸습니까?" 나는 농담처럼 질문했다.

"아니요. 나는 때리지 않습니다." 해리가 말했다. 그는 냉소적인 말투로 말했다. "나의 무기는 침묵입니다."

"어떻게 그렇게 하십니까?" 내가 물었다.

"작은 벽을 세웁니다." 그가 느릿하고 평탄하게 말했다. "그리고 그 벽 뒤에 서고 무대에서 스스로를 떼어 냅니다." 그는 미안함이나 어떤 슬픔 없이 말했다. "그러고는 자신의 작은 세상에만 있고, 나머지 세상에 대해서는 더 이상 방해하지 않습니다."

해리는 그의 세상을 작고 통제가 가능하도록 유지하고 있었다. 비즈니스의 영역에서 그는 **완벽한 지배자**였다. 일에 있어서 그는 혼란을 통제했다. 집에서는 혼란을 피하거나 폐쇄해 버렸다. 페이가 그의 주의를 끌려고 할 때 그는 그녀를 배제해 버렸다.

페이는 동의했다. "그는 주위에 마음의 벽을 둘러치고는 표면적인 것만 듣습니다. 그러므로 그는 얼굴 표정으로나 대화로, 또는 다른 방법으로도 관여할 필요가 없습니다."

"그가 그렇게 나오면 당신에게는 무슨 일이 일어납니까?"

"그런 것이 나를 심하게 괴롭힙니다. 왜냐하면 삶의 나눔이 없기 때문입니다." 페이는 점점 흥분하면서 말했다. 그녀는 고통을 느끼고, 분노를 드러내고 있었다.

나는 일어서서 그들에게로 다가갔다. "나는 당신의 세계에 속하고 싶어요.'라고 말할 수 있겠습니까?" 내가 그녀에게 물었다.

"아, 아니요. 난 그걸 말로도 이미 했어요. 그렇지만 그는 내가 들어가도록 허락하지 않을 겁니다."

해리는 천천히 고개를 저었다. 해리의 크고 느린 움직임이 화해하기 어려워하는 그의 마음가짐을 나타내는 것과 마찬가지로, 페이의 작고 빠른 동작은 그녀의 안절부절못하며 짜증 나 있는 상태를 보여 주었다.

나는 뒤로 깊숙이 물러나 앉았다. "이유는 잘 모르겠지만, 저는 지금 북극 지방의 얼음에 갇힌 고래들을 생각하고 있습니다."

얼음에 갇힌 두 마리 고래와 그들을 구조하려는 러시아와 미국의 협력에 관한 기사들로 당시의 신문들은 온통 도배가 되어 있었다. 세계는 자축하는 분위기로 가득했다. 내게 이 이미지가 생겨난 이유가 해리의 부동성에 대한 것인지, 아니면 나 자신의 무용성의 느낌에 대한 것인지는 잘 알 수 없었다.

"글쎄, 그 두 마리의 고래는 서로 멋진 관계를 유지하고 있었음에 틀림없습니다." 페이가 말했다. "아니면 한쪽이 상대방을 지금쯤 죽였을 겁니다. 그리고 한 마리 고래만 남았겠지요."

페이는 어떠한 적의도 없이 이렇게 말했다. 잔소리가 심한 아내의 뒷면에는 외로운 여인이 있었다. 불행하게도 단지 잔소리에만 반응하는 남편은 스스로와 아내를 이렇게 몰아치고 회피해 버리곤 하는 패턴의 올가미에 갇혀 있게끔 만든다. 나는 해리에게 이런 점을 생각할 수 있도록 해 주고 싶었다.

"해리, 당신이 쌓아 놓은 그 벽 뒤에 있을 때 페이에게는 어떤 일이 생기나요? 그녀가 외로워합니까?"

"네, 그녀는 상당히 외로워합니다." 페이는 턱을 손으로 받치고 몸을 앞으로 기댔다. 그녀는 그가 뭐라고 말하려는지에 가슴 졸이고 있었다. "굉장히 외로워하지요. 이건 일을 어떻게 해 나가고, 또 함께 나누고 싶어 하는지에 관한 문제입니다. 그렇다고 내가 항상 마음이 내켜서 하는 건 아닙니다. 그녀는 내가 즐기는 것을 함께 나누기야 하겠지만, 그렇다고 꼭 행복하게 나누는 것만은 아닐 겁니다. 그렇지만……."

"그래서 당신은 그녀를 훈련시키는 것에 성공했습니다."

"그녀는 훈련되지 않았습니다." 그는 평이하고 자신의 방식대로 끈질기게 말했고, 나는 그런 그에게서 저항의 무게를 느꼈다. "훈련의 문제가 아닙니다. 그녀는 그냥 따릅니다. 그녀는 스스로 어쩔 수 없다고 결정합니다. 그래서 그녀는 또한 그 방식대로 움직이려고 합니다." 이 남자는 완전히 거절된 것을 받아들이게 하는 데 뛰어났다.

"당신은 어떻게 훈련받았습니까?"

"내가 어떻게 훈련받았냐고요?"

"이 기술 말입니다. 수동적인 저항."

"이건 기술도 아니고, 난 훈련받지 않았습니다." 다시 나는 그의 저항을 느꼈다. "그건 단지 내가 적응하는 방법입니다."

"어떻게 당신은 이 훌륭하지만, 때때로 그리 훌륭하지 않은 삶의 접근 방법을 배웠습니까? 당신은 기다립니다. 그리고 당신은 그 누구보다도 참을성이 많습니다. 당신은 고래가 되는 법을 배웠습니다. 아주 어렸을 때 그것을 배웠을 것임에 틀림없습니다."

"네, 맞습니다. 나는 어린아이로서 많은 부분을 혼자 했습니다. 그리고 난 스스로를 보호하는 법을 배웠습니다."

"이것이 상담하러 온 이유입니까? 당신이 아직도 그런 모든 보호가 필요한지를 확인하는 것?"

"오, 그건 아니라고 나는 확신합니다. 난 보호가 필요 없습니다. 내가 관여되는 것을 원치 않는 것들로부터의 보호를 제외하곤 말입니다."

"그것이 필요 없다고 하면서 당신은 아직도 그것을 사용하고 있습니다. 당신은 타임캡슐 속에 갇혀 있습니다."

"네, 갇혔습니다. 그러나 내 주위 사람들이 더 심하게 갇혀 있습니다." 방어는 아직도 남아 있었다.

해리는 그를 움직이려고 한 나의 모든 시도들을 수포로 돌아가게 했다. 나는 그를 이기는 것이 불가능하게 느껴졌다. 그래서 더 이상 실랑이는 하지 않기로 했다. 내가 싸우지 않으면 그에게 저항할 사람은 아무도 없을 것이다. "변화를 가져오게 하기 위한 어떤 시도라도 매우 영리하게 해야 할 필요가 있습니다. 해리가 당신이 언제 그리고 어디로 움직이기를 원하는지 알 수 없어야만 합니다. 만일 그가 알게 된다면 그는 매번 당신을 꾀로 이기고 당신을 패배하도록 만들 것입니다."

마침내 내 말을 이해한다고 느낀 페이가 말했다. "선생님은 '시멘트 속에 빠진 발'이라는 표현을 아십니까? 나는 그에게 항상 그가 발을 시멘트 속에 담그고 있다고 말합니다." 이제 분노하고 흥분한 그녀는 처음에는 해리에게 그리고 다음에는 나에게 재빠르게 말했다. "당신은 유유히 그곳에 발을 담그고, 당신 자신을 재프로그래밍해서 그 시멘트로부터 빠져나오려는 시도를 거부하고 있어요. 그렇지만 이 사람도 그것을 행복하게 생각하지는 않습니다."

"그러나 그것이 문제가 아닙니다." 해리가 말했다. "그건 우리 그대로의 모습입니다. 문제는 스테파니입니다. 그녀의 삶의 방식, 그녀가 한 일들 말입니다." 그의 목소리는 낮고 피곤하고 무미건조했다. "그리고 그것은 페이와 나 사이에 많은 문제들을 일으켰습니다."

"어떻게 스테파니가 당신과 페이 사이에 문제를 만들었습니까?"

"내가 설명해 드리겠습니다." 그는 마치 무엇인가를 이해하지 못하는 어린아이에게 계속해서 설명하는 동안 화가 난 부모가 평정을 찾으려고 무척 노력하는 것처럼 부드럽고 끈기 있게 말했다. "스테파니에 관한 일일 경우 페이는 실행하는 사람입니다. 나는 실행가가 아닙니다. 이 경우에 나는 기꺼이 일이 일어나도록 내버려 둡니다. 사안은 나쁜 것에서 더욱더 안 좋은 쪽으로 되어 가고 있고, 나는 필사적인 상태에 이르기까지 아무것도 하지 않습니다. 그러고는 나중에 무엇인가를 하려고 시도합니다." 그는 각 어구마다 대화를 통제하고, 우리의 주의를 끌도록 숨을 돌렸다. "스테파니는 지금까지 수년 동안 문제를 일으켰습니다. 그 결과 우리 가정에 긴장을 만들었습니다. 스페파니와 나 사이에, 스테파니와 페이 사이에, 그리고 페이와 나 사이에."

이것은 오래된 이야기였다. 해리와 페이는 통제되고 있으며, 서로에게 패배했다고 느꼈다. 그렇지만 사안이 뜨거워지면 그들은 스테파니에게로 주의를 돌렸다. 스테파니는 그들의 십자가였으며, 변명이었다.

"스테파니, 끼어들지 않을 거니?" 내가 물었다.

그녀는 팔짱을 낀 채 미소를 지었다. "나는 그 대화로부터 멀리 떨어져 있기 위해 노력 중이에요."

해리는 그것을 감수할 준비가 되어 있지 않았다. "스테파니, 넌 벗어날 수가 없어. 왜냐하면 네가 정중앙에 위치하고 있기 때문이지. 다 너 때문이야, 너 때문."

"나는 일어나는 모든 일마다 비난을 받습니다." 그녀는 아버지의 빈정대는 미소를 지니고 있었다. 그것은 마치 '나는 이 사람들이 무엇 때문에 이러는지 다 알고 있어.'라고 말하는 듯한 미소였다. "그리고 이들은 자신들의 모든 문제에 대해 기본적으로 내게 책임이 있다고 나를 비난합니다."

"기본적으로 우리가 가지고 있는 대부분의 문제는 네가 한 일들의 결과야."

스테파니는 아버지를 포기하고 내게 돌아섰다. "부모님은 내 인생에 관여하느라 너무 바쁩니다."

그들 세 사람은 불안감의 아주 작은 부분들이 서로의 꼬리를 잡기 위해 끝없이 쫓아다니는 또 하나의 라운드를 유발하는 비난과 반격의 패턴 속에 꽉 갇혀 있었다. 그들은 나로 하여금 여름마다 우리 마을을 찾곤 했던 회전목마를 기억나게 했다. 나는 나무로 만든 표범이 목마를 쫓는 것을 환상에 사로잡혀서 바라보던 것을 기억한다. 매번 그 주인아저씨 는 회전판을 돌려서 언제나 진전 없는 추격이 또다시 시작되게끔 하곤 했다.

"스테파니, 부모가 자녀를 포기하는 법은 결코 없습니다. 부모는 끊임 없이 자녀를 구하려고 노력합니다. 심지어 그들이 그만두고 싶어도 그 럴 수가 없습니다. 그리고 페이는 이 가족을 함께 유지하기 위해서 스스 로가 책임을 떠맡은 사람입니다. 그녀는 정말 대단한 에너지를 가진 사람 입니다."

"오, 당신은 과대평가한 겁니다." 페이가 말했다. "예전엔 내 인생에 탄력이 부족하다고 말했습니다."

"페이가 줄 끝에 매달려 있다는 걸 알고 계십니까, 해리? 그것을 인식 하고 계신가요?"

"그런 셈이죠." 해리가 불편해하며 방향을 바꾸었다. "내 생각에 그녀 는 꽤 오랫동안 절망적이었습니다."

그의 목소리에는 진실한 걱정이 담겨 있었지만, 페이는 듣지 못했다. "내가 어떤 일이 생기는 걸 볼 때는……." 그녀는 화가 나서 말했다. "그 게 바로 우리 코앞에서 일어나고 있어요. 난 그걸 그냥 못 본 척할 수 가 없어요. 스테파니는 한동안 나가 있을 거라고 말합니다. 그러고 나 서 이틀 후면 다시 술에 취해 돌아옵니다. 그러면 자, 해리의 머릿속에서 종이 울립니다. 내 말은, 그것은 마치 '우리가 그동안 어디에 가 있었지?' 하는 것과 같다는 뜻이에요. 그러면 우리는 또다시 정사각형 안으로 되돌아옵니다. 남편은 이걸 다룰 수가 없고, 스테파니는 또 모든 사람에게 비난을 돌립니다. 그녀는 '공간'을 원합니다. 그렇지만 그녀는 자신이 자신만의 공간을 적절히 관리하지 못한다는 사실은 잊어버립니다. 그리고 그녀가 자신만의 공간을 적절히 채울 수만 있다면 그녀 자신도 기쁠 겁니다." 이제 페이는 정말 짜증이 나 있었다. "먼저 스테파니는 직장을 구했다고 말합니다. 그리고 몇 주 후에는 거기에 다니지 않을 거라고 말합니다. 일 년 동안 직장이 없던 사람이 취업한 후에 금방 다니기가 싫다고 말합니다. 부도 수표, 부정 수표 같은 수천 달러의 빚이 있으면서도 직업을 갖기가 싫고, 빚을 갚는 것도 싫다고 합니다. 정말 어처구니가 없는 일입니다."

'문제는 곧 스테파니'라는 이 거슬리는 표현은 부부 사이의 분쟁에 직면하고자 하는 나의 시도에 대한 그들의 반응이었다. 만약 스테파니로 인하여 페이가 거쳐 가야만 했던 그 지옥을 모르고 있었다면, 또한 해리를 변화시키려고 노력하는 일이 스테파니를 변화시키려는 것보다도 훨씬 더 실망스럽고 고통스러운 일이라는 점을 내가 알지 못했더라면, 아마도 페이의 이 긴 열변이 매우 심술궂게 들렸을 것이다. 그렇지만 갑자기 나는 어디로 가야 할지를 깨달았다. 만일 페이가 절망하고 있고, 도움이 필요하지만 그녀를 도울 수 있는 상담사가 그녀 주위에 아무도 없다면, 그녀의 절망이 해리를 적극적으로 만들 수도 있을 것 같았다. 그래서 이후 30분 동안 나는 모든 에너지를 페이의 고통과 절망을 끌어내기 위해 집중했다.

"페이는 마치 바위를 치는 모세와도 같습니다. 그렇지만 그녀가 단지 바위를 내려친다고 해서 바위가 그녀에게 물길을 내 주지는 않을 것입니다. 그런 일은 생기지 않습니다." 나의 목소리는 설교자의 목소리처럼 오르락내리락하기 시작했다. 나는 천천히 분명하게 말했으며, 일어서서 나의 메시지가 제대로 전달되도록 애썼다. "나는 어떤 변화가 있을 것이라고 생각하진 않습니다. 당신들은 무척 고집스러운 사람들로 이루어진 가족입니다. 무엇인가가 깨지기 전까지 당신들은 각자 자신의 길을 고수할 것입니다. 그렇지만 깨지는 건 바로 페이입니다. 두 사람은 당면한 책임으로부터 자신을 방어하는 기술을 발전시켜 왔지만, 페이는 스스로를 보호하는 방법을 전혀 모릅니다."

나는 그들에게 파멸을 설교하고, 실패의 예상을 반복해서 강조했다. "스테파니는 책임감이 없으며, 해리도 책임감이 없습니다. 페이가 있는 것이 두 사람에게는 행운입니다. 이 가족 중 누군가가 그 책임을 져야만 합니다. 그것이 바로 페이입니다. 그렇지만 그녀는 부서지고 말 것입니다. 왜냐하면 그녀는 전혀 승산이 없는 싸움을 계속 반대로 혼자 밀고 가고 있기 때문입니다. 그녀는 실행가이고, 상황이 변하기를 원하며, 결국엔 이 상황이 변화할 것이라고 기대합니다. 하지만 상황은 결코 변하지 않을 것이고, 결국 그녀는 부서지고 말 것입니다."

그러나 실행가인 페이는 그러한 절망을 받아들일 수가 없었다. "팔이 부러졌을 때 나는 의사에게로 갔고, 의사는 팔에 깁스를 해 주고 약을 주었습니다. 그리고 이번 주에 나는 운동을 시작할 예정이고, 처방전이 있습니다. 나는 처방전대로 할 생각이고, 내 팔이 나아지기를 기대합니다. 우리는 이곳에 그와 같은 것을 기대하면서 왔습니다. 여기에 내 문제가 있습니다. 선생님은 지금 객관적이고 우리 일에 직접 개입되지 않았으며 교육을 받은 분이십니다. 무엇이 나를 위한, 그리고 우리를 위한 처방전인가요?"

내가 말하고자 했던 것은 절망을 수용하라였다. 그녀의 항변은 나를 더 나은 **구원자**가 되도록 돕기 위한 것이었다. 가끔은 적은 것이 더 낫다는 것을 기억하면서 "나는 당신에게 말했다고 생각합니다."라고 말했다.

"그렇다면 제가 놓쳤군요."

해리는 그렇지 않았다. 그것은 가족 내의 상황이 돌변하는 순간 중 하나였다. 그것은 필연적으로 극적인 행동이나 대단한 연설이 요구되는 것이 아니었다. 마치 어두운 방 안에 불을 켜는 것처럼 아주 조용할 수도 있다. 해리의 눈 속에서 다가오는 불빛을 나는 바라볼 수가 있었다.

세 사람 중 많은 부분에서 가장 고집스러웠던 해리는 마침내 메시지를 이해했다. "아주 간단하게 선생님은 스테파니와 내가 배운 대로 계속 행동할 것이라고 말씀하셨습니다."

"그렇지만 그건 너무나 부정적입니다." 페이가 말했다. "나는 그것을 받아들일 수가 없습니다!"

"여보, 당신은 선생님께 조언을 청했고, 이제는 그것을 받아들이지 않겠다고 말하고 있어요."

"아니요! 그것은 무엇을 하라는 처방전이 아닙니다. 그것은 예측일 뿐이에요. 나는 예측을 원하지 않습니다. 나는 치료를 위해 여기에 왔습니다."

"글쎄, 선생님은 당신에게 당신이 도울 수 없다고 말하고 있어요."

"그러나 그녀는 구원자입니다." 내가 말했다. "그녀는 구조대원입니다. 그녀는 결코 멈추지 않을 것입니다."

그리고 나에게 하나의 생각이 떠올랐다. 혹시 "시지푸스(Sisyphus)의 신화를 아십니까? 그리스의 시지푸스는 둥근 돌을 가파른 언덕으로 밀어 올리도록 저주를 받았습니다." 나는 일어섰다. 이야기를 하려면 제대로 해야만 했다. "그리고 끝없는 영원 속에서 그는 언덕 끝에 다다를 때까지 바위를 밀어야 했습니다. 그렇지만 매번……."

"바위가 내려와서 그를 죽였습니다." 해리가 결론을 지었다. 이제 그는 적극적으로 도우려고 했다.

"아닙니다."

그가 다시 시도했다. "바위가 동굴로 들어가는 출입구를 막았습니다."

"아닙니다, 아니에요, 훨씬 더 나쁩니다. 매번 그가 바위를 꼭대기로 올리면 바닥으로 다시 굴러 내려왔습니다. 그리고 시지푸스는 다시 돌아가서 바위를 처음부터 다시 밀어 올려야만 했습니다. 이것은 지옥입니다. 그리고 매번 그런 일이 생깁니다. 바로 이것이 페이고, 이것은 그녀에게 지옥입니다. 그녀는 이 바위를 밀어야만 합니다." 나는 해리를 가리켰다. "그녀는 저 바위를 밀어야만 합니다." 나는 스테파니를 가리켰다. "그리고 그녀는 바위들이 움직일 것이라고 생각하지만, 매번 바위는 도로 굴러 내려갑니다. 페이, 나는 당신이 정녕 이것을 이해한다고 생각하지 않습니다. 하지만 이것은 당신의 지옥입니다. 이제 나는 당신에게 안녕을 고하겠습니다. 나는 누군가 당신을 구해 줄 수 있기를 바랍니다." 나는 일어서서 그녀와 악수했다.

그렇게 퉁명스럽게 하기란 참으로 쉽지 않았지만, 이 가족에게 어떤 변화를 일으키기 위해서 나는 강한 모습을 보여 줘야만 한다고 생각했다.

해리는 의자 끝에 앉아서 미소를 짓고 있었다. 그는 이해한 것이다. 나는 인사를 하고서는 어떤 것이 행해져야 할 필요가 있는지를 해리가 알아차렸다는 느낌을 가지고 그 자리를 떠났다.

그다음 주에 해리는 페이를 데리고 2주일간 플로리다로 휴가를 떠났다. 그들이 떠나 있는 동안 스테파니는 아파트를 구해 새로운 곳으로 이사를 했다. 그녀는 그녀의 길을 갔고, 해리와 페이도 마찬가지였다.

해리는 스테파니의 무책임과 페이의 헛되고 끊임없는 중재를 오랫동안 지켜봐 왔다. 그는 그것을 싫어했고, 그중 어느 한 부분에도 속하기를 거부해 왔다. 마침내 그의 방어적인 고립의 두꺼운 벽을 뚫은 것은 그의 고집스러운 거부가 충돌을 지속시킨다는 것에 대한 자신의 깨달음 때문이었다.

페이와 스테파니 둘 다 변화할 준비가 되어 있었다. 페이는 좌절했고 지쳐 있었다. 스테파니는 괴롭힘을 당하는 데 지쳐 있었고, 더욱 중요한 것은 그것을 유발시킨 행동들을 부끄러워하고 있다는 것이다. 그렇지만 두 사람은 서로의 상호작용이 양식화되어 버린 사랑과 분노 속에 함께 갇혀 있었다. 그들은 서로에 대해 극도로 민감해서 어느 한쪽의 아주 작은 행동이 두 사람 모두에게 똑같이 아주 오래된 그리고 아주 잔인한 그 악순환의 고리를 반복하게 만들었다. 그러나 마침내 아내를 향해서 나아간 해리의 의지적인 변화가 그 고리를 끊었다.

이것이 가족에 대한 중요한 진실이다. 커다란 변화는 갑작스러운 움직임에 의해 발생할 수도 있다. 사실에 대한 전체적인 지식이 때때로는 즉각적으로 그 이전에는 생각해 보지도 않았던 많은 것들을 다시 바라볼 수 있게 해 준다. 그것은 더 열심히 노력하는가 아닌가 하는 그런 문제가 아니다. 그것은 뭔가 다른 일을 시도해 보는 것에 대한 문제인 것이다.

그렇지만 가족에 대한 두 번째로 중요한 진실도 있다. 그것은 변화는 반드시 진행되어야만 한다는 것이다. 태도와 행동의 갑작스러운 전환이 그 변화를 가져올 수는 있다. 그러나 이 변화가 나머지 가족들에게 있어서 새로운 규칙에 맞추어 가는 것이 도움이 될 정도로 오래 유지되기 위해서는 계속적인 노력과 시간이 필요하다.

피서 가족 내의 치료의 진행과정은 이후 6개월간 계속된 가족치료사인 에이드리언의 개입에 의해서 제대로 자리를 잡았다. 그것이 2년 전의 일이었다. 아직도 해리와 페이는 인정 많고 현명한 조언자가 필요하다고 느끼거나, 대개는 스테파니와 관련된 뭔가에 대해 상의할 필요가 있다고 느껴지면 에이드리언을 가끔 찾곤 한다. 스테파니 역시 계속 연락을 한다. 그녀는 지속적인 관계를 유지하며 동거 중인 남자 친구가 있고, 또다시 금융업 쪽에서 책임 있는 업무를 맡아 일을 계속하고 있다.

제5부

노 화

예상해 왔던 대로 내 나이가 되자 나는 죽음에 익숙해졌다. 죽음은 나보다 두 걸음 뒤에서 걷는다. 죽음은 어깨를 웅크리고 나와 같이 어색한 걸음을 걷는 왼발을 편애하고 있다. 아마도 그것이 죽음이 내 그림자 속에서 걸을 때 보이지 않는 이유일 것이다. 의학 공부를 하던 시절이나 전쟁 때 나는 종종 그를 만났다. 그렇지만 우리가 정말로 친해진 것은 내 나이 50세로 아버지의 임종을 맞았을 때였다. 아버지는 그해로부터 십 년 전쯤에 경미한 심장 발작을 일으키셨지만, 그 후에는 평범한 삶을 살고 계셨다. 그래서 갑작스럽게 아버지가 삶의 길 가장자리에 차를 세우고 어머니를 절망적인 과부로 만들게 된 것은 전혀 예상 밖의 일이었다. 죽음은 그때 존재했지만 그 후로는 존재하지 않았다.

커다란 슬픔으로 인한 마비가 사라지자 죽음의 망령이 나를 사로잡았고 자신을 소개했다. 우리는 우선순위에 대해 이야기를 나누었다. 천천히 걸으면서 나는 나 자신과 다른 것들에 대해 더 많이 받아들이게 됐다. 내 자녀들과 아내, 형제자매 그리고 어머니를 내가 원하는 대로가 아닌 그들 모습 있는 그대로를 수용했다. 나는 꽃을 꺾기 위해 길가에 멈춰 섰고, 이 작은 순간을 무척 소중하게 느끼며 오랫동안 바라다보았다. 나는 죽음이 현명하고 유익하다는 것을 발견했다.

우리는 계속해서 여러 달 동안 대화를 나누었고, 그 후에 그는 사라졌다. 다시 한 번 나는 서두르기 시작했다. 열기가 가라앉았던 나의 급한 성미가 다시 타올랐다. 아직 끝내지 못한 책, 내 직업에 대한 조바심과 같은 그동안 미루어 왔던 목표들을 위해 서둘러야만 하는 것이다.

죽음은 다시 찾아왔다. 그리고 암에 걸린 것에 매우 화가 나 있었던, 그리고 그 암으로 인하여 너무나 젊은 나이에 혼자 동떨어져 버린 것에 많이 씁쓸해하던 내 친구 펀디아(Fundia)를 데려갔다. 나는 우리가 둘 다 이스라엘 군대에 복무하던 1948년을 기억한다. 죽음이 문을 두드렸지만 우리는 그 죽음에게 제발 가 버리라고 간청했고, 그 당시에는 그가 펀디아를 지나쳐 갔었다. 그래서 그때는 누군가 다른 사람이 죽었다.

죽음은 어떤 때는 너무나 갑작스럽지만 대부분의 사람에게는 서서히 다가온다.

60세 생일 이후에 나는 나의 몸을 마치 이방인처럼 느끼기 시작했다. 한때 내가 프랭클린 과학박물관(Franklin Museum of Science)의 '미래의 삶' 전시관에 방문했을 때, 나는 "정지해 계십시오. 당신은 5피트 6인치입니다."라고 말하는 무뚝뚝한 전자 센서 기계 앞에 서 있었다. 나는 "아니야! 나는 5피트 8인치야."라고 말하며 밖으로 움직였다가 키를 높여 똑바로 서서 다시 시도했다. 똑같은 기계음이 말했다. "당신은 5피트 6인치입니다." 도대체 나는 2인치를 어디서 잃어버린 것일까?

상실과 쇄락과 같은 감정이 내게 익숙해져 갔다. 이름을 기억하지 못하는 미칠 것 같은 무능력함, 신속함과 유연함의 상실, 심지어는 내가 졸고 있었다는 것을 깨어난 뒤에라야 깨닫게 되는 이 모든 것이 노화의 요소다. 이 작은 죽음들은 사라져 가는 과정, 즉 다른 이들의 기억 속으로 변해 버리는 것으로 마무리 되는 그 과정에 내가 익숙해지도록 만든다.

나는 장모님이 돌아가셨을 때 또다시 죽음을 만났다. 장모님은 여든 살이었다. 하루는 장모님이 몸이 안 좋아 우리는 장모님을 모시고 건강 검진을 받으러 갔다. 장모님께 빠르게 번지고 있는 치명적인 췌장암이 발견되었다. 장모님은 전형적인 체념의 상태에서 모욕적인 병원 치료를 받아들였다. 장모님이 피를 토해 냈기에 위장 내의 검사가 계획되었다. 나는 젊은 의사가 길고 단단한 튜브를 식도와 위로 넣으려고 힘을 주면서 장모님의 목을 더 멀리, 좀 더 멀리 뒤로 구부리도록 재촉하던 그 장면이 아직도 눈에 어른거린다. 그 의사는 과학과 의학이라는 자신의 세계 속에 있었고, 환자는 위장 내부 검사 속에 쭈그러져 있었다.

조사를 위한 수술 이후에도 더 많은 검사를 했다. 어째서 의사들은 죽음을 존중하지 않는 것일까?

장인은 배신감을 느꼈다. 그는 자신이 먼저 죽을 것이라고 예상했었다. 그의 세계는 움츠러들기 시작했다. 그는 잠 속으로 숨어 버렸고, 그가 좋아하지 않는 세상에서 깨어났고 다시 잠들었다. "알겠지만, 사위." 그가 말했다. "나는 지쳤어. 나는 그냥 깨어나고 싶지 않아." 그렇지만 그는 다시 깨어났다. 그는 거의 삼 년이나 걸리는 긴 죽음을 맞이했다.

나의 어머니에게 죽음은 늦게 찾아왔다. 혼수상태에 빠지기 전에 그녀는 약간의 약물 치료에 큰 혼돈으로 반응했다. 그녀는 마치 내가 아직도 어머니의 어린 아들인 것처럼 내게 말했고, 실제로 나도 그렇게 대했다. 죽음은 그가 인내할 수 있다는 것을 알고 있으면서 우리와 함께 있었고, 우리는 좀 더 많은 이야기를 나누었다. 나는 하루 동안 멀리 다녀와야만 했는데, 어머니는 죽음의 시간을 벌었다. 어머니는 나를 기다리고 계셨다. 어머니가 내가 어리고 무력했을 때 내게 그렇게 해 주셨던 것처럼, 나는 어머니의 입을 벌리고 반숙 계란과 약간의 물을 숟가락으로 떠먹여 드렸다. 그리고 어머니는 잠드셨고 다시는 깨어나지 않으셨다. 그렇지만 어머니는 나와 함께 계셨다. 나는 아직도 중요한 일이 생길 때마다 어머니를 부르고 싶은 충동을 느낀다. 그녀의 전화번호는 아직도 내 명함집에 들어 있다. 이제 아내와 나는 가장 나이 든 세대다. 우리보다 더 나이 든 사람이 주위에 거의 없고 우리를 보호해 줄 사람 또한 아무도 없다. 우리는 부모님과 미래를 연결하는 단 하나의 고리이자, 역사의 운반자인 것이다.

어머니가 돌아가신 후에 우리는 심각하거나 말기의 질병을 가진 가족구성원이 있는 보통 가족들에 대한 연구를 시작했다. 우리는 환자들이 간병하고 있는 배우자와 함께 들어와 살 수 있는 뉴욕대학교 의료센터(New York University Medical Center)의 공동치료단체(Co-op Care Unit)에 대해 알게 되었다. 아내와 나는 그 개념에 매료되었다. 사람과의 관계를 고려하는 병원 치료의 미국식 모델을 찾는다는 것이 정말 가능할 것인가?

우리는 그 병원에서 가족들을 면담하고, 나중에는 그들의 집에서 인터뷰를 했다. 처음 우리가 그들의 집을 방문했을 때 우리는 우리 자신을 마치 침입자인 것처럼 느꼈지만, 도리어 그곳의 가족들은 우리를 대단히 너그럽게 맞아 주었다. 그들은 어렸을 때의 사진, 자녀들의 사진과 손자, 손녀들의 사진이 있는 가족 앨범을 우리에게 보여 주었다. 그들은 그들의 고통과 열망, 불확실함과 죽음에 대한 부정을 우리와 함께 나누었다. 그들 각자는 죽음이 그 집 안에 함께 살고 있다는 것을 알고는 있었지만 서로에게 그 사실을 알고 있다는 것을 숨겨야 할 필요를 느끼고 있었다. 우리의 방문은 그들로 하여금 그러한 고민을 말로 표현할 수 있게 해 주었고, 또한 우리를 통해서 다른 가족구성원들과 의사소통이 가능하도록 만들어 주었다.

우리는 가족들이 기능을 전환하고, 주도권을 넘겨주는 융통성을 되찾을 수 있을 때라야 어려움을 가장 잘 이겨 낸다는 사실을 발견했다. 가족구성원 중 다른 사람이 인계해야만 하고, 환자를 놓아주어야만 하는 그런 순간이 있었다. 그 과정이 다시 번복될 수 없는 것임을 가족구성원 모두가 깨달아야만 했기에 이것은 위기의 순간이었다. 그렇게 강인했던 사람이 다시는 강해질 수가 없다는 것이다.

또한 우리는 그러한 진단을 듣고 슬퍼하는 수많은 가족들을 만났다. 이 가족들은 죽음에 대해 더 많이 부정하고, 과정으로서의 질병을 피하기로 결정했다. 이러한 가족들에게 있어서 미래는 변화하지만 존재하는 것이며, 또한 매우 소중한 그 환자가 아직은 살아 있다는 사실을 분명히 하는 것이 중요했다. 죽어 가는 아버지는 수학 문제에 어려움을 겪는 딸에게 아직도 도움을 줄 수 있었다.

2년이 넘도록 우리는 이러한 가족들과 함께 일해 왔다. 그들을 통해서 우리는 죽음이 가족구성원들의 강점과 가족의 기능이 변화하는, 그들 모두가 인식해야만 하는 하나의 과정이라는 것을 배웠다. 우리는 이

가족들에 대해서, 그리고 그 환자를 포함한 가족이 된다는 것과 또 그 이후에 그 환자 없이도 다시 새롭게 가족을 구성하는 그들의 능력에 대해서 대단한 존경심을 갖게 되었다.

대부분의 사람들에게 죽음에 이르는 길은 내적인 것에 눈을 돌리고, 모든 것을 놓아 가는 노화의 과정이다. 그렇지만 어떤 사람들은 죽음을 직면하지 못하고, 또 어떤 사람들은 삶을 마주하지 못한다. 그리고 그런 사람들에게는 노화가 더 일찍 시작된다.

제12장

건강염려증 환자와
이해심 많은 아내

노년기의 엄격함이 어떤 사람들에게는 다른 이들보다 더 많은 영향을 미친다. 대부분의 사람은 나이가 들면서 속도가 느려지지만, 다른 이들이 일찌감치 움츠린 삶으로 표류하게 되는 것에 비해 어떤 이들은 여러 해 동안 활력이 넘치는 생활을 계속 유지할 수 있을 만큼 자신을 잘 관리한다. 무엇이 이러한 차이를 만드는지를 생각해 볼 때, 우리는 자연스럽게 건강 그리고 삶에 대한 흥미와 낙천주의와 같은 개인적인 자질을 생각하게 된다. 그런데 항상 명확한 것은 아니지만 종종 사람들과의 관계의 본질 또한 마찬가지로 매우 중요하다.

여러 해 동안 관계를 맺으면서 두 사람은 그들의 다른 가능성은 줄어드는 반면, 개인의 잠재력을 크게 하는 이중적인 한 단위가 된다. 이것이 바람직할 경우의 결과는 전체가 조화를 이루게 한다. 부부가 유동성을 지니고 있을 때, 그들은 변화하는 상황에 재순응할 수가 있다.

그렇지만 이러한 놀라운 가능성을 가진 그 어떠한 능력도 심하게 뒤틀릴 수도 있다. 이제 나는 그러한 상호보완의 실패에 대한 조금은 이상한 이야기를 하나 들려주고자 한다.

68세의 에밀리오 리베라(Emilio Rivera)는 17년 동안 침대에 누워 살았다. 그는 고통과 아픔이라는 형태의 삶의 무게에 시달림을 받아서 진통 수면 성분의 코데인(Codeine)이 들어 있는 엠피린(Empirin)을 사용하기 전에는 아스피린(Aspirin)과 버퍼린(Bufferin) 그리고 애드빌(Advil)과 다르본(Darvon)을 진통제의 발달 순서에 따라 계속 사용하고, 결국 약물을 남용하게 되었다.

고통만큼 우리 자신과 타인과의 본질적 분리성을 상기시키는 것은 없다. 만약 어떤 사람이 두통이 있다고 말한다면, 우리는 그 두통의 느낌이 어떠한지를 알 수 없다. 우리는 단지 우리 자신이 가지고 있는 두통만을 알고 있을 뿐이다. 우리 각자는 자신만의 방법으로 고통에 반응한다. 이것이 바로 우리를 다른 사람들로부터 분리시키는 경험 중 하나다. 서로를 얼마만큼 사랑하는지에 상관없이 우리는 다른 사람의 고통을 나누지 않는다.

고통과 마주한 가족치료사는 곤경에 빠지게 된다. 그는 "당신의 남편이 당신의 등 아래쪽 통증의 원인입니다."라든가 "당신의 아내가 당신의 두통을 만들고 있군요."라고 말할 수는 없다. 사람들은 너무나 서로 연관되어 있어서, 어떤 사람이 다른 누구의 문제를 유발한다고 주장하는 이론을 가지고 이런 고통을 설명하기란 참 어렵다. 분노와 공포와 격정은 마치 한 사람과 다른 사람의 틈 사이를 휘젓는 불꽃처럼 가족의 주위를 맴돈다. 고통은 피부의 표면에서 끝이 난다.

육체적인 고통은 가족구조에 대한 설명으로 쉽사리 이해되는 그런 것이 아니다. 그래서 우리가 가족구성원 중 한 사람이 고통받고 있는 그런 가족을 대할 때는 개별적인 치료 접근법을 생각하게 된다.

그러나 의사에게 가는 것만이 답이 아닌 경우도 있다. 의사들은 고통을 경멸하는 점에서 악명이 높다. 그들은 이런 식으로 말한다. "그냥 없어질 겁니다. 그건 단지 당신의 몸이 그렇게 반응하는 것입니다." 또는 "그냥 그렇게 살아가셔야만 합니다." 만일 당신이 허리가 아프거나 발목이 아프면, 정형외과 의사는 그 원인을 추측하고는 그 문제가 해결되면 그 고통 또한 사라지게 될 것이라는 애매모호한 확언을 할 것이다. 척추 지압사는 솜씨 있게 당신의 뼈를 다루고, 고통이 사라지기를 기대할 것이다. 그러나 만일 이 전문가들이 치료할 수 있는 그 어떤 방법을 찾을 수 없거나 아직 고통이 남아 있다면, 이제 당신은 정말로 그 **고통과 함께 살아가는 법**을 배우는 수밖에 없을 것이다.

　오늘날에는 통증 클리닉이라는 특수 관리 시설이 있다. 그들은 긴장 완화의 테크닉, 생물 에너지학, 약물, 최면술 등을 제공한다. 그렇지만 그들은 가족구조에는 별로 관심이 없다. 가족치료사들은 통증 관리에 대해서는 잘 모르고, 통증 관리 전문가들 또한 가족에 대해서는 관심이 없다. 그래서 30년 동안 통증 속에서 괴로워한 에밀리오 리베라 같은 사람들은 이 범주 사이에 빠지게 된다. 대부분 그런 사람들은 가족치료를 위해 찾아오지도 않고, 설령 찾아오더라도 가족치료가 제시하는 방향에 대해서는 별로 달가워하지 않기 때문에 그냥 떠나 버린다.

　에밀리오는 그가 아직 젊었을 때, 불확실하며 막연하고 그의 몸 여기저기를 옮겨 다니는 통증에 괴로워한 나머지 칠 년 동안 그의 고향인 코스타리카의 시골 동네에 있는 치료사들과 의사들을 거의 다 찾아다녔다. 하지만 그 어떤 해결책을 찾는 데도 실패하자 손에 닿는 대로 아무 진통제나 취함으로써 자신만의 치료 약을 조제하기 시작했다. 그는 곧 막대한 양의 진통제를 복용하게 되었고, 얼마 지나지 않아 그것에 중독되었다.

　어떤 이들은 건강염려증(Hypochondriac) 환자가 가장 바라는 소망은 그들의 걱정을 입증하고, 불평을 정당화할 수 있는 인정될 만한 병명으로 앓아눕게 되는 것이라고 말한다. 에밀리오에게 가벼운 천식 증세가 발견되었을 때 '생기'는 그를 떠났고, 그는 침대를 점령했다. 그때부터 그는 쭉 아내와 간호사라는 두 가지 역할을 모두 담당하는 아내 돌로레스(Dolores)의 희생적인 간호를 받으며 때 이른 노년에 빠져들었다.

아무런 일도 일어나지 않는 날들 후의 침대 생활 속으로 그는 삶의 무거움을 피해 숨어들었고, 광대하고 거의 종말과도 같은 고요함 속을 떠다녔다. 에밀리오의 아내와 자녀들은 그의 병약함에 대해 때론 불안과 동정으로, 그다음에는 짜증으로, 마침내 포기로 반응했다. 그렇게 그들의 삶은 계속되었다.

가족이 뉴욕으로 이주했을 때, 에밀리오는 그의 진통제 중독을 극복할 수도 있었지만, 그래도 하루 중 대부분의 시간을 침대에서 지낼 필요가 있었다. 그는 절반 정도 병약한 상태에서 그의 아파트의 제한된 지역 내에서 살았다. 그리고 이 한 사람의 고통 이야기는 그 고통을 둘러싸고 구성된 한 가족의 이야기가 되었다. 가족이 한 사람의 병약함을 간호하려고 가족 스스로를 조정하게 될 때, 과연 언제 도움 주는 그 일을 그만두어야 하는지 안다는 것이란 그리 쉬운 일이 아니다.

16년 동안 에밀리오와 그의 가족들은 그가 고통 없이 최소한으로 활동할 수 있도록 모든 편의를 봐주는 상태였다. 그리고 17년이 되었을 때 그들이 살고 있던 브루클린 지역의 노인 의학 단체 소속의 한 이사가 이 가족의 슬픔을 알아차리고, 커다란 사명감을 가지고 에밀리오에게 다가왔다. 립 반 윙클(Rip Van Winkle, 숲에서 잠깐의 낮잠을 자고 난 후 몇 세대가 흐른 세상으로 다시 돌아온 나무꾼 – 역주)처럼 이 일은 에밀리오에게는 기이한 일이자, 큰 도전이었다.

그로부터 얼마 후 병원의 운반 차량이 매일 아침 열 시에 에밀리오를 노인병원 데이케어센터에 데려가려고 도착했다. 그곳에서 그는 생산적이기보다는 시간을 때우도록 설계된 장소에서 지내는 일에 착수했다. 오후 두 시에 에밀리오는 아파트로 돌아와서 즉시 침대로 돌아갔다.

가족들은 기뻐했다. 센터에서의 에밀리오의 아침은 돌로레스로 하여금 집 안을 청소하고, 에밀리오의 요구로부터 자유로워질 수 있는 시간을 가족들에게 제공해 주었다. 센터에서 돌아온 후의 나머지 시간에 대한 일과는 그들이 수년간 지내 왔던 그대로, 즉 에밀리오는 스페인어로 된 드라마를 시청하고, 돌로레스는 그를 돌봐 주어야만 하는 그 필요들에 대해 불평하면서 그의 뒷일을 돌봐 주는 것으로 계속되었다. 그늘이 일찍 지고, 어둠이 늦게 찾아오는 브루클린의 그 기나긴 오후에 어떻게 에밀리오가 그의 빈 마음을 채웠는지에 대해서는 그 누구도 몰랐고, 얼마 후 가족들은 그에 대해 관심을 끊었다. 그리고 그 후 악마가 일을 방해했다.

어느 날 에밀리오는 놀라운 발표를 했다. 기나긴 날들과 텅 빈 저녁은 그의 마음속에서 끊임없이 코스타리카로 되돌아가고 싶다는 소망을 자라나게 했다. 그는 오랜 친구들에 대해 그리고 이 저주 같은 병마 전의 그의 어린 시절에 대해 진한 향수를 느꼈다. 그래서 그는 그가 태어났던 마을을 방문하기 위해 그곳으로 다시 가겠노라고 선언했다.

무엇이 이 불가사의한 **영혼**의 각성을 자극했는지는 아무도 몰랐지만, 가족 모두는 깜짝 놀랐다. 어떻게 그가 해 나갈 것인가? 만약 그가 정말 아프기라도 한다면? 그의 아내와 자녀들은 의존적이고 누워만 있는 병약한 그에게 무척이나 익숙해져 있었다. 그러므로 이렇게 완전히 예상치 못한 그의 계획을 이해하기가 어려웠고, 그것을 받아들이기란 더더욱 어려웠다. 그들은 그가 침대에 머물도록 부드럽게 설득했지만 그가 가족들의 말을 듣기를 거부했을 때, 그의 어리석은 계획을 단념할 수 있도록 설득해 달라고 가족 주치의를 불렀다. 그렇지만 몬토야(Montoya) 박사는 에밀리오가 그렇게 원하는데도 불구하고 그가 코스타리카에 가지 못할 이유를 찾을 수가 없었다. 도리어 그것이 그에게는 더 좋은 일일 수도 있었다. 하지만 이러한 평가는 가족들의 고뇌를 한층 더 심화시킬 뿐이었다.

에밀리오의 가족들은 그가 그의 병약한 고요함으로 떠다니기 이전에도 여러 번 또 다른 풍랑들을 많이 겪었었다. 자녀들이 어렸을 때 그의 음주와 우울함이 그와 어울려 지내는 것을 위험하게 만들었다. 그는 술을 끊었지만, 더욱 침울해지고 감정적으로 무료해졌다. 가족들은 그가 이리저리 의사와 종교 요법 치료사들을 찾아다니는 것, 그가 처음에는 이유 없는 슬픔이라고 불렀다가 나중에는 질병이라고 부르게 된 그것이 치료되기를 바라면서, 어쩔 수 없이 그의 옆에서 그저 바라만 보았다. 그리고는 그의 약 복용 습관이 마치 악마의 영혼처럼 그를 점유했을 때, 중독의 질병 때문에 가족들이 고통받게 되는 일반적인 지옥에 시달리게 되었다. 이제 그들은 이 깨지기 쉬운 평화를 방해하는 것이라면 무엇이든지 몹시 두려워하게 되었다. 상황이 호전될 것이라는 믿음을 잃어버린 채 그들은 상황이 나빠지지 않기만을 희망했다. 그리고 무척 당황해서 내게 연락을 했고, 나는 가족 전체를 만나 에밀리오의 그 움찔할 만한 계획에 대해서 의논하는 데 동의했다.

미국에서 40년간 일하고 난 지금도 나는 아르헨티나 시골에서의 나의 옛 경험의 메아리를 함께 나눌 수 있는 남미 가족들과 일할 수 있는 것에 아주 특별한 기쁨을 느낀다. 에밀리오와 마찬가지로 나는 산테로스(Santeros)를 방문했던 나의 어린 시절을 기억할 수가 있다. 나는 소화 장애를 가진 누이가 다 나은 것으로 여겨질 때까지 기하학적인 모양을 그녀의 작은 몸에 떠올리면서 복잡한 측량을 하며 치료했던 그 치료사를 기억한다. 그리고 그녀는 정말 깨끗이 나았다. 나는 코스타리카와 아

르헨티나의 문화는 정말로 다르다고 알고 있었지만, 몇 해가 지나는 동
안 모든 남미 사람들에게 더 특별한 친밀감을 느꼈다.

우리가 만나기로 한 날은 비가 내렸고, 이 가족은 몇 분 정도 늦었다.
나는 여러 해를 지낸 후에 갑자기 침대 밖으로 나가겠다고 결정한 그를
만나고 싶은 호기심을 지닌 채 기다렸다. 그들이 도착했을 때 나는 어
머니와 수다를 떠는 이십 대의 건강해 보이는 젊은이를 보았다. 몇 걸음
뒤에 질질 끌려오고 있던 사람이 바로 그의 아버지였는데, 무척 연약하
고 자신 없어 보였다.

에밀리오 리베라는 열대지방에서 입는 막 다림질을 한 크고 느슨한
하얀 과이아베라(Guayabera) 안에 커다랗고 둥그런 배와 처진 어깨를
가린 무척 초라하고 키가 큰 사람이었다. 그는 턱을 낮춘 채 마치 바람
을 향해 나아가는 것처럼 약간 앞으로 기대어 발을 끌면서 방 안으로 들
어왔다.

그의 아내 돌로레스는 마치 가르시아 로르카(Garcia Lorca)의 스페인
비극 드라마의 비탄에 잠긴 한 여인처럼 보였다. 검은 스카프가 그녀의
하얀 머리를 덮고 있었다. 그녀는 침울하고 기품 있으며 고결하고 얼굴
에 주름이 많았으며 조금 고집 세 보였다. 그녀의 눈동자는 검었고, 마
치 불평하지 않으려고 노력하는 것처럼 입술을 합하여 세게 누르고 있
었다.

그룹의 세 번째 구성원은 그들의 아들인 건장하고 근육이 발달했으며
턱수염을 기르기 시작한 디온(Dion)이었다. 그는 미소를 많이 지었고,
공격적으로 껌을 씹었다. 에밀리오와 돌로레스는 문 가까이 있는 벽을
따라 놓인 두 개의 의자에 서로 붙어 앉았다. 디온은 부모의 오른쪽 소
파에 넓게 벌리고 앉았다. 그의 형수인 마리엘라(Mariela)와 형인 라파
엘(Rafael)은 주차할 곳을 찾고 나면 바로 우리와 합류할 것이었다.

나는 논점으로 바로 들어가야 한다고 생각해서 에밀리오에게 말했다. "코스타리카로 여행을 계획 중인 것으로 알고 있습니다."

"네, 그냥 방문입니다." 그가 아내를 힐끗 보면서 말했다.

"나는 아무 말도 안 하고 있지는 않을 겁니다." 아내가 머리를 흔들면서 대답했다. "모두 화가 났습니다. 아무도 그가 가는 것을 원하지 않습니다." 그녀는 소파에 앉아 있는 아들을 바라보았고, 그도 동의의 뜻으로 고개를 끄덕였다.

바로 선이 그어졌다. 코스타리카를 방문할 계획이 있는 에밀리오가 한쪽이었고, 결과를 두려워하는 나머지 가족이 다른 한쪽이었다.

에밀리오의 아내와 아들은 번갈아 가면서 코스타리카 여행의 위험성에 대해 지적했다. 어떻게 그가 주의 깊은 가족들의 눈을 떠나서 스스로를 돌볼 수가 있겠는가? 에밀리오는 그의 트레이드 마크가 된 단조롭고 상냥한 방법으로 항의했다. 그들은 서로를 이해시키려는 희망을 오래전에 포기한 가족의 피곤한 비관론으로 논쟁했다.

나는 상황이 매우 모순적이라는 것을 발견했다. 그들은 그가 좋아지기에는 너무나 아프다고 주장했다. 그는 가족들이 그가 독립하려는 시도를 하게 놔둬야 한다고 힘없이 주장했다.

"리베라 씨!" 내가 말했다. "연세가 어떻게 되십니까?"

"68세입니다."

"글쎄요, 그런데 그들은 마치 당신이 어린아이인 것처럼 말합니다. 나는 이해할 수가 없습니다. 왜 그들이 그렇게 하는 겁니까?"

"글쎄요, 그들이 나를 너무나도 사랑하기 때문에 그런 식으로 행동하는 것입니다."

"사랑해서라고요?"

"네, 사랑해서입니다."

"나는 이해할 수가 없습니다. 리베라 씨, 당신은 어른입니까, 아니면 아이입니까?"

나는 적과 접촉을 취했고, 그것은 강력한 것이었다. 나는 분노, 스트레스 그리고 불안과 함께 일할 때 편안함을 느낀다. 그렇지만 사랑은 내게 문제가 되었다. 사랑은 충성심, 상호 이익의 요구, 결핍의 책망, 불공평한 주장 그리고 죄의식의 지뢰밭이었다. 그렇지만 몇 해가 지나는 동안 나는 이 폭발적인 기구의 뇌관을 제거하는 몇몇 전략들을 개발해 왔다.

"리베라 씨!" 내가 이어 말했다. "그들은 당신을 새장에 가둬 두었습니다. 그들은 당신을 보호하는데 사랑하기 때문에 그런 것입니다. 그래서 당신은 화조차 낼 수가 없습니다. 그게 사랑에서 비롯된 것이기 때문이지요."

나의 도전은 너무나 미약해서 이 가족의 엄격한 조직을 꺾을 수 없다는 것을 나 자신도 알고 있었다. 그렇지만 내가 올바른 방향으로 목표를 잡고 있다는 것 또한 알았고, 남성 자치를 매우 중요시 여기는 남미 문화에 대한 지식을 나의 임의 처분에 맡겼다. 이제 막 말 위에서의 창 시합이 시작됐고, 나는 쇠몽둥이와 쇠사슬을 사용하려고 준비했다.

리베라 씨의 아들은 가족을 대신해서 말했다. "선생님의 말씀이 정확히 맞습니다. 우리는 과잉보호적입니다. 그렇지만 우리가 그렇게 과잉보호하는 데는 그만한 이유가 있습니다. 만약 우리가 아버지를 주시하지 않는다면 아버지 자신이 스스로를 돌볼 수는 없을 것입니다. 아버지가 자유로웠던 과거에 그는 다르본 진통제와 아스피린을 복용했습니다. 우리가 아버지를 지켜보지 않는다면 아버지는 또다시 다르본 진통제와 코데인을 복용할 것이고, 그 어떤 일이든지 벌어질 수 있습니다."

"세뇨르 리베라, 당신의 가족은 매우 보호적입니다. 그들은 68세의 당신을 너무나 어리거나 너무나 연약하게 다루고 있습니다." 나는 일어서서 마치 쇠약한 노인처럼 몇 걸음을 질질 끌었고 나의 논점을 스페인어로 상세히 말했다. "돈 에밀리오, 그들은 마치 당신이 살아 있기에 너무나 늙은 것처럼 대합니다(*Don Emilio, ellos lo tratan como si usted es demasiado viejo para vivir*)." 스페인어로 옮길 때 나는 그를 돈 에밀리오라는 존경의 칭호로 불러 그를 공경했다.

"아내는 당신을 사랑하고 아들도 당신을 사랑합니다. 그리고 당신은 사랑받는 것을 사랑합니다. 그렇지만 내가 생각하기에 그것은 감옥입니다. 그러나 사랑의 감옥이기 때문에 행복한 감옥입니다."

"글쎄요, 아버지는 여태껏 여러 번 움직일 기회가 있었습니다." 디온이 앞으로 기대며 말했다. "그렇지만 그는 움직이지 않기를 선택했습니다. 그의 질병, 그러니까 허리, 두통으로 인해 그는 움직이지 않습니다."

이민 온 부모의 아들이자, 양쪽 문화에 발을 담그고 있는 디온은 미주 문화와 그의 부모 사이에서 연결 고리 역할을 하고 있었다. 좋은 아들인 그는 아버지를 위해서 말했지만 그 과정이 그를 침묵하게 했다. 어쨌든 나는 이미 어느 편을 들 것인지를 선택했다. 코스타리카로의 여행은 에밀리오의 허약한 인생으로부터 벗어나는 신선한 발걸음처럼 보였다. 그것은 위험을 감수할 가치가 있었다.

"돈 에밀리오, 정말 코스타리카에 가기를 원하십니까?"

"네." 그가 확신에 차서 말했다.

"얼마나 오랫동안 말이죠?"

"상황에 따라서요, 짧게는 한 달이나 두 달? 나는 그들에게 내가 나 자신으로 회복될 수 있는 휴식 시간을 달라고 말했습니다. 그리고 나 스스로의 삶을 살 수 있는." 그는 이것을 진실한 감정으로 말했다.

나는 이 사람을 좋아했다. 그는 단순하고 귀엽고 친절하고 인생의 계획에 복종했던 내 어린 시절의 어떤 남자를 기억하게 했다. 나는 나의 아버지에게 다음과 같이 말하곤 했던 산 살바도르의 돈 차스(Don Chas)를 기억했다. "마우리시오, 나는 항상 가장 뚱뚱한 파트너와 춤추는 것에 빠지게 됩니다(*Mauricio, siempre me toca bailar con la mas pesada*)."
에밀리오도 마찬가지로 인생을 걸고 카드 게임을 하고 있었다. 그는 아
내와 자녀들의 착취자로서 자신을 바라보는 자기만의 생각에 너무나도
골몰해 있었다. 그는 그가 쥐고 있는 카드로만 게임을 하고 있었다.

"에밀리오" 내가 말했다. "당신에게 책임감이 있다는 것을 가족들에
게 잘 설득해야만 할 것입니다. 당신은 당신을 무척 사랑하는 아내와 아
들에게 68세인 당신이 코스타리카에서 그들의 감시 없이도 한 달 동안
잘 지낼 수 있다는 걸 확신시킬 필요가 있습니다." 그리고 이것이 상담
중에 일어나야만 한다는 것을 나는 경험으로 알고 있었다. 그는 도움이
필요할 것이다. "그들을 확신시킬 수 있겠습니까?"

"나는 이미 그들에게 말했지만, 그들이 그 생각을 좋아하지 않는 것
같습니다." 그가 패기 없이 말했다.

에밀리오는 병약함에 걸맞게 진실하지만 좀 연약하게 항의했다. 그
는 오랫동안 무저항의 힘을 사용해 와서 이제는 이 무저항의 다양한 측면
을 모두 알고 있었다.

그의 아들은 체념을 가장했다. "나는 설득되었습니다. 아버지를 그곳
에 가게 내버려 두세요. 아버지가 그릇된 일을 해서 스스로를 죽게 만들
거나 아니거나 하겠지요." 그의 아내는 자신은 설득되지는 않았지만 그
렇다고 그를 막을 수도 없다고 말했다. 그리고 그녀는 그의 과거의 실수
를 일일이 나열하고, 또 가족 모두가 그것을 얼마나 걱정하는지 계속 반
복하면서 결국 그가 포기하기를 계속해서 시도했다.

에밀리오는 무책임함으로 무력해졌다. 이제 그는 스스로의 투사로
서 거의 우스꽝스럽고 어울리지 않게 행동했다. 나는 그를 도와야만 했
다. "만일 그들이 계속해서 자신들의 보호 없이는 당신이 혼자서는 살
수 없다고 생각한다면, 그들은 자신들을 위해서 모두의 삶을 무척 어렵
게 만들고 있는 것입니다. 그것은 당신의 감옥이고 또한 그들의 감옥이

기도 합니다."

나의 두 번째 치료상의 반격은 '당신의 간수가 당신과 함께 감옥에 있다.'였다. 체계적 사고(Systemic Thinking)의 힘은 이와 같은 견해의 변화에 있다. 신념의 완강함은 흔들렸다. 첫째, 가족은 에밀리오가 아파서 침대에 남아 있도록 돕는다. 그들은 그런 방법으로 그를 통제할 수 있다. 둘째, 가족은 그와 함께 침상에 거한다. 그런 방법으로 그 또한 그들을 통제한다. 이제 나는 (연약한) 환자가 (강력하게) 그들이 필요 없다고 가족을 설득할 수 있도록 역설한다. 나중에는 가족이 그들에게 그가 필요 없다고 설득하려는 어떤 시도의 변화가 올 것이다. 나중에 말이다.

"당신이 아내의 사랑이라는 보호와 통제 없이 한 달을 보낼 수 있는 남자라는 것을 아내에게 설득할 필요가 있습니다."

"그녀를 설득하는 것이 너무나 어렵습니다." 에밀리오는 징징대는 목소리로 말했다.

"아니요, 에밀리오, 나는 당신의 목소리가 너무 작다고 생각합니다."

이제 돌로레스가 말했다. "그는 약합니다. 그는 하루 종일 침대에서 생활합니다. 그는 아무 데도 가지 않습니다."

"나는 할 수 없습니다." 그가 항의했다. 어떻게 그가 자신의 연약함을 무효화하지 않고 자신의 힘을 논증할 수가 있을까? "나에 대해 주된 것은 나의 연약함입니다." 그가 비극적으로 어깨를 으쓱하며 말했다.

"무슨 연약함입니까?" 내가 물었다.

"신체적인 연약함입니다." 그가 대답했다.

"아하……." 나는 죽은 사람들을 깨우는 기상 나팔 소리를 내는 나팔수처럼 느끼며 주제를 바꿨다. "코스타리카에선 어디를 가실 겁니까?"

그는 도시의 소음에서 떨어진 시골에서 친구들과 함께 지낼 것이라고 말했다. 그는 오랜 친구들과 일이 잘못되기 전의 시절에 대한 향수와 열정을 담아 말했다. 코스타리카의 경치를 갈망하며 그의 목소리는 예전의 목소리가 되어 있었다.

디온은 얼마나 그의 아버지가 고립될 것인지를 내가 알기를 바랐다. "그 고개까지는 너무나 멀어서 심지어 택시조차도 그곳에는 가려고 하지 않을 겁니다."

그때 누군가 문을 노크했다. 나는 문을 열고 에밀리오의 큰아들과 며느리를 맞이했다. 우리는 악수를 하고, 그들은 방으로 들어와서 디온의 옆에 있는 소파에 앉았다.

그들은 좋아 보였다. 며느리인 마리엘라는 짙붉은 머리를 짧게 자르고 고리 모양의 금 귀걸이를 하고 있었다. 삼십 대 후반의 매력적인 여성인 그녀는 에메랄드 그린의 새틴 블라우스를 입고 검은 모직 바지를 입고 있었다. 그녀는 변호사 보조원으로 일하고 있었고 자신감이 풍겨졌다. 그녀의 남편인 라파엘은 가족에게 의약과 조언을 제공하는 약사이며, 갈색의 가죽 스포츠 재킷을 푸른 실크 셔츠 위에 입고 있었다. 그의 금속 안경테는 심각한 인상을 주었다.

나는 그들에게 말했다. "우리는 당신의 아버지가 너무 작은 목소리를 가지고 있고, 그가 책임감 있는 성인이라는 것을 가족 누구에게나 납득시키는 데 어려움이 있다는 사실에 대해 이야기하고 있었습니다. 그는 당신의 시동생은 납득시켰지만 당신들을 설득하는 것은 무척 어렵다고 말합니다."

"사실입니다." 마리엘라가 평이하게 말했다.

"아버지는 나를 납득시켰습니다." 디온이 재빨리 덧붙였다. "아버지가 가기를 원한다고. 그리고 나는 아버지로 하여금 교훈을 배우도록 하기 위해서라도 아버지를 보내 줘야만 한다고 납득했습니다. 그게 나의 심정입니다. 그렇지만 아버지가 정말 자기 자신을 돌볼 수 있으며, 천식을 통제하고, 고혈압을 적정 수준으로 유지할 수 있을지에 대한 확신은 없습니다."

나는 다시 가족의 고집스러운 저항을 느꼈다. 디온과 말다툼하는 것보다 나는 그의 형에게로 돌아섰다. "나는 당신의 아버지가 새장 속에 살고 있다고 생각합니다. 보호의 우리, 걱정의 우리, 사랑의 우리, 그렇지만 그것은 어쨌든 굴레입니다."

나는 처음의 암시로 되돌아갔다. 우리가 앞으로 나아가기 전에 새로운 참석자를 참가시키기 위해서 나는 우리가 이미 지나온 길로 되돌아갔다. 치료과정은 되풀이된다. 요령은 여러 가지 변화로 같은 주제를 반복하는 것이다.

"이것은 가족 전체의 문제입니다. 그리고 당신들 모두가 변화하지 않는 한 그는 변하지 않을 것입니다. 그는 자신이 무능력하고, 당신들이 그를 보호해야만 한다고 설득하는 일을 잘 해냈습니다. 그는 자신의 역할을 했습니다. 그렇지만 당신들은 그가 아무런 노력을 하지 않아도 되는 위치에 그를 고정시키는 것으로 당신들의 역할을 수행합니다. 나는 이것이 심각한 가족 문제라고 생각합니다. 그리고 나는 당신들이 변할 것이라고 생각하지 않습니다. 나는 당신들이 그 위치에 빠져 있다고 생각합니다. 보세요, 사랑은 구속일 수 있습니다. 그가 당신들을 그렇게 하도록 훈련시켰습니다."

"우리에게 무엇을 하라고 제안하시는 건가요?" 마리엘라가 알고 싶어 했다.

"그는 당신들을 납득시킬 필요가 있습니다." 내가 말했다.

에밀리오는 아무 말도 하지 않았다.

나는 그들에게 이것이 '이차선 길'이라는 것을 납득시키려고 했다. 그러나 가족들이 이 점을 이해하기란 어려웠다. 모든 가족들의 문제는 쌍방이 오가는 이차선 길로 되어 있는데, 가족구성원들이 그것을 이해하기란 항상 어려운 법이다.

문제가 더 악화되도록 나는 이 남자의 자존심을 이끌어 낼 수 없는 것처럼 보이게 했다. 변화를 위해 그를 내 편으로 유도해 보았다. "당신은 그들을 납득시킬 필요가 있습니다." 그렇지만 그는 나와 합류하기를 거절했다. 그를 병약자라고 부르는 것은 그를 화나게 하지 못했고, 그의 가족이 그를 새장 속에 가두고 있다고 표현하는 것은 그로 하여금 단지 가족들이 그를 사랑하는 것이라고 말하는 것으로 들리게 할 뿐이었다. 사랑은 논쟁하기가 어려운 것이다.

디온이 말했다. "우리가 만약 아버지가 혼자 가도록 내버려 둔다면 5~6주 이내에 내가 아버지를 데리러 가는 비행기 안에 있을 거라는 내기에 기꺼이 돈을 걸겠습니다."

"그는 여기서 무언가를 하는 것으로 시작할 필요가 있습니다. 침대에서 나와서 걸어 다니고 움직이고……."

"일하러 가고……." 큰아들이 덧붙였다.

"네, 일하러 가야죠." 디온이 동의했다. "무언가를 하긴 하지요. 그렇지만 그는 집에 돌아오는 순간 붕, 침대로 직행합니다."

"그리고 그가 침대로 가는 순간." 내가 말했다. "거기에는 도우미 시스템이 있습니다. 당신은 그가 침대로 가는 것의 한 부분을 맡고 있습니다. 당신도 공모자입니다. 돈 에밀리오, 그들은 당신을 장애인으로 만듭니다. 그리고 당신은 그들이 그렇게 하도록 허락합니다. 가족들과 당신은 당신 스스로를 무기력하게 만드는 그런 시스템 속에 있습니다."

나는 반복한다. 나는 다른 단계로 이동해서 반복한다. 나는 목소리의 톤을 바꾸고 반복한다. 나는 같은 것을 말하는 다양한 레퍼토리를 개발해 왔다. 내가 분석가였을 때는 이렇게 표시가 나지는 않았다. 내게는 시간이 있었다. 이제 17년간의 봉쇄를 깨기 위해서 나는 샤머니즘의 마술적 격렬함, 따분하고 고집 세고 지루한 반복, 아니면 둘 다가 필요했다.

"어떻게 그것을 깨뜨릴 겁니까?" 큰아들이 알고 싶어 했다.

"대단히 어렵게요." 내가 말했다.

이것이 그를 화나게 했다. "글쎄, 어떻게요? 나는 계속해서 듣고 있지만 어떻게 되어야 하는지는 아직 듣지 못했습니다."

"덜 도움을 주는 것으로요." 내가 말했다.

"다시 말해서……." 디온이 말했다. "그를 위해서 아무것도 하지 마라?" 다섯 명 중 그가 제일 덜 고집스러워 보였다.

"우리 정직해집시다." 며느리가 말했다. "아버지는 움직이려 하지 않을 겁니다. 그러면 압력은 어머니에게로 가해집니다. 결국 어머니는 모든 것을 혼자 하게 될 겁니다. 그건 공평하지 않습니다."

작은 움직임이 앞으로 한 걸음 취해졌다. 빈틈없는 건축물에 생긴 하나의 구멍이었다. 어머니는 과잉보호된 아버지에 의해서 보호되었다.

"어머니에겐 자신만의 질병이 있습니다." 내가 말했다. "어머니의 병은 너무 지나치게 아버지에게 도움을 주는 것입니다."

그들은 아버지에게 문제가 있어서 어머니가 아버지 곁에서 떨어지지 않는다고 생각했다. 나는 그들로 하여금 문제가 부모 양쪽에 다 있다는 것을 볼 수 있기를 원했다.

"당신들의 어머니는 강철로 만들어졌고, 아버지는 솜으로 만들어졌습니다." 돌로레스는 끄덕였고 자녀들은 웃었다.

"만약 당신들의 어머니가 강철이 아니라면 아버지는 구리나 청동이 될 것입니다." 그들의 웃음은 나의 암시가 그들의 민감한 부분을 건드렸다고 느끼게끔 했다. "당신들이 아버지가 아닌 어머니가 틀렸다고 어머니를 설득하기 시작한다면, 아마도 당신들은 두 사람 모두를 변화시킬 수가 있을 것입니다. 당신들의 어머니는 못처럼 강합니다."

"나는 솔직해지겠습니다." 디온이 말했다. "나는 아버지가 교훈을 배우게 하기 위해서 어머니를 희생시킬 수는 없습니다. 우리가 아버지를 돌보는 것을 그만두면 어머니가 곤경에 빠질 것입니다. 그래서 나는 다시 과잉보호를 하게 되겠지만 거기에는 그럴 수밖에 없는 이유가 있습니다."

찌르기, 되찌르기는 예술이었다. 그렇지만 나는 이야기가 열렸다고 생각했다. 이제 우리는 자녀들의 어머니에 대한 충성심과 아버지에 대한 경멸에 대해 이야기하고 있었다.

리베라 가족의 경직된 구도는 벅민스터 풀러(Buckminster Fuller)의 모든 각도가 서로 받치고 있는 연결된 각도에 의해 의지한다는 둥근 돔의 최단선과 유사했다. 모든 요소들이 제 위치에 있는 한, 전체 건축물도 그러할 것이다. 아마도 내가 몇몇 부분의 연결을 느슨하게 한 것 같았다.

그래서 나는 자녀들에게 말했다. "여러분은 부모가 적정한 균형을 잡아 가도록 내버려 두지 않습니다. 그들은 기름칠을 잘한 시스템을 가지고 있습니다. 그는 그녀가 자신을 위해서 일하도록 하고, 그녀는 그를 위해서 일하는 것을 행복해합니다."

이제 라파엘이 말했다. "그래서 당신은 모든 것이 괜찮다고 말하는 것입니까? 모든 것이 완벽하다고요?" 그의 분노는 조롱의 형태를 띠었다. "아버지는 어머니가 자신을 위해서 일하는 것이 행복하고, 어머니는 아버지의 노예가 되는 것에 기뻐한다고요? 그것이 당신이 말하는 것입니까? 어머니가 그것을 좋아하기 때문에 고통을 받는다? 그것은 텔레비전 프로그램처럼 들립니다." 그들은 모두 웃었다. 그것은 대단한 농담이었다. 그렇지만 나는 웃지 않았다. 나는 사각지대의 뒤쪽에 있는 것처럼 느껴졌다.

"이것은 농담이 아닙니다. 왜냐하면 여러분은 매우 비극적인 상황에 함께 관여하고 있기 때문입니다. 68세의 남자가 아주 늙은이가 되고, 이제 아무런 자유가 없습니다. 그는 코스타리카에 한 달 동안 가고 싶어 합니다. 그리고 그가 살아남지 못할 것이라는 대단한 걱정을 듣습니다. 그는 할 수 있다고 말하지만 아무도 그를 믿어 주지 않습니다."

다시 대답한 것은 라파엘이었다. "글쎄요, 왜냐하면 지난번에 아버지가 자신의 문제를 처리하려고 했을 때 형편없이 했기 때문입니다. 선생님이 이해해야만 하는 것은 우리는 남자로서, 집안의 가장으로서 그에게 정당한 존경을 표현해 왔다는 것입니다."

"아니요, 나는 그렇게 생각하지 않습니다." 나는 연장자로서 근엄한 도전을 했다.

"우리는 그렇게 합니다. 우리는 상황이 벌어지도록 놔두고는 아무 소득도 없이 끝을 냅니다. 아버지는 다 써 버렸고…… 아버지에게 직접 물어보십시오." 그가 이제는 돌아서서 아버지를 정면으로 맞서면서 말했다. "얼마나 많은 의사에게 가셨습니까? 얼마나 많은 점쟁이와 사제에게 가셨습니까? 돌팔이 의사에게서 또 다른 돌팔이 의사에게로 옮겨 가느라고 얼마나 많은 돈을 쓰셨습니까? 그렇다고 누가 뭐라고나 했습니까?" 에밀리오는 그저 듣기만 했다. 그는 이 설교를 너무도 많이 들어 왔다. "그렇다고 그 누가 존재하지도 않는 치료법을 찾아서 이 의사에서 저 의사로 옮겨 다니는 아버지에게 뭐라 말한 적이라도 있습니까?"

"진짜 문제는……." 내가 이어 말했다. "그가 코스타리카에 가고 안 가는 것이 아닙니다. 그것은 당신이 결정해야만 하는 하나의 일입니다. 문제는 사랑하고 지나치게 도와주는 대신에 좀 더 존경하고 그리고 어떻게 도움을 덜 줄 수 있는가입니다."

순간 다섯 명 모두 침묵했다. 그리고 디온이 말했다. "다시 말해서 부모님에게 덜 간섭하라는 겁니까? 그들이 자신들의 삶을 살도록? 어머니가 수술을 받고 아버지가 그녀를 위해서 일해 줄 것을 기대하며 집으로 돌아왔을 때가 가장 커다란 시험이 되었습니다. 아버지는 조금 도왔을 뿐이었고 마침내 아예 그것조차 그만두었습니다."

에밀리오는 남편들이 서투르게 돕는 그런 방법으로 도왔고, 돌로레스는 비난하는 것에 대해 모든 일을 다 하는 아내들이 익숙한 방식으로 대응했다.

이제 분위기가 바뀌었다. 우리는 더 이상 코스타리카에 가고 안 가고 에 대해서 논쟁을 벌이지 않았고, 더 이상 누가 옳고 그른지에 대해서도 이야기하지 않았다. 우리는 이제 누가 잘잘못을 했는지에 대해서는 관심을 덜 기울이게 되었고, 가족 모두가 관련된 가족의 패턴에 대해 이야기하고 있었다.

그래서 이 달라진 분위기에서 나는 다시 시도했다. "여러분은 아버지가 어머니에게 의존적이라는 것은 잘 알고 있지만, 아버지가 의지하는 것에 대해 어머니 또한 의존적이라는 사실은 보지 못하고 있습니다." 다시 나는 도움을 주는 것과 무력함의 쌍방 보완성을 강조했다. 이러한 반복으로 인하여 논점은 더욱 익숙해졌고, 가족의 현실은 덜 확실해졌다. 그들이 내가 말하는 점을 알아들었다고 확신하지는 않았지만, 나는 그들이 반응하고 있다고 생각했다.

"어머니는 아버지가 병약하도록 유지하고 있습니다. 그녀는 그의 손과 발이 되어 돌보는 것으로 그를 망치고 있습니다. 나는 리베라 부인이 리베라 씨만큼 정말 고집이 무척 세다고 생각합니다. 그렇지만 아무도 그녀의 그런 고집스러움을 알아차리지는 못합니다. 환자로서 그의 고집스러움은 알아차리지만 간호사로서 그녀의 고집스러움은 눈치채지 못합니다."

이제 돌로레스가 항의했다. "모두 다 내가 그 사람을 못하게 만들었다고 생각합니다." 상처받은 듯 보이는 그녀가 머리를 흔들며 말했다.

디온이 그녀를 보호하기 위해 뛰어들었다. "아버지가 그렇게 생각하는 것입니다. 나는 의사가 우리 아파트로 올 수 있기만을 바랍니다."

"만일 어머니가 아니었다면 아버지와 어머니는 함께하지 못했을 것입니다." 라파엘이 말했다. 마리엘라가 동의했다. "심지어 아버지는 어머니가 한 모든 일에 감사조차 하지 않습니다." 지금까지 그녀는 시어머니처럼 침묵을 지켜 왔다. 돌로레스의 침묵은 비난을 담고 있었으나 그 둘은 침묵으로 일관하고 있었고, 그들이 은폐한 단어들보다 더 많은 무게를 싣고 있었다. 나는 침묵의 힘에 도전하고 있었고 이제는 언어를 위한 시간이었다. 라파엘이 계속했다. "우리가 어렸을 때부터 어머니의 목적은 가족들이 함께할 수 있도록 그것을 유지하는 것이었습니다."

나는 가족의 우상에 대해 도전했다. 침묵과 난폭한 전투에 대한 기억 그리고 어머니는 항상 접착제이자, 보호자요, 뜨개질하는 사람이었다.

"질문은" 내가 말했다. "지금 여러분이 어떻게 부모님을 도와서 병약한 아버지와 지친 어머니를 더 이상 갖지 않게 될 것인가입니다."

돌로레스는 수용의 양식 가운데서 자랐다. "인생은 힘들다. 너는 고통을 겪고 있지만 받아들여야만 한다. 운명이 나에게 붙여 준 남편을 보라."라고 그녀는 말했다.

그녀의 관점, 즉 가족 전체의 관점에 도전하면서 나는 자기 과신의 위험을 감수했다. 여기 남편을 위해서 모든 일을 다 했던 한 여인이 있고 (이것은 드러나 있는 것이었다), 나는 남편만큼 그녀가 문제의 일부라고 말하고 있었다. 그것은 패턴에 대한 도전이었지만, 그녀는 이것을 자신에 대한 비난처럼 느꼈다.

"아침에 나는 여섯 시에 일어나 기도를 합니다. 나는 그를 위해서 아침을 만듭니다. 그러고는 그에게 일어나라고 말합니다. '내버려 둬, 움직일 수가 없어, 일어날 수가 없어.' 그러면 나는 그를 건드리지 않습니다. 나는 아무것도 하지 않습니다." '문제는 그 사람이지 내가 아니에요.'라고 그녀가 말하고 있었다.

"그에게 옷을 입혀 줍니까?"

"아니요!" 그녀가 화가 나서 말했다.

"그의 옷을 준비해 줍니까?"

"네. 나는 세탁을 하고 다림질을 합니다. 그리고 만일 뭔가가 잘못되어 있으면 수선합니다. 그것들을 그를 위해서 펼쳐 둡니다."

"남편을 위해서 점심을 만드십니까?"

"불론입니다."

"그리고 당신은 침대로 가서 드라마를 시청합니까?" 이것은 내가 에밀리오에게 한 말이었다.

건강과 신경쇠약으로 고통받는 사람인 에밀리오는 판에 박힌 진통제에 굶주려 있었다. 그래서 그는 침대를 차지하고 **질병의 쾌락**에 빠져 있었다. 만일 조용한 오후 시간에 텔레비전에 빠져드는 것을 그만둔다면 아픈 사람이 달리 무엇을 할 수 있을까?

돌로레스는 덫에 걸린 것처럼 느꼈다. 그녀는 포기와 기도를 통해서 평안함을 찾았다. 이것은 과거에 그녀의 어머니 또한 그랬던 것처럼 그녀의 모든 여자 친구에게도 똑같은 것이었다. 선택권이 있다는 생각은 들지 않았다. 분노가 있다면 입을 다물고 있어야만 했다. 자존심, 폭음, 섹스처럼 분노도 죄악이다. 악마의 눈을 유혹하거나 누군가 당신을 저주하도록 만들기 때문에 행복을 표현해서는 안 된다.

매일 네 시에 아내는 남편에게 간식을 만들어 주었다. 그리고 저녁 시간은 여섯 시였다. 그녀는 앉아 있기에 충분한 시간이 없었기 때문에 혼자 주방에 서서 식사를 했다.

"돈 에밀리오, 아이들이 오면 그들과 함께 식사를 하십니까?"

"아니요, 나는 식탁에서 먹는 걸 별로 좋아하지 않습니다. 나는 침대에서 먹습니다."

"일요일에 가끔 자녀들이 당신에게 '아버지, 이리 오셔서 저희와 함께 식사하세요.'라고 말합니까?"

"여러 해 전에는 그랬지요. 그렇지만 나는 거절했고 이제 더 이상 그들도 나를 방해하지 않습니다."

그의 과장되고 가까이 하기에는 너무 어려운 아버지의 모습은 자녀들의 항의를 불러일으켰고 그들로부터 멸시를 받게 했다. 에밀리오의 질병이 그를 다른 가족들로부터 감정적으로 떼어 냈을 때, 그의 아내와 자녀들은 그를 다시 끌어당기려고 했다. 하지만 그들은 그를 달래서 생활로 되돌아오게 하는 일에 지쳐 버렸다. 그래서 그들은 그것을 포기했다.

"에밀리오, 그래서 당신은 저녁을 먹고 나면 무슨 일을 합니까? 부인이 설거지를 합니까?"

"글쎄…… 아니요, 우리는 설거지 기계가 있습니다."

"그러면 누가 접시를 넣습니까?"

"아내가 합니다."

"그래서 그녀가 당신의 가정부입니다."

"네, 아내는 매번 나에게 잘해 주었습니다. 내가 침대에 있는 17년간 그녀는 밤낮으로 나를 돌보아 주었습니다." 그의 자존심은 여기서 나오는 것일까?

"당신은 지난 17년간 침대에서 살았습니까?"

"네, 물론 나는 17년간 침대에 누워 있었습니다."

"당신이 기네스북에 오를 수도 있다고 생각하십니까?"

그것이 너무나도 터무니가 없어서 나는 저항할 수가 없었다. 그렇지만 모순된 삶에 아이러니로 도전하는 것은 아니다. 리베라 가족은 의미를 가지고 그들의 현실에 투자함으로써 현실을 지킬 필요가 있었다. 우리는 우리의 믿음을 지켜 낼 이론들을 내세운다. 그러나 우리의 삶이 이치에 꼭 맞을 필요는 없으며, 우리는 삶을 통해 그 이치를 만든다.

"아니요, 기록에 오르기 위해서는 자질을 갖춰야만 합니다." 그는 이것을 무미건조하게 말하고는 침대에서 한 세기의 4분의 1을 보내 온 것이 마치 이 세상에서 가장 자연스러운 일이거나 한 것처럼 그런 세계적 기록을 세우기 위한 규칙들을 상술하기 시작했다.

이 남자를 약 올릴 방법은 과연 없는 것일까?

이들 두 사람이 변화하는 것은 어려워 보였다. 에밀리오는 그의 침대 생활의 기록을 자랑스러워했고, 돌로레스는 확실히 그녀의 석성스러운 보호와 충성을 포기한 것처럼 보였다. 나는 이것을 자녀들에게 말했고 덧붙였다. "그들은 변화하기엔 너무나 나이가 많습니다."

에밀리오가 항의했다. "미안하지만 선생님, 우리는 이런 일들을 일부러 해 온 것이 아닙니다."

"물론 당신은 이런 일들을 의도적으로 해 온 것입니다. 그것은 무의식적인 것이 아닙니다."

"내가 해 온 모든 것은 나로부터 나온 것이 아닙니다."

"그것은 당신들 두 분 모두로부터 나온 것입니다. 당신은 17년 전에 그 흥정을 했고, 그 흥정의 내용은 그녀가 당신의 가정부가 된다는 것이었습니다. 그리고 당신은 그 흥정을 받아들였습니다. 그래서 당신은 병약하도록 저주받았습니다. 세뇨라, 당신은 간호사가 되도록 저주받았습니다. 그리고 당신들, 자녀들은 모순된 형태의 흥정을 지지하여 어머니가 아버지를 돌볼 수 있게 어머니를 지지하도록 저주받았습니다."

"아내의 문제는 그녀가 진실하다는 것(all heart)입니다." 에밀리오가 말했다.

"뭐라고요?" 내가 말했다. 그의 투박한 악센트 때문에 그것이 '상처투성이(all hurt)'라고 들렸다.

"그녀는 수사슴(hart)입니다." 그가 강조해서 반복했다. "그래서 만약 그녀가 나를 위해서 하지 않는다면 그녀는 모두를 위해서 할 것입니다."

"그것은 모순된 시스템입니다." 내가 말했다. 그리고 에밀리오와 돌로레스가 이해했다는 것을 확실히 하고 힘을 주기 위해서 나는 스페인어로 설명했다.

돌로레스는 그녀의 결백을 항변하면서 스페인어로 대답했다. 그녀는 그를 움직이도록 하려고 했다. 그녀는 그가 일을 할 수 있기를 기다렸고, 그가 하지 않을 때면 자연스럽게 그녀가 했어야만 했다.

"왜 남편에게 당신을 도와 달라고 부탁하지 않으십니까?" 내가 말했다.

"왜 내가 그에게 사정해야만 합니까?"

"왜냐하면 당신은 그가 필요하기 때문입니다." 나는 다시 자녀들에게로 돌아섰다. "모두들 그가 이기적이라는 것을 압니다. 그렇지만 아무도 '아버지가 어머니를 좀 도와주지 그러세요.'라고 말하지는 않습니다."

"그렇게 말했습니다." 마리엘라가 말했다. "그리고 아버지는 그것에 대해 불평했습니다."

"그는 명예를 중시하는 분입니다." 나는 에밀리오의 자존심을 자극하기 위해 널리 알려진 남미식 가치관에 호소하면서 스페인어로 말했다. "그리고 그는 보답할 수 있는 것을 좋아합니다. 그렇지만 그녀는 결코 그가 그렇게 하도록 내버려 두지 않습니다."

돌로레스는 이 이야기를 외면하고 머리를 흔들었다. 다시 한 번 그녀는 스페인어로 항변했다. 그는 이기적이다. 그는 고집불통이다. 그는 그가 원하는 것만을 한다. 그는 결코 내 말을 듣지 않는다.

하늘 저편이 열리고 햇빛이 소파 뒤편의 벽을 가로질러 반짝이며 디온, 마리엘라 그리고 라파엘의 얼굴 위로 퍼졌다. 디온은 눈을 가늘게 뜨고 앞으로 기댔다. "나는 어머니가 이야기하는 것과 같은 것을 얼마 전에 겪었습니다. 아버지가 고기를 튀기고 있었는데 어머니가 뛰어들었습니다. 그리고 내가 어머니에게 말했습니다. '어머니, 그냥 아버지가 하는 대로 놔두세요.' 그렇지만 아버지는 또다시 그 뒤처리를 하지 않았습니다."

그들의 상호보완성의 또 하나의 단계를 감지할 수 있는 창구가 하나 열렸고, 동시에 그들의 결혼생활 가운데 돌로레스의 행동을 살펴볼 수 있는 기회가 생겼다.

"아버지가 어머니에게 너무나 화가 나 있었기 때문입니다. 당신들의 어머니는 매우 충성스럽고 통제적인 여성이기 때문이죠."

마리엘라가 말했다. "아버지가 여러 해 전에 말했던 것이 바로 그겁니다. 그렇지만 동시에 내면 깊은 곳에서 아버지는 그런 방식을 좋아하고 있다고 나는 생각합니다."

"아버지는 오래전에 가족에서 탈퇴했습니다." 디온이 덧붙였다.

"네, 그렇지만 보세요. 그는 그런 것을 좋아합니다. 다시 당신은 그의 입장에 서 있습니다. 그녀 역시 그런 것을 좋아합니다." 그들이 에밀리오의 아내와 자식들에 대한 일방적인 영향을 병약한 에밀리오의 탓으로 돌리는 것은 일종의 그릇된 아이러니였다. 분노한 동시에 상처를 받은 것처럼 보이는 돌로레스는 스페인어로 항의했다. 그녀는 항상 가족들이 필요로 하는 것을 해 왔다. 그녀는 에밀리오가 직업이 있는 동안 아이들을 돌보았고, 그가 일하는 것을 그만두었을 때는 가족 모두를 돌봤다.

"그것이 나로 하여금 아버지에게 더 화가 나게 만듭니다." 라파엘이 말했다. "왜냐하면 만일 아버지가 어머니에게 반대하는 뭔가가 있다면 아버지는 나나 내 동생에게는 반대하는 것이 없어야만 합니다. 왜냐하면 그건 서로 별개의 상황이기 때문입니다."

그리고 이제 마침내 우상이 지니고 있는 인간적인 단점을 깨닫는, 즉 어머니에게 도전하는 권리가 확립되었다. 라파엘은 그의 아버지에게 직접적으로 접촉하고 도전하고 있었다. 어머니의 남편에게 대항하는 자녀들과 어머니와의 연합은 어른이 된 아이와 그의 아버지 사이의 논쟁을 불러왔다.

"그렇지만 나는 누구에게도 반대하지 않는다." 에밀리오가 보이지 않는 연약함의 거대한 힘인 어리둥절한 천진난만함으로 말했다.

"그렇지만 우리는 아버지가 우리에게 반대하는 일들을 하는 것을 봐 왔습니다." 디온이 말했다. "솔직히 꽤 비정했습니다."

이제 침묵이 흘렀다. 묵상의 침묵인지 혹은 역습을 시작하기 전 잠시 동안의 중단인지 나는 알지 못했다.

마침내 디온이 침묵을 깼다. "그래서 우리가 무엇을 해야 합니까? 우리가 아버지를 코스타리카에 보내야만 합니까?"

치료에서 때때로 당신의 이론을 확인하거나 치료적인 작전이 정당화되는 것을 깨닫는 순간이 온다. 지금이 그런 순간이었다.

"당신 아버지가 자신을 당신이 돌봐 줘야만 하는 사람이라고 당신을 설득시키는 한 당신은 똑같은 새장에 갇혀 있는 것입니다. 질문은 당신이 그 새장을 정말 떠날 수 있느냐는 것입니다. 나는 당신이 할 수 있다고 생각합니다. 그리고 당신이 그렇게 할 때 당신의 부모님 두 분 모두 자유롭게 될 것입니다."

나는 일어나서 악수를 하고 작별 인사를 했다.

상담 후 가족은 만약 그것이 에밀리오가 원하는 것이라면 그를 코스타리카에 보내 주기로 결정했다. 그들은 그가 스스로를 돌볼 수 있는지를 증명할 수 있도록 해 주자고 말했다. 한편으로 그들은 휴식을 갖는 것이 돌로레스에게도 좋을 것이라고 생각했다. 그리고 에밀리오는 코스타리카로 떠났고, 돌로레스는 마리엘라와 라파엘과 함께 지내려고 갔다.

코스타리카로 돌아가자 에밀리오는 잠시 동안 그곳의 빛의 특질에 놀랐다. 그의 침실의 그늘진 세상 속에서 오랫동안 지낸 후였기 때문에 풍족하고 풍부한 광채는 그를 압도하고 매료시켰다. 그 틈 속에서 그는 병약함과 압박감을 떨쳐 버리고 자기 자신을 되찾은 것처럼 보였고, 다시 그 자신의 삶을 지배할 능력이 있는 사람이 되기 시작했다. 그리고 점차적으로 그는 그 빛에 익숙해져 갔다. 이 부드러움이 그의 영혼에 들어와 그의 편지글에 반영되어 돌아왔다.

에밀리오의 편지는 기분 좋은 소식들로 가득했다. 페드로(Pedro)가 이렇게 하고 라몬(Ramon)이 저렇게 했다는 이야기며, 친구가 새로 손자를 보았으며 그 사람은 아직도 일하고 있다는 이야기로 풍성했다. 마치 그동안 그의 마음이 쇠퇴했던 것이 아니라 단지 잠들어 있었던 것 같았다.

브루클린으로 돌아와서 마리엘라는 자신의 넓은 아파트가 시어머니의 **중독성**으로 가득 찬 것을 발견했다. 문제는 주방에서 시작되었다. 마리엘라는 돌로레스에게 "제가 주방을 돌보겠어요. 어머니는 쉬세요."라고 말했다. 그렇지만 휴식은 돌로레스가 이해할 수 있는 어떤 것이 아니었고 그래서 그녀는 자신이 항상 해 왔던, 도맡아 하는 식으로 일을 했다. 그리고 두 여인은 누가 무엇을 하고, 누가 누구를 돕는지에 대해 말다툼을 하기 시작했다. 라파엘은 그의 아내를 지지하기 위해 토론에 끼어들었고, 어머니와 아들 사이의 **진짜 악감정**이 터져 나왔다.

브루클린에서 긴장이 고조되자 가족들은 더욱더 에밀리오에 대해서 걱정하기 시작했다. 그의 편지의 내용이 행복하게 들리는 것은 사실이지만 그는 과연 진실을 말하고 있는 것인가, 아니면 어려움을 감추고 있는 것은 아닐까? 그는 세부적인 것들을 이야기하는 데는 너무나 등한시했다. 만일 그가 천식에 신경을 쓰고 있는지 아닌지를 어떻게 알 수 있겠는가? 그리고 그렇게 몇 주 동안 걱정한 후에 마리엘라와 라파엘은 그 노인에게 편지를 써서 그가 집으로 돌아오도록 재촉했다. 두 달 만에 처음으로 허리 아래에 모호한 통증을 느끼면서 에밀리오는 그의 가방을 매우 천천히 챙겨서 뉴욕으로 돌아와 다시 침대로 돌아갔다.

노인 의학 단체의 이사는 에밀리오가 돌아왔다는 것을 알고는 주간 병원의 서비스를 제공하려고 그에게 전화를 걸었다. 그렇지만 에밀리오는 기분이 별로 좋지 않다고 하면서, 통증이 있어서 침대에 누웠더니 그 고통이 가라앉았다고 말했다. 그 이사가 그에게 나를 다시 만나고 싶은지 물었을 때 에밀리오는 생각해 보겠다고 말했다. 그러나 리베라 가족은 내게 결코 다시 연락하지 않았다.

리베라 가족과의 짧은 만남에서 나는 파괴적인 삶의 방식에 도전하고, 에밀리오가 그의 어린 시절의 태양을 즐길 수 있는 시간을 만들도록 도와주었다. 그렇지만 충돌은 가족의 다른 부분에서 다시 불거졌다. 브루클린의 작은 아파트에서 벌어진 돌로레스와 마리엘라 사이의 공간 다툼은 그가 거의 4분의 1세기 동안을 채워 왔던 환자의 역할을 다시 시작할 것을 요구했다.

시간과 의학의 확립에 의해 지지를 받아 에밀리오의 개별적인 환자 생활을 강조하는 것은 결국 돌로레스의 순교, 에밀리오의 질병 그리고 자녀들이 그들의 경직된 불행 가운데서 부모를 보호하는 것 모두가 필요한 리베라 가족의 협소한 해결책에 계속적으로 집착하게 했다. 에밀리오의 질병을 개인적인 탈선으로만 보는 그들의 틀에 도전하고, 이것을 역기능적 가족구조의 맥락상에 놓으려고 했던 나의 시도는 분명히 미비했고 너무 늦었으며, 또한 그들이 인식하는 현실과 어떠한 조화도 이루지 못했다. 그들은 계속해서 변화의 가능성을 연구할 정도로 충분히 나를 신뢰하지 않았다. 리베라 가족의 공통된 기억 속에서 나는 에밀리오에게 별 도움이 되지 못했던 수많은 사제 중의 하나로 합류했으리라고 예상한다.

오늘날 내가 가족체계의 놀랄 만한 힘과 부조화에 대해 강하게 느끼지 않으면서 에밀리오와 그의 가족을 기억하는 것은 거의 불가능한 일이라 할 수 있다.

제13장

죽음과 폭군이라는 가면

젊은 상담사들은 죽음의 과정을 피하려는 경향이 있다. 그러나 나에게 죽음은 아주 익숙한 것이다. 그래서 나는 죽어 가는 환자가 있는 가족들을 만날 때면, 죽음을 인생의 한 여정으로서 수용하는 자세와 죽음을 맞이하기 위해 무엇을 해야 하는지에 대한 구체적인 생각을 가지고 그들을 맞이한다. 무엇보다도 나는 다른 가족들이 아픈 환자를 그 사람이 아직 죽기도 전에 땅에 묻어 버리지 않기를 바란다. 나는 현재와 그들에게 남겨진 미래를 당당히 요구할 수 있도록 그들을 돕고 싶다. 때때로 사람들은 죽음으로 인해 그늘진 미래를 피하려는 한 가지 방법으로 과거에 집착하곤 한다.

칼(Carl)은 죽어 가고 있었지만 죽음을 맞이할 준비가 아직 되어 있지 않았다. 그의 가족도 마찬가지였다. 그들은 미래를 대면하는 것이 너무나 두려웠기 때문에 시선이 과거에만 단단히 고정되어 있었다. 그들이 볼 수 있는 것이라고는 예전에 칼이 단단한 근육질의 모습으로 폭군으로 알려졌던 건설 현장 주임이었던 그 시절, 그의 아내와 아이들을 지배하고 겁주던 나쁜 과거의 시간이었다. 아직 그들은 그것에 대해 용서할 준비가 되어 있지 않았고, 칼 역시 아직은 잊을 준비가 되어 있지 않았다. 그래서 그들은 오래된 앙금을 풀려는 희망으로 치료를 받으러 왔다.

칼의 가족치료사는 과거의 과실과 오래된 상처를 검토하여 그와 그의 가족들을 도우려 했다. 그 치료사보다 25세가 더 많은 상담사로서 나는 그 사안에 대해 좀 다르게 접근했다.

칼은 가족 중 상담실에 마지막으로 들어와서 첫 번째로 앉았다. 62세인 그는 죽어 가는 큰 남자로 보였다. 종양은 그의 모든 신체를 관통해 퍼져 있었고, 그의 인생을 고갈시키고 있었다. 지친 그는 힘을 모아 천천히 움직였다.

나머지 가족인 아내 이디스(Edith)와 이십 대인 두 자녀 앨런(Alan)과 카이라(Kyra)가 들어와 함께 앉았다. 세 사람은 열정과 활기 넘치는 목소리로 복도에서부터 하던, 상냥하고 조금은 긴장된 그들 간의 대화를 이어 갔다.

칼은 떨어져서 앉았다. 그는 아직도 강하게 단련된 남자의 커다란 덩치를 가지고 있었지만 창백하고 피부가 늘어져 있었다. 우묵한 뺨, 깊은 눈 그리고 빛나고 부드러운 이마는 그의 머리를 실제보다 더 커 보이게 했다. 이디스는 예쁘다기보다는 뼈가 굵고 잘생긴 매력적인 여성이었다. 고불거리는 검은 머리는 짧게 잘려 있었다. 그녀는 소파에 함께 앉아 있는 두 자녀의 옆쪽, 칼의 반대편에 앉았다.

앨런은 어머니처럼 숱이 많고 고불대는 짙은 머리를 한 6피트의 건장한 체격이었으며, 실제보다 자기를 과시하는 것처럼 보이게 하는 콧수염을 기르고 있었다. 그는 반소매 셔츠와 하얀 바지를 입고 있었다. 카이라는 동생보다 세 살 많은 스물여덟 살이었다. 밝은 파란색의 임부복을 입은 그녀는 어깨 길이의 곧은 금발과 아름다운 얼굴을 지니고 있어 한눈에 봐도 예뻤지만, 상냥하지도 부끄러워하지도 않았다.

나는 뒤로 기대면서 말했다. "좋습니다. 시작하죠. 무엇이 먼저 거론되었으면 합니까?"

카이라가 먼저 답했다. 그녀는 바르게 앉아서 직선적으로 이야기했다. 그녀는 그들이 사이가 좋은 가족이라고 말했다. "우리는 돕기 위해서 그리고 도움을 받기 위해서 이곳에 왔습니다." 앨런이 동의했다. "우리는 무척 친하지만 감정적이고 때때로 서로 충돌하곤 합니다." 그렇지만 내가 그것에 대해 좀 더 구체적으로 말해 주기를 요구하자 앨런은 모호한 태도를 취했다. "오, 특별한 것은 없습니다. 아시다시피 우리는 그저 가끔 오해 같은 것을 합니다." 앨런은 아버지처럼 체격이 컸지만 마치 문제가 생길 것을 알고 있으면서도 그것이 어느 방향에서 올지 확신하지 못하는 동물처럼 걱정스럽고 경계하는 모습을 하고 있었다.

내가 좀 더 집요하게 물어보자, 앨런은 어머니에 대해 자기 아이들을 늘상 간섭하는 '과잉보호하는 할머니'라며 불평했다.

"아들은 매우 성급합니다." 어머니가 말했다. "그는 아빠가 자기에게 말하는 것에 대해서는 감히 화를 내지 못하지만 내겐 아주 작은 일이라도, 예를 들어 '아기가 크래커 같은 것을 먹고 싶어 하는 것이 아닐까?'라고 내가 말하면 화를 냅니다. 그건 그렇게 중요한 일도 아닙니다. 그는 단지 나를 싫어합니다. 이건 아마도 엄마나 여자의 일이겠지만요."

"아니요, 아닙니다. 엄마를 싫어하는 것이 아닙니다." 앨런이 주장했다. "그렇지만 나를 답답하게 하는 것은 엄마가 항상 아기에 대해서 계속 집요하게 구실 때입니다. 그렇게 심하게 하실 필요가 없는데도 말입니다. 아이가 하는 대로 그냥 내버려 두시면 되는 것을요."

참견이 심한 어머니에게 화를 내는 아들의 이야기는 내게 익숙한 것이지만, 나는 이 가족들에게는 그것이 논점이 아니라는 것을 알고 있었다. 그것은 단지 하나의 발자국에 불과했다. 그들은 집에 있는 흐트러진 방을 열어서 내가 그 혼란 상태를 어떻게 하는지 보려고 나를 시험하고 있었다.

아버지는 마음이 편하거나 고통받아 아픈 사람처럼 뻣뻣하게 앉아 있었다. 그가 입고 있는 노란 골프 스웨터는 그의 창백함을 두드러지게 해 그의 상태와 어울리지 않는 효과를 냈다. 최근 야외에서 골프를 친 사람의 모습이 아니었다. 내가 그에게 아들의 불평에 대해 어떻게 느끼는지를 물었을 때, 아버지는 아들이 어머니에게 화내는 것을 보는 것이 그를 당황스럽게 만든다고 대답했다. 그것은 사실이었다. 그녀는 아들을 아기처럼 취급했다. 그리고 그는 대화를 자신에게로 돌렸다. 깊고 귀에 거슬리는 목소리로 그는 천천히 말했다. "가끔 나는 발끈 화를 내고 가끔은 획 방을 나가 버립니다. 문제는 내가 **끔찍한 분노**를 가지고 있다는 것입니다." 악당 넘버원이었다.

"나는 과거에 무척 화를 내고, 무척 사납고, 무척 상스러웠습니다. 나는 채광 막사에서 자라났고, 해군을 거쳐 건설 노동자들과 많이 어울렸습니다. 그래서 나는 불경스러움의 명수입니다."

카이라와 앨런과 이디스는 동의했다. 그들은 항상 그를 두려워해 왔다.

"그리고 이디스 당신은요?" 내가 물었다.

"오, 아닙니다. 나는 칼과 맞서지 않습니다. 나는 잘 **통제**하려고 노력합니다." 이디스가 목소리를 떨면서 말했다.

"그런데 최근에는 그리 통제가 잘 되지 않았나요?"

"네, 최근에는 아니에요. 지금 칼의 분노에 대해 이야기할 때 나는 화가 납니다. 항상 나는 그를 변명해 주려는 노력을 해 왔습니다." 소리치고 격론을 벌여 온 지나간 세월을 기억해 내자 이디스의 얼굴이 붉어졌다.

이야기는 아직도 공식적인 성격의 것이었다. 그들이 알고 있는 대로 그들은 나에게 진실을 말하고 있었다. 그들 모두가 **괴물을 내쫓기** 위해 상담소에 왔다는 데 동의했다. "나는 불경스러움의 명수입니다."라고 칼이 말했다. 나는 그 어구가 좋았고, 그 사람이 좋았다. 그는 자신이 죽어 가고 있다는 것을 알고 있었고 나른 사람들 또한 마찬가지였다. 그렇다면 왜 그들은 그의 노여움에 대해 말하고 있는 것일까? 칼이 부리는 화가 끔찍했다는 것은 가족 모두가 사실이라고 동의한 바와 같이 아마도 사실이겠지만, 지금 이 시점에 그것에 초점을 맞추는 것이 합당한 것일까?

칼은 익살스러웠지만 나는 경청을 하기보다는 그를 관찰하고 있었다. 내가 보기에 이 남자는 분명히 겁을 내고 있었다. 그는 무척 노후한 사람처럼 인생의 어느 단계에서 주저앉아 있었다. 그의 피부가 육체보다 더 커 보였다. 이 폭군은 죽어 가고 있었다. 그렇지만 가족들은 그에 대한 이미지를 보존하기를 원했다. 폭군의 가슴을 두드리는 것이 생명의 고동인 것이었다.

상담한 지 15분이 되어 가는 지금, 어떤 식의 애매한 결정이 내려졌다고 해도 내가 할 일은 이 가족이 과거를 바라보는 방식에 대해 도전하는 것이라고 결론지었다. 그들이 미래를 함께 건설하도록 도와주는 것은 내게 달려 있었고, 미래는 과거와 현재를 계승하여 만들어야만 했다.

나는 칼에게로 돌아갔다. "당신은 그토록 강요하는 **폭군**입니까?"

"우리 식구들의 말에 의하면 나는 그래 왔던 것 같습니다." 그가 지금 다루고 있는 것들 중 하나는 단지 그 자신의 있는 모습 그대로 지내왔던 그 모든 시간 동안 그의 가족들이 그를 싫어했다는 생각뿐이었다. "나는 그 당시에는 깨닫지 못했었습니다. 저의 아버지는 술에 취해서 집에 돌아와 어머니를 때리고 훌쩍 나가 버리곤 했습니다. 그리고 그가 빈둥댔는지 아니었는지 잘은 모르겠습니다만 그 당시 많은 남자들이 그런 식으로 행동했었습니다. 자신의 자식들은 신발조차 없는데도 사내들은 시내에 있는 여자들에게 돈을 쏟아붓거나 컨트리클럽에서 어울렸습니다. 그러나 나는 그렇게 하고 싶지 않았습니다. 나는 만일 내가 밤에 집에 있고 술을 마시지 않고 내 자녀들 주위에 있어 주고 아내에게 충실하며 그들에게 내가 가져 본 적이 없던 좋은 것들을 사 주면 좋은 아버지가 되는 것이라고 생각했습니다. 사실 나는 자녀들을 학대하고 있었는데도 말입니다."

칼의 요구가 지나치고, 그가 화가 나 있는 아버지라는 점에는 의심할 여지가 없었지만, 이 이야기는 한 명의 악당과 세 명의 희생자라고 치부해 버리는 지나치게 한쪽에만 치우치는 이야기였다. 대부분의 인생은 그보다는 훨씬 더 복잡했다. 게다가 이디스는 희생자 타입으로 보이지 않았다. 그녀는 역동적이고 활기가 넘치는 체격이 좋은 여자였으며, 말하기를 두려워하지 않았고, 색상에 대해서도 대범했다. 그녀는 밝은 녹색의 스웨터를 입고 넓은 금목걸이를 하고 있었다. 만일 이 가족 내에 리더가 있다면 그것은 이디스일 것이라고 여겨졌다. 그리고 아직도 그녀의 아이들은 그녀를 보호할 필요를 느끼고 있었다. 나는 '칼이 이랬다 저랬다.'에서 아버지와 어머니 그리고 그들의 자녀들이 더 복잡한 시나리오를 펼치는 것에 그 초점을 넓힐 수 있는지를 보려고 물어보았다.

"어떻게 당신은 이 남자로부터 그렇게 위협을 받았습니까? 아시다시피 당신은 무척 강한 여성처럼 보입니다."

"네, 저는 강합니다. 그렇지만 칼은 저보다 더 강합니다. 이것은 다른 모든 사람들이 말하는 것과 같습니다. 사람들은 '그녀가 사업을 운영하고, 집을 꾸리고, 아이들을 다루고, 차를 운전하고, 모든 것을 운영한다.'고 말합니다. 그리고는 그들은 '그렇지만 그가 그녀를 운영한다.'고 말합니다. 그리고 그것은 사실입니다."

"어떻게 그가 그렇게 합니까?"

"글쎄요……. 나는 그것이 그의 분노 때문이었다고 생각합니다."

꽤 오랫동안 상담이 이런 식으로 계속되었다. 나는 새로운 관점을 소개하려고 도전했다. 이디스, 다음엔 앨런 그리고 카이라는 그들 스스로에 대한 다른 시각을 취할 준비가 되어 있는 것처럼 보였지만, "나는 그의 분노라고 생각합니다."와 같은 습관적인 답변만이 되풀이되었다.

나는 칼이 사람들의 객관적인 견해보다도 좀 더 인간적인지를 알아보려고 시험했다. "당신은 자신이 강하다고 느꼈습니까?"

"아니요. 하지만 나는 나 자신이 엄한 공사 감독이었으며, 또 내가 잘못된 일들을 많이 했다고 확신합니다."

"그러면 어떻게 아내가 그렇게 유능하고 **통제적인 사람**일 수 있습니까?" 나는 어떻게 가족 내에서 일이 진행된다고 생각하는지에 대한 나의 의도를 밝힘으로써 통로를 넓혀 보려고 시도했다. "가족들은 신화를 가지고 있습니다. 그들은 자기 자신에게 이야기를 들려주고 그것을 믿습니다. 내가 할 일은 여러분이 자기 자신들의 이야기를 세심하게 살펴보고 그것이 어떻게 복합되어야 하는지를 바라볼 수 있도록 도와주는 것입니다."

나는 그렇게 솔직하게 말할 수 있는 것이 기뻤다. 여러 가지 다양한 방법으로 나는 그들의 진실에 도전하고 있었다.

그리고 나는 그 아내에게 말했다. "나에게 당신은 매우 당당한 분처럼 보입니다. 내가 처음에 당신에 대해서 느낀 것은 당신의 에너지의 높이였습니다." 나는 그녀가 내가 말한 것에 대해 논쟁을 벌이기보다는 생각하기를 원했기 때문에 재빨리 자녀들에게로 돌아갔다. "그래서 이 과장된 두 부모 가운데서 성장하는 것은 어떠했습니까?"

"아버지는 꽉 막힌 사람이었습니다." 카이라가 강하게 말했다. "아주 가끔 한 번씩 아버지는 다른 사람이 말하는 것을 고려하기는 했지만, 그러나 그 후엔 '그건 모두 다 헛소리야.'라고 말하곤 했습니다."

"당신은 어머니가 아버지에게 영향을 주었다고 생각합니까?"

"아뇨."

"오, 당신의 아버지는 완전히 난공불락이다? 상당히 흥미롭군요. 당신은 아버지가 완벽해서 다른 누구도 빠져나갈 수 없게 만들 만큼 굉장히 강하다고 말하는데, 나는 아직까지 결코 그런 사람을 만나 본 적이 없기 때문에 그 말이 참 흥미롭게 들립니다."

"아버지는 우리와 멀찌감치 거리를 두고 살아왔습니다." 앨런이 말했다. 그의 목소리는 그의 누이와는 다르게 항변 조였다. "난 그저 그에게 가까이 다가가고 싶었습니다. 그리고 얼마 후 그래 봤자 아무 소용이 없다고 느꼈습니다. 그렇지만 난 결코 노력을 멈추지 않았습니다. 내가 인생에서 정말로 원해 왔던 유일한 것은 아버지에게서 인정을 받는 것이었습니다."

"그렇게 강하게요?"

"성취가 불가능했습니다. 우리는 농담을 했습니다. '괜찮아, 앨런, 걱정하지 마. 완벽하기만 하면 괜찮아.' 그렇지만 그건 웃기는 농담이 아니었습니다."

이렇게 삶의 방대한 측면을 위해 나는 무엇을 예비해 두고 있는가? 아버지의 인정에 대한 앨런의 '성취 불가능한' 열망은 나를 감동시켰다. 나는 그에게 답하고, 그의 필요에 답하고 싶었다. 그러나 나는 그렇게 하는 것이 주의를 산만하게 만드는 것이라는 점을 알았고, 이러한 과거의 불만에 대한 인상적인 나열이 폭군을 살아 있도록 유지하는 방법이란 것을 알았다.

"혹시 고릴라를 본 적이 있습니까?" 내가 물었다.

"네." 이디스, 앨런 그리고 카이라가 일제히 대답했다.

"그렇다면 그들이 채식을 한다는 걸 알 것입니다. 그들은 단지 시끄럽게 소리를 낼 뿐입니다."

아내가 되쏘았다. "미쳐 날뛰는 고릴라 주위에 있어 본 적이 있으신가요? 그리고 그에게 맞서 본 적이 있으십니까?"

논쟁하려는 시도 대신에 나는 다시 자녀들에게로 돌아갔다. "나는 이

신화가 아버지 혼자만에 의해 쓰였다고는 생각하지 않습니다. 나는 이 대본이 어머니에 의해서도 쓰였다고 생각합니다. 그녀는 **공동** 저술가였습니다. 내면적으로 칼은 우리와 마찬가지로 연약함과 불확실함으로 가득합니다. 그렇다면 어떻게 그녀가 이 이야기의 반을 기술했을까요?"

딸이 말했다. "어머니는 우리를 착하고 조용하게 만들려고 노력했습니다."

아들이 덧붙여 말했다. "나는 아버지와는 논쟁을 벌일 기회조차 한 번 없었습니다. 아버지는 결코 나와 대화하지 않았습니다. 우리는 전혀 의사소통이 없었습니다. 항상 어머니를 통해서였습니다."

"아시다시피 나는 이야기를 좋아합니다. 나는 어떻게 가족들이 그것들을 구성하는지에 대해 매혹되었습니다. 아내인 당신은 그 목소리였습니다. 신화 속의 폭군인 그는 항상 이 강한 여성에 의해서 중재되었습니다. 그래서 폭군은 여러분 네 사람 모두가 생존하도록 한 유령이었습니다."

긴 침묵이 흘렀다. 나는 천천히 그리고 조용하게 아들 앨런에게 말했다. "나는 당신이 아버지를 속였다고 생각합니다. 자녀들이 하는 일 중 하나가 부모에게 도전하고, 그들의 삶을 확장하면서 부모를 가르치는 것입니다. 당신은 어머니와 그렇게 해 왔습니다. 그렇지만 아버지와는 아니었습니다. 당신은 어머니와 협상하고 화내고 대화할 수 있기 때문에 그녀를 변화시켰습니다. 나는 당신이 아버지를 도왔다고는 생각하지 않습니다."

아이들이 그들의 부모에 대해 힘이 있다는 생각은 항상 놀라움으로 다가온다. 그렇지만 내가 칼을 단순한 사람으로 만드는 것에 성공하려면 나머지 가족에게 그들 스스로의 능력에 대한 확신을 갖게끔 해야만 했다. 그들이 그를 폭군으로 만들었고, 그러므로 확실하게 그를 파괴할 수도 있었다.

"나는 노력했습니다." 앨런이 앞으로 기대며 말했다. "나는 항상 노력해 왔습니다. 그렇지만 당신이라면 항상 당신을 가로막고 당신이 아무런 대답도 받아 낼 수 없는 그런 사람에게 어떻게 감정을 표현할 수 있겠습니까?"

"어떻게 아버지를 도울 수 있습니까?"

아들 앨런은 생각하려고 잠시 멈추었지만 딸 카이라는 대답이 준비되어 있었다. 이들 두 사람은 2인조 레슬링 팀과 같았다. "지난해 동안 아버지의 방식에 말려 들어가지 않고 내가 어떻게 느끼는지에 대해 그에게 말해 왔고, 만일 아버지가 화를 내고 당황해하면 아버지 스스로가 해결하도록 했습니다. 그리고 만일 아버지가 내가 좋아하지 않는 어떤 일을 하면 나는 아버지에게 '보세요, 아버지가 또 그런 식으로 반응한다면 나는 더 이상 아버지와 이야기할 수가 없어요.'라고 말했습니다. 아버지는 두 살배기 아기 같습니다. 아버지에게 이건 그냥 넘어갈 수가 없는 일이라고 가르쳐야만 합니다."

"나는 무슨 일이 일어나고 있는지 잘 모르겠습니다. 우리는 상당히 가까웠습니다." 더 이상 아이가 아닌 딸을 대하는 아버지의 혼란스러운 순진함으로 칼이 말했다.

아버지에게 대항하려는 카이라의 시도는 시작이었지만 대부분 그것은 전화로 그를 책망하는 말을 하고는 수화기를 끊어 버리는 식이었다. 카이라가 나에게 변화에 대해서 말할 때 그녀는 힘 있는 스물여덟 살의 여성이었다. 내가 그녀에게 아버지와 이야기하도록 부탁했을 때 그녀는 화가 나 있기는 했지만 두려워하는 십 대가 되어 있었다.

"뭔가가 나를 어리둥절하게 합니다. 아버지가 당신에게 대답할 때 당신의 목소리는 머뭇거리기 시작했고 그는 단지 이야기하고 있었을 뿐인데, 도대체 무슨 일이 일어난 겁니까?"

"나는 아직도 그에게 위협받고 있다고 느낍니다."

"그렇지만 당신은 스물여덟 살입니다. 당신은 그와 이야기할 수 있습니다. 제발 계속하십시오. 그를 포기하지 마세요. 그는 당신이 필요합니다. 또한 당신은 그를 도울 수가 있습니다." 그리고 그녀가 다시 설명하고 합리화하려고 시작했을 때 내가 말했다. "그런데 어째서 당신은 아버지가 전혀 무섭지 않은데도 마치 아버지를 두려워하는 당신 어머니의 게임을 하고 있습니까? 그가 진정으로 원하는 모든 것은 당신의 동의입니다. 당신은 지금 당신 어머니의 게임을 하고 있습니다."

내가 아들 앨런과 있음으로써 나는 딸 카이라가 아버지에게 직접 도전할 수 있도록 도우려고 했다. 나는 이것이 아내 이디스에게 불공평하다는 것을 알고 있었다. '어머니의 게임'이라는 나의 말은 비난하는 것이었다. 그렇지만 상담의 계획에 갇혀서 나는 이제 한 시간이라는 제한된 공통의 역사를 가진 가족 중의 한 사람이었다. 그 외에 나는 이디스를 좋아했고, 내가 그들 모두를 대신해서 노력하고 있다는 것을 그녀가 이해할 것이라고 가정했던 것은 논리적이었다.

잠시 동안 아버지와 딸은 방해나 충돌 그리고 아무런 완충제 없이 진정한 대화를 나누었다. 그녀는 자기 자신이 원하는 사람이 되어야만 했고 솔직해야만 했다고 아버지에게 말했고, 그는 그가 원해 왔던 모든 것은 그녀가 행복해지는 것이었다고 딸에게 말했다. 그것은 감미로운 순간이었고, 사랑이 이야기되는 순간이었다.

그리고 카이라는 어머니에 대해 말하기 시작했다. "어머니는 만약 그녀가 우리를 품고만 있으면 일이 더 쉬워질 것이라고 생각했고, 나는 만약 내가 완벽하기만 하면 어머니의 삶을 한층 수월하게 할 것이라고 생각했던 그런 시기를 보냈습니다."

이디스가 말을 하려고 앞으로 기댔다. 나는 그녀에게 돌아서서 말했다. "당신이 옳습니다. 만약 내가 화가 난 폭군과 맞서야만 한다면 나는 그 사람을 자극하려 들지 않을 것입니다. 그렇지만 내가 폭군과 함께 살면서 그의 약점과 고통을 보았다면 한 시점에서 나는 그 사람을 더 이상 두려워하지 않을 것입니다. 당신은 많은 부분에서 칼이 그렇게 스스로에 대해서 자신 없어 한다는 것을 알면서도 지난 세월 동안 어떻게 용케 그렇게 두려워하면서 지내 왔습니까?"

"아, 나는 전쟁 지역에서 성장했습니다. 저의 아버지는 매우 거칠었습니다. 그는 우리를 두려움에 떨게 했습니다. 우리들 중 아무도 그에게 대항하지 못했습니다."

창문을 통해서 뜨겁고 이른 가을 오후의 안개 낀 햇빛을 볼 수 있었다. 그렇지만 우리가 앉아서 이 아버지의 잘못에 대해 이야기하고 있는 이 방 안은 에어컨이 있어 시원했다. 우리는 더운 오후로부터 차단되어 형광등 불빛이 윙윙대는 썰렁한 방들 중 하나에 앉아 있었다. 우리는 다른 어느 곳에 있을 수도 있었다. 그러나 우리는 이곳에 이렇게 앉아서 마음은 현재를 밀어내고 기억하며 되받아 비난하느라고 바빴다. 이들은 아직도 그의 어린 자식들이었고, 그는 아직 그들의 아버지였다. 방해가 되는 아버지.

그리고 그렇게 전진과 후진을 계속 반복했다. 그들은 계속해서 칼이 어쩔 수 없는 괴물이라는 것을 증명하려고 애썼고, 나는 계속해서 그들이 틀렸다는 것을 증명하려 했다. 그들은 경청했지만 그들 가족이 머물고 있는 한쪽으로 치우친 이 관점을 유지하는 것에 대해 비난을 받는다고 가족 중 단 한 사람이라도 느끼는 순간에는 펄쩍 뛰어올라 내가 틀렸다는 것을 증명하려 들었다. 나는 나 자신이 **돈키호테**인 것처럼 느껴졌다. 단지 풍차와 시합하는 것 대신에 나는 그들의 추억과 씨름하고 있었다. 나는 그들이 그들 자신을 힘세고 분노한 사람에 의해 지배받고 있는 속수무책인 세 사람이라는 그 생각을 그만두기를 바랐다. 만약 그가 죽게 된다면 그 죽음이 그들을 어디로 가게 할 것인가? 그리고 지금부터 그의 죽음까지의 시간은?

한 시점에서 카이라는 그녀가 기대했던 고등학교 연극에서 자신이 배역을 얻지 못하자 너무나 의기소침해져 욕실로 가서 한 다스의 아스피린을 삼킨 일에 대해서 말했다. 그녀는 부모님이 그녀가 얼마나 불행한지를 알아주기만을 원했지만 두려워져서 동생에게 그 이야기를 했고 동생이 그 일을 부모님에게 알렸다. "그리고 아버지가 제게 뭐라고 했는지 아세요? 아버지는 너무나 정떨어지게 행동했고 '만약 그 애가 그렇게 바보라면 자기를 죽여 버리도록 그냥 내버려 둬.'라고 말했다고요. 그리고 아버지는 어머니에게 자신과 함께 밖으로 나가도록 요구했어요. 어머니는 나 때문에 걱정했지만 아버지가 어머니를 나가게끔 만들었다는 걸 난 알고 있다고요."

"그리고 어머니는 나갔나요?"

"물론이죠. 어머니는 그렇게 할 수밖에 없었으니까요."

"그게 만약 당신 딸이었다면 당신은 그렇게 했겠습니까?"

"글쎄요, 아뇨. 나는 내 딸 곁에 머물렀을 겁니다."

"그러면 당신은 어떻게 아버지한테만 그렇게 화를 냅니까? 왜 어머니한테는 화를 내지 않습니까? 당신 말은 한 사람의 나쁜 남자, 한 사람의 강한 사람만 있고 다른 모든 사람은 그냥 그가 하자는 대로 행동을 한다는 것입니다. 그런데 그것은 사실이 아닙니다. 이 이야기에는 적어도 두 사람이 있습니다."

나는 카이라가 자기 가족에 대한 나의 해석을 인증하는 선물로서 내게 이 사건을 말해 줬다는 것을 눈치챘다. 그녀가 "나는 내 딸과 함께 머물렀을 겁니다."라고 말했을 때, 그녀는 이 집안 이야기의 복합성을 소개하는 동시에 또한 나의 협력 상담사로서 나를 도와주고 있었다. 그렇지만 되돌아보면 나는 내 이야기에 홀딱 빠지게 되었고, 그 덫에 걸려 다른 사람들로 하여금 그들의 저항에 대한 충분한 인식 없이 그저 나를 따르라고 강요하고 있다는 것을 깨달았다.

상담이 끝나 감에 따라 나는 나의 도전을 반복하고 강화했다. "가족 모두가 이 괴물을 어떻게 변화시킬 것인지에 초점을 두고 있습니다." 앨런이 참견하며 "그는 괴물이 아닙니다."라고 말했고, 나는 계속 이어 갔다. "그렇지만 괴물이 있었습니다. 그들이 변화시킬 수 없는 이 **결혼이라는 관계**가 그 괴물이었습니다. 왜냐하면 그들은 마치 그것이 변화가 불가능한 것처럼 운영해 왔기 때문입니다. 실제로 지금도 그것은 바꿀 수가 있습니다."

가족의 신화에 대한 나의 수정을 수용하는 데 준비가 가장 잘된 앨런은 아버지와의 새롭고도 더욱 개방된 관계를 발전시킨다는 생각에 기뻐하는 것 같았다. 이디스가 칼이 과연 아들로부터 변화를 받아들일 것인가에 대한 생각을 의문시했을 때, 앨런은 "나는 그에게 불평하기 시작하는 것으로 내가 그를 바꿔야 한다고 말하는 것이 아닙니다. 내 말은 그에게 좀 더 가까이 다가가기 시작함으로써 **우리의 관계를 바꿀 수 있다**는 것입니다."라고 대응했다.

아버지가 그녀에게 겁을 주거나 명령하도록 내버려 두는 것이 아니라 아버지 앞에 떳떳이 서는 것을 지속하는 일을 변화로 생각했기 때문에, 카이라 역시 이 변화의 아이디어를 환영하는 것으로 보였다. 그녀가 아버지와 자신을 인간으로서 좀 더 평등한 조건으로 보는 준비가 되기 전에 카이라는 화를 표현하며 자기주장을 펴는 시기를 좀 더 지내야 할 필요가 있어 보였다. 부모에게 화를 내는 것은 통과의례처럼 과거의 수정과정에서 필수적인 단계일 것이다.

그러나 이디스는 아직 이 새로운 견해를 수용하는 것에 달가워하지 않았다. 그녀는 논쟁을 계속했다. 칼은 어쩔 수가 없다. 어째서 그녀는 자녀들보다 더 옛날이야기에 매달릴 필요가 있을까? 그녀는 가족의 불행에 대해 비난받는 것과 연루된 것에 대해 지금 싸우고 있는 것일까? 아니면 그녀는 과거의 수정이 그녀가 단지 보고 싶어 하지 않는 현재와 정면으로 직면하도록 그들을 방치한다는 사실을 나머지 사람들보다 더 잘 이해하고 있는 것일까?

상담은 모두의 이야기를 쓰고, 다시 쓰는 것에 대해 재담을 나누는 온화한 농담조로 끝을 맺었다. 그들은 두 번째 상담을 위해 이틀 후에 다시 만나는 것에 동의했다. 가야 할 시간이 되었을 때 마지막으로 떠나려는 칼이 잠시 꾸물거렸다. 그는 나에게로 걸어와서 팔을 나의 어깨에 두르고 조용히 말했다. "감사합니다. 대단히 감사합니다."

따라서 나는 카이라, 앨런, 이디스가 차례로 칼의 의사에게 전화를 걸어 두 번째 상담에 다시 오고 싶지 않다고 말했다는 것을 알게 되었을 때 대단히 실망하고 깜짝 놀랐다. 내게 든 생각은 '왜 나의 등장인물들은 서로 협력할 수가 없는 것일까?' 하는 것이었다.

나는 30년이 넘도록 수백 명의 가족들과 함께 합류하여 일해 온 천부적인 재능을 자랑한다. 수백 번 나는 살 삼촌(Uncle Sal)이라고 불려 왔다. 그런데 어째서 이 가족으로 하여금 두 번째 상담에 오게 하기까지 칼의 의사로부터 긴급 전화가 와야만 했을까?

이 가족은 한 가지 목적으로 단결되어 다시 돌아왔다. 그들은 내가 틀렸다는 것을 증명할 예정이었다. 검은 옷을 입은 칼이 시작했다. "나의 가족들을 방어하기 위해 나는 당신이 얼마나 틀렸는지를 보여 주겠습니다. 오늘날 당신은 나를 늙고 병든 남성이며 죽을 준비가 되어 있다고 봅니다. 그래서 나는 내가 그들이 그토록 두려워한 정말 폭군이었음을 증명하는 몇몇 사진들을 보여 주고 싶습니다. 이디스는 어떠한 신화도 영속시키지 않았습니다. 그것은 신화가 아니었습니다."

그러고는 그가 얇은 종이에 조심스럽게 싸여 있는 두 개의 액자가 들어 있는 갈색 종이 가방을 꺼냈다. 그것들은 칼이 지방 레슬링 챔피언이었을 때 모아 둔, 그가 단단한 근육과 사나운 눈의 번뜩임을 가진 거대하고 강한 폭군이라는 것을 보여 주는 오래된 신문이었다.

나는 놀란 척할 필요가 없었다. 내가 사진들을 자세히 관찰하고 있을 때 칼이 내게 너무나 작은 목소리로 속삭여서 난 그의 말을 듣기 위해 그에게 아주 가깝게 기대야만 했다. "이것이 그들이 맞서야만 했던 겁니다. 무엇을 하고 있는지, 무엇을 할 수 있는지 알고 있는 240파운드 무게의 인간입니다. 나는 아무도 두려워하지 않았으며, 몹시 화가 나면 그어떤 것도 두렵지 않았습니다."

칼은 어떻게 레슬링을 아이들을 벌주는 방법으로 사용했는지를 묘사하고 나서 천천히 일어나서 나에게 일어서 줄 것을 부탁했다. "나는 당신에게 뭔가를 보여 주고 싶습니다." 그가 말했다. 조금 긴장됐지만 나는 일어섰다. "만약 당신의 팔을 부러뜨린다면 배상하겠습니다." 그는 나를 안심시켰다. 그리고 그의 폭군의 가면을 벗기려고 결심한 나는 나 자신을 그 폭군의 힘에 맡겼다.

나는 '전통'이라는 것으로 도피할 수도 있었다. 결국 상담치료는 '말하는 치료'이고 '당신이 무엇을 하고 싶은지 그냥 말로 해 주십시오.'가 수용 가능한 대답이었다. 그렇지만 나는 그렇지 않았다. 칼은 그의 가족을 방어하고 있었고, 나는 그를 믿어야만 했다.

놀랍게도 이 노인은 천천히 움직여 내 팔을 잡고 한순간 나를 고통으로 인해 얼굴을 찌푸리도록 만들었다. 거의 본능적으로 나는 승리자에게 목을 내어 주는 싸움에 진 개처럼 반응했다. 그러자 즉시 칼이 나를 풀어 주었다. 그의 가족을 위해 행동한 칼이 이겼다. 그들이 옳았다. 그리고 나는 틀렸다.

나는 내 생각에 대한 공격과 같은 그 신체적 공격으로 인해 그렇게 많이 상처받지는 않았다. 상담사는 종이 호랑이다. 그의 유일한 힘은 그의 생각으로 가족들을 설득하는 것에 달려 있고, 가족이 그에게 부여한 그 권위는 상담사가 더 이상 도움이 되지 않는다고 그 가족이 결정하게 되면 아무 때고 철수할 수 있는 것이다. 극도로 불편함을 느끼면서 나는 덜 취약할 수 있는 방법을 찾으려고 애쓰며 내 의자로 돌아왔다. 나는 숨을 천천히 쉬면서 배 근육을 이완시키려고 했다. 나는 그들과 눈이 마주치는 것을 피하고 가족과 분리된 자세로 앉으려고 시도하면서 몇몇 역사적인 일을 도출하기 시작했다. 과거를 이야기하는 것은 경직된 순간에 항상 좋은 해독제로 작용했다.

카이라는 그녀가 어떻게 영어를 거의 한마디도 못하는 벨기에 남자와 만나 결혼하게 되었는지에 대해서 말했다. 그리고 그녀는 바로 이 유럽 남자가 어떻게 그녀 부모님의 집에 그녀와 함께 살려고 왔는지에 대해 말했다. 언어와 문화에 대해 그가 익숙하지 않았기 때문에 얼마나 그를 위해서 그녀가 많은 일들을 해야만 했는지, 그리고 그녀의 가족이 독실한 크리스천 사이언스 신자(christian scientists)임에도 어떻게 그가 그렇게 계속 담배를 피우고 와인을 마셨는지에 대해서도.

"무척 놀랍습니다." 내가 말했다. 그리고 나는 카이라에게 물었다. "이런! 아버지가 그에게 무엇을 했습니까?"

"아무것도요."

"그리고 당신의 남편이 당신의 아버지에게 무엇을 했습니까?"

어리둥절해하며 카이라가 대답했다. "아무것도요."

"나는 그렇게 생각하지 않습니다." 내가 말했다. "나는 그가 변화를 소개했다고 생각합니다."

침묵이 흐르고, 칼이 말했다. "그의 방식에 익숙해지는 것은 힘들었습니다. 그는 와인을 마시고 담배를 피웠습니다. 우리 종교에서는 그런 것에 동의하지 않습니다. 그리고 그는 훌륭한 요리사였고 생선을 요리하는 것을 좋아했지만 나는 생선을 싫어합니다. 내가 주방에 가면 온통 사방에서 생선 쓰레기 같은 냄새가 풍겼고 스토브 위의 커다란 냄비에는 생선이 있었습니다. 그리고 그 눈 달린 생선들이 나를 쳐다보고 있었습니다. 그렇지만 그는 좋은 아이입니다. 카이라는 그를 사랑하고 우리 또한 사랑합니다."

"앨런, 당신은 결혼을 통해 가족에게 일탈을 소개했습니까?"

앨런이 말했다. "나는 항상 우리 가족에게 일탈을 소개해 왔습니다." 그리고 그들은 모두 웃었다. 카이라는 몸을 기울여서 그의 뺨에 입을 맞추었다. 이 가족은 신체적인 접촉이 많았다. "아니요. 나는 정말 그렇게 생각하지는 않습니다." 그가 말했다. "내가 결혼할 당시에 아버지와 나는 실제로 대화조차 없었습니다. 결혼식 바로 전날에 우리는 한바탕했습니다. 심지어 나는 부모님이 내 결혼식에 오실지 안 오실지도 몰랐습니다. 아버지는 당시에 내가 결혼하는 것이 바보 같은 짓이라고 말했습니다. 나는 안정된 직장도 없었고 당시에 집에서 쫓겨났습니다. 그렇지만 나는 결혼했습니다. 나는 도망갈 것인가, 아니면 결혼해서 안정을 찾을 것인가 하는 중대한 결정을 내려야만 했습니다. 그래서 나는 지금이 바로 그때라고 결정했습니다. 그녀는 내가 사랑했던 여자였으며 나는 정말 잘해 볼 작정이었습니다."

우리는 칼과의 충돌에 집중하다가 이제 카이라와 앨런의 결혼, 또 다른 성격과 또 다른 시간과 같은 좀 더 중립적인 사안으로 옮겨 갔다. 가족은 질문할 수 있는 나의 권리를 인정했지만, 나는 좀 더 열심히 그리고 마음을 열고 그들의 이야기를 들었다. 수백 명의 가족들을 만나 오면서 나타나는 문제 중 하나는 내가 점점 인내심이 부족해져 간다는 것이다. '전에 이 이야기는 들었으니 앞으로 진행합시다.'라고 대개 생각한다. 하지만 이 모든 이야기는 들어 본 적이 없는 것이다. 그들은 모두 다르다.

나는 앞으로 기대면서 앨런에게 물었다. "물어봅시다. 당신 가족이 써 온 이야기 중에 당신에 대해 기록해 온 내용이 당신 마음에 듭니까?"

"아, 나는 잘 모르겠습니다. 나는 정말 그게 무슨 내용일지 모르겠습니다. 어렸을 적엔 아마도 짐작은 했던 것 같습니다. 부모님은 내가 좀 거칠다고 생각했습니다. 그들은 내가 항상 늦게까지 밖에 나가 있는 것을 좋아하지 않았습니다."

앨런은 어떻게 아버지가 조용히 비난하는 표정으로 그의 마음을 상하게 했는지를 기억했다. 칼은 앨런의 개의치 않는 으쓱이는 동작을 기억했다. 그는 말하고는 싶어 했지만 어떻게 해야 할지를 잘 몰랐다.

나는 카이라에게로 돌아서서 물었다. "당신이 떠나려고 결심했던 것은 어땠습니까?"

"남편은 무대장치 디자이너입니다. 그는 정말 실력이 좋고 그 정도의 전문가를 위한 자리는 이 주변에는 없습니다. 사람들은 그저 그만한 돈을 지불하진 않습니다. 나는 부모님이 이곳에 살고 있기 때문에 여기에서 살고 싶었습니다. 그렇지만 우리는 여기저기를 돌아다녀야만 했고, 임금을 올리고 우리 일을 발전시키기 위해 움직였습니다."

"당신이 떠나면 부모님에게 무슨 일이 생길지에 대해서 걱정했습니까?"

"네, 그랬습니다." 카이라가 감정을 실어 말했다. "나는 매우 걱정했습니다. 나는 책임감을 느꼈고, 어떤 특별한 방식으로 행동함으로써 어떤 변화를 가져올 수 있을 것이라고 생각했습니다."

"어떻게 일을 바꾸고 싶었습니까? 어떤 일들이었습니까? 당신이 보호하고 싶었던 것은 어머니였습니까?" 내가 다시 위험한 지역에 와 있다고 생각하니 이제는 조심스러워졌다.

"네."

"그리고 어떻게 그녀를 보호하려 했습니까?"

"아버지를 기쁘게 하려 했습니다. 일을 순조롭게 하려고 했습니다."

"대단한 일이네요."

"그런데 그 일은 지나치게 많았습니다. 그래서 나는 그만뒀습니다."

그리고 그녀가 집에서 함께 살면서 좋은 딸 역할을 했던 시간에 대해서도 이야기했다. 카이라는 지난번 상담 후에 아버지에게도 솔직하게 그 이야기를 하려고 했지만 커다란 말다툼으로 끝이 났다고 말했다.

칼이 대답했다. "네. 이 애가 '아빠는 위선자예요.'라고 말했고, 나는 당황스럽고 화가 났습니다."

나는 카이라에게 말했다. "당신은 부모님과의 관계를 변화시키고 싶어서 이곳에 왔습니다. 당신은 어머니의 지지 없이도 아버지에게 이의를 제기할 수도 있고 사랑할 수도 있는 성인입니다. 어제 무슨 일이 있었습니까? 그와 직접 이야기해 보십시오."

카이라는 아버지와 마주 보도록 의자를 돌리고 말했다. "저는 이곳에 일 년 반 정도 없었어요. 그래서 아버지와 겪어 온 지난 모든 일이 이제 아주 오래된 일이 됐어요. 그리고 그것은 동일하지도 않아요. 제가 좀 더 어른스러웠어야 했다는 것을 전 알고 있어요. 저는 첫 번째 상담에서 과거에 있었던 일들이 아버지께 잘못 전달되었다고 말했어야 했지요." 그리고 나서 그녀는 아버지로부터 돌아서서 내 눈을 바라보면서 나의 이해를 구하며 말했다. "그렇지만 제가 아버지와 함께 있었을 때 아버지의 눈은 마치 그 모든 예전의 감정을 다시 불러일으키듯이 쏘아보는 것처럼 날 바라봤습니다."

칼이 가로막고 말했다. "딸 얘기가 맞아요. 내 잘못입니다. 난 정말 잊었습니다. 난 그 애가 멀리 떠나갔을 때 정말 화가 났습니다. 나는 일이 잘되어 가고 있다고 생각했었습니다. 그래서 나는 도대체 왜 애가 그렇게까지 멀리 가야만 했는지 잘 이해하지 못했습니다."

카이라는 그녀가 스스로의 권리를 소유한 사람이 되는 것을 방해하는 삼각 구도에서 벗어나기 위해 집을 떠났다. 그렇지만 당시에 그녀는 그것에 대해 많이 생각하지는 않았다. 그녀는 단지 자신이 떠나야만 한다는 것을 알았을 뿐이었다. 그리고 나서 그녀가 결혼하고 잠깐 동안 머물기 위해 집에 돌아온 후에 그녀와 남편은 아주 멀리 이사를 갔다. 그 시점에서 그녀는 심한 우울증을 겪게 되었다. 그녀는 지난번 상담 후에 아버지에게 이 모든 것을 말하려고 했지만 그것이 결국 분노의 논쟁으로 끝나 버린 것이다. 그녀는 떠나기 전에 자신이 집에 갇힌 것처럼 느꼈던 것을 아버지에게 이해시키려고 했지만, 아버지는 그것을 마치 자신을 공격하는 것처럼 느끼고는 방어적으로 되었던 것이다. 그 둘은 싸웠고, 카이라는 그 자리를 떠나서 다시 집으로 돌아가려고 했다. 그러나 이디스가 칼에게 말해서 진정하게 하고 사과하도록 권유했다. 그래서 카이라는 그냥 머물렀다.

이건 그리 놀라운 일이 아니었다. 사실 예상 가능한 것이었다. 상담은 자기중심적이고 화가 나 있는 폭군 아버지와 중재자로서 보호적인 어머니의 필요에 대한 이야기에 도전했다. 그러나 가족은 곧바로 동일한 옛날 시나리오를 재연했다. 공식적인 이야기가 강화되었고, 대신 상담사의 대안적 관점은 선의이지만 순진한 동화의 회전으로 축소되었다.

나는 칼에게 돌아서서 말했다. "지금 앨런과 대화하는 데 이디스가 필요하다고 생각하십니까?"

"아니요."

"그리고 딸인 카이라와는요?"

"아니요. 그렇지만 솔직히 말해서 내가 예전에 어떠했는지를 잊어버렸기 때문에 지난번에 그녀는 꽤 다루기가 쉬웠습니다. 항상 카이라는 우리와 함께 살았고 나는 그게 참 좋다고 생각했습니다. 나는 우리가 행복하다고 생각해요. 그런데 그녀가 떠났고 갑자기 나는 내가 나쁜 사람이라는 이야기를 접했습니다. 난 노력했습니다. 난 언제나 자녀들과 친하게 지내기를 원했습니다." 칼의 마음속에는 아마도 딸의 행동 역시 외국어로 말하는 것처럼 들렸을 것이다. 그는 마치 플랑드르 말을 듣는 것처럼 그의 딸을 이해하지 못했다. 이제 돌이켜 보니 그는 자신이 잘못되었다는 것을 깨달았다. 이제 그는 그 쓰라림을 맛보고 그것을 삼켜야만 했다.

앨런이 말했다. "내가 어렸을 때 아버지는 너무나 집요한 분이었습니다. 모든 것이 완벽해야만 했습니다. 내가 청소를 하거나 무엇을 만들면 이렇게 말씀하셨습니다. '오케이, 좋아. 그렇지만 이제 우리는 이것을 제대로 해야만 한다.' 나는 내가 그토록 필요로 했던 칭찬이나 인정을 결코 받아 본 적이 없습니다." 그의 아버지처럼 앨런도 작은 것들에 큰 영향을 받곤 했다. 그렇지만 그의 아버지와는 달리 분노에 차서 맹렬히 공격하지는 않았다. 그는 모욕을 삼키고 그냥 꾹 참았다.

이디스가 말했다. "나는 단지 자녀들이 아버지를 사랑하기를 원했을 뿐입니다."

"글쎄, 내 생각에도 당신은 아이들이 나를 사랑하기를 원했다고 여겨져." 칼이 말했다. "그리고 당신은 아이들이 나를 존경하기를 원했고, 또한 당신이 이 폭군과 그 아이들 사이에서 중재자가 되어야만 한다고 느꼈으리라고 생각해."

그리고 나서 앨런이 말했다. "만약 우리가 아버지를 두려워하는 것을 원치 않았다면 어째서 엄마는 항상 '쉿, 너희 아버지가 이러쿵저러쿵' 하신 건가요? 마치 귀신이 나오는 집 같았다고요. 그것은 공포스러운 환경이었지요."

칼이 더듬으며 말했다. "네 엄마가 어떤 잘못을 했다면…… 일부러 그런 것은 아니야." 그의 눈은 눈물로 가득 찼고 그는 머리를 떨어뜨렸다. 앨런이 팔을 뻗어 아버지의 어깨를 감쌌고, 칼이 말했다. "네 엄마는 사랑 때문에 그런 일들을 했을 뿐이야."

그리고 손등으로 그의 눈물을 닦은 후에 칼이 말했다. "이 애들은 우리 삶의 전부였습니다. 너무나 많은 일을 잘못했다고 내가 깨달았을 때…… 그건 정말 감당하기 어려운 것이었습니다." 그는 더 이상 계속하지 못했다.

이제 그는 죽어 가고 있었고, 미래라는 것은 존재하지 않으며, 양육의 가장 힘든 수업을 배우고 있었다. 즉, 자녀들은 잘못된 관심, 칭찬과 긍지를 주지 못했던 것, 거절처럼 느껴지는 난폭한 질책, 그들과 함께하려는 것과 그들을 내버려 두는 것 사이에서 균형을 맞추려다 저지른 실수 같은 것들을 절대로 용서하지 않는다는 것이다. 그러한 원한과 분노의 일화는 불쑥불쑥 튀어나온다. 부모의 포용적인 사랑은 너무도 지속적이어서 사랑이라고 불리지도 않고 쉽게 주시하게 되지도 않는다.

이디스는 칼이 말했던 것을 강조했다. "우리는 정말 결코 우리 자신과 가족 이외에는 그 어떤 친구도 가져 보지 못했습니다."

카이라는 허리를 좀 느슨하게 하기 위해 수그려 앉아 있었지만 이제 몸을 똑바로 일으키며 말했다. "나는 친구를 사귀는 것에 익숙하지 않았지만 이제는 익숙합니다. 그리고 그 친구들은 내게 많은 것을 의미합니다. 매번 내게 문제가 있을 때마다 전에는 부모님에게 전화를 했지만 이제는 더 이상 그렇게 하지 않습니다. 심지어 내가 그렇게 하고 싶을 때조차도 그렇게 하지 않습니다. 나는 이제 내 여자 친구들이나 남편과 이야기합니다."

내가 말했다. "성장한다는 것의 멋진 점들 중 하나는 당신이 언제나 닫혀 있다고 느꼈던 문이 사실은 열려 있었다는 것을 발견하는 것입니다."

사랑, 보호, 친밀함의 또 다른 이야기가 수면 위로 떠오르기 시작했다. 이것은 마치 아직 끝마치지 않은 문장, 거의 소속됨, 어색한 애정 표현, 억압된 포용의 이야기처럼 보였다. 이것은 그냥 지나쳐 버릴 수 있는, 감추어진 이야기로 남아 있을 수도 있었다. 그렇지만 내가 그것에 초점을 두었을 때 이것은 그들의 공식화된 이야기에 대한 도전이 되었다.

"그 문은 열려 있지 않았습니다." 카이라가 쏘아붙였다. "나는 선생님에게 그렇게 이야기할 수 있습니다." 잠시 후 그녀가 덧붙였다. "그 문이 열려 있었다지만 난 아버지가 또 화를 내고 그리고 또 아버지를 이해하지 못하게 되는 그런 위험을 무릅써야만 할 것입니다.”

그때 나는 일어서서 칼이 앉아 있는 곳으로 가서 카이라에게 말했다. “칼이 나를 힘으로 붙잡았을 때 나는 그의 힘을 느꼈습니다. 그렇지만 나는 그에게 있어서 당신과 그의 관계가 굉장히 소중하다는 것 또한 들었습니다. 그러므로 당신이 그와의 관계에서 주도권을 쥐고 있는 것입니다.”

“보세요.” 카이라가 말했다. “아버지는 여자를 좋아합니다. 만약 그들이 멋지고 달콤하고 의견을 다투지 않는다면 말이죠.”

내가 끼어들었다. “누가 당신을 훈련시켰습니까?”

“나도 모릅니다.”

나는 미소 지으며 이디스를 가리켰다. “이 멋진 여성입니다.”

카이라와 칼은 일제히 대답했다. “아닙니다.” 이디스는 나를 무섭게 노려보며 말했다. “당신은 대단히 실수하고 있습니다, 선생님. 내가 그를 만나기 이전부터 그는 화가 나 있는 사람이었습니다.”

모두가 긴장했고 나는 그것을 명치끝에서 느낄 수가 있었다. 나의 본능은 후퇴하려고 했지만, 나는 이디스 자신이 하고는 싶었지만 칼에게는 직접 할 수 없었던 그것을 바로 나에게 말하고 있다는 것을 깨달았다. 그리고 그녀는 격렬한 분노의 순간에만 자기 확신을 할 수 있으며, 그녀의 이런 부분을 수용하는 것이 그들의 관계를 변화시키는 데 있어 중요한 것임을 또한 깨달았다. 그래서 나는 깊이 숨을 들이마시며 미소를 지었다.

“좋습니다. 나는 당신이 자기 자신을 위해 변호하는 그 방식이 마음에 듭니다.”

“좋군요.” 그녀는 화가 나는 동시에 기뻐하며 말했다. “나는 더 할 수도 있습니다.” 카이라와 앨런이 웃었다.

“내가 잘못되었다는 것을 볼 수 있군요. 당신이 지금 내게 한 것이 좋습니다. 칼에게도 그렇게 할 수 있겠습니까?"

"네, 나는 이제는 좀 더 그렇게 할 수 있습니다. 나는 칼에게 그런 식으로 솔직하게 말할 수 있습니다. 그렇지만 그가 듣고 싶어 하지 않는 것은 그 어떤 것도 말하고 싶지 않습니다. 하지만 나는 선생님에게는 무엇이든지 다 말할 수 있습니다."

그녀는 이제 활기가 넘쳐 나고 있었다. 나는 그녀를 자극시켜 왔다. 그녀는 자신이 비난받은 것처럼 느꼈고, 그래서 화가 나서 그것을 표현했다. 그녀는 칼의 분노와 상처받기 쉬운 성격으로 인해서 협박당해 왔던 방식대로 나에게는 협박당하지 않았다. 그녀는 이제 나에게 대항해서 거의 들떠 있었다.

"선생님은 아마도 지식층의 교육을 받은 사람으로서 본인의 분야에서 최고수일 것입니다. 그렇지만 나를 협박할 수는 없습니다." 그녀에게 나는 그녀가 용감하게 대항할 수 있는 **혹평가**였다. 이것이 그녀에게는 아주 새로운 경험이었다.

이디스는 이제 나와 마주하며 엄격하고 지나친 요구를 했던 그녀의 아버지에 대해서 말했다. "아버지는 스페인 말 사육사였습니다. 그는 말들을 훈련하고 다니는 걸 무척 좋아했는데 말을 훈련시키는 것만 좋아하는 것은 아니었습니다. 아버지는 스물여섯 살 때 열다섯 살인 어머니와 결혼했고, 그녀의 일생 동안 그녀를 겁주고 어머니를 마치 어린 소녀처럼 다뤘습니다. 그리고 나는 아버지와 같은 강한 남자와 결혼했습니다. 나는 그게 필요했었다고 생각합니다. 그렇지만 이제 나는 매우 유능한 사람입니다. 나는 많은 일을 할 수 있습니다. 그리고 이제 나는 그 어떤 도움도 필요로 하지 않습니다."

나는 칼에게 돌아서서 말했다. "칼, 여기에 내 생각을 그녀에게 강요하지 못하게 하는 이디스가 있습니다."

"나는 그가 내 이름을 말할 때가 좋습니다." 이디스가 주장했다. "그것은 나를 다시 과거로 불러들입니다. 내 아버지가 말하는 것과 똑같습니다. 아주 똑같이."

이디스는 그녀의 아버지를 상기했고, 나는 때때로 명랑하고 자극적인 특성을 보이는 네이던 애커먼(Nathan Ackerman)을 기억했다. 그는 그것을 '수비를 자극하기(tickling the defenses)'라고 불렀다. 나 역시 그것이 그녀의 따뜻한(그리고 별로 따뜻하지 못한) 기억을 풀어 주는 이디스의 분노에 대한 솔직한 표현이라는 것을 알아차렸다.

나는 칼에게 말했다. "왜 그녀가 남편인 당신에게 이 능력을 축소해야만 할 필요가 있었을까요?"

"회고해 보면 아내는 나를 정말 두려워했다고 생각합니다. 그녀는 폭군을 두려워했습니다."

이디스는 자기 스스로와 자신의 도전에 대한 나의 수용에 대해 점점 깊어지는 신뢰로 반응했다. 정당성의 입증을 느끼면서 그녀는 그녀의 필요에 대한 칼의 이해를 바라는 형식으로 나에 대한 도전을 사용했다. 칼은 자신의 편이 갑작스럽게 변하는 것에 대해 혼란스러워했지만 나는 제대로 가고 있다고 느꼈다. 상담치료 과정 중 칼과 이디스는 그들 각자와 나와의 관계가 그들이 서로를 바라보는 방식에 영향을 미치고 있는 유기적인 삼각관계를 형성했고, 나는 그 삼각관계를 통제할 수 있다고 느꼈다.

그렇지만 카이라는 그렇게 쉽게 포기할 준비가 되어 있지 않았다. 우리는 우리의 과거를 발명하고 그러한 발명품에 의지해 살아간다. 나는 변화를 위해 싸웠지만 그들은 그들이 경험한 현실을 방어하기 위해 싸웠다. 카이라는 아버지가 여성에 대해 존경심이 없는 사람이었다는 점을 내가 이해해 주기를 바랐다. 그녀의 말이 빠르게 쏟아져 나왔다.

"선생님, 당신은 이해를 못합니다. 세상의 여자들은 레즈비언 계집애,

멍청한 계집애, 섹시한 계집애 그리고 버릇없는 계집애가 있을 뿐이고, 그들은 모두 '그저 한 무더기의 계집애들'일 뿐입니다. 그리고 그냥 그게 다였습니다. 그것이 우리가 우리의 인생 전반에 걸쳐 들었던 것이었습니다."

칼은 내려다보며 조용히 대답했다. "그건 그들이 어렸을 때였고 나는 잘 깨닫지 못했었습니다……."

"그렇지만 다른 부분은 어떻습니까?" 내가 물었다. "이 여인을 사랑한 그의 다른 부분은요?"

카이라가 말했다. "어머니는 아버지가 원하는 것을 다 해 주었습니다. 어머니는 언제나 아버지가 원하는 방식대로 행동했습니다."

"나는 그도 많은 것을 잃었다고 생각합니다." 내가 대답했다.

칼이 말했다. "나도 압니다. 내가 모르는 것은 나에게 남겨진 시간이 얼마나 되는지입니다." 이디스가 팔을 뻗어 그의 손을 잡았다. 그리고 칼이 천천히 말했다. "폭군은 사라졌습니다."

그러고 나서 가끔 한 번씩 가족 내에서 일어나는 가족구성원 중 한 사람이 어떤 것을 말할 때 모든 것이 변하는 그 순간이 왔다. 칼이 그것을 시작했다. 이디스와 나의 연합에 자극을 받은 칼은 그녀가 내게 제시했던 그 그림에 도전했다.

칼은 낮고 고통스러운 목소리로 말했다. "나는 누군가가 왜 나를 두려워하는지를 결코 이해할 수가 없었습니다. 그리고 32년이 지난 후에 그녀가 '나는 항상 당신을 두려워했습니다.'라고 말했을 때, 그것은 마치 누군가가 당신의 인생 전체는 당신 자신이 그동안 생각해 왔던 것과는 전혀 다르다고 말하는 것처럼 느껴졌습니다. 그것은 날조된 것이었습니다."

그를 안심시키는 것은 거의 불가능했지만 이디스는 무엇인가 다른 것을 원했다. "당신이 너그럽게 받아들이지 않았기 때문에 나는 절대로 그렇게 말할 수가 없었어요." 그러고 나서 목소리를 높여서 그녀의 고뇌의 무게를 털어놓기 시작했다.

"우리는 32년간을 함께 지냈고 나는 숨이 막혔습니다. 나는 당신에게 하루 24시간 내내 당신과 함께 있기는 싫다고 말하고, 당신은 그것을 내가 당신을 사랑하기 때문이라고 해석합니다. 32년 동안 그것은 너무나 빌어먹을 일이었습니다. 당신은 내가 왜 밀실공포증이 있는지를 궁금해하죠? 당신은 언제나 '지나치게 예민'했습니다. 당신은 내가 아닌 당신의 필요에 더 민감했던 겁니다. 당신은 내가 당신에 대해서 신경 쓰는 것만큼 나에 대해 신경을 쓰지 않았습니다."

칼은 단지 조용히 말할 뿐이었다. "나는 결코 그것을 몰랐어요."

"애들은 내가 당신에게 말할 것을 원합니다. 이제 나는 당신에게 말하겠어요." 이디스는 울고 있었지만 계속했다. 그녀는 미래를 위해 싸우고 있었다. "나는 우리의 삶이 함께하는 것이기를 바랍니다. 나는 우리가 10분이 남아 있든 10년이 남아 있든 상관하지 않습니다. 그렇지만 우리에게 남아 있는 시간을 더 이상 망치고 싶진 않습니다. 나는 우리가 지금 여기서부터라도 좀 더 나아지기를 원합니다. 솔직하게요. 그리고 우리가 집에 돌아갔을 때 내가 단지 당신이 아프기 때문에 말했다고 당신이 생각하지 않기만을 바랍니다. 이제 난 솔직해지고 싶어요."

이디스와 칼은 그 후 10분 동안 더 이야기를 나눴다. 그녀는 때때로 그녀 자신을 위해서 약간의 시간을 갖기를 원하는 것에 대해 이야기했다. 칼은 나에게 돌아서며 미소를 지으면서 말했다. "보세요, 나는 그것을 이해하지 못합니다. 나는 항상 그녀와 함께 있고 싶습니다. 나는 그녀를 즐깁니다." 이디스가 말했다. "저를 보세요." 그녀의 감정 표현은 오래된 불평등으로부터 그녀와 그를 풀어 주면서 힘의 변화를 가져왔다. 이 변화는 죽음을 수용하는 것을 가능하게 만들어 주었다. "내가 만일 당신과 함께 있는 것을 원치 않는다면 당신은 그것을 모욕으로 받아들입니다. 당신은 그것을 사랑의 결핍으로 받아들이죠." 그리고 칼이 대답했다. "글쎄요, 나는 그것을 바꿔 가야만 하겠군요."

내가 이디스에게 말했다. "그는 당신의 도움 없이는 변화할 수 없습니다. 그는 예전의 방식을 좋아하기 때문에 그가 전에 해 왔던 그대로 하려 들 것입니다. 그렇지만 그것은 공평하지 않고 당신은 당신이 필요한 것을 해야만 할 필요가 있습니다."

상담이 끝나 갈 때 나는 주제라고 생각하는 것을 요약했다. 칼에게 내가 말했다. "당신은 당신이 아직 살아 있다는 사실을 받아들여야만 하고 이디스 또한 당신이 아직 살아 있다는 것을 받아들여야만 합니다." 나는 이디스에게 말했다. "당신은 칼에게 당신이 있는 그대로의 그를 받아들인다는 걸 확신시켜 줄 필요가 있습니다. 그리고 나는 그것이 그렇게 쉬울 것이라고 생각하지는 않습니다."

이디스는 진심을 담아서 대답했다. "알고 있습니다. 나는 그 실수를 지난 32년 동안이나 계속해 왔습니다. 나는 그를 과거의 그 사람으로만 받아들여 왔습니다. 이제 나는 지금 있는 그대로의 그를 받아들이려고 노력할 것입니다. 왜냐하면 그는 더 이상 폭군이 아니기 때문이고, 나는 그가 폭군이 아닌 것이 더 이상 그가 죽었다는 것을 의미하는 것은 아니라고 지금은 생각하기 때문입니다. 아마도 우리는 과거를 살려 두려고 했던 것 같습니다……. 그를 살려 두기 위해서."

칼과 나는 젊은 날의 꿈의 죽음에 대해 이야기했다. 나는 학창 시절에 장거리 도약 선수였고, 내가 도약을 멈춘 이후에도 나는 그 꿈이 죽었다는 것을 깨닫기 전까지 머릿속에서는 계속 도약을 하고 있었던 것을 기억해 냈다. 칼은 반대하며 말했다. "내 마음의 일부분에서 나는 아직도 폭군이고, 나는 그 폭군의 가면을 유지할 필요가 있습니다. 왜냐하면 내가 그렇게 하지 않는다면 나는 나의 죽음을 인식해야만 할 것이기 때문입니다."

9개월이 지난 후, 다음과 같이 적힌 카드가 왔다. "이 기간이 우리 인생에서 가장 멋진 최고의 순간이었습니다. 지금은 이디스가 폭군의 가면을 가끔 빌리기도 합니다." 그로부터 약 6개월이 지난 후에 이디스는 미망인이 되었다.

✳ 에필로그 ✳

소리 없는 노래

우리의 문화에서 반드시 불려야만 하는 노래가 있다. 그것은 관계의 리듬이라는 노래, 서로가 서로를 풍요롭게 해 줄 수 있는 그런 사람들의 노래다. 일상의 소음과 소란은 서로를 함께 살아갈 수 있게끔 이끌어 줄 수 있는 조화로움의 힘을 약화시키지만, 상호 수용과 지지라는 선율은 사람들 사이의 결속을 다지게 해 준다.

모든 사람은 협력과 수용 그리고 상호작용을 할 수 있는 능력을 가지고 이 세상에 태어난다. 또한 모든 신생아들은 어머니의 목소리와 어머니가 움직이는 리듬에 자신을 잘 조화시킬 수 있는 뛰어난 수용성과 이해력을 지니고 있다. 아기의 필요는 어머니의 공감 능력을 환기시킴으로써, 그것에 적절하게 반응할 수 있게 해 준다. 그렇게 부모와 자녀는 수많은 사소한 행위들을 통해서 서로를 인식하는데, 그것은 마치 화학 작용에서의 정교한 결합 과정과도 같은 것이다. 즉, 필요는 반응을 이끌어 내고, 또한 그것은 이어지는 추가 반응의 요구에 대한 수용성을 발생시킨다. 이러한 일련의 과정들 속에서도 가장 기이한 것은 이것들이 어떻게 자동적으로 발생하느냐 하는 것이다. 이것은 삶의 소리 없는 노래다.

이러한 협력과정은 우리의 문화에서 주목받아야만 할 필요가 있다. 왜냐하면 우리가 평상시에 주목하는 것은 이러한 협력과정이 아닌 다름과 다툼에 관한 것이기 때문이다. 우리는 우리에게 충격을 주는 것과 우리의 삶을 어렵게 하는 것들에 대해 되풀이해서 생각하곤 한다. 그래서 우리는 우리 가족의 삶을 가능하도록 만들어 주는 패턴과 조화로움에 대해서는 그저 당연하게 여기고 잘 신경 쓰지 않는다. 그러나 이러한 협력의 흐름은 모든 가족들에게 존재하는 것이다. 이것은 또한 우리가 가족으로서 경험하는 것 중 일부분이다. 아이들은 종종 이렇게 말한다. "난 아빠, 엄마에게 속해 있어요." 하지만 어른들은 이러한 가족개념을 그룹에 대한 충성심이나 가족구성원들에 대한 책임감, 서로의 차이에 대해 인내하는 것, 성장해 가는 과정에서 맛보는 즐거움 그리고 고통을 주지 않으려는 헌신으로서 경험한다.

충성심과 책임감, 인내와 즐거움 그리고 친절 같은 것들은 우리가 서로의 삶을 확장시키고, 풍요롭게 해 주는 긍정적인 특성이다. 가족의 결속은 개인적 자아를 축소시키지 않으며, 도리어 확장시켜 준다.

나는 지속적으로 개인과 가족의 관계성 모두를 다 바라다볼 수 있는 입장에 서 있는 축복을 받았다. 그로 인해 개인의 자아를 단지 한 존재로서만이 아닌 소속됨의 관점에서도 바라볼 수가 있었다. 1980년대에 나는 밀턴 에릭슨(Milton Erikson)을 만나기 위해 애리조나에 갔었다. 정신과 의사인 에릭슨은 최면 분야에 있어서 선생들을 가르치는 선생이었다. 그는 전문가이자 의학자이며, 또한 레프러콘(Leprechaun, 아일랜드 민화에 나오는 남자 모습의 작은 요정-역주)으로서 화려한 명성을 자랑하는 전설적인 인물이었다. 그런데 그는 반신 마비를 수반하는 뇌졸중을 앓고 있었다. 내가 그의 진찰실에 들어갔을 때, 그는 휠체어에 앉아 있었는데 얼굴은 마비로 인해 일그러져 있었고, 입은 반쯤 벌려져 있었으며, 말하는 목소리 또한 불분명했다. 하지만 그의 머리는 아주 단정하게 빗겨져 있었고, 특유의 자주색 벨벳 외투와 잘 다려진 흰색 셔츠를 잘 차려입고 있었다.

나는 문득 그의 곁에 있던 아내의 모습을 바라보았다. 그녀가 바로 이 남편에 대한 사랑의 돌봄을 통해 남편이 오늘의 만남을 준비할 수 있도록 도와준 사람이었다. 그는 신체적으로는 약해졌지만, 그녀로 인해 그렇게 될 수 있었다. 나는 이러한 사례들을 수없이 보아 왔다. 남편이 아내와 더불어 양육의 연장선 역할을 하고, 또한 여성은 어머니가 됨으로써 부담감보다는 확장됨을 경험하며, 아이들은 그들의 부보의 부모 역할을 하게 되는 것이다.

나는 지금 어떤 꾸며 낸 이야기를 쓰는 것이 아니다. 이러한 상호수용의 과정은 마치 발레에서 잘 훈련된 두 사람이 짝을 지어 춤을 추는 파드되(Pas de deux)처럼 그저 부드럽지만은 않다는 사실을 나는 잘 알고 있다. 보통 두 사람이 함께 성장하는 과정에는 고통과 압박 그리고 갈등이 있다. 그러나 두 사람이 서로 잘 지낼 수 있는 방법에 대해서 우리가 좀 더 집중해야 할 필요가 있다.

우리 사회는 개인의 독창성과 자율적 자아를 찾는 일을 독려한다. 부모는 자녀를 착취하고, 청소년들은 그 부모에게 반항하며, 또 여자들은 다른 목소리를 내고, 남자들은 이상한 의사소통 방식을 가졌다는 등 세대와 성별 간의 차이를 극단적으로 묘사한다. 아동학대와 성적 학대, 가정폭력과 매 맞는 여성, 노인을 유기하는 것 등은 뒤틀어진 인간관계의 단면들이다. 그러나 우리가 이러한 문제들을 특징짓고, 그것을 다루는 방식에는 인간관계의 한 측면만을 단순하게 바라보는 경향이 있다. 가족의 비극이 단지 어떤 한 개인의 잔인성과 방치 때문이라고 비난하는 것은, 개개인의 특성에만 사로잡혀 있는 이 사회와 눈에 눈가리개를 쓰고 있어 제대로 보지 못하고 있는 전문가들의 지나친 단순화의 소치다. 나는 연관성과 가능성을 보고 있다. 나는 가족이 대안을 찾을 수 있도록 돕는다. 나는 서로의 차이를 참아 주고 다름을 받아들이도록 격려한다. 나는 강함과 약함, 가해자와 피해자를 강조하기보다는, 상호보완과 동반자 관계를 세우는 일에 그 초점을 맞추고 있다.

가족들이 나를 찾아올 때, 그들은 각자가 겪고 있는 가족 간의 갈등으로 인해 매우 지친 상태인데, 은연중에 나는 내가 그들 가족자아의 보고(寶庫)가 될 수 있도록 유도한다. 나는 결속의 후견인이 된다. 갈등의 열기가 뜨거운 가운데, 가족구성원들은 누가 서로 더 잘못된 자아를 지녔는지 마치 시합이라도 하듯이 말한다. "당신은 언제나 나를 조종하려 해!" "당신이 신경 쓰는 건 당신 자신뿐이잖아!" "난 도대체 뭐야?" 다툼은 그들을 하나의 단위로 이어 주는 소리 없는 연결보다 더 큰 소리를 낸다. 그리고 그 소리는 상호협력을 통해 실현이 가능한 것들조차 제한시켜 버린다.

나는 다음의 두 가지 초점을 가지고 일한다. 즉, 그것은 개인적 자아와 서로 함께함의 사이를 이동하는 것인데, 관점이 전환될 때는 긴장감이 생긴다. 나는 고집스러운 아버지인 카터 파렐에게 이렇게 말한다. "당신은 유능한 보안관이군요." 이때 나는 권위에 대한 그의 관심을 분명히 한 것이다. 또한 나는 그의 아내 페기에게는 이렇게 말한다. "당신은 피고 측 변호사인가요?" 이때 나는 남편의 권위에 대한 아내로서의 그녀의 입장과 그들 부부간의 상호관계를 분명하게 다룬 것이다. 이렇듯 개인으로부터 관계로의 관점의 변화는 아마 놀랄 만한 것일지도 모른다. 하지만 참여자들은 대개는 순조롭게 이해한다. 우리가 서로에게 연결되었다는 사실은 전혀 새로운 생각이 아니다. 그것은 다만 우리의 관심 밖으로 도망쳐 버린 생각 중 하나일 뿐이다.

이것이 곧 가족치료의 특징이다. 즉, 개별성과 연결성 모두에 주목하고, 개인의 이야기를 가족의 관점으로 전환함으로써 그 범위를 확장하는 방식을 알아차리는 것이다. 각 가족구성원들이 다른 가족구성원의 불만스러운 행동만을 떠올리지 않고, 그들이 서로 연결되어 있다는 점을 바라보기 시작한다면, 서로의 관계를 풀어 갈 수 있는 전혀 새로운 대안을 발견할 수 있게 된다. 이렇게 확장된 자아에 대한 관점은 특히 부부를 상담할 때 자주 접할 수 있다. 나는 남편인 샘의 은퇴 때문에 두려워하고 있는 아내 사라에게 이렇게 말했다. "당신의 나약한 상태를 유지함으로써 당신의 남편을 더 강해지게 하실 건가요?" 이 질문이 이상하게 들릴지도 모르지만, 샘과 사라는 즉각적으로 내 질문의 의미를 알아차렸다.

소속됨의 제한점과 가능성을 보다 잘 이해할 수 있다면, 연결됨을 탐색하는 것은 개인의 힘의 원천이 될 수 있다. 사라의 '의존성'이 샘과 오랫동안 합의된 것들의 일부임을 이해하게 된다면, 사라는 그녀의 권리를 요청할 수가 있다. 부모와의 삼각관계에서 자신의 목발이 퇴거당했을 때, 딸인 질은 걷기 시작했다. 권위적인 아버지인 카터가 자신의 필요를 인정하게 되었을 때, 그는 자녀들로부터 배울 수가 있었다. 해리는 아내가 자신을 필요로 한다는 사실을 깨달았을 때, 아내를 보호하는 사람이 될 수 있었다. 부모에게 반응함으로써 자신의 존재를 정의하는 것을 멈추고 자신에게 자기 존재에 대한 책임이 있음을 받아들였을 때, 비로소 스테파니는 그녀의 약물중독에 대해 책임 있게 행동할 수가 있었다. '외로운 고릴라'인 칼과 그의 가족들이 서로를 묶고 있는 패턴을 발견했을 때, 그들은 서로를 바꾸려는 시도를 멈추고 대신 함께 살아가는 법을 배우기 시작했다. 각자가 전체의 중요한 일부분임을 인정하는 것은, 가족구성원들이 함께함으로써 더욱더 자기 자신이 되는 일을 가능하게 한다.

가족치료사는 개인의 자아와 가족의 구성 영역 사이에서 그 해결점을 찾는다. 왜냐하면, 모든 가족구성원들은 그들이 서로 연결되어 있다는 사실과 또 어떻게 서로가 연결되어 있는지를 인지하고 있기 때문이다. 가족은 자신들이 공유하는 오래된 역사를 통해, 함께 사는 것이 서로를 제한하기도 하고 풍요롭게도 한다는 사실을 인정한다. 가족 안에서의 삶은 우리의 자유를 정의하고 제한하지만, 또 다른 한편으로는 잠재력을 발휘하게 하여 개인의 행복과 성취를 도모하기도 한다.

가족들을 상담할 때, 나는 분명한 개념을 가지고 있다. 부모들은 잔인하고 자녀들은 속수무책이라는 둥, 남편은 이성적인데 아내는 감정적이라는 둥, 혹은 어머니는 민감한데 아버지는 그렇지 않다고 하는 그런 개념들을 나는 믿지 않는다. 나는 퍼즐로 된 모자이크를 본다. 그 안에서 각 개인은 다른 사람들을 정의하고, 또 그 전체는 한 개인을 정의한다. 그것은 마치 에서(Escher, 네덜란드의 판화가로 착각을 이용한 수법으로 있을 수 없는 가상세계를 매우 사실적으로 묘사함-역주)가 그림을 그릴 때 끝이 언제나 또 새로운 시작이 되는 것과도 같다. 즉, 부분들이 전체를 풍성하게 하듯이 전체 또한 각 부분들을 풍요롭게 한다.

요즘 많은 사람들이 '역기능적 가족'에 대해 이야기한다. 또한 많은 사람들이 자신을 상처받은 생존자로 여긴다. "내가 이렇게 불행해진 건 모두 다 그들의 잘못 때문이야. 우리 엄마는 술을 자주 마셨고, 아버지는 날 때렸어." 그러나 내가 가족들을 함께 만날 때, 나는 가해자도 피해자도 만나지 않는다. 다만 나는 불협화음 속에서 오히려 문제를 키우는 패턴에 빠져 있는 사람들을 볼 뿐이다. 나는 그 가족이 아직 미처 사용하지 않은 지지와 사랑 그리고 돌봄의 자원을 지니고 있다는 것을 안다. 많은 사람들에게 좋은 것은 개개인에게도 좋은 것이 될 것이다. 그래서 나는 그들이 보다 넓은 자아의 맥락인 가족자아(family self)를 바라볼 수 있도록 돕는 데 그 초점을 맞춘다.

나는 힘의 남용이 가져오는 파괴성을 보지 못하는 장님이 아니다. 약한 사람들은 보호받아야만 하고, 또 무자비한 사람들은 필요하다면 무력에 의해서라도 통제받아야만 할 때가 있다는 점을 나는 잘 알고 있다. 하지만 가족들을 바라볼 때, 나는 사람들이 지니고 있는 자원의 다양함과 더불어 그들이 그 자원을 다르게 사용함으로써 변화하는 방식에 다시금 놀라곤 한다. 이것은 자신과 다른 사람들의 가능성과 제한점을 함께 받아들이는 것을 의미하는 것이다. 이것은 또한 불확실성과 다름을 견디는 것을 의미한다. 그리고 이것은 함께하는 새로운 방식에 대한 희망을 의미한다. 그것을 듣기 위해 우리는 자율적인 개별적 자아의 환상을 거절하고, 또 서로 소속됨으로써 발생하는 제한을 받아들일 수 있는 용기가 필요하다. 인류와 가족의 생존은 수용성과의 협력 여부에 달려 있다. 이러한 능력을 과소평가하는 사회는 매우 위험한 사회임이 틀림없다.

※ 살바도르 미누친의 연대별 출판 목록 ※

1967   Minuchin, S., Montalvo, B., Rosman, B., & Schumer, F. et al. (1967). *Families of the Slums: An Exploration of Their Structure and Treatment*. New York: Basic Books.

1969   Minuchin, S. et al. (1969). Family therapy: Technique or theory? In J. H. Masserman (Ed.), *Science and Psychoanalysis, vol. XIV*. New York: Grune & Stratton.

Minuchin, S. (1969). Adolescence: Society's response and responsibility. *Adolescence, 16*, 455-476.

Minuchin, S., & Barcai, A. (1969). Therapeutically induced family crisis. In J. H. Masserman (Ed.), *Science and Psychoanalysis, vol. XIV: Childhood and Adolescence*. New York: Grune & Stratton.

1970   Minuchin, S. et al. (1970). The plight of the poverty: Stricken family in the United States. *Child Welfare, 44*, 124-130.

Minuchin, S. et al. (1970). The use of an ecological framework in child psychiatry. In E. J. Anthony & C. Koupernik (Eds.), *The Child in His Family*. New York: Wiley.

1974   Minuchin, S. (1974). *Families and Family Therapy*. Cambridge, MA: Harvard University Press.

1975   Minuchin, S., Baker, L., Rosman, B., Liebman, R., Milman, L., & Todd, T. C. (1975). A conceptual model of psychosomatic illness in children. *Archives of General Psychiarty, 32*, 1031-1038.

1978   Minuchin, S., Rosman, B., & Baker, L. (1978). *Psychosomatic Families: Anorexia Nervosa in Context*. Cambridge, MA: Harvard University Press.

1981   Minuchin, S., & Fishman, H. C. (1981). *Family Therapy Techniques*. Cambridge, MA:

Harvard University Press.

1984   Minuchin, S. (1984). *Family Kaleidoscope*. Cambridge, MA: Harvard University Press.

1989   Elizur, J., & Minuchin, S. (1989). *Institutionalizing Madness: Families, Therapy, and Society*. New York: Basic Books.

1991   Minuchin, S. (1991). The seductions of constructivism. *The Family Networker, 15*(5), 47–50.

1993   Minuchin, S., & Nichols, M. P. (1993). *Family Healing: Tales of Hope and Renewal from Family Therapy*. New York: The Free Press.

1996   Minuchin, S., Lee, W–Y., & Simon, G. M. (1996). *Mastering Family Therapy: Journeys of Growth and Transformation*. New York: Wiley.

1998   Minuchin, S., & Nichols, M. P. (1998). Structural family therapy. In F. M. Dattilio (Ed.), *Case Studies in Couple and Family Therapy: Systemic and Cognitive Perspectives*. New York: Guilford Press.

Minuchin, P., Colapinto, J., & Minuchin, S. (1998). *Working with Families of the Poor*. New York: Guilford Press.

1999   Nichols, M. P., & Minuchin, S. (1999). Short–term structural family therapy with couples. In J. M. Donovan (Ed.), *Short–term Couple Therapy*, New York: Guilford Press.

2007   Minuchin, S., Nichols, M. P., & Lee, W–Y. (2007). *Assessing Couples and Families: From Symptom to System*. Boston: Allyn & Bacon.

✳ 살바도르 미누친 인생의 주요 사건 연대기 ✳

1921년   아르헨티나에서 러시아-유대인 계통의 유럽 이민자 부모에게서 태어남

1938년   아르헨티나의 의과대학에 입학함

1944년   아르헨티나의 대학들을 통제해 왔던 독재자 후안 페론(Juan Perón)을 반대하는 정치
        적 좌파운동에 학생 신분으로서 활발히 활동한 후 3개월 동안 수감 생활을 함

1946년   의과대학을 졸업한 후 소아과 레지던트 과정을 밟음

1948년   의학 훈련을 마치고 소아과 의사로서 개업한 후 이스라엘에 종군을 자원하여 18개월
        동안 군의관으로 복무하였음

1950년   정신의학을 공부하기 위해 다시 미국으로 돌아가 뉴욕에 있는 벨뷰 병원(Bellevue
        Hospital)에서 정신과 레지던트로서 정신질환을 앓고 있는 아이들을 위해 일함

1951년   심리학자인 그의 아내 패트리시아 피트럭(Patricia Pittluck)과 결혼한 후 이스라엘로 이민 감

1954년~1958년   해리 스택 설리번(Harry Stack Sullivan)의 영향을 받아 설립된 뉴욕의 '윌리엄
        앨란슨 화이트 정신분석연구소(William Alanson White Institute of Psychoanalysis)'에
        서 정신분석 훈련을 받음

1959년   뉴욕 '윌트윅 소년 학교(Wiltwyck School of Boys)'에서 비행 청소년 상담 및 뉴욕시 중
        심에 있는 청소년들과 그 가족들을 조사·연구·분석하여 가족치료를 실시함

1960년   헤일리(Haley), 브라울리오(Braulio), 몬탈보(Montalbo), 로즈맨(Rosman)과 함께 가족치
        료 훈련 프로그램을 개발함

1962년   팔로 알토(Palo Alto)를 순례하면서 제이 헤일리(Jay Haley)를 만남

1965년   가족과 함께 필라델피아로 이사를 와서, 그해에 필라델피아 아동클리닉(Philadelphia

Child Guidance Clinic)과 필라델피아 아동병원 정신과(Psychiatry at Children's Hospital of Philadelphia) 소장과 펜실베이니아 대학교 의과대학(University of Pennsylvania School of Medicine)의 아동정신과 교수가 됨

1967년　『빈민가의 가족들(Families of the Slums)』을 출간하며 가족치료자로서 명성을 쌓음

1974년　『가족들과 가족치료(Families and Family Therapy)』 출판

1976년　필라델피아 아동클리닉의 책임자 자리에서 물러나 1981년까지 가족치료 훈련 과정의 책임자로서 일함

1978년　『정신신체증상을 가진 가족들: 신경성 식욕부진증(Psychosomatic Families: Anorexia Nervosa in Context)』 출판

1981년　뉴욕에 가족치료사를 가르치기 위한 기관으로 가족연구소(Family Studies, Inc.)를 설립. 『가족치료 테크닉(Family Therapy Techniques)』 출판

1984년　『가족만화경(Family Kaleidoscope)』 출판

1985년　『심리치료: 새로운 현상(Therapy: A New Phenomena)』 출판

1989년　『보호시설로 보내진 정신적으로 위험한 사람들: 가족들, 심리치료, 그리고 사회(Institutional-izing Madness: Families, Therapy, and Society)』 출판

1996년　뉴욕의 '구조주의 가족치료센터'를 '미누친 가족치료센터'로 개명함. 보스턴에서 은퇴해 가족연구소(Family Studies)라는 자신의 진료소를 운영하면서 가족치료를 가르치고, 매사추세츠 정신건강 부서의 자문가로서 계속 활동함

1998년　『가족치유: 희망과 이해를 위한 전략(Family Healing: Strategies for Hope and Under-standing)』과 『가난한 가족들과 함께 일하기(Working with Families of the Poor)』 출판

2006년　『가족과 커플 평가하기: 증상부터 체계까지(Assessing Families and Couples: From Symptom to System)』와 『가족치료 마스터하기: 성장과 변혁의 여정(Mastering Family Therapy: Journeys of Growth and Transformation)』 출판

2007년　『섭식장애에서의 지속적인 변화(Enduring Change in Eating Disorders)』 출판

✳ 찾아보기 ✳

📘 인명 ▐▏

📘 내용 ▐▏

살바도르 미누친(Salvador Minuchin, 1921~현재)

미누친은 이 시대에 현존하는 최고의 가족치료전문가이며, 1970년대 후반에 이르러 모든 가족치료 접근법 중에서도 가장 강력한 영향력을 끼쳐 온 '구조적 가족치료' 기법을 개발하였다. 그는 아르헨티나에서 러시아-유대인 계통의 유럽 이민자 부모에게서 태어났으며, 정신의학을 공부하기 위해 미국으로 건너가 네이딘 애커먼(Nathan Ackerman)과 함께 뉴욕에 있는 유태인지도연구소에서 아동정신과 의사로서 훈련을 받고, 뉴욕에 있는 '윌리엄 앨란슨 화이트 정신분석연구소(William Alanson White Institute of Psychoanalysis)'에서 정신분석 훈련을 받았다. 나중에는 뉴욕시 외곽에서 비행 청소년들을 위한 기숙학교인 '월트윅 소년학교(Wiltwyck School for Boys)'에서 정신과 의사로 일하면서 아직 조직화가 잘 되어 있지 않은 가난한 가족들과 함께 일하기 위한 특별한 개입 기법을 모색하고, 좀 더 나은 변화를 가져오기 위해 가족 맥락을 변화시키는 치료적 방법을 발전시키면서 그의 동료들과 함께 가족을 재구조화하는 작업을 통해 간결하고도 직접적이며 구체적이면서도 행동지향적인 동시에 문제해결적인 개입 과정을 고안했다. 1965년에 미누친은 필라델피아의 중심지인 흑인 빈민가에 있는 '필라델피아 아동클리닉(Philadelphia Child Guidance Clinic)'과 '필라델피아 아동병원 정신과(Psychiatry at Children's Hospital of Philadelphia)' 소장 및 '펜실베이니아 대학교 의과대학(University of Pennsylvania School of Medicine)'의 아동정신과 교수가 되었으며, 구조적 가족치료를 통해 가족의 변화를 가져오게 하는 자신의 생각을 저술한 역작인 『가족들과 가족치료(Families and Family Therapy)』를 출간하였고, 1970년대 후반에 이르러 미누친의 '구조적 가족치료'는 모든 가족치료 접근법 중에서도 가장 영향력 있는 접근법으로 대두되었다.

마이클 니콜스(Michael P. Nichols)

니콜스는 현재 윌리엄 앤 메리 대학교 심리학과 교수로서 가족치료를 가르치면서 동시에 가족치료전문가로서 활동하고 있다. 또한 많은 연구 논문을 발표하고, 『가족치료의 핵심(The Essentials of Family Therapy)』 등의 저서를 저술하였다.

· 이메일　jayoh@ssu.ac.kr
· 홈페이지　http://jayoh.org

오제은

오제은 교수는 캐나다의 퀸즈 대학교와 하버드 대학교, 토론토 대학교와 뉴잉글랜드 대학교를 졸업하고 상담심리학 박사학위를 취득했다. 그리고 보스턴의 로저스 메모리얼병원 PTSD 상담사 인턴십과 케임브리지 가족치료연구소 가족치료전문가 과정, 버지니아와 파세데나 부부치료전문가 수련센터 등에서 부부치료전문가 과정을 마쳤다. 또한 스위스 칼 융 연구소와 에모리 대학교의 '영성과 심리치료' 통합과정, 라 호야(La Jolla)의 엔 카운터 그룹 과정을 이수했다. 현재 숭실대학교 기독교학과 상담심리 전공 교수로서, 학생상담센터장과 부부가족상담연구소장, 『가족과 상담』 편집장, (사)한국가족상담협회장과 한국부부상담학회장으로 활동 중이다. 아시아인 최초로 국제공인 이마고(Imago) 부부치료전문가(CIT), 부부워크숍 인도자(CWP) 자격을 취득했으며, 미국 APA 임상감독(Diplomate), 한국가족상담협회 가족상담전문가 수련감독, 한국부부상담학회 부부상담전문가 수련감독, 한국상담심리학회 상담심리전문가, 한국상담학회 수련감독으로서, 상담전문가 양성 및 개인상담, 내면아이치료, 집단상담, 가족상담과 부부워크숍을 인도하고 있다. 또한 KBS 1 TV 〈아침마당〉〈여성공감〉〈오제은 박사의 목요클리닉〉, MBC TV 〈생방송 오늘아침〉〈MBC 스페셜 부부솔루션: 이마고(IMAGO)〉, EBS TV 〈성공시대〉 등에서 생방송 상담 및 특별강연과 기고 등을 통한 대중 상담가로서 상담의 대중화를 위해 애쓰고 있으며, 저서 및 역서로는 『오제은 교수의 자기사랑노트』『상처받은 내면아이 치유』『가족: 진정한 나를 찾아 떠나는 심리여행』『칼 로저스의 사람-중심 상담』『이마고 부부관계치료 이론과 실제』『부부관계 패러다임』『국제공인 이마고부부워크숍 매뉴얼』 등이 있다.

가족치유

미누친의 구조적 가족치료

Family Healing

2013년 3월 15일 1판 1쇄 발행
2024년 6월 20일 1판 6쇄 발행

지은이 • Salvador Minuchin · Michael P. Nichols
옮긴이 • 오 제 은
펴낸이 • 김 진 환
펴낸곳 • ㈜ 학지사

　　　　　04031 서울특별시 마포구 양화로 15길 20 마인드월드빌딩 5층
대표전화 • 02) 330-5114　　　팩스 • 02) 324-2345
등록번호 • 제313-2006-000265호

홈페이지 • http://www.hakjisa.co.kr
인스타그램 • https://www.instagram.com/hakjisabook

ISBN 978-89-997-0078-1 03180

정가 16,000원

역자와의 협약으로 인지는 생략합니다.
파본은 구입처에서 교환하여 드립니다.

이 책을 무단으로 전재하거나 복제할 경우 저작권법에 따라 처벌을 받게 됩니다.

출판미디어기업 **학지사**

간호보건의학출판 **학지사메디컬** www.hakjisamd.co.kr
심리검사연구소 **인싸이트** www.inpsyt.co.kr
학술논문서비스 **뉴논문** www.newnonmun.com
원격교육연수원 **카운피아** www.counpia.com
대학교재전자책플랫폼 **캠퍼스북** www.campusbook.co.kr